危机中的重建

唯物主义历史观的
现代阐释

杨 耕 _著

杨
耕
文
集

·········

第
3
卷

Reconstruction in Crises

A Modern Interpretation
of the Historical Materialism

华东师范大学出版社
·上海·

图书在版编目（ＣＩＰ）数据

危机中的重建：唯物主义历史观的现代阐释 / 杨耕著 . -- 上海 : 华东师范大学出版社 , 2023
（杨耕文集）
ISBN 978-7-5760-3937-5
Ⅰ . ①危… Ⅱ . ①杨… Ⅲ . ①历史唯物主义 Ⅳ . ① B03-53
中国国家版本馆 CIP 数据核字 (2023) 第 106528 号

杨耕文集　第 3 卷

危机中的重建：唯物主义历史观的现代阐释

著　　者	杨　耕
策划编辑	王　焰
责任编辑	朱华华　　王海玲
责任校对	王丽平　　时东明
装帧设计	卢晓红

出版发行　华东师范大学出版社
社　　址　上海市中山北路 3663 号　邮　编 200062
网　　址　www.ecnupress.com.cn
电　　话　021-60821666　行政传真　021-62572105
客服电话　021-62865537　门市（邮购）电话　021-62869887
地　　址　上海市中山北路 3663 号华东师范大学校内先锋路口
网　　店　http://hdsdcbs.tmall.com

印 刷 者　上海中华商务联合印刷有限公司
开　　本　787 毫米 ×1092 毫米 1/16
印　　张　24.25
字　　数　345 千字
版　　次　2023 年 8 月第 1 版
印　　次　2023 年 8 月第 1 次
书　　号　ISBN 978-7-5760-3937-5
定　　价　108.00 元

出 版 人　王　焰

目　录

序　言

理论的命运同历史的进程息息相关。每当历史处在转折点时,新的实践便会对原有的理论提出挑战。此时,原有的理论往往会出现某种危机。唯物主义历史观的命运似乎也是如此。

19世纪、20世纪之交,历史处在转折点上。资本主义由自由竞争阶段发展到垄断阶段,西方资本主义国家出现了经济繁荣的现象,马克思所预言的资本主义"丧钟"并未敲响。面对这种现象,不仅资产阶级理论家指责唯物主义历史观,而且马克思主义内部也出现了对唯物史观的"修正",以及信奉者"倒戈"的现象。唯物史观在"世纪转换"中面临着"危机"。普列汉诺夫当时不无伤感地说:"我们正在经历着危机,我为此难过极了。"①

历史不会重演,但的确又有惊人的相似之处。

20世纪、21世纪之交,历史又处在转折点上,产生了许多"剪不断,理还乱"的现象:新技术革命的浪潮犹如"黄河之水天上来",猛烈地冲击、改变着传统社会,并为发达国家生产力的发展开辟了新的空间;西方资本主义国家通过体制改革,在相当程度上缓解了生产资料私人占有制对生产力发展的制约,阶级矛盾和社会矛盾也有相当程度的缓和,马克思预言

---

① 转引自中共中央马克思恩格斯列宁斯大林著作编译局国际共运史研究室:《德国社会民主党关于伯恩斯坦问题的争论》,殷叙彝等译,生活·读书·新知三联书店1981年版,第6页。

的资本主义"丧钟"仍未敲响,相反,苏联东欧社会主义却被资本主义"不战而胜"……现实的波澜必然掀起理论的狂飙。唯物主义历史观的批评家们犹如雨后的蘑菇,纷纷破土而出,而在马克思主义内部,"极深的瓦解和混乱,各种各样的动摇"在更大的规模上重复着。"山重水复疑无路",唯物史观似乎再次面临着"危机"。

问题在于,理论危机并非总是坏事。从根本上说,理论总是在实践发展到新的阶段时显露出自身的破缺性,从而出现某种危机,而危机的出现又往往意味着理论将获得发展。没有 19 世纪、20 世纪之交的物理学危机,就没有现代物理学;没有 19 世纪、20 世纪之交的哲学危机,就不会产生现代哲学;没有 19 世纪、20 世纪之交所谓的马克思主义"危机",就不会诞生列宁主义……矛盾—危机—重建—发展,这是理论运行的规律。

"历史唯物主义并不是一个封闭的、以最后真理为其终点的体系"①,它没有,也不可能包含一切社会问题的现成答案。自诩为包含一切问题答案的学说,只能是神学,而不可能是科学。两次"世纪转换"的确提出了一些超出唯物主义历史观创始人视野的新问题,从而导致唯物史观出现某种"危机"。然而,只要科学地解答这些现实中的问题,并使这些现实问题上升为理论问题,唯物史观就会出现转机与生机。"危机"正是唯物史观面对挑战而自我反省、自我超越、自我发展的时期。在我看来,没有"危机"的封闭状态才是真正的危机。全部问题就在于,如何实现"危机"中的重建。所以,我把这部著作命名为"危机中的重建"。

重建唯物主义历史观,并不是像以往的意识形态"变形"那样,以改变自己的基本原则为代价去适应新的政治需要,也不是用其他理论体系来改造、"补充"唯物史观。唯物史观当然要注意和批判继承现代历史理论的优秀成果,如果忽视对现代历史理论的批判考察,把自己同现代历史理论隔离开来,唯物史观就会由孤立走向枯萎。

但是,我们不能搞无原则的兼收并蓄,把不同的理论体系揉合在一

---

① 〔德〕梅林:《保卫马克思主义》,吉洪译,人民出版社 1982 年版,第 25 页。

起。弗洛伊德主义就是弗洛伊德主义,结构主义就是结构主义,存在主义就是存在主义……"弗洛伊德主义的马克思主义""结构主义的马克思主义""存在主义的马克思主义"以及"儒学马克思主义"等,就像圆的方、铁的木一样难以相融。

我所说的"重建"唯物主义历史观,是相对于唯物主义历史观的教科书形态而言的。唯物史观的教科书形态是从《联共(布)党史简明教程》第四章第二节演化而来的,二者没有本质的区别。无疑,《联共(布)党史简明教程》第四章第二节简要而通俗地阐述了唯物史观的若干原理,但它也的确存在着很大的局限性。从根本上说,这种局限性在于,不理解实践的观点是唯物史观的理论基础,唯物史观被视为作为自然观的"辩证唯物主义"在历史领域中的"推广与应用"。这样一来,马克思划时代的贡献在相当大的程度上被抛弃了。重建唯物主义历史观首先就意味着回到马克思。

回到马克思,重建唯物主义历史观,不是简单地重复人们熟知的观点,而是立足现代实践以及科学和哲学本身的发展,重新审视唯物史观的基本观点。我们不能把唯物史观的基本观点局限在人们已经熟知的范围内。"熟知并非真知。"我们应该看到,有些观点本来就是唯物史观的基本观点,只是由于种种原因,人们没有涉及或重视这些观点,因而它们被排斥在唯物史观的教科书之外。历史常常出现这样一种情况,即一个伟大思想家的某些观点往往在其身后,在经历了较长时间的历史运动之后,才真正显示出它的内在价值,重新引起人们的重视。唯物史观的历史命运也是如此。

回到马克思,重建唯物主义历史观,也不是奉行"原教旨主义",而是在现代实践以及科学和哲学发展的基础上探寻唯物史观在现代的理论生长点。在我看来,唯物史观的理论生长点有三层含义:一是唯物史观创始人有所论述,但又未具体展开、详加探讨的问题,或者说,是以胚胎、萌芽形式被包含在唯物史观中的问题;二是这一问题又是现代实践以及科学和哲学中的突出问题,即"热点"问题;三是现代实践以及科学和哲学又为解决这一问题提供了现实的可能性。重建唯物史观就是适应现时代的要求,使这些原先以胚胎、萌芽形式被包含在唯物史观中的问题凸显出来,予以深入而系统的研究,使之上升为唯物史观的基本观点,并同唯物史观原有的基本观点有机结合起来。

所以,这部著作的副书名为"唯物主义历史观的现代阐释"。

我注意到,任何一种思想史的研究都要受到研究者本人的知识结构、思维方式和价值观念的制约,都不可避免地具有某种主观色彩。对唯物主义历史观的研究和重建也是如此。正因为如此,唯物史观的"形象"一直处在变换之中,而且离马克思的时代越远,对唯物史观认识的分歧就越大,就像行人远去,越远越难辨认一样。

某种学说"形象"的变换,在思想史上并不罕见。但是,像唯物主义历史观这样引起持久的、广泛的、世界性的争论,聚讼纷纭,分歧如同冰炭,的确罕见。有人由此认为,就像一千个观众的眼中有一千个哈姆雷特一样,一千个读者的心中有一千个马克思,因此,不存在"真正的马克思",有多少个研究者,就有多少个马克思,对唯物主义历史观的任何一种理解、解释和重建,都是纯粹主观的"视界融合"。

我不能同意这种观点。这种观点看到了某些合理的事实,但它又把这些合理的事实溶解于不合理的理解之中。这是一种充满认识相对主义的观点。问题的关键就在于,哈姆雷特是莎士比亚塑造的艺术形象,唯物主义历史观则是马克思创立的科学理论;艺术形象可以有不同的解读,科学理论揭示的是客观规律,其正确与否要靠实践检验,而不是依赖认识主体的解读。"客观的理解"乃是唯物主义历史观本身的准则。所以,在这部著作中,我力图按照唯物史观的"本来面目"去理解唯物史观,同时,站在现代实践以及科学和哲学的基础上重建唯物主义历史观。

当今,各种"重建"方兴未艾。但是,以实践的观点为理论基础去重建唯物主义历史观,在各种"建构"中显示出强大的生命力。在我看来,这是符合唯物史观"本来面目"的重建,是科学的重建。

深入马克思的文本,看看马克思是如何论述唯物主义历史观的理论基础的吧：

"真理的彼岸世界消逝以后,历史的任务就是确立此岸世界的真理。人的自我异化的神圣形象被揭穿以后,揭露具有非神圣形象的自我异化,就成了为历史服务的哲学的迫切任务。于是,对天国的批判变成对尘世的批判,对宗教的批判变成对法的批判,对神学的批判变成对政治的批判。"①

"从前的一切唯物主义(包括费尔巴哈的唯物主义)的主要缺点是:对对象、现实、感性,只是从客体的或者直观的形式去理解,而不是把它们当作感性的人的活动,当作实践去理解,不是从主体方面去理解。因此,和唯物主义相反,能动的方面却被唯心主义抽象地发展了,当然,唯心主义是不知道现实的、感性的活动本身的。"②

"全部人类历史的第一个前提无疑是有生命的个人的存在。"③"这些个人把自己和动物区别开来的第一个历史行动不在于他们有思想,而在于他们开始生产自己的生活资料。"④所以,"个人怎样表现自己的生活,他们自己就是怎样。因此,他们是什么样的,这同他们的生产是一致的——既和他们生产什么一致,又和他们怎样生产一致"⑤。

"全部社会生活在本质上是实践的。"⑥"以一定的方式进行生产活动的一定的个人,发生一定的社会关系和政治关系。经验的观察在任何情况下都应当根据经验来揭示社会结构和政治结构同生产的联系,而不应当带有任何神秘和思辨的色彩。社会结构和国家总是从一定的个人的生活过程中产生的。"⑦

"思想、观念、意识的生产最初是直接与人们的物质活动,与人们的物

① 《马克思恩格斯选集》第 1 卷,人民出版社 1995 年版,第 2 页。
② 《马克思恩格斯选集》第 1 卷,第 54 页。
③ 《马克思恩格斯选集》第 1 卷,第 67 页。
④ 《马克思恩格斯选集》第 1 卷,第 67 页。
⑤ 《马克思恩格斯选集》第 1 卷,第 67—68 页。
⑥ 《马克思恩格斯选集》第 1 卷,第 56 页。
⑦ 《马克思恩格斯选集》第 1 卷,第 71 页。

质交往,与现实生活的语言交织在一起的。""意识[das Bewuβtsein]在任何时候都只能是被意识到了的存在[das bewuβte Sein],而人们的存在就是他们的现实生活过程。"①"人的思维是否具有客观的(gegenständliche)真理性,这不是一个理论的问题,而是一个实践的问题。人应该在实践中证明自己思维的真理性,即自己思维的现实性和力量,自己思维的此岸性。"②

"人创造环境,同样,环境也创造人。"③"环境的改变和人的活动或自我改变的一致,只能被看作是并合理地理解为革命的实践。"④

唯物主义历史观"是描述人们实践活动和实际发展过程的真正的实证科学"。"只要描绘出这个能动的生活过程,历史就不再像那些本身还是抽象的经验论者所认为的那样,是一些僵死的事实的汇集,也不再像唯心主义者所认为的那样,是想象的主体的想象活动。"⑤

与唯心主义历史观不同,唯物主义历史观"不是在每个时代中寻找某种范畴,而是始终站在现实历史的基础上,不是从观念出发来解释实践,而是从物质实践出发来解释观念的形成"⑥。

"众里寻他千百度,蓦然回首,那人却在灯火阑珊处。"对于唯物主义历史观来说,"那人"就是马克思的实践观。实践的观点是唯物史观安身立命之本。抓住了这个根本就等于把握了唯物史观的命脉。当我以这个指导思想重新翻开唯物史观的"文本"时,一片浩瀚无垠、涛声震耳的思想海洋立刻浮现在我的面前。

本书主体共分四个部分:第一部分即第一章,考察了历史哲学的形成和发展史,以说明马克思的历史哲学,即唯物主义历史观在历史哲学史上的地位;第二部分即第二、第三章,考察了唯物主义历史观概念的由来及

---

① 《马克思恩格斯选集》第1卷,第72页。
② 《马克思恩格斯选集》第1卷,第55页。
③ 《马克思恩格斯选集》第1卷,第92页。
④ 《马克思恩格斯选集》第1卷,第55页。
⑤ 《马克思恩格斯选集》第1卷,第73页。
⑥ 《马克思恩格斯选集》第1卷,第92页。

其实质,以及唯物史观形成的历史,旨在说明唯物史观是马克思的历史哲学,并重新考察了唯物史观的理论基础,提出历史认识论是唯物史观的理论生长点;第三部分即第四至第十章,属于历史本体论问题,重新探讨了唯物史观的基本观点,对社会与自然、个人与社会、社会的本质与社会有机体的特征、社会结构与实践活动、社会历史过程与自然历史过程、历史规律的形成与特征进行了新的审视,重新探讨了生产力与生产关系的矛盾运动,以及社会主义代替资本主义的历史必然性和人本取向、世界历史的形成与东方社会的命运;第四部分即第十一至第十四章,属于历史认识论问题,分析了历史科学方法范式的根本转换、历史科学研究的基本环节,重新考察了科学抽象法,探讨了"从后思索"法,旨在说明唯物史观是历史本体论和历史认识论的统一,说明方法论不仅是唯物史观的功能,更重要的,是其内在规定。

我以这样一种理论结构,企望从多维视野中把握唯物主义历史观,展现我对唯物史观的一种新理解。

本书无意构造体系。实际上,马克思并没有留下一本关于唯物主义历史观体系的专著。在我看来,重要的不是体系,而是观点。全部问题在于,要依据现代实践、科学和哲学去研究、理解、挖掘、深化和发展唯物史观的观点。这是重建唯物史观的实质。

我断然拒绝这样一种观点,即唯物主义历史观产生于"维多利亚时代",距今已经170多年,已经"过时"。在我看来,这是一种"傲慢与偏见",而且是一种无端的"傲慢与偏见"。我们不能依据某种学说创立的时间来判断它是否过时,是否具有真理性。"新"的未必是真的,"老"的未必是假的。阿基米德定律创立的时间尽管很久远了,但它仍然是真理。今天的造船业无论多么发达,都不能违背阿基米德定律。如果违背了这一原理,那么造出的船无论多么"现代",也不能航行,如航行则必沉无疑。

实际上,一种理论所依据的材料和它的观点之间既有联系,又有区别。材料永远是具体的,但从对它们的研究中得出的规律性认识,以及由此转化而来的方法,却具有普遍性的特征。唯物主义历史观产生于19世纪中叶,但是,由于它把握住了历史的根本——物质实践及其规律,并从这一根本出发将真理之光辐射到历史的各个侧面、层次和环节,形成一个思维整体,因而又超越了 19 世纪这个特定的时代。而其他历史理论只是抓住了历史的某一侧面、层次、环节,未能从根本上、从总体上把握社会历史,因而总是处在不断的一派否定另一派的过程中,如同"走马灯"一样。正是在这个意义上,萨特(又译为萨特尔)指出,"历史唯物主义提供了对历史的唯一合理的解释"①,因而是"我们时代不可超越的哲学"②。应该说,萨特的这一评价是公正而真诚的。

马克思是普罗米修斯,不是上帝;唯物主义历史观是科学,不是启示录。唯物主义历史观之所以"不可超越",并不是因为它提供了有关现代问题的现成答案,而是因为它提供了科学的方法。马克思、恩格斯以其远见卓识向人们宣布:

唯物主义历史观"绝不提供可以适用于各个历史时代的药方或公式。相反,只是在人们着手考察和整理资料——不管是有关过去时代的还是有关当代的资料——的时候,在实际阐述资料的时候,困难才开始出现。这些困难的排除受到种种前提的制约,这些前提在这里是根本不可能提供出来的,而只能从对每个时代的个人的现实生活过程和活动的研究中产生"③。

"马克思的整个世界观不是教义,而是方法。它提供的不是现成的教条,而是进一步研究的出发点和供这种研究使用的方法。"④

我们只能按照唯物主义历史观的科学"本性"期待它做它所能做的事,而不能要求它做它不能做的事。从唯物史观的经典著作中找不到有关现代问题的现成答案,这不能责怪马克思,要责怪的是自己对唯物史观科学"本性"的无知。历史已经证明,凡是以终极真理自诩的学说,如同希

---

① [法]萨特尔:《辩证理性批判》第一分册,徐懋庸译,商务印书馆 1963 年版,第 18 页。
② [法]萨特尔:《辩证理性批判》第一分册,第 2 页。
③ 《马克思恩格斯选集》第 1 卷,第 74 页。
④ 《马克思恩格斯全集》第 39 卷上,人民出版社 1974 年版,第 406 页。

图万世一系的封建王朝一样,无一不走向没落。

历史长河中的许多学说都随着其创始人的逝世而"寿终正寝"了。马克思的唯物主义历史观不是这样。马克思逝世之后,一代又一代马克思主义者从不同角度、不同方面、不同层次深化、丰富、发展了唯物史观,从而使唯物史观在后人那里引起连绵不绝的反思,得到跨世纪的回响。170多年以来,对唯物史观的研究和讨论一直持续不断,遍及世界各主要国家,形成一种世界性的运动。在这一过程中,唯物史观不断地得以重建和发展。这使我不禁想起了《浮士德》中的两行著名诗句:

> 浮光只图炫耀一时,
> 真品才能传诸后世。

第一章

历史哲学：从缘起到后现代

　　1725 年，维柯出版了《新科学》，确立了历史哲学的基本面貌，标志着作为一门学科的历史哲学的诞生。1756 年，伏尔泰在其名著《风俗论》中明确提出"历史哲学"这一概念，认为历史哲学就是对历史的一种哲学理解，它从整体上理解历史，把握支配历史的基本原则及其隐含的意义，由此，历史哲学这门学科得以"名正言顺"。1837 年，黑格尔的《历史哲学》出版，在这部著作中，黑格尔对历史哲学的对象、性质和职能做了深入而全面的论述，由此，历史哲学的合法性得以确立。在现代，思辨的历史哲学、分析的历史哲学和马克思主义的历史哲学，即唯物主义历史观"鼎足三分"，交相辉映，构成了人类思想史上的宏大场景。而随着后工业社会的来临和后现代主义的兴起，后现代历史哲学拔地而起，为历史哲学的发展开辟了新的天和地。

一、历史哲学的形成及其合法化

历史哲学属于交叉学科，它形成于历史学和哲学的交叉点上，而"什么是历史"既是哲学关注的问题，也是历史学聚焦的问题，并构成了历史哲学的永恒主题。从历史上看，古希腊历史学就对"什么是历史"这一问题进行了探索。如果说"荷马史诗"记录的是神与人的共同活动，那么，希罗多德、修昔底德的历史著作则主要是以人的活动为中心，已经具有求真的精神、写实的态度和分析的眼光。希罗多德写作历史的目的，就是"保存人类的功业"。修昔底德对人的力量有着更为充分的认识："人是第一重要的；其他一切都是人的劳动成果。"①将神话与历史相区别，将虚构与记事相区分，标志着西方历史学的形成。

希腊历史学家关注以政治事件为轴心的历史，并以战争作为历史写作的主题。犹太—基督教关心以"创始—道成肉身—末日审判"为轴心的历史神学。中世纪历史观念的主要特征，就是强调上帝是历史的最高主宰，也是人类的绝对权威。然而，在具体的历史写作中，人的活动是无法回避的。因此，在中世纪的大多数历史学著作中，世俗的历史与神灵的历史往往是平行的。奥古斯丁提出，历史将在上帝之城对撒旦之城的最后胜利中告终，随着天国的实现，历史的戏剧宣告结束。

文艺复兴时期，彼特拉克提出，人是按照上帝的形象创造出来的。这意味着人不仅仅是上帝的形象，而且在创造能力上像天上的神，所以，人具有根据自己的需要和目的创造自己世界的能力。对彼特拉克等人文主义者来说，上帝创造了自然，人类则创造了历史，自然的秘密是只有上帝才知道的，历史的秘密则可以为人所知。正是在这一观念的基础之上，人文主义认为，历史知识是比自然科学更为可靠的真知。

维柯《新科学》的出版标志着历史哲学的诞生。在这部著作中，维柯

---

① ［古希腊］修昔底德：《伯罗奔尼撒战争史》，谢德风译，商务印书馆1978年版，第103页。

指出:"民政社会的世界确实是由人类创造出来的,所以它的原则必然要从我们自己的人类心灵各种变化中就可找到。任何人只要就这一点进行思索,就不能不感到惊讶,过去哲学家们竟倾全力去研究自然世界,这个自然界既然是由上帝创造的,那就只有上帝才知道;过去哲学家们竟忽视对各民族世界或民政世界的研究,而这个民政世界既然是由人类创造的,人类就应该希望能认识它。"①这就是说,上帝创造了自然界,因此,唯有上帝懂得自然;人类创造了人类历史,所以,只有人类懂得自己的历史。

维柯提出人类创造历史因而能认识历史,正是回到人文主义的传统,把基督教关于上帝神知的原理世俗化为人类认识的原理,并强调知与行、实践与真理之间内在的联系。维柯致力于探寻历史规律,亦即人类事务自身的"自然"进程,并认为认识的过程就是参与创造的过程,创造的实践活动就是人的认识内容,真理即创造的实践。

维柯的历史哲学蕴含了历史哲学所有的问题:把整个人类历史划分为神的时代、英雄时代和凡人时代,预示了赫尔德、黑格尔和孔德的历史哲学;关于历史使人的激情服从于人所不知道的一定目标的观点,后来在康德、黑格尔、叔本华等人的历史思想中一再出现;理性是人的真正本质,由于人类理性的自由发挥,历史才逐渐克服野蛮,最终实现了人道主义和文明,这样的观点在伏尔泰、赫尔德、席勒等启蒙哲学家那里都可以看到;关于人类创造历史和认识历史的思想,孕育并包含着现代历史哲学的两大流派,即思辨的历史哲学和分析的历史哲学;提出上帝创造自然,人类创造历史,致力于探讨历史规律,并从人文主义的角度肯定历史规律的存在,则开启了人本主义与科学主义对立的先河。维柯确立了历史哲学的基本面貌,历史哲学演进的主流是沿着维柯开辟的道路前进的。

德国的赫尔德是维柯主要的承继者之一。赫尔德力图在多变的历史事实中去寻求不变的历史规律,并认为历史规律是由所处地区的状况及其需要,所处时代及其机会和人们的内在特征这三个因素所决定的,时

---

① 〔意〕维柯:《新科学》上册,朱光潜译,商务印书馆 1989 年版,第 154 页。

间、空间和民族特性决定了历史的面貌。赫尔德既承认、尊重每一代人的创造，强调历史发展在本质上是不可重复的自然演化过程，又从一代又一代人的成就中发现、肯定历史先后的继承关系，并把人类历史分为三个阶段，即诗歌阶段、散文阶段和哲学阶段。按照赫尔德的观点，人的本质目的是人道，历史进化的目的是人道的实现，也就是理性和正义的实现，而人道的完成正是历史发展的终极结果。

康德晚年读过赫尔德的历史哲学著作，由此开始对历史进行哲学思考。在《世界公民观点之下的普遍历史观念》中，康德从理论上发挥了整个启蒙时代的历史观点，把18世纪的历史观提到了新的哲学高度："人类的历史大体上可以看作是大自然的一项隐蔽计划的实现。"①按照康德的观点，人类历史既具有合目的性，也具有合规律性，随着这种二重性的展开，人类从自然状态进入社会状态，人性也逐渐获得完美的实现。这个实现过程就是历史。历史进程表面看来是无意识的，实际上却是有意识地实践着理性的规律，朝着理想的目标前进，最终达到人类的"永久和平"。康德力求在矛盾中揭示历史的发展，充满自信与乐观，为人类历史描绘了一幅光辉的前景。

在经过费希特和谢林的短暂过渡之后，历史哲学迎来了彻底的合法化。这一工作是由黑格尔完成的。黑格尔在启蒙运动的进步观念和康德先验的自由概念中注入了新的因素，充分阐述了理性在历史中的作用。在强调理性的根本作用的同时，黑格尔又极为重视"人类的热情"，把它视作具体历史变迁的动因；为了把人的热情落到实处，黑格尔又提出了"世界历史个人"这一概念，认为世界历史个人代表了世界精神，显示了生命个体的追求和魄力。热情由理性驱使，个人为精神所推动，生动壮观的世界历史由此成为一个合理化的过程。由于意识到历史与自然存在着某种形式的区别，黑格尔提出了一种解释历史的独特方式。

---

① ［德］康德：《历史理性批判文集》，何兆武译，商务印书馆1990年版，第15页。

首先,历史是"绝对理性"在时间中的展开,体现为"自由意识的进展"。在黑格尔看来,这是一个从东方到西方、从希腊到日耳曼的不可逆的过程。世界历史的四个时期,即东方国家、希腊国家、罗马国家和日耳曼国家分别在自己的历史中体现着历史规律的特殊原则。

其次,历史只有通过人的活动才能实现,绝对理性和人的活动"交织成为世界历史的经纬线"①。在黑格尔看来,没有人的活动,世界上任何伟大的事业都不可能成功,但他同时又认为,历史规律又是先于历史而预成的"绝对计划",人则是实现这种超历史"计划"的工具,只不过是"活的工具"。

再次,历史有"自己的绝对的最后目的",而达到这个目的的坚定不移的意向就构成了历史的内在联系。因此,历史规律是在历时性的单线过程中表现其决定作用的。在黑格尔看来,历史规律君临一个民族的机会只有一次,在它的轨迹之外或在已经经历过它的一定原则的民族那里,就没有历史了。这就是说,历史规律只有合目的性、历时性或单线性的特征,而不具备重复性和常规性的特征。

由于历史规律不具备重复性、常规性的特征,而且它是在无数个人追求自己特殊目的的非精确的条件下显示其存在的,因而无法用自然科学的精确性来把握。在黑格尔看来,只有哲学的思辨才能透过历史表面的喧嚣去领悟历史的本质,把握历史的规律。所以,作为对历史本身的哲学反思,历史哲学对于各民族的盛衰兴亡和各个人的荣辱祸福都不做详细考察,它所研究的对象,是"世界历史的本身",其任务在于发现和把握历史的规律。只有这样,历史哲学才能成为科学,才有能力从总体上把握历史。

用理性来概括历史,揭示历史演进的规律,是黑格尔历史哲学的基本特征。"科学、特别是哲学的任务,诚然可以正确地说,在于从偶然性的假

---

① [德]黑格尔:《历史哲学》,王造时译,生活·读书·新知三联书店1956年版,第62页。

象里去认识潜蕴着的必然性。"①既然"哲学可以定义为对于事物的思维着的考察"②,那么,"'历史哲学'只不过是历史的思想的考察罢了"③。任何一门科学都以把握某种规律为己任。黑格尔把历史哲学的任务规定为把握历史的规律,实际上就是把历史哲学的科学化作为追求的目标,这标志着历史哲学合法化的最终完成。

黑格尔把维柯以后的历史哲学思想系统化了,但也神秘化了。可以说,在黑格尔的历史哲学中,卓越与贻害是双生子:一方面,黑格尔敢于对历史做总的思考,全面而深刻地探讨了历史规律,在客观唯心主义的基础上确立了历史规律的权威并使历史哲学合法化了;另一方面,黑格尔又把历史必然性归结于超历史的"绝对计划""绝对理性",犯了一种从历史的外面把必然性输入历史的错误。黑格尔历史哲学的起点和终点都是历史与人的分离。由于黑格尔把人仅仅看作"绝对理性"自我实现的工具,因此,他的历史哲学只是在形式上肯定了人的能动性,实际上彻底剥夺了历史的属人性质。剥去黑格尔历史哲学的神秘外衣,从历史的真正主体——现实的人及其活动中去揭示历史规律,这是历史哲学进一步发展的"绝对命令"。

二、现代历史哲学的三大流派及其异同

"历史"一词本身是模棱两可的,它既包括人类以往活动的总体和事件的过程,也包括对这个总体和过程的叙述与说明。正是这种模棱两可,为历史哲学同时打开了两个可能的向度。以此为依据,英国哲学家沃尔什的《历史哲学——导论》一书把历史哲学区分为思辨的历史哲学与分析的历史哲学两大流派。

所谓思辨的历史哲学,就是试图把历史过程本身作为整体来把握,并

---

① [德]黑格尔:《小逻辑》,贺麟译,商务印书馆1980年版,第304页。
② [德]黑格尔:《小逻辑》,第37页。
③ [德]黑格尔:《历史哲学》,第46页。

阐明其意义的历史哲学。黑格尔历史哲学是思辨历史哲学的集大成者和发展顶峰,透过黑格尔对历史哲学的理解,我们可以看到整个思辨历史哲学的研究主题和特征。在现代,孔德、斯宾格勒、汤因比等人再度显示出对思辨历史哲学的热情。孔德在历史研究中模仿自然科学,认为历史科学和自然科学没有原则上的区别,力图用自然规律来总结历史,建构历史科学。斯宾格勒则强调历史就是文化,世界历史就是各种文化形态的"集体传记",致力于发掘文化的内在结构。汤因比继承和改造了斯宾格勒的观点,把世界历史划分为 21 个文化单元,探讨它们的兴衰周期,追寻历史事实背后的意义。

与思辨的历史哲学不同,分析的历史哲学集中于对历史认识性质和方法的分析,对人的认识历史能力的批判。正因为如此,分析的历史哲学又被称为批判的历史哲学。1907 年,德国历史学家齐美尔明确提出了一个康德式的问题,即历史科学何以可能。这一问题的提出如巨石投水,在历史学、哲学领域引起巨大反响。狄尔泰、文德尔班、李凯尔特、克罗齐、柯林伍德等人的历史哲学都是对这个问题的回答。换言之,对"历史科学何以可能"这个问题的回答构成了分析或批判历史哲学的主题。

继沃尔什之后,美国历史哲学家德雷进一步对思辨历史哲学和分析历史哲学的实际含义做了区分,提出:"思辨的历史哲学试图在历史中(在事件的过程中)发现一种超出一般历史学家视野之外的模式或意义。而批判的历史哲学则致力于弄清历史学家自身研究的性质,其目的在于'划定'历史研究在知识地图上所应占有的地盘。"①这就是说,历史哲学所思考的问题,可以归为两大类:历史本身的规律是什么和历史知识的性质是什么。对第一个问题的不同回答,形成了思辨的历史哲学;对第二个问题的不同回答,形成了分析的历史哲学。

在沃尔什看来,分析的历史哲学兴起于 20 世纪初,但路易斯·明克

---

① [美] 威廉·德雷:《历史哲学》,王炜等译,生活·读书·新知三联书店 1988 年版,第 1—2 页。

认为,分析的历史哲学的兴起时间为 1938 年,其标志是两部阐述分析的历史哲学观点的著作,即雷蒙德·阿隆的《历史哲学导论》和莫里斯·曼德尔鲍姆的《历史认识的问题》的出版①。如果把新康德主义哲学家狄尔泰、文德尔班、李凯尔特和布拉德雷等人视为分析的历史哲学的最初表达者,那么,把分析的历史哲学的兴起时间划在 20 世纪初更为恰当,甚至可以把分析的历史哲学的缘起追溯到 19 世纪下半叶,确切地说,要从 1874 年布拉德雷《批判历史学的前提假设》的问世算起。正是在这部著作中,布拉德雷开始探讨"历史知识何以可能"这一问题。布拉德雷探讨的这一问题与齐美尔提出的问题即"历史科学何以可能"是一致的,对这个问题的探讨构成了批判或分析的历史哲学的真正主题。

如果说思辨的历史哲学关注的重心是历史本身,研究历史本身如何运动,那么,分析的历史哲学注意的中心则是人们如何认识历史运动,而不再是历史本身如何运动。这样,历史哲学的理论主题就发生了根本性的转换,即从历史本体论转换到历史认识论。具体地说,从对历史本身性质的探讨转换到对历史知识性质的分析,转换到对人们认识历史能力的批判。

分析的历史哲学认为,要理解历史事实,首先要理解历史记载、历史知识的性质,因为人们是透过历史记载、历史知识去认识"客观"历史的。问题在于,历史记载、历史知识并不是客观的,而是历史学家一定的知识结构和价值观念的产物,这些价值观念又来源于历史学家所面临的需要和环境。"历史是由活着的人和为了活着的人而重建的死者的生活。所以,它是由能思考的、痛苦的、有活动能力的人找到探索过去的现实利益而产生出来的。"②历史学的这种特殊性造成了历史认识论存在的必要性。

按照克罗齐的观点,历史哲学所研究的不是历史本身,而是史学史,

---

① 参见[美]伊格尔斯:《历史研究国际手册》,陈海宏等译,华夏出版社 1989 年版,第 19 页。
② 田汝康、金重远:《现代西方史学流派文选》,上海人民出版社 1982 年版,第 95 页。

因此,历史哲学是"有关历史认识论的研究"①。在柯林武德看来,哲学的本质是反思,历史哲学就是"对历史思维的研究",探讨"由有组织的和系统化的历史研究之存在而造成的哲学问题"②。"这种新探讨就可以正当地要求历史哲学的称号。"③概而言之,历史哲学就是从哲学的角度来考察历史知识的性质,或者说是对历史知识进行哲学批判,从而确定历史科学努力的界限和特有价值。

这样,分析的历史哲学就把历史哲学的理论主题从历史本体论转换到历史认识论上来了。分析的历史哲学顺应人类认识的发展趋势,注重历史认识论的研究,不失为一项具有科学价值的工作。但是,认识能力的自我批判不能代替或取消对客观历史的探讨,而分析的历史哲学在考察历史时竟把历史学的前提——历史本身一笔勾销了,结果是犯了一个演丹麦王子而没有哈姆雷特的错误。分析的历史哲学是脱离了历史本体来考察历史认识的,认为在历史认识中,人的主观意向决定着历史认识的内容和结果,历史学家认识历史的行为就是建立历史客体的行为。由此,我们看到了历史虚无主义的幽灵。

"历史方法论和认识论的中心问题在于,客观地认识过去只能靠学者的主观经验才可能获得。"④分析的历史哲学的失败就在于,它无力解决这个"中心问题"。分析的历史哲学企图从纯形式的立场,即脱离历史认识的客观内容来"反思历史思维",其结果使自己成为对思辨的历史哲学的片面反动,并在这条道路上走到了逻辑终点。

但是,我们不能由此认为分析的历史哲学毫无价值,它的产生意味着西方历史哲学的没落。如前所述,分析的历史哲学关注对历史思维的前提的批判,对历史知识进行哲学的批判,从而在历史哲学史上实现了一次

① [意] 贝奈戴托·克罗齐:《历史学的理论和实际》,傅任敢译,商务印书馆1982年版,第60页。
② [英] 柯林武德:《历史的观念》,何兆武、张文杰译,商务印书馆1997年版,第33页。
③ [英] 柯林武德:《历史的观念》,第33页。
④ [英] 杰弗里·巴勒克拉夫:《当代史学主要趋势》,杨豫译,上海译文出版社1987年版,第19页。

理论主题的转换,即从历史本体论转换到历史认识论。理论主题的这一转换完全符合人类认识规律:认识外部世界的任何一种努力只要持续下去,就会在某一时刻转变为对这种认识活动本身的一种反思与批判。认识历史的努力在这里合乎逻辑地变成了历史认识的自我批判。因此,分析的历史哲学的产生绝不意味着西方历史哲学的没落,相反,它标志着西方历史哲学的成熟。

我注意到,沃尔什本人无意把思辨的历史哲学与分析的历史哲学这一区分固定化,但这种两分法还是成了一种通行的观点。把现代历史哲学划分为思辨的历史哲学与分析的历史哲学,具有条分缕析的积极意义,但这种划分也存在着明显的局限。

维柯提出人类历史按神的时代、英雄时代、凡人时代的固定模式循环演进,同时,又强调历史是可以理解的,历史学家的批判、鉴别和想象力在研究与理解历史中起着重要作用。按照沃尔什的分类,维柯的历史哲学既是思辨的,又是分析的。实际上,在论述思辨的历史哲学与分析的历史哲学时,都无法绕开维柯。作为分析的历史哲学的代表人物之一,曼德尔鲍姆关于"形式的历史哲学"优先于"质料的历史哲学"的论证也不无思辨痕迹,而且"形式"与"质料"这对概念本身就出自思辨哲学。柯林伍德把一切历史归结为思想史也充满了思辨的气息,他始终强调,"作为知识的历史"与作为历史本体的"历史的实在"具有共同之处。通常被视为分析的历史哲学开创者之一的罗素,并不关心对历史学的批判或分析,而是满怀热忱地探察历史与人性,然而,罗素的历史哲学又不像是"思辨的"。这样的例子还有很多。

因此,并非所有的历史哲学家都接受沃尔什关于历史哲学的分类,而且20世纪70年代后,这种分类愈来愈显得不堪重负。1970年,费恩发表了《哲学和历史学之间》一文,其副标题就是"在分析的传统内思辨的历史哲学的复活"。1977年,芒茨出版的《时代的形态》一书,强调任何范围的叙述史学都必然预设一些关乎历史意义和历史方向的概念,也就是叙述的情节轮廓,这样的概念如果清楚地表达出来,则无异于思辨的历史哲学。

沃尔什关于历史哲学分类的重大误区,还在于他忽视了马克思主义历史哲学的存在和特征。我们应当看到,在 20 世纪,马克思主义的历史哲学即唯物主义历史观,与思辨的历史哲学、分析的历史哲学一起,构成现代历史哲学"三足鼎立"的格局。

普列汉诺夫表达过这样一种观点,即唯物主义历史观是"马克思的历史哲学",是"说明人类历史的唯物主义哲学"①。我赞同普列汉诺夫的这一观点,唯物史观属于历史哲学范畴,是马克思主义的历史哲学。作为一种历史哲学,唯物史观首先是"一种关于历史过程的观点",着重探讨历史运动的一般规律,带有凝重的历史本体论色彩,同时,唯物史观又蕴含着历史认识论。

首先,抽象方式的确立。"分析经济形势,既不能用显微镜,也不能用化学试剂;抽象是唯一可以当作分析工具的力量。"②实际上,对整个历史科学来说,科学抽象法具有普遍意义。历史科学无法应用实验室方法,只有科学抽象法才能深刻地揭示历史的本质和规律。

其次,理解方式的提出。人是历史的主体,在历史中进行活动的全是具有目的、意识和意志,经过思考或凭激情行动的人,因此,理解方法对历史科学绝对必要。而理解是一个过程,人们对历史的理解总是从"片面的理解"出发,经过"自我批判"达到"客观的理解"。③

再次,"从后思索"方式的形成。历史已经过去,在认识历史的活动中,主体无法直接面对客体,只能采取一条同实际发展相反的道路,即"从后思索",逆向溯因。"对社会生活形式的思索,从而对它的科学分析,遵循着一条同实际运动完全相反的道路。这种思索是从事后开始的,是从

---

① 《普列汉诺夫哲学著作选集》第二卷,晏城书等译,生活·读书·新知三联书店 1961 年版,第 510 页。
② 马克思:《资本论》(根据作者修订的法文版第一卷翻译),中共中央马克思恩格斯列宁斯大林著作编译局译,中国社会科学出版社 1983 年版,第 2 页。
③ 参见《马克思恩格斯选集》第 2 卷,人民出版社 1995 年版,第 24 页。

已经完全确定的材料、发展的结果开始的。"①正因为如此,分析资本主义社会的结构和关系,"能使我们透视一切已经覆灭的社会形式的结构和生产关系"②。

唯物主义历史观以确认客观历史的存在为前提,把实践看作过去历史向现实社会过渡的"转换尺度"和"显示尺度",以实践为出发点去探讨过去的历史以及人们认识历史的过程和规律,为建构科学的历史认识论奠定了可靠的基础。

现代实践和科学犹如一个巨大的引力场,吸引着哲学家、历史学家把自己的聚焦点从历史本体论转向历史认识论,而现代科学,尤其是量子力学、心理学、思维科学、考古学、人类学以及哲学本身的发展,又为探讨历史认识论问题提供了普遍的必要性和现实的可能性。对历史认识论的深入探讨,已成为人类认识发展的趋势。

马克思的历史哲学,即唯物主义历史观以"超前的意识"预示了这一发展趋势,预示了历史本体论与历史认识论"合流"的趋势。如果历史认识论不同时具有历史本体论的性质,它就失去了科学的基础和确定的前提;如果历史本体论不同时具有历史认识论的性质,它就会成为独断论,其结论也是不可靠的。由此,我们也就不难理解英国历史学家巴勒克拉夫对马克思主义历史哲学的高度评价:"今天仍保留着生命力和内在潜力的唯一的'历史哲学',当然是马克思主义……当代著名历史学家,甚至包括对马克思的分析抱有不同见解的历史学家,无一例外地交口称誉马克思主义历史哲学对他们产生的巨大影响,启发了他们的创造力。"③

三、后现代历史哲学的兴起及其特征

20 世纪 70 年代以后,随着社会生活的变迁,西方思想与文化发生了

---

① 马克思:《资本论》(根据作者修订的法文版第一卷翻译),第 55 页。
② 《马克思恩格斯选集》第 2 卷,第 23 页。
③ [英] 杰弗里·巴勒克拉夫:《当代史学主要趋势》,第 261 页。

一系列强有力的变迁,从"上帝之死"到"人之死",历史进步受到质疑,历史理性遭到颠覆,"大写的历史"为"小写的历史"所取代,哲学与历史学都经历了后现代的挑战。福柯、巴特、德里达、鲍德里亚等人都把批评的矛头指向启蒙运动以来的现代西方哲学,怀特等人更是明确地阐释了后现代历史哲学。正是在这种背景下,后现代历史哲学得以兴起,并一度成为西方历史哲学的主导思潮。

从根本上说,现代哲学仍然具有刨根问底的特点,它对事物的说明追踪到"第一原理"或"最高原因",抛弃语境和时间因素,把现象归结为本质,并从变化中寻求一以贯之的东西。按照罗蒂在《后哲学文化》中的说法,这是中心主义、基础主义和本质主义,是普遍叙事和宏大理论,其问题就在于,预设了理性与实在相对应,认为寓言可以忠实地描画实在。

与之相对,后现代主义对普遍叙事和宏观理论嗤之以鼻,认为黑格尔的宏大叙事或"元叙事"已经不再可能,利奥塔明确地"把后现代定义为对元叙事的怀疑"。按照后现代主义的观点,不要再幻想什么宏大的理论构想了,科学和理性使人类逐步迈向美好生活的信仰不可靠,大同的观念也是应该摒弃的。没有真理,只有繁杂的解释;没有客观的真实,只有各种各样的不同看法。后现代主义的这些认识可谓惊世骇俗。

后现代历史哲学最重要的特征,就是反中心主义、反基础主义和反本质主义。后现代历史哲学的兴起意味着知识的不确定性,表征的则是社会的不确定性。以往建立在神学、政治或科学基础上的确定性认识受到了后现代主义的强烈质疑。20 世纪 70 年代以来,一股失望的潮流席卷全球,许多人失去了确定性或客观性的信念,觉得过去难以琢磨,现在转瞬即逝,未来更是无法预料。后现代历史哲学就是这一"失望的潮流"在观念上的反映和理论的表达。

从总体上看,后现代历史哲学对客观性问题的质疑,是通过三种相互关联的途径展开的:

一是把语言符号和事实等同起来,认为不存在独立于语言符号的纯粹事实,语言本身就是自足的领域,它的意义存在于语言游戏之中,亦即语言的网络之中。在德里达看来,历史事实永远被语言覆盖着,语言的功能又被文化规范的影响掩盖着。因此,人类不可避免地陷于语言的牢笼之中。没有任何理由把历史研究与语言研究视作完全不同的东西,历史写作必须运用语言。

二是重新引入修辞学。随着结构语义学、逻辑学和诗学的发展,西方学术界开始了重建修辞学的努力,零度修辞、形象化表达的空间、转义度、隐喻度、义位转换法等概念得以提出,"隐喻的真理"几乎成为唯一的真理。按照利科的观点,隐喻不仅仅是名称的转用,也不仅仅是反常的命名,究其实质,隐喻是对语义的不断更新。换言之,一切语义都只有以隐喻的方式才能得以描述。研究历史著作最有效的方法,就是特别注重其文学性的一面。只要历史研究依然将通常的教育言辞和写作作为表述往昔的优先方式,就会继续保持修辞性和文学性,历史学家的工作就会依然保留"文学性"。历史研究不可能是严格意义上的科学的话语方式。

三是认为历史叙述可以采取各种各样的方式,如喜剧、悲剧或讽刺剧。历史仅仅是一种叙述或"情节化",各种叙述方式具有同等的价值。由此,西方一些历史学家对"种族大屠杀"的处理,就是把它当作一般的文本,抽掉了它独特的悲惨性质,削弱了它的真实性。

一言以蔽之,在历史研究中最重要的是文学性,而非科学性,隐喻、比喻和情节取代了如实性、概念性和解释性规则。没有事实,也就没有了真理,世界被看作是真实的还是虚构的,这无关紧要,理解它的方式同样如此。以往历史学家对真理的追求成为"高贵的梦想",追求真理的行为演变为逻辑上无限可能的解释。

这样,后现代历史哲学家就废除了"真实的"叙事与"虚构的"叙事之间、"科学的"历史编纂学与"诗学的"历史编纂学之间的区分,把历史学完全归结为情节编码和文学修辞。在后现代历史哲学中,历史只能作为话语或文本而存在。巴尔特指出:"历史的话语,不按内容只按结构来看,本质上是意识形态的产物,或更准确些说,是想象的产物。"①

由此,我们就不难理解后现代历史哲学为什么把历史符号的意义指认为理解而非真实,并彻底摒弃了历史的客观性,乃至真实性。

在后现代历史哲学的观照下,重新梳理历史哲学的基本线索,我们不无惊讶地发现,诸多的历史哲学家,如狄尔泰、克罗齐、文德尔班、齐美尔、汤因比、罗素等,都认为优秀的历史学家必定同时也是富有想象力的艺术家。在后现代历史哲学的视野中,希腊历史女神和史诗女神克里奥的魅力再度熠熠生辉。事实上,后现代历史哲学的思考业已追溯到神话时代。

自从希罗多德在《历史》中宣称为了保存希腊民族及其他民族的伟大业绩,他将以这些民族自身的传说故事叙述历史以来,大多数历史学家都站在修昔底德一边,把神话视作非科学,乃至反科学的,并极力予以排斥。在后现代主义的氛围中,历史哲学家们再度讨论这一古老的话题,并开始调和历史学传统中的神话派和历史派,承认神话在构建个人认同和公共认同方面的关键作用,提出历史学的任务不在于消除这些虚构,而是要利用它们,说明它们是如何进入历史并形成历史事实的。

这方面工作做得最为深入的当属马里②。马里追溯了神话派自古代世界的起源到在现代世界的演变,叙述了李维和马基雅维利是如何从变幻无常的神话中重新发现真正的历史的,分析了维柯、米什莱是如何颠覆这种分析模式,又是如何从变幻无常的历史中分析真正的神话的,并借用尼采、维特根斯坦、乔伊斯、艾略特等人的作品,重新定义了历史学,阐明了后现代历史学与古老神话的历史观念之间的历史性关联。

在对历史客观性质疑的背后,后现代历史哲学隐含着文化的转向。如果说分析的历史哲学的形成标志着历史哲学的"认识论转向",那么,后现代历史哲学的兴起则意味着历史哲学的"文化转向"。这一转向有其特定的历史背景。具体地说,在后工业社会中,现实世界不仅仅以自身的本

① [法]罗兰·巴尔特:《符号学原理》,李幼蒸译,生活·读书·新知三联书店1988年版,第59页。
② William H. McNeil, *Mythistory and Other Essays*, Chicago: University of Chicago Press, 1986.

来面貌存在,更多的是以文化的形式登台、表演、展现、想象。在后现代主义的种种范式中,各类文化不断地指向和表征其他文化实践,而非传统的各类经验。

使后现代文化实践与众不同的,是文化想象的世界可以被不加区分地攫取,意义常常被颠覆、嘲弄,变得含混不清,以至于成为没有任何深层含义的场景展示,道德的、美学的意义都不复存在了。正如费瑟斯通所说,"如果我们来检讨后现代主义的定义,我们就会发现,它强调了艺术与日常生活之间界限的消解、高雅文化与大众通俗文化之间明确分野的消失、总体性的风格混杂及戏谑式的符码混合"①。在"新文化史"和"微观史学"的作品中,历史与文化的界限已经相当模糊,后现代历史哲学进而把历史和文学等同起来,认为历史研究不过是一种写作,而且和文学写作没有什么特别的不同。

后现代历史哲学否认历史的客观性,却依然保持了批判性,不过这种批判的指向和模式具有巨大的游移性。自19世纪职业化以来,历史学一直与真理的客观性和理性的视野相联系,这种视野不可避免地带有政治的维度。例如,福柯就全面揭示了历史知识与权力的勾连。质言之,历史是以批判为旨趣的。后现代历史哲学的出现,也是针对大一统的现代知识秩序,意在追寻更多的自由。如果依然可以说后现代历史哲学是批判的,那么,这种批判的特色就在于怀疑,即怀疑史料,怀疑语言,怀疑叙述,怀疑历史学家的真诚,一句话,历史思考和写作的整个过程都是值得怀疑的。

从这些怀疑出发,后现代历史哲学更多的是把历史学定位于建立认同感,而非展示普遍真理,由此极大地强化了普遍性与认同性之间的张力②。坚持普遍性观点的学者相信并致力于历史事实,强调认同性的学者

---

① [英] 迈克·费瑟斯通:《消费文化与后现代主义》,刘精明译,译林出版社2000年版,第94页。
② 参见[英] 霍布斯鲍姆:《徘徊于寻求普遍性与寻求认同性之间的历史学家》,载陆象淦:《新大陆 VS. 旧大陆》,社会科学文献出版社2006年版。

则呼吁忠实于本民族的感情和利益。我注意到,出于民族主义或其他意识形态的需要,借古喻今、文过饰非,甚至编造谎言的现象在当今已经比比皆是。在一定意义上说,后现代主义对此起了推波助澜的作用,它对事实与虚构、客观实在与话语之间区别的抹杀为谎言提供了佐证,从而使得具体历史问题的解决变得更为艰难。

后现代历史哲学否认语言形式和内容的区别,把历史写作和文学写作完全等同起来,显然是走向了极端和误区。不过,后现代历史哲学否认历史的客观性,却没有否认历史的意义,甚至可以说,它在相当程度上复活了思辨的历史哲学对历史意义的追寻。

当然,这种意义不再是线性的、一以贯之的简单线索。利科指出:"历史真理的问题——不是在对已经过去的历史的真正认识的意义上,而是在历史创造者的任务的真正完成的意义上——在文明的历史运动的基本统一性问题中,找到了它的重心。"①怀特写作《元史学》的目的就在于展示历史思想模式的一般性结构理论,所回答的问题就是"历史地思考指什么"。安克斯密特关于历史表现本质的理论主旨就在于,"让我们看清楚,在历史话语与伦理和政治话语的最精细分支的交汇之处,以及它们彼此缠绕之处,到底发生了什么"②。

无论是"文明的基本统一性",还是"历史思想模式的一般性结构",抑或是"伦理和政治话语的交汇",都表现出这样的努力,即经由历史学方法论的深化,培育出一般的历史认识理论,进而对历史本身做出系统的把握。由此,我们完全有理由说,后现代历史哲学是对现代历史哲学两大流派、两种理路的综合与发挥,也是历史哲学的最初梦想以及思辨的历史哲学的高层次复归。

后现代主义对现代思想的挑战,从根本上冲击了启蒙以来的历史理论,包括线性思维、目的论、宏大叙事等,并提供了一种新的历史思维方

---

① [法]保罗·利科:《历史与真理》,姜志辉译,上海译文出版社 2004 年版,第 7 页。
② [荷]弗兰克·安克斯密特:《为历史主观性而辩》下,陈新译,载《学术研究》2003 年第 4 期。

式。一切现代思想都不能不接受后现代主义的挑战,并做出积极有效的回应。马克思主义不是后现代主义,但在批判资本主义现代化进程中形成的马克思主义具有后现代意蕴。唯物主义历史观,即马克思主义历史哲学应当同后现代历史哲学进行"对话",并在这个过程中批判考察、合理继承后现代历史哲学的理论成果。唯物主义历史观如果忽视对同时代理论成果的批判考察与合理继承,把自己同整个时代的文化背景和社会思潮隔离开来,就会由孤立而走向枯萎。

第二章

唯物主义历史观：马克思的历史哲学

唯物主义历史观的创立无疑是思想史"事件"，它使"历史"真正成为科学。然而，唯物史观本身又是一个问题的王国。其中，最折磨人们的耐心的问题，就是唯物史观的对象、性质和职能是什么。因此，对唯物主义历史观的概念做一番考察和审视，对唯物史观的性质和职能做出新的解释，是一个重大的理论课题。

一、唯物主义历史观概念的由来及其实质

从马克思主义哲学史看，马克思从唯心主义转向唯物主义就是从历史观开始的。具体地说，马克思是从1843 年的《黑格尔法哲学批判》开始其创立唯物主义历史观的进程的，并在同年撰写的《〈黑格尔法哲学批判〉导言》中提出，建立"为历史服务的哲学"："真理的彼岸世界消逝以后，历史的任务就是确立此岸世界的真理。人的自我异化的神圣形象被揭穿以后，揭露具有非神圣形

象的自我异化,就成了为历史服务的哲学的迫切任务。于是,对天国的批判变成对尘世的批判,对宗教的批判变成对法的批判,对神学的批判变成对政治的批判。"①

研读马克思的这段论述可以看出:马克思力图建立的新哲学是"为历史服务"的哲学,这种"为历史服务的哲学"的任务,是揭露人的"自我异化",确立"此岸世界的真理";为了完成这一任务,需要进行"三个批判",即"对尘世的批判""对法的批判""对政治的批判"。一句话,这种"为历史服务的哲学"就是一种新的历史观,一种批判的历史观。但是,无论是在《黑格尔法哲学批判》还是在《〈黑格尔法哲学批判〉导言》中,马克思都没提出"唯物主义历史观"这一术语或概念。

在《1844 年经济学哲学手稿》中,马克思深入而全面地揭露了人的自我异化,开始制定唯物主义历史观的基本观点,并提出要解答"历史之谜"。但是,在这部著作中,马克思并没有提出"唯物主义历史观"这一术语或概念,只是把他制定的新理论称为"关于人的科学",并认为在人的实践活动中形成的自然界才是人的"现实的自然界",人的本质力量"只有在自然对象中才能得到客观的实现","只有在关于自然本质的科学中才能获得它们的自我认识"。② 所以,人的科学和自然科学具有一致性。"自然科学往后将包括关于人的科学,正象关于人的科学包括自然科学一样:这将是一门科学。"③

在 1846 年的《德意志意识形态》中,马克思、恩格斯深入而全面地阐述了唯物主义历史观的基本观点。但是,在这部著作中,马克思、恩格斯仍没有明确提出"唯物主义历史观"这一术语,更没有提出"历史唯物主义"这个术语。马克思、恩格斯当时只是把他们所创立的新的历史观称为"历史科学""实证的科学",并在相对"唯心主义历史观"的意义上提出"这种历史观"。

---

① 《马克思恩格斯选集》第 1 卷,第 2 页。
② 《马克思恩格斯全集》第 42 卷,人民出版社 1979 年版,第 129 页。
③ 《马克思恩格斯全集》第 42 卷,第 128 页。

在《德意志意识形态》中，马克思、恩格斯指出："我们仅仅知道一门唯一的科学，即历史科学。历史可以从两方面来考察，可以把它划分为自然史和人类史……自然史，即所谓自然科学，我们在这里不谈；我们需要深入研究的是人类史。"①在马克思、恩格斯看来，这种研究人类史的历史科学"是描述人的实践活动和实际发展过程的真正的实证科学"，其基本观点"是从对人类历史发展的考察中抽象出来的最一般的结果的概括"②。

可以看出，这种"历史科学""实证科学"实际上是一种历史观。这种历史观就在于：从直接生活的物质生产出发阐述现实的生产过程，把同这种生产方式相联系的、它所产生的交往形式即各个不同阶段上的市民社会理解为整个历史的基础，从市民社会作为国家的活动描述市民社会，同时从市民社会出发阐明意识的所有各种不同理论的产物和形式，如宗教、哲学、道德等，而且追溯它们产生的过程。这样当然也能够完整地描述事物（因而也能够描述事物的这些不同方面之间的相互作用）。可见，《德意志意识形态》所说的"历史科学""实证科学""这种历史观"实际上就是唯物主义历史观，其研究对象是人类史，研究方法是从物质实践出发来解释观念，探讨社会的基本结构和历史的基本规律，其基本内容是对人类历史发展的抽象和概括。概而言之，唯物史观是从物质实践出发研究人类社会发展一般规律的学说。

概念和术语既有联系，又有区别。概念的形成说明把握了事物的本质，而术语只是概念的表达形式，二者可能一致，也经常处于矛盾之中。概念和术语从不一致到一致，反映的恰恰是认识过程的不断深化。《德意志意识形态》虽然仍未提出"唯物主义历史观"这一术语，但"唯物主义历史观"这一概念已经基本形成，它通过"历史科学""实证科学""这种历史观"等术语得到实现。这也就澄清了一个事实，即《德意志意识形态》基本上制定了"唯物主义历史观"这个概念，但还没有提出"唯物主义历史观"

---

① 《马克思恩格斯选集》第 1 卷，第 66 页编者注②。
② 《马克思恩格斯选集》第 1 卷，第 73—74 页。

这一术语。因此，苏联学者认为，"唯物主义历史观"这一术语首次出现在《德意志意识形态》中是不符合史实的。

"唯物主义历史观"这一术语首次出现在恩格斯1859年写的《卡尔·马克思〈政治经济学批判〉》一文中。正是在这篇书评中，恩格斯指出，马克思主义的经济学"本质上是建立在唯物主义历史观的基础上的"，并认为唯物主义历史观的要点在《〈政治经济学批判〉序言》中已经做了"扼要的阐述"①。至此，唯物主义历史观的概念和概念的表述达到了统一。

恩格斯在这个时候提出"唯物主义历史观"这一术语并非偶然。

从马克思主义发展史看，在《1857—1858年经济学手稿》中，马克思解决了三个重要问题，即劳动二重性、劳动与劳动力、不变资本与可变资本相区别的问题。这三个问题的解决，标志着马克思的第二个伟大发现初步完成。按照马克思的观点，唯物史观的基本观点是从政治经济学研究中得到的，并且一经得到就被用于指导他的经济学研究。因此，剩余价值理论的初步形成是对唯物史观的初步验证。

从唯物主义历史观本身的发展看，其观点已进入纯粹典范的形态。在1859年的《〈政治经济学批判〉序言》中，马克思对唯物史观的基本观点做了经典概括，以其深刻的思想、精彩的表述，把社会的基本结构和历史的基本过程清澈见底、明白无遗地表述出来了。唯物史观基本观点此时已经得到了确切的规定。

1873年，恩格斯在《论住宅问题》中把"唯物主义历史观"简称为"唯物史观"，并指出："唯物史观是以一定历史时期的物质经济生活条件来说明一切历史事件和观念、一切政治、哲学和宗教的。"②这一论述是对唯物主义历史观根本特征的高度概括。

1886年，恩格斯在《路德维希·费尔巴哈和德国古典哲学的终结》中概述"马克思的历史观"时指出："这一任务，归根到底，就是要发现那些作

① 《马克思恩格斯选集》第2卷，第38页。
② 《马克思恩格斯选集》第3卷，人民出版社1995年版，第209页。

为支配规律在人类社会的历史上起作用的一般运动规律。"①这就极为明确地规定了唯物主义历史观的任务，即发现人类社会运动的一般规律。

从内涵看，"唯物主义历史观"中的"历史"包含着"社会"。正如恩格斯所说，"历史在这里应当是政治、法律、哲学、神学，总之，一切属于社会而不是单纯属于自然界的领域的简单概括"②。所以，在解释"人类历史的发展规律"时，恩格斯首先分析了社会结构。"正像达尔文发现有机界的发展规律一样，马克思发现了人类历史的发展规律，即……人们首先必须吃、喝、住、穿，然后才能从事政治、科学、艺术、宗教等等；所以，直接的物质的生活资料的生产，从而一个民族或一个时代的一定的经济发展阶段，便构成基础，人们的国家设施、法的观点、艺术以至宗教观念，就是从这个基础上发展起来的。"③可见，"唯物主义历史观"中的"历史"是社会和历史的统一。正是在这个意义上，列宁把唯物史观称为"社会的（或历史的）唯物主义"④。

1890年，德国社会学家巴尔特在《黑格尔和包括马克思及哈特曼在内的黑格尔派的历史哲学》中，首先把唯物主义历史观解释为"经济唯物主义"，即只承认经济因素的自动作用，否定其他历史因素的积极作用。这实际上是把唯物史观庸俗化，并造成了一定的理论混乱。当时德国社会民主党内的"青年派"加以"模仿"，甚至一些马克思主义者也产生误解，认为唯物史观就是"经济唯物主义"，如拉法格在1885年写了《马克思的经济唯物主义》一书。"经济唯物主义"一词一时被广泛运用，成为唯物主义历史观的代名词。

从1890年起，恩格斯针对巴尔特等人把唯物主义历史观歪曲成"经济唯物主义"，对唯物主义历史观用了新的提法——历史唯物主义。1890年8月，恩格斯在致康·施米特的信中，第一次使用了"历史唯物主义"这

---

① 《马克思恩格斯选集》第4卷，人民出版社1995年版，第247页。
② 《马克思恩格斯选集》第4卷，第726—727页。
③ 《马克思恩格斯选集》第3卷，第776页。
④ 《列宁全集》第2卷，人民出版社1984年版，第420页。

个术语。① 1892 年,恩格斯在《社会主义从空想到科学的发展》英文版导言中,对"历史唯物主义"做出解释:"用'历史唯物主义'这个名词来表达一种关于历史过程的观点……这种观点认为一切重要历史事件的终极原因和伟大动力是社会的经济发展,是生产方式和交换方式的改变,是由此产生的社会之划分为不同的阶级,是这些阶级彼此之间的斗争。"②

把"历史唯物主义"同"唯物主义历史观"相比较可以看出,在恩格斯这里,二者是"马克思的历史观"的不同表述,只是针对性不同:提出"唯物主义历史观"是针对"唯心主义历史观",提出"历史唯物主义"是针对"经济唯物主义"。换言之,在恩格斯这里,"历史唯物主义"和"唯物主义历史观"是同一个概念。

1892 年,恩格斯把《社会主义从空想到科学的发展》英文版导言译成德文,发表在《新时代》杂志 1892 年第 1 期和第 2 期上,标题就是《论历史唯物主义》。从此,"历史唯物主义"这个术语逐渐成为表达"马克思的历史观"的惯常用语。

恩格斯之后,对唯物主义历史观做了深入而全面研究的,是普列汉诺夫。普列汉诺夫沿用了"唯物主义历史观"和"历史唯物主义"的术语。但是,无论是"唯物主义历史观"还是"历史唯物主义",在普列汉诺夫那里都有狭义和广义之分。

普列汉诺夫所说的"唯物主义历史观"主要是指"马克思的历史观"。但是,普列汉诺夫又认为,唯物史观的因素是在人类认识史中不断增大和不断积累的,在 18 世纪法国启蒙哲学以及法国复辟时代的历史学中,都有唯物史观的萌芽或因素,如孟德斯鸠提出的地理环境决定社会制度,就是一种唯物史观。正是在这个意义上,普列汉诺夫有时又把孟德斯鸠、霍尔巴赫等人的历史观称为"唯物史观"③。所以,普列汉诺夫所说的"唯物

---

① 《马克思恩格斯选集》第 4 卷,第 692 页。
② 《马克思恩格斯选集》第 3 卷,第 704—705 页。
③ [俄]普列汉诺夫:《论一元论历史观之发展》,博古译,生活·读书·新知三联书店 1961 年版,第 238—239 页。

史观",在狭义上是指"马克思的历史观",在广义上包括孟德斯鸠等人的历史观在内。

普列汉诺夫所说的"历史唯物主义",在狭义上是指"马克思的历史观"。按照普列汉诺夫的观点,马克思和恩格斯的世界观,本质上是辩证唯物主义,但因为辩证唯物主义涉及到历史,所以,恩格斯有时把辩证唯物主义叫作历史的。这个形容语不是说明唯物主义的特征,而只表明应用它去解释的那些领域之一。在这个意义上,普列汉诺夫所说的"历史唯物主义"与"唯物主义历史观"是同一概念,是"马克思的历史观"的不同表述。

然而,普列汉诺夫所说的"历史唯物主义",在更多的地方,或者说基本上是指整个马克思主义哲学,与"辩证唯物主义"具有相同的含义。"'辩证唯物主义'这一术语,它是唯一能够正确说明马克思的哲学的术语。"①普列汉诺夫特别指出,按照恩格斯的说法,应把辩证唯物主义称为"历史唯物主义"②,因为辩证唯物主义"以社会的人的需要,并以在一定时间内满足这些需要的手段与方法,来解释社会的人的活动"③。"辩证唯物主义承认互相作用,可是同时它用生产力的发展来解释互相作用。"④

这就是说,把马克思主义哲学称为"辩证唯物主义",是为了表明马克思主义哲学的本质特征;把马克思主义哲学称为"历史唯物主义",是为了表明马克思主义哲学的研究领域。由于辩证唯物主义涉及历史,因此又叫作历史唯物主义;历史唯物主义在本质上是既唯物又辩证的,所以,又叫作辩证唯物主义。因此,在广义上,普列汉诺夫所说的"历史唯物主义"和"辩证唯物主义"是同一个概念,是马克思主义哲学的不同表述。

应当说,普列汉诺夫对"唯物主义历史观"和"历史唯物主义"的解释

---

① ［俄］普列汉诺夫:《论一元论历史观之发展》,第198页。
② ［俄］普列汉诺夫:《论一元论历史观之发展》,第238—239页。
③ ［俄］普列汉诺夫:《论一元论历史观之发展》,第269页。
④ ［俄］普列汉诺夫:《论一元论历史观之发展》,第196页。

具有合理性。但是,这种解释不符合恩格斯的原意却是无疑的。

与普列汉诺夫相同,列宁也认为"马克思主义哲学是辩证唯物主义"①;与普列汉诺夫不同,列宁认为历史唯物主义就是唯物主义历史观,它包含在辩证唯物主义之中,但又不等于辩证唯物主义。在《卡尔·马克思》等文中,列宁多次指出,历史唯物主义是把"一般唯物主义",即哲学唯物主义"对自然界的认识推广到对人类社会的认识"②,是唯物主义在社会现象领域的"贯彻和推广运用"③。"马克思和恩格斯把自己的全部注意力集中于:不是重复旧的东西,而是认真地在理论上发展唯物主义,把唯物主义应用于历史,就是说,修盖好唯物主义哲学这所建筑物的上层"④,即创立了历史唯物主义。

列宁的这个观点后被斯大林发挥到极致,即历史唯物主义是辩证唯物主义在社会生活和社会历史领域的"推广和应用"。1937 年,斯大林在《论辩证唯物主义和历史唯物主义》中明确指出,"历史唯物主义就是把辩证唯物主义的原理推广去研究社会生活,把辩证唯物主义的原理应用于社会生活现象,应用于研究社会,应用于研究社会历史",而辩证唯物主义之"所以叫作辩证唯物主义,是因为它对自然界现象的看法、它研究自然界现象的方法、它认识这些现象的方法是辩证的,而它对自然界现象的解释、它对自然界现象的了解、它的理论是唯物主义的"⑤。

这就是说,在斯大林这里,"历史唯物主义"和"唯物主义历史观"是同一个概念,即历史唯物主义是一种以自然观为理论基础的历史观。由于《论辩证唯物主义和历史唯物主义》是作为《联共(布)党史简明教程》第四章第二节而写的,再加上斯大林本人在当时的特殊地位,因此斯大林对历史唯物主义的这个定义产生了极其广泛而持久的影响。

---

① 《列宁选集》第 2 卷,人民出版社 1995 年版,第 10 页。
② 《列宁选集》第 2 卷,第 311 页。
③ 《列宁选集》第 2 卷,第 425 页。
④ 《列宁选集》第 2 卷,第 179 页。
⑤ 《斯大林选集》下卷,人民出版社 1979 年版,第 424 页。

二、唯物主义历史观属于历史哲学范畴

在西方思想史上,历史哲学以维柯的《新科学》为其"独立宣言",至今已走过了 200 多年的历史行程。然而,哲学家、历史学家对"历史哲学"的理解不很一致,甚至很不一致。因此,在历史哲学史上出现了不同的流派。沃尔什在其名著《历史哲学导论》中首次把西方历史哲学划分为两大派别,即思辨的历史哲学和批判的(分析的)历史哲学,为我们概括西方历史哲学的演变、判断唯物主义历史观的性质提供了依据。

思辨的历史哲学的典型代表、集大成者和发展顶峰是黑格尔的历史哲学。按照黑格尔的观点,历史哲学所"研究的对象——世界历史"①,是世界历史的本身。既然"哲学可以定义为对于事物的思维着的考察"②,那么,"'历史哲学'只不过是历史的思想的考察罢了"③。这就是说,历史哲学是对历史本身的哲学反思,其任务就在于发现历史的内在规律。"科学、特别是哲学的任务,诚然可以正确地说,在于从偶然性的假象里去认识潜蕴着的必然性。"④

与思辨的历史哲学力图使历史哲学科学化,关注的是历史本体论不同,分析的历史哲学则断言"历史不是科学",关注的是历史认识论,认为历史哲学就是从哲学的视角来考察历史知识的性质,或者说是对历史知识进行哲学的批判,其任务就是确定历史学科努力的界限和特有价值。这样一来,分析的历史哲学就把历史哲学的重心从历史本体论转换到历史认识论上来了。

思辨的历史哲学和分析的历史哲学虽然各执一端,却又表达了一种共同的见解,即历史哲学是哲学和历史学的交融,是这两门学科共同研究

---

① [德] 黑格尔:《历史哲学》,第 54 页。
② [德] 黑格尔:《小逻辑》,第 37 页。
③ [德] 黑格尔:《历史哲学》,第 46 页。
④ [德] 黑格尔:《小逻辑》,第 304 页。

同一个对象,同时解决一些共同的问题。从现代知识结构来看,历史哲学实际上是在哲学和历史学之间的接合部产生的一门交叉学科。

一般来说,交叉学科有三种形态:一是线性交叉学科,即把某个学科的原理成功地运用于另一个学科;二是结构性交叉学科,即两个或两个以上的学科以新的形式相结合所形成的学科;三是约束性交叉学科,即围绕着某个具体问题,多种学科相互配合所进行的研究。历史哲学属于结构性的交叉学科,是哲学和历史学这两门学科以一种新的形式相结合而形成的相对独立的学科,它集哲学和历史学这两门学科的知识与功能(不是全部)于一身,同时,又在这两门学科的交叉点和共振带上做出新的努力,实现新的职能。

从总体上看,历史哲学的基本内容包括两个方面:对历史本身规律的探讨和对历史认识性质的探讨。不同的历史哲学或者以前者为重心,提供历史本体论,或者以后者为己任,提供历史认识论。如前所述,唯物主义历史观是一种关于历史过程的观点,其任务是揭示人类社会的一般运动规律。因此,唯物主义历史观属于历史哲学范畴,是"说明人类历史的唯物主义哲学"①。因此,普列汉诺夫多次把唯物主义历史观称为"马克思的历史哲学",并明确指出:"我们时代的历史哲学是唯物主义历史观。"②普列汉诺夫的这一观点是正确的。凡是探讨"由有组织的和系统化的历史研究之存在而造成的哲学问题"③,"就可以正当地要求历史哲学的称号"④。

我注意到马克思的这一论述,即"一定要把我关于西欧资本主义起源的历史概述彻底变成一般发展道路的历史哲学理论,一切民族,不管他们所处的历史环境如何,都注定要走这条道路⋯⋯这样做,会给我过多的荣誉,同时也会给我过多的侮辱"⑤。同时,我也注意到恩格斯的论述,即马

① 《普列汉诺夫哲学著作选集》第二卷,第 510 页。
② 转引自王荫庭:《普列汉诺夫哲学新论》,商务印书馆 2021 年版,第 239 页。
③ 〔英〕柯林武德:《历史的观念》,第 38 页。
④ 〔英〕柯林武德:《历史的观念》,第 33 页。
⑤ 《马克思恩格斯全集》第 19 卷,人民出版社 1963 年版,第 130 页。

克思的"历史观结束了历史领域内的哲学,正如辩证的自然观使一切自然哲学都成为不必要的和不可能的一样"①。

问题在于,用马克思、恩格斯的这些论述来否定唯物主义历史观属于历史哲学范畴是一种误解。具体地说,马克思在这里只是说明历史哲学是关于历史"一般发展道路"的理论,而他关于资本主义起源的历史概述只是就"西欧"而言,不能把它普遍化。这里,马克思并没有说探讨历史一般规律的唯物史观不是历史哲学。这就像马克思提出"消灭哲学",同时又要建立一种新的哲学一样。

恩格斯在这里所说的"成为不必要的和不可能的""历史领域内的哲学",是特指那种用"臆造的联系来代替⋯⋯现实的联系",用"神秘的天意来代替尚未知道的联系"的历史哲学,而唯物主义历史观结束的正是这种思辨的历史哲学。这里,恩格斯也没有说唯物史观不是历史哲学。这就像恩格斯既要"终结德国古典哲学",同时又要"继承德国古典哲学"一样。

这里存在着一个不可回避的问题,即马克思、恩格斯为什么不直接、明确地把唯物主义历史观称为历史哲学?回答这一问题需要大致了解19世纪上半叶的理论背景。

黑格尔的历史哲学在18世纪末、19世纪初曾独占鳌头,它一方面激发了人们认识历史、探索历史规律的热情,另一方面又把历史学降到了一门辅助学科,甚至哲学婢女的地位,力图使历史成为哲学的见证人。为了证实自己的哲学理论,黑格尔常常不惜对历史施以粗暴的剪裁和歪曲。这种粗暴蛮横的做法激起历史学家的强烈不满和本能反抗。同时,席卷欧洲的浪漫主义思潮唤起了人们复古怀旧的强烈情绪,引导人们逐渐脱离哲学的研究,而趋于历史的研究。在这个过程中,人们认识到历史本身不仅具有独立的内在价值,而且具有独立的研究价值。

正是在这种时代的精神氛围中,独立的史学意识开始觉醒,反叛哲学成了19世纪中叶历史学的一个鲜明特征,哲学凌驾于历史之上的局

①《马克思恩格斯选集》第4卷,第257页。

面被改观,历史哲学因此受到人们的冷遇。在这种特殊情况下,马克思、恩格斯不把唯物主义历史观称为历史哲学是完全可以理解的。实际上,唯物史观就是一种历史哲学,一种新的唯物主义的历史哲学。现代西方哲学家、历史学家以及历史哲学家,大都认为唯物史观是马克思的历史哲学。

确定唯物主义历史观的哲学性质的标准,就在于它所研究的问题与哲学基本问题,即思维与存在的关系问题的联系之中。把研究对象放到与意识的关系中去研究我们怎样才能正确认识对象的问题,是现代哲学特有的研究方式和任务。历史哲学"就历史方面而言,它不能忽视历史这门学科的特殊性(及其包括的问题);就其哲学方面而论,它不能假定历史知识与其他形式的研究和认识毫无相同之处"[1]。《历史研究国际手册》的编撰者伊格尔斯的名言对我们具有重要的启迪。

具体地说,作为历史哲学,唯物主义历史观不仅要研究历史规律,而且要研究能否认识、如何认识历史规律的问题。也就是说,对唯物史观来说,具有原则意义的,正是意识与社会存在、认识与客观历史的关系问题。换言之,唯物史观研究中所遇到的一切问题,只有在同意识与社会存在、认识与客观历史的关系问题联系起来加以阐述时,才能得到哲学的规定。正因为如此,《德意志意识形态》在阐述唯物史观的根本特征时指出,唯物史观"始终站在现实历史的基础上,不是从观念出发来解释实践,而是从物质实践出发来解释观念"[2]。"意识[das Bewuβtsein]在任何时候都只能是被意识到了的存在[das bewaβte Sein],而人们的存在就是他们的现实生活过程。"[3]《〈政治经济学批判〉序言》在总结唯物史观的基本观点时再次重申:"不是人们的意识决定人们的存在,相反,是人们的社会存在决定人们的意识。"[4]

---

① [美] 伊格尔斯:《历史研究国际手册》,第 18—19 页。
② 《马克思恩格斯选集》第 1 卷,第 92 页。
③ 《马克思恩格斯选集》第 1 卷,第 72 页。
④ 《马克思恩格斯选集》第 2 卷,第 32 页。

三、实践：唯物主义历史观的出发点范畴

出发点范畴的不同，预示着唯物主义历史观与其他历史哲学的本质不同。按照马克思的观点，全部社会生活在本质上是实践的，历史无非是人通过人的劳动而诞生的过程，是历史主体与客体相互作用的过程。从发生学意义上说，历史主体与客体都不是预成的、以自身完满的形态进入人类历史的，相反，历史主体与客体都是人们实践活动的创造和重建的结果。人的存在只能是实践中的存在，生产力是人们的实践能力。从根本上说，历史是人的实践活动在时间中的展开，是主体连续不断的建构的过程，是自然界对人的生成过程，是"人改造自然"与"人改造人"的过程。因此，马克思从"感性的人的活动"的角度，以实践为出发点范畴，来考察和理解一切历史现象，来审查、评价和改变以往历史哲学的范畴和规范。

人只能通过实践才能维持自己的存在。实践首先是人以自身的活动引起、调整和控制人与自然之间物质变换的过程；在这个过程中，人与人之间也必须进行活动互换，并必然结成一定的社会关系；而物质实践又生产物质生活本身，制约政治生活、精神生活、社会生活。这就是说，实践是一切社会关系"由此产生"的源泉，是全部社会生活的本质，是人的存在方式。正是在这三重意义上，实践具有历史本体论的意义。不是别人，正是马克思把历史理解为追求着自己目的的人的活动，并认为"整个所谓世界历史不外是人通过人的劳动而诞生的过程，是自然界对人说来的生成过程"①。因此，以实践为出发点范畴来考察历史主体与客体的关系，反思历史的进程及其规律，便成为唯物主义历史观的根本特征。

在唯物主义历史观中，实践原则也就是主体性原则。马克思始终是把实践和主体联系在一起来考察人类历史的，并认为人既是历史的"剧中人"，又是历史的"剧作者"。具体地说，人不仅生活和活动于一定社会关

①《马克思恩格斯全集》第42卷，第131页。

系中,而且不断地变革和创造着自己的社会关系。实践是主体自身不断重建的活动,是环境的改变与人的自我改变相统一的活动。因此,出现在历史中的人,不仅是一个被决定的存在,而且(甚至首先)是一个创造性的存在。人的被决定性只是作为某种历史条件的制约因素出现在人的创造活动之中。

唯物主义历史观确认历史规律的客观性,并认为历史规律构成了人们历史活动的可能性前提,决定了历史发展的大概趋势,从而制约着人类历史的进程。正是在这个意义上,马克思认为,社会的历史同自然的历史是"相似"的①。然而,相似不等于相同。从本质上说,历史不过是人的实践活动在时间中的展开,历史规律是人们自己活动的规律,它不可能脱离人的实践活动而成为独立的实体,也不是消融人的能动性、创造性、主体性的"盐酸池"。一言以蔽之,人是历史的主体,人的实践活动是历史的本体。

因此,唯物主义历史观所确认的前提是现实的个人及其活动。正如马克思所说,"我们开始要谈的前提不是任意提出的,不是教条,而是一些只有在想象中才能撇开的现实前提。这是一些现实的个人,是他们的活动和他们的物质生活条件,包括他们已有的和由他们自己的活动创造出来的物质生活条件"②。"只要描绘出这个能动的生活过程,历史就不再像那些本身还是抽象的经验论者所认为的那样,是一些僵死的事实的汇集,也不再像唯心主义者所认为的那样,是想象的主体的想象活动。"③

对唯物主义历史观来说,实践、主体性问题不是一个局部性的问题,而是一个全局性的问题。然而,自从斯大林的唯物史观模式被定于一尊以后,实践原则、主体性原则都被忽视了,历史发展被看成"内在结构"自律的变化,人仅仅被看作社会关系、历史规律的体现者和传导者,一种脱离了人的实践活动,脱离了经济、政治、文化的交互作用而自动、纯粹起作

---

① 马克思:《资本论》(根据作者修订的法文版第一卷翻译),第4页。
② 《马克思恩格斯选集》第1卷,第66—67页。
③ 《马克思恩格斯选集》第1卷,第73页。

用的"经济必然性"成了历史的主宰。

实际上,人在这个世界上诞生之后,就进入了存在的组合,并以自身赋予存在以新的尺度,即社会性或历史性。如果仅仅从客体方面来研究历史,那只能是一种片面的研究。现代科学技术革命触及人的活动的一切领域,深刻地改变了人的生存条件。这种改变是双重的:既增强了人对自然的统治力量,又使得这种统治力量有可能摆脱人的控制,反过来威胁人类的生存。同时,现代社会变革的实践再次突出了社会环境对人的制约性和人对社会环境的超越性问题。

这表明,现代科学和实践的发展,都越来越突出了实践问题、主体问题;同时,现代科学和实践的发展又为人们对实践问题、主体问题进行哲学反思提供了普遍的必要性和现实的可能性。因此,重建唯物主义历史观必须以实践为出发点范畴,以主体为轴心,重审历史主体与客体的关系,反思历史的进程及其规律。

以实践为本体论,唯物主义历史观又具有两个重要特征,即经济必然性和历史总体性。

与黑格尔把历史规律归结为历史之外的"绝对理性"不同,马克思把历史规律归结为人的物质实践,归结为生产方式运动中产生的经济必然性。经济必然性的内容就是:生产力决定生产关系,从而决定整个社会关系;生产力则是人们改造自然的能力,实质上就是人与自然相互作用的结果。在历史观中,没有比这样一种相互作用更根本的相互作用了。相互作用是事物发展的终极原因。在这个意义上,历史哲学不能追溯到比人与自然的相互作用更远的地方了。物质生活的生产方式制约着整个社会生活、政治生活和精神生活的过程,经济必然性构成一条贯穿于全部历史进程并能使我们从根本上理解这个进程的红线。

但是,历史是人们自己创造的,经济必然性不可能脱离人们的实践活动而成为独立的实体,自动地发生作用;同时,也不可能脱离政治、文化等社会因素而纯粹地发生作用。政治、文化等社会因素之间相互作用,同时对经济必然性产生反作用。在这种相互作用中,政治、文化等社会因素能够在某种限度内改变经济必然性,使经济必然性或多或少地受到影响,并发生某种程度的"变形"。经济必然性同样具有历史性。

经济必然性在人与自然的相互作用中产生,在与政治、文化等社会因素的相互作用中发生某种程度的"变形",也必然在历史主体和客体的相互作用中实现。在实践及其主体和客体相互作用的基础上,唯物主义历史观找到了对于经济必然性的合理理解。经济必然性是唯物主义历史观的内在原则。

唯物主义历史观并不研究整个历史,却把历史作为整体来研究。构成唯物史观重要特征的,不仅是经济必然性原则,还有历史总体性原则。卢卡奇因此指出,必须把"总体的具体的统一"的辩证方法引入对历史的分析中,"只有在这种把社会生活中的孤立事实作为历史发展的环节并把它们归结为一个总体的情况下,对事实的认识才能成为对现实的认识"①。这种认识就是"概念总体"。

根据历史总体性原则,在整个历史进程中,没有一个重大历史事件的起源不能用经济必然性来说明;同时,没有一个重大历史事件不为一定的政治因素和意识形态所引导、所伴同、所追随。历史的演变在任何时候都不是在一种经济的平面上进行的,经济变革需要通过政治变革来实现,而观念变革又是政治变革的先导,如此等等。经济、政治、观念的交互作用形成一种立体网络,历史演变正是通过这种网络结构而进行的。因此,唯物主义历史观把历史理解为一个总体,理解为一个能够变化,并且经常处于变化过程中的有机整体。

可见,在对于历史的理解中,唯物主义历史观当然要根据经济必然性。但是,唯物史观并不把自己局限于"经济解剖学",换言之,唯物史观同时注意直接或间接为经济必然性所决定的社会现象的总和,是关于历史总体的唯物主义"现象学"。历史总体性是唯物史观的又一内在原则。

---

① [匈]卢卡奇:《历史与阶级意识——关于马克思主义辩证法的研究》,杜章智等译,商务印书馆1992年版,第56页。

四、历史认识论：唯物主义历史观的理论生长点

意识与社会存在的关系，从特性化的角度看，就是历史认识的主观形式与客观内容的关系。现代历史哲学关注的重点和力图解决的基本问题就是历史认识的主观形式与客观内容的关系问题。作为现代历史哲学，唯物主义历史观也必须解决历史认识的主观形式与客观内容的关系这一历史认识论的基本问题。在我看来，历史认识论是唯物史观的理论生长点和发展的突破口。

唯物主义历史观的理论生长点包含三重含义：一是马克思有所论述，但又未具体展开、详加探讨的问题，或者说，是以胚胎、萌芽形式包含在唯物史观中的问题；二是这一问题是现代科技革命和社会变革实践所突出的问题，即"热点"问题；三是现代实践和科学的发展为解决这一问题提供了普遍的必要性和现实的可能性。正是在这三重意义上，我认为，历史认识论是唯物主义历史观的理论生长点。

探讨人们创造历史活动的内在结构和运行机制是马克思那个时代首先要解决的课题。按照马克思的观点，自在自为运动着的是人的实践活动，人们在改造、认识着自然界的同时，也改造、创造和认识着自己本身——他的肉体组织、社会关系和思维结构等。从根本上说，历史就是人对自然和社会的改造活动在时间中的展开。同时，人类创造历史的活动又是实际改造活动和观念认识活动共同作用的结果。其中，认识历史的活动也是人们创造历史活动的组成部分。如同自然是人们认识活动的客体一样，历史也是人们认识活动的客体，并同样转化为认识的内容而被观念地加以把握。

正因为如此，唯物主义历史观不仅考察了历史本身如何运动，也分析了人们如何认识历史运动。例如，马克思提出了顺向与逆向相统一的历史研究原则，即不仅要按照历史在时间上的发展顺序，做从古至今的考察，而且要做从今返古的考察。"人体解剖对于猴体解剖是一把钥匙。反

过来说,低等动物身上表露的高等动物的征兆,只有在高等动物本身已被认识之后才能理解。"①在马克思看来,在人类历史上存在着和古生物学上一样的情形,资本主义社会是最发达的和最多样性的历史的生产组织,分析资本主义社会的结构和关系,"能使我们透视一切已经覆灭的社会形式的结构和生产关系"②。

然而,唯物主义历史观毕竟是 19 世纪中叶的产物,它创立之时所面临的首要理论问题,就是批判"历史思辨",确立历史观的唯物主义基础;它着重研究的是历史本身的过程及其规律,是一种关于历史过程的观点。无论是在马克思的《德意志意识形态》《资本论》中,还是在恩格斯对唯物史观做了"最为详尽的阐述"的《反杜林论》《路德维希·费尔巴哈和德国古典哲学的终结》③中,探讨的主要问题都是历史本身的规律,重心都放在从作为基础的社会存在中探索思想观念的形成,以及由这些观念所制约的行动。对于人们认识历史活动的特殊结构、机制以及规律,马克思、恩格斯都有所论述,但都没有详加探讨和具体展开。因此,唯物史观带有浓重的历史本体论色彩,历史认识论只是以胚胎、萌芽的形式包含于其中。

现代实践和科学犹如一个巨大的引力场,吸引着哲学家、历史学家把自己的理论聚焦点从历史本体论转向历史认识论,而现代科学,尤其是量子力学、思维科学、考古学以及哲学本身的发展,又为探讨历史认识论问题提供了普遍的必要性和现实的可能性。对历史认识论的深入探讨,已成为时代的需要以及人类认识发展的趋势。如果说近代历史哲学研究的重心是历史本身的运动规律,那么,现代历史哲学关注的中心则是如何认识历史本身的运动。

按照现代历史哲学的观点,要理解历史事实,首先就要分析和理解历史知识、历史资料的性质,因为人们是通过历史知识去认识客观历史的。

① 《马克思恩格斯选集》第 2 卷,第 23 页。
② 《马克思恩格斯选集》第 2 卷,第 23 页。
③ 参见《马克思恩格斯选集》第 4 卷,第 697—698 页。

问题在于,历史知识、历史资料并不是客观的,而是历史学家的价值观念的产物,这些观念又来源于历史学家当时所面临的需要和环境。"只有现在生活中的兴趣方能使人去研究过去的事实。因此,这种过去的事实只要和现在生活的一种兴趣打成一片,它就不是针对一种过去的兴趣而是针对现在的兴趣的。"①因此,"一切历史都是当代史"。历史学的这种特殊性造成了历史认识论独立存在的必要性。

不难看出,现代历史哲学已经把历史哲学的重心转换到对理性自身能力的批判上来了,即从历史本体论转换到了历史认识论。研究重心的这一转换完全符合人类认识规律,因为人们认识客体的活动发展到一定阶段,就会转变为对这种认识活动本身的批判。现代著名历史学家路易斯·O. 明克指出,20 世纪 40—50 年代以后,对历史认识的性质、特点和方法进行分析,逐渐成为西方历史哲学的内容,"历史学家和哲学家几乎异口同声地赞同 R. G. 科林武德的名言:哲学是关于'思维的思想',因此历史哲学也就是反映历史思想的性质和结构的第二级的活动"②。

任何一门学科的研究重心,都要经历一个从不确定到确定,确定以后还要进行不断调整的过程。哲学以及历史哲学也是如此。因此,唯物主义历史观应自觉地适应人类认识发展的趋势,及时地转换自己的研究重心,即从历史本体论转换到历史认识论。在我看来,这正是唯物史观的理论生长点。

对于历史认识论的探讨,唯物主义历史观同样以实践为出发点范畴。唯物史观的高明之处就在于,它从现实实践是对客观历史反映的"转换尺度""显示尺度"出发,来探讨历史认识过程及其规律,并把历史认识看作人们由现实实践的激发而对客观历史的认识。人们认识历史是通过现实实践这一特定的存在为中介的,因此,不存在一个抽象的反映以及从感性认识到理性认识的过程。认识是人们实践活动的内化与升华,对历史认

---

① ［意］贝奈戴托·克罗齐:《历史学的理论和实际》,第 2 页。
② 转引自［美］伊格尔斯:《历史研究国际手册》,第 20 页。

识的广度和深度取决于实践的"格",以及由实践的格所内化和升华的思维的"格"。反映只是认识的一个特点,仅仅从反映论角度来探讨历史认识论问题,显然是不够的。

对于人的认识历史的活动,唯物主义历史观不仅要从宏观上揭示,而且要从微观上探讨,即探讨历史认识是如何通过个体意识转化为社会意识而实现的;不仅要探讨历史认识的"形式"问题,而且要探讨现代历史哲学面临的最突出的问题——作为认识主体的历史研究者与作为认识客体的客观历史之间关系的问题,以及与此相关的历史认识是否具有或怎样才能具有真理性的问题。只有这样,唯物史观才能与现代西方历史哲学进行有效"对话",而不是"隔空喊话"。

现代实践、科学以及历史学和哲学本身的发展,日益突出了历史认识论的重要性,研究历史认识论问题已经成为历史哲学的发展趋势。因此,我们应适应现代实践、科学以及历史学和哲学本身的发展,使原先以胚胎、萌芽形式包含在唯物主义历史观中的历史认识论问题突显出来,并予以系统、深入的研究,从而使唯物史观成为历史本体论与历史认识论相统一的历史哲学。

五、历史本体论与历史认识论:唯物主义历史观的双重职能

所谓历史本体论,就是指探讨历史本身的性质和特点的理论,也就是恩格斯所说的"关于历史过程的观点";历史认识论则是指关于历史认识的性质和特点的理论。具体地说,历史认识论就是研究作为认识主体的人对于以人为主体的历史的认识过程及其规律的理论,如历史认识中的主观性与客观性的关系、相对性与绝对性的关系、阶级性与科学性的关系,历史认识的社会功能,历史认识的检验标准等,都属于历史认识论的问题。

如果说从 18 世纪末到 19 世纪中叶是历史本体论的时代,那么,从 19 世纪末到 20 世纪中叶则是历史认识论的时代。当今,这两种系统在某种

程度上出现了"合流"的趋势——人们在历史本体论"复活"的基础上深化历史认识论研究。在我看来,之所以出现这种合流的趋势,是因为历史本体论与历史认识论本身就具有内在的联系,只是由于不同时代认识水平的差别和不同的需要,才把研究重心或者放在历史本体论上或者放在历史认识论上。作为现代历史哲学,唯物主义历史观应在深化历史本体论的基础上加强历史认识论研究,并把历史认识论与历史本体论统一起来,成为一个理论整体。

任何历史认识论总是或隐或显地以某种历史本体论为其立论的前提和依据。现代西方历史哲学蔑视历史本体论并把后者称为思辨的历史哲学,然而,它本身信奉的仍是一种本体论,即思想本体论、历史过程无规律论或多元论。例如,柯林武德之所以反对把自然科学的方法和概念引入历史学,强调历史认识的"设身处地的领悟方法",即历史认识就是在自己的心灵中对历史行动者的思想进行设身处地的"重演",其立论的依据正是一种历史本体论——历史是思想史。按照柯林武德的观点,"一个自然过程是各种事件的过程,一个历史过程则是各种思想的过程"[1]。可见,历史哲学企图避开历史本体论去探讨历史认识论,实际上是不可能的。既然历史认识论必须以历史本体论为立论的前提和依据,那么历史本体论就必然对历史认识论起导向作用。这是问题的一方面。

另一方面,历史本体论的真正确立又有赖于对人们认识历史能力的分析,而历史认识论就是对人们认识历史能力的考察。康德之所以能在哲学史上造成一场"哥白尼式的革命",其实质就在于他提出了一个振聋发聩的思想:本体论的确立有赖于认识论的研究,对存在本身认识的是非曲直有赖于对理性认识能力的考察。正因为这一点,康德才把近代哲学家从形而上学"独断论"的迷梦中"唤醒",从而成为德国古典哲学的创始人。康德的这一观点同样适合于历史领域。现代历史哲学所提出的"历史科学何以可能"这一问题,实际上是康德的哲学观点在历史学中的"回

---

① [英]柯林武德:《历史的观念》,第304页。

声"。可见,历史本体论如果脱离了历史认识论,其结论必然是独断的、不可靠的。历史本体论的真正确立及其发展有赖于历史认识论的探讨及其发展。

从现代知识结构看,历史本体论主要揭示历史现象的本源和派生的关系。在这里,意识与社会存在都是作为最高范畴出现的,而历史认识论正是要揭示意识与社会存在、认识与客观历史如何达到一致的辩证逻辑。因此,唯物主义历史观的全部范畴都应该把解决意识与社会存在、认识与客观历史的关系问题作为自己的根本任务。唯物史观的全部范畴都应既是历史本体论的范畴,同时又是历史认识论的范畴,从而科学地解答意识与社会存在、认识与客观历史的关系问题。

唯物主义历史观不是对历史规律的客观描述,而是把研究的客体放到与意识的关系中去探讨怎样才能正确把握历史规律;不仅回答"历史是什么"的本体论问题,而且回答"人们如何认识历史"的认识论问题。一句话,唯物史观扬弃历史本体论与历史认识论的理论对立,同时实现着历史本体论与历史认识论的双重职能。

作为历史本体论与历史认识论的统一,唯物主义历史观同时又是历史方法论。所谓方法,乃是人们在认识活动和实践活动中获得一定成果的方式。任何科学方法,都必然包含着对对象自身运动规律的认识,从内容和本质上说,方法就是对规律的自觉运用。正如现代著名科学家巴甫洛夫所说,科学方法"是'被移植'和'被移入'到人类意识中的客观规律性,是被用来自觉地有计划地解释和改变世界的工具"①。例如,生产力决定生产关系,生产关系决定社会关系,这是历史的客观规律。当这个历史的客观规律"被移植""被移入"人的意识中并用来分析社会现象时,就转化为方法论。正如列宁所说,马克思"所用的方法",就是"从一切社会关系中划分出生产关系,即决定其余一切关系的基本的原始的关系",并"把

---

① 转引自〔苏〕П. В. 柯普宁:《作为认识论和逻辑的辩证法》,彭漪涟等译,华东师范大学出版社1984年版,第54页。

社会关系归结于生产关系,把生产关系归结于生产力的水平"①。由此,就能发现历史规律的"重复性和常规性",就能"把各国制度概括为社会形态这个基本概念",就能"有可靠的根据把社会形态的发展看作自然历史过程"②,就能"从记载(和从理想的观点来评价)社会现象进而以严格的科学态度去分析社会现象"③。

作为关于历史研究方式的性质和特点的历史方法论,不过是历史规律的主观运用,不过是关于如何理解、掌握和运用一切具体的历史研究方法的理论,它提供的是如何对待和处理认识的主观形式与客观历史的关系问题的基本原则,并以此指导人们去正确地认识历史。因此,历史方法论的主要之点并不在于它被到处运用,而在于它试图揭示历史认识向真理运动的规律,而这正是历史本体论、历史认识论的基本内容。从根本上说,历史方法论的源头存在于历史本体论之中。现代西方两种基本的历史方法论——设身处地的领悟方法和以普通规律假设进行推理的方法之争,其分歧的源头就在于二者对历史本身的看法不同。历史方法论与历史认识论、历史本体论具有内在的逻辑联系。

唯物主义历史观确认人类历史与自然历史有"相似"的一面,因此,历史科学与自然科学的方法也有其相通的一面;同时,唯物史观又确认人类历史的独特性,即人类历史不过是追求着自己目的的人的活动,这一总特点带来了另外两个相互关联的特点,即人类历史发展的演进性最强和人类历史运动的重复率最低。因此,历史科学的方法又有其独特性。例如,马克思曾经指出:"分析经济形式,既不能用显微镜,也不能用化学试剂;抽象是唯一可以当作分析工具的力量。"④实际上,对整个历史科学来说,科学抽象法具有普遍意义。

恩格斯有句名言:随着自然科学划时代的发现,唯物主义也必然要改

---

① 《列宁选集》第 1 卷,人民出版社 1995 年版,第 6 页。
② 《列宁选集》第 1 卷,第 8、8—9 页。
③ 《列宁选集》第 1 卷,第 8 页。
④ 马克思:《资本论》(根据作者修订的法文版第一卷翻译),第 2 页。

变自己的形式。同样,随着社会生活的巨大变革和社会科学的划时代发展,唯物主义历史观也要改变自己的形式。在我看来,唯物主义历史观的现代形态就是历史本体论、历史认识论和历史方法论的统一,它从三个方面共同解决人们创造历史的活动和认识历史的活动面临的基本矛盾,标志着马克思主义的历史哲学在理论性质、内容和职能等方面与其他一切历史哲学的根本不同。

第三章

唯物主义历史观的创立与理论基础的演变

唯物主义历史观是马克思的第一个伟大发现,它集中而鲜明地体现了马克思哲学的独创性及其划时代贡献。马克思犹如普罗米修斯,他用唯物主义之光照亮了长期在黑暗中摸索的历史理论。然而,马克思创立唯物主义历史观的过程又是一条艰难曲折的思想登山之路。这一过程既体现了科学研究的一般规律,又反映了马克思思想进程的独特性质,并显示出实践的观点是唯物史观的理论基础。

一、马克思创立唯物主义历史观的历史进程

从总体上看,1843 年之前,马克思仍是一个唯心主义者。从 1843 年起,马克思以政治为切入点,在历史观上开始由唯心主义转向唯物主义,并逐步创立了唯物主义历史观。正如马克思在 1843 年 3 月 13 日致卢格的信中所说,"费尔巴哈的警句只有一点不能使我满意,这就是:

他过多地强调自然而过少地强调政治。然而这一联盟是现代哲学能够借以成为真理的唯一联盟。结果大概象在十六世纪那样，除了醉心于自然的人以外，还有醉心于国家的人"①。实际上，马克思自己就是"醉心于国家的人"。

正是从解决国家与市民社会的关系问题入手，马克思开始了创立唯物主义历史观的历程。具体地说，马克思是从 1843 年的《黑格尔法哲学批判》开始创立唯物史观的历史进程的，其标志就是《黑格尔法哲学批判》提出两个重要命题，即市民社会是政治国家的基础和前提②，以及政治国家"是私有财产的已经得到实现的本质"③。

当然，"市民社会决定国家"这一观点本身还不能说就是唯物主义历史观的观点，因为马克思此时还没有真正了解市民社会的内在结构和性质，还是从抽象的人的本质来理解市民社会和财产关系的，即把市民社会看作"人的本质的实现"或"人的本质的客体化"。但是，这两个命题的提出却标志着唯物史观开始形成。

其一，马克思在《黑格尔法哲学批判》中不仅批判了黑格尔的"逻辑泛神论"，批判了黑格尔的唯心主义辩证法，而且这种哲学批判是与历史研究结合在一起的。马克思这一时期理论活动的特点，就是哲学批判与历史研究的有机结合。

其二，把市民社会看作人的本质的实现显然有费尔巴哈人本唯物主义的色彩，但是，把家庭、市民社会和国家看成人的存在的社会形式，又包含着反对把人看成脱离社会的纯粹自然存在物的观点。更重要的是，《黑格尔法哲学批判》已对人的"社会特质"进行了初步的分析，显露出不同于费尔巴哈人本唯物主义的新趋向。

其三，"市民社会决定国家"这一命题是具有发展能力的唯物主义历史观的萌芽，唯物史观的基本观点之一即经济基础决定政治上层建筑，就

①《马克思恩格斯全集》第 27 卷，人民出版社 1972 年版，第 442—443 页。
②《马克思恩格斯全集》第 1 卷，人民出版社 1956 年版，第 251、252 页。
③《马克思恩格斯全集》第 1 卷，第 369 页。

是这一观点延伸和深化的产物。

因此，《黑格尔法哲学批判》提出了唯物主义历史观形成史上的第一个起始原理，即市民社会决定国家，因而成为唯物史观开始形成的标志。

《1844 年经济学哲学手稿》在唯物主义历史观形成史上处于承前启后、继往开来的历史地位。从唯物史观形成的角度来看，《1844 年经济学哲学手稿》提出了如下具有突破性的观点：

第一，把实践与劳动、生产以及"工业"结合在一起，发现了人类实践活动的根本形式及其特征。按照《1844 年经济学哲学手稿》的观点，人的实践活动是对象性活动，如果不具有对象性的活动这一特征，就不是人的实践活动，正是改造自然的活动及其产物证实了实践活动是对象性的活动；同时，人的实践活动又是社会性的活动，即"类活动"，在实践中，不仅人同自然发生一定的关系，人与人之间也要发生一定的关系，在社会关系之外，不可能产生人与自然的关系。

第二，从"生命活动性质"的视角分析了人的本质，发现人的本质是劳动。《1844 年经济学哲学手稿》认为，考察人的本质，首先要分析人的生命活动的特殊性，因为"一个种的全部特性、种的类特性就在于生命活动的性质"[1]。动物的生命活动性质是本能活动，人的生命活动性质则是劳动。劳动是人的本质，是人与动物区别的根本标志。人是"自然存在物""社会存在物""有意识的存在物"的统一，是一种"总体存在物"。这种"统一"和"总体性"正是在劳动中形成的。"通过实践创造对象世界，即改造无机界，证明了人是有意识的类存在物……正是在改造对象世界中，人才真正地证明自己是类存在物。"[2]

第三，从人与自然的关系的视角考察人类历史，发现了历史是主体与客体相互作用的结果。按照《1844 年经济学哲学手稿》的观点，"整个所谓世界历史不外是人通过人的劳动而诞生的过程，是自然界对人说来的

---

① 《马克思恩格斯全集》第 42 卷，第 96 页。
② 《马克思恩格斯全集》第 42 卷，第 96—97 页。

生成过程"①。马克思的这一论述可谓言简意赅,表明历史主体与客体的形成及其关系是以劳动为基础和中介的,历史是以人对自然的改造为基础的,历史的本质是人的实践活动在时间中的展开。马克思的这一观点同时表明,社会发展是人的自觉活动过程和自然历史过程的统一。既然历史是通过劳动形成的,而劳动又是"有意识的类活动",那么,历史当然是人的自觉活动的过程;既然历史又是自然界对人生成的过程,而人本身也是一种客观存在,那么,"历史是人的真正的自然史"②。

第四,以物质生产为基础剖析社会结构,发现了社会的物质基础。《1844年经济学哲学手稿》一方面反对把社会看作抽象的脱离人的独立实体,认为应当避免重新把"社会"当作抽象的东西同个人对立起来;另一方面又认为,社会结构是人的活动的对象化,具有相对独立性,其中,物质生产是整个社会的物质基础。"宗教、家庭、国家、法、道德、科学、艺术等等,都不过是生产的一些特殊的方式,并且受生产的普遍规律的支配。"③把政治上层建筑和意识形态看作受物质生产的一般规律支配、决定的因素,也就发现了社会的真实基础。

这样,《1844年经济学哲学手稿》就深化、扩展了《黑格尔法哲学批判》提出的市民社会决定国家的观点。当然,《1844年经济学哲学手稿》还没有深入到物质生产的内在结构,还没有把握物质生产本身运动的"普遍规律"是什么,还缺乏对物质生产决定精神生产的机制和过程的科学说明,因而"物质生产决定上层建筑"命题的内涵还较为笼统。因此,《1844年经济学哲学手稿》是一部过渡性著作,它既是唯物主义历史观形成史上第一个起始原理的深化和拓展,并为唯物史观基本原理的全面制定提供了理论基础,同时,它本身又尚未达到唯物史观的科学形态。

马克思以后的思想发展,一方面在理论和方法上摒弃了《1844年经济学哲学手稿》中的一些观点,另一方面又沉淀了《1844年经济学哲学手

① 《马克思恩格斯全集》第42卷,第131页。
② 《马克思恩格斯全集》第42卷,第169页。
③ 《马克思恩格斯全集》第42卷,第121页。

稿》已经取得的成果,从根本上说,是沿着《1844 年经济学哲学手稿》开辟的从人的实践活动中寻找历史发源地这一方向前进的:通过揭示物质生产的历史作用,马克思发现了社会关系的客观规定性;通过肯定人的主体作用,马克思发现了人民群众创造历史的作用。

这两方面的进展在《神圣家族》中得到了集中体现。《神圣家族》明确地把"生产方式"作为理解现实历史的基础,认为物质生产是"历史的发源地",并从"人对自然界的理论关系和实践关系"去理解历史[1],从"实物"中发现了"人的存在"和"人对人的社会关系"[2];同时,《神圣家族》又肯定了人是历史的主体,认为历史本质上是追求着自己目的的人的活动,并从中得出一个重要结论,即"历史活动是群众的事业,随着历史活动的深入,必将是群众队伍的扩大"[3]。

对唯物主义历史观来说,这两个观点具有重要意义。正如列宁所说,"发现唯物主义历史观,或者更确切地说,把唯物主义贯彻和推广运用于社会现象领域,消除了以往的历史理论的两个主要缺点。第一,以往的历史理论至多只是考察了人们历史活动的思想动机,而没有研究产生这些动机的原因,没有探索社会关系体系发展的客观规律性,没有把物质生产的发展程度看作这些关系的根源;第二,以往的理论从来忽视居民群众的活动,只有历史唯物主义才第一次使我们能以自然科学的精确性去研究群众生活的社会条件以及这些条件的变更"[4]。因此,马克思"指出了科学地研究历史这一极其复杂、充满矛盾而又是有规律的统一过程的途径"[5]。正是在这个意义上,从《神圣家族》开始,马克思踏上了全面创立唯物主义历史观的进程。用恩格斯的话来说就是,创建"关于现实的人及其历史发展的科学","是由马克思于 1845 年在《神圣家族》中开始的"[6]。

① 《马克思恩格斯全集》第 2 卷,人民出版社 1957 年版,第 191 页。
② 《马克思恩格斯全集》第 2 卷,第 52 页。
③ 《马克思恩格斯全集》第 2 卷,第 104 页。
④ 《列宁选集》第 2 卷,第 425 页。
⑤ 《列宁选集》第 2 卷,第 425 页。
⑥ 《马克思恩格斯选集》第 4 卷,第 241 页。

《神圣家族》之后,马克思理论活动的特点仍是经济学研究与哲学批判的有机结合,这两方面的工作体现在《评弗里德里希·李斯特的著作〈政治经济学的国民体系〉》和《关于费尔巴哈的提纲》中。前者分析和解剖了作为现代历史基础的"工厂制度",把工业劳动本身的物质内容和社会形式区分开来,开始探讨生产方式的内在结构;后者以"实践"为基础,揭示了社会生活的本质、人的本质、人与环境的关系等。对唯物主义历史观来说,具有决定性意义的结论是:"全部社会生活在本质上是实践的。"①这一结论是对社会的起源和基础、社会生活的基本内容和社会发展规律特点的高度概括。社会是人类活动的领域,劳动创造了人,同时也创造了人类社会,并构成人类社会的基础。物质生产是社会存在的基础,但不是社会生活的唯一内容,多种形式的实践活动,包括政治活动、科学实验,构成了社会生活的基本内容;人是社会的主体。社会发展规律并不是凌驾于人类活动之上或存在于人的活动之外,而是形成、存在并实现于人的实践活动之中,表现为一种最终决定人类行为结局的力量。

"人的本质……在其现实性上,它是一切社会关系的总和。"②这一观点是对《1844 年经济学哲学手稿》关于"劳动是人的本质"思想的深化。劳动内在地包含着人与自然的关系和人与社会的关系,但直接决定人的本质,并把人与人区别开来的是社会关系。"人的本质是社会关系的总和"这一命题的提出,表征着马克思已深入到劳动过程的内部,从实践活动中发现了人的社会关系,从社会关系中发现了人的现实本质,从而从人与动物的区别进入到人与人的区别。这样,马克思终于突破了个体与类的框架,从人的"类本质"转向人的社会本质。

"环境的改变和人的活动或自我改变的一致,只能被看作是并合理地理解为革命的实践。"③人与环境的关系,是近代历史哲学所要解决的基本

---

① 《马克思恩格斯选集》第 1 卷,第 56 页。
② 《马克思恩格斯选集》第 1 卷,第 56 页。
③ 《马克思恩格斯选集》第 1 卷,第 55 页。

问题。自从爱尔维修提出"人是环境的产物"与"人的意见支配环境"之后,近代历史哲学家无一不在这个矛盾之网中挣扎。黑格尔用思辨的逻辑把二者的矛盾编织在绝对观念的自我发展之网中,但问题只是转移而没有解决。马克思的高明之处就在于,把人与环境的关系问题置于实践的基础上,真正发现了人与环境,即历史主体与客体之间的辩证关系及其现实基础,从而打开了走向历史深处的大门。

《关于费尔巴哈的提纲》总共 11 条,全文不过 1 200 多字,但它包含着丰富的内容,具有重要的理论意义,可以说是马克思全面创立唯物主义历史观的理论纲要。正是在这个意义上,恩格斯称之为"历史唯物主义的起源"①,是"包含着新世界观的天才萌芽的第一个文件"②。

1846 年的《德意志意识形态》全面展开了《关于费尔巴哈的提纲》,即全面创立了唯物主义历史观。

《德意志意识形态》确定了唯物主义历史观的理论出发点。按照《德意志意识形态》的观点,人类历史的第一个前提就是"有生命的个人存在",这些个人使自己和动物区别开来的"第一个历史活动",也是每日每时都要进行的历史活动,即"一切历史的基本条件",就是物质实践。物质实践包含着人与自然的关系和人与人的关系,实际上是以缩影的形式蕴含着、体现着社会结构。因此,唯物史观必须注意并高度重视人的实践活动,并以此作为理论出发点。《德意志意识形态》指出,唯物史观的本质特征就是"从物质实践出发来解释观念",并以此为基础完整地描述历史过程以及"事物的这些不同方面之间的相互作用"③。

《德意志意识形态》制定了唯物主义历史观的基本原理:一是关于社会结构的理论,即生产力、社会状况和意识,以及生产方式、交往方式、市民社会(社会的"现实基础")、政治上层建筑和"观念的上层建筑";二是关于社会发展动力的理论,即生产力与交往形式的矛盾运动、市民社会

---

① 《马克思恩格斯全集》第 39 卷上,第 24 页。
② 《马克思恩格斯选集》第 4 卷,第 213 页。
③ 参见《马克思恩格斯选集》第 1 卷,第 92 页。

（社会的"现实基础"）与上层建筑的矛盾运动，以及阶级斗争的历史作用；三是关于历史过程的理论，即部落所有制、古代公社所有制和国家所有制、封建的或等级的所有制、资产阶级所有制和共产主义所有制，以及"历史向世界历史的转变"；四是关于人的全面发展的理论，即人的本质与自主活动、分工与人的发展、个人向"完整的个人"的发展，以及"确立有个性的人"。

在《1844 年经济学哲学手稿》《神圣家族》中，马克思已经从社会生活领域中划分出经济领域，发现历史是人通过人的劳动而形成的过程，是人类追求自己目的的活动，进而指出历史的发源地是物质生产方式。但是，生产方式本身如何运动，生产方式是如何决定社会发展的，或者说社会是如何发展的，是《1844 年经济学哲学手稿》《神圣家族》尚未解决的问题。

在《德意志意识形态》中，马克思则深入到生产方式的内在结构中，自觉意识到生产方式包含两个方面，即生产力和"物质交往"形式；生产力决定交往关系，交往关系必须适合"生产力发展的水平"，否则，它就会成为生产力发展的"桎梏"；直接决定国家政权以及意识形态的是"市民社会"，"市民社会""始终标志着直接从生产和交往中发展起来的社会组织，这种社会组织在一切时代都构成国家的基础以及任何其他的观念的上层建筑的基础"①。

同时，马克思自觉意识到生产力与交往形式的关系就是交往形式同个人的活动的关系，并认为人类历史上存在过的任何一种交往形式"起初是自主活动的条件，后来却变成了它的桎梏，它们在整个历史发展过程中构成一个有联系的交往形式的序列，交往形式的联系就在于：已成为桎梏的旧交往形式被适应于比较发达的生产力，因而也适应于进步的个人自主活动方式的新的交往形式所代替；新的交往形式又会成为桎梏，然后又为别的交往形式所代替。由于这些条件在历史发展的每一阶段都

----

① 《马克思恩格斯选集》第 1 卷，第 131 页。

是与同一时期的生产力的发展相适应的,所以它们的历史同时也是发展着的、由每一个新的一代承受下来的生产力的历史,从而也是个人本身力量发展的历史"①。因此,"一切历史冲突都根源于生产力和交往形式之间的矛盾"②。

《德意志意识形态》提出了唯物主义历史观的结论——共产主义是历史的必然。与《1844年经济学哲学手稿》不同,《德意志意识形态》已不是从人的本质的"复归"去论证共产主义,而是从生产力与交往形式的矛盾运动中去探寻共产主义的历史必然性。按照《德意志意识形态》的观点,共产主义既不是"应当确立的状况",也不是"现实应当与之相适应的理想",而是从资本主义社会的内在矛盾运动中必然产生的"消灭现存状况的现实的运动"③,"对实践的唯物主义者,即共产主义者来说,全部问题都在于使现存世界革命化,实际地反对并改变现存的事物"④;同过去一切运动相比,共产主义的独特性在于,它推翻一切旧的生产关系和交往关系的基础,"消灭任何阶级的统治以及这些阶级本身"⑤,是"联合起来的个人对全部生产力的占有"⑥,并且使无产者"自己的个性得以实现"⑦。这样,马克思就彻底洗刷了共产主义学说的伦理色彩,把共产主义理论奠定在科学的基础上。

这样,马克思就正确地解答了生产方式本身如何运动及其如何决定社会发展的问题,并科学地制定了唯物主义历史观的出发点、基本原理和结论。因此,《德意志意识形态》标志着唯物史观形成过程的基本结束。换言之,在《德意志意识形态》中,马克思大致完成了创立唯物史观的任务。

---

① 《马克思恩格斯选集》第1卷,第123—124页。
② 《马克思恩格斯选集》第1卷,第115页。
③ 参见《马克思恩格斯选集》第1卷,第87页。
④ 《马克思恩格斯选集》第1卷,第75页。
⑤ 《马克思恩格斯选集》第1卷,第91页。
⑥ 《马克思恩格斯选集》第1卷,第130页。
⑦ 《马克思恩格斯选集》第1卷,第121页。

二、马克思创立唯物主义历史观的思维逻辑

关于马克思创立唯物主义历史观思维逻辑的问题,是对唯物史观形成史的进一步抽象,注重从逻辑上探讨马克思是如何发现历史运动的一般规律,从而创立唯物史观的。

如前所述,《莱茵报》时期的马克思,从总体上看,仍是一个黑格尔唯心主义者,即认为真正的国家是理性的实现,理念是国家的实体。但是,这一时期实际的政治斗争,又使马克思看到黑格尔的理念国家同现实社会的矛盾,开始怀疑黑格尔法哲学。这就促使马克思开始独立地研究社会问题。1843年的《黑格尔法哲学批判》就是对《莱茵报》时期遇到的实际问题和理论问题进行回答的第一次尝试。马克思后来指出:"为了解决使我苦恼的疑问,我写的第一部著作是对黑格尔法哲学的批判性的分析。"①

在《黑格尔法哲学批判》中,马克思总结了《莱茵报》时期的实际经验,吸收了《克罗茨纳赫笔记》历史研究的成果,并在费尔巴哈哲学的启发下,第一次发现了市民社会与国家的真实关系,从而在黑格尔历史观上打开了第一个缺口。具体地说,马克思此时已经认识到市民社会是国家产生的基础、前提和原动力,即"政治国家没有家庭的天然基础和市民社会的人为基础就不可能存在。它们是国家的 conditio sine quan non[必要条件]"②;已经认识到私有财产对国家的支配作用,即政治国家"是私有财产的已经得到实现的本质"③,"国家制度在这里就成了私有财产的国家制度"④。尽管马克思在这里还没有把私有财产看成一种特定的生产关系,但财产关系毕竟是一种经济关系,是生产关系的"法律用语"。

---

① 《马克思恩格斯选集》第2卷,第32页。
② 《马克思恩格斯全集》第1卷,第252页。
③ 《马克思恩格斯全集》第1卷,第369页。
④ 《马克思恩格斯全集》第1卷,第380页。

可见，《黑格尔法哲学批判》的结论极为明确，不是国家决定市民社会，而是市民社会，即人们之间的经济关系决定国家。马克思后来在《〈政治经济学批判〉序言》中指出，通过批判黑格尔法哲学，他得出一个结论，这就是市民社会，即物质生活关系决定国家与法①。这一基本事实的发现具有重要的意义，它必然使马克思认识到市民社会中蕴藏着理解社会发展过程的关键。问题的重要性就在于：方向已经指明，道路开始开拓，马克思已经开始走向一条哲学唯物主义路线。普列汉诺夫正确地指出："马克思阐明他的唯物主义历史观是从批评黑格尔的法权哲学开始的。"②

市民社会是国家的基础的观点的提出，必然使马克思意识到，应当把握市民社会的"特殊逻辑"，从而把握整个历史的运动规律。但是，《黑格尔法哲学批判》只是提出这一任务，而没有解决这一任务。市民社会的内部结构和发展规律还有待马克思去发现，生产关系的秘密对马克思来说仍然是一个"秘密"。因此，作为基础的市民社会，以至整个社会对此时的马克思来说，还是一个混沌的整体，即感性具体。

感性具体只是认识的起点，它必须经过一系列的分析活动升华为抽象规定，找到一个与历史起点相一致的、再现现实具体的逻辑起点，进而揭示事物的本质及其内在联系。因此，对市民社会的解剖是马克思思维进程内在的逻辑要求。"关于市民社会的科学，也就是政治经济学。"③这使马克思意识到，"对市民社会的解剖应该到政治经济学中去寻求"④。因此，1844年，马克思开始研究政治经济学，剖析市民社会。《1844年经济学哲学手稿》就是这一工作的初步总结。

从经济事实——"物的世界的增值与人的世界的贬值成正比"——出发，《1844年经济学哲学手稿》运用哲学研究已经取得的成果，通过对资本主义的生产、分配、交换和消费的分析，通过对英国古典经济学以及德

① 参见《马克思恩格斯选集》第2卷，第32页。
② ［俄］普列汉诺夫：《马克思主义的基本问题》，张仲宝译，生活·读书·新知三联书店1959年版，第10页。
③ 《马克思恩格斯全集》第16卷，人民出版社1964年版，第409页。
④ 《马克思恩格斯选集》第2卷，第32页。

国古典哲学的批判,创立了异化劳动理论。正是通过异化劳动理论,马克思在创立唯物主义历史观的进程中获得了重大的突破。

通过异化劳动理论,马克思从社会的横断面透视了资本主义社会的社会关系,并认为:"通过异化的、外化的劳动,工人生产出一个跟劳动格格不入的、站在劳动之外的人同这个劳动的关系。工人同劳动的关系,生产出资本家……同这个劳动的关系。"①"整个人类奴役制就包含在工人同生产的关系中,而一切奴役关系只不过是这种关系的变形和后果罢了。"②把马克思的这些论述同生产关系的"经典定义"相比,可以看出,尽管马克思在这里还没有揭示出生产关系各要素之间的联系,还没有用生产力说明生产关系,但是,马克思已经把人们在生产中形成的关系看成其他社会关系的基础了。

由此,马克思提出了一条重要原理:"宗教、家庭、国家、法、道德、科学、艺术等等,都不过是生产的一些特殊的方式,并且受生产的普遍规律的支配。"③这一论断表明,《1844 年经济学哲学手稿》首次形成了物质生产在社会生活中起决定作用的思想,摸索出物质生活决定政治生活、精神生活和社会生活这一唯物主义历史观的基本原理。这是马克思第一次从总体上对整个社会生活及其内部关系所做的完整分析和高度概括。

同《黑格尔法哲学批判》提出的市民社会决定国家的论断相比,《1844 年经济学哲学手稿》提出的物质生产领域决定社会其他领域的论断,无论从深度上还是广度上,都表明马克思对社会的认识大大前进了一步。具体地说,市民社会,按照《黑格尔法哲学批判》的理解是一般的物质关系,而《1844 年经济学哲学手稿》则从物质生产过程中发现了人与人之间的经济关系和市民社会背后的物质生产,从而揭示了社会结构的深刻基础。更重要的是,这一论断已不是仅限于搞清市民社会与国家、法的关系,而是涉及社会结构的基本方面——物质生产、政治关系以及意识形态。这

①《马克思恩格斯全集》第 42 卷,第 100 页。
②《马克思恩格斯全集》第 42 卷,第 101 页。
③《马克思恩格斯全集》第 42 卷,第 121 页。

表明《1844 年经济学哲学手稿》既接近提出经济基础决定上层建筑的原理,又为进一步解答"历史之谜"提供了理论基础。

通过异化劳动理论,马克思不仅剖析了社会结构,而且分析了社会历史。按照《1844 年经济学哲学手稿》的观点,历史从其最简单的意义上说,就是人类生命活动的持续过程。"人靠自然界生活",因此,人的第一个,也是最基本的活动就是劳动。通过劳动,人"创造对象世界,即改造无机界,证明了人是有意识的类存在物"①;通过劳动,人改变着自然界、社会和人自身,从而推动着社会发展,创造社会历史。

在人类社会初期,劳动和人是统一的;到了一定历史阶段,劳动发生异化,产生私有制。"人的生命为了本身的实现曾经需要私有财产",私有制社会创造了巨大的工业和先进的科学,日益改造着人们的生活;劳动和资本的对立,又必然导致消灭异化劳动和私有制,并保存以往发展的全部财富的共产主义革命,"人的生命现在需要消灭私有财产"②。从根本上说,一部人类史就是物质生产发展史,历史本质上是人类实践活动在时间中的展开。

在社会结构和社会历史这两个方面研究成果的基础上,《1844 年经济学哲学手稿》揭示了劳动的地位和作用,即"整个所谓世界历史不外是人通过人的劳动而诞生的过程,是自然界对人说来的生成过程"③,从而揭示了社会的基础、历史的源泉和人的存在方式。正是通过对劳动的考察和分析,《1844 年经济学哲学手稿》发现了劳动内含着双重关系:一方面是人与自然的关系,另一方面是人与人的社会关系。所以,恩格斯指出,唯物主义历史观"在劳动发展史中找到了理解全部社会史的锁钥"④。

可以看出,《1844 年经济学哲学手稿》中的劳动概念包含着人与自然的关系和人与人的社会关系,同时,它又是一个与历史起点相一致的发展

①《马克思恩格斯全集》第 42 卷,第 96 页。
②《马克思恩格斯全集》第 42 卷,第 148 页。
③《马克思恩格斯全集》第 42 卷,第 131 页。
④《马克思恩格斯选集》第 4 卷,第 258 页。

概念——社会历史通过劳动而产生,随着劳动的发展而发展。从纵向和横向两个方面研究劳动,就能理解社会历史的奥秘。因此,《1844年经济学哲学手稿》中的劳动概念的重要意义就在于:它是社会历史本质的、高度的抽象,为马克思从理论上再现现实的具体的社会提供了逻辑起点,标志着马克思对社会历史的认识已经进入由完整的表象蒸发为抽象的规定的阶段。

毋庸置疑,《1844年经济学哲学手稿》中的劳动理论有其局限性:用主观确立的尺度——"真正人的社会""完善了的人"——来衡量资本主义制度的非人化和反人性的现实,显然是费尔巴哈人本唯物主义的痕迹;用异化劳动的产生和消灭来说明私有制的产生和灭亡,也不可能科学地说明社会历史。但是,对一个新学说的创立者来说,重要的不是保留了多少传统观念的痕迹,而是那突破了传统观念、具有强大生命力的幼芽。这是新学说的生命力之所在。

从感性的具体上升到思维的抽象,无疑是认识上的飞跃。但是,思维的具体才是认识活动的归宿。《1844年经济学哲学手稿》中的劳动概念虽然为认识现实的具体的社会提供了逻辑起点,但《1844年经济学哲学手稿》并未在思维中再现现实的具体的社会。因此,马克思必然要继续完成对社会历史的研究,即使"抽象的规定在思维行程中导致具体的再现"[1]。

写于1845年11月至1846年夏的《德意志意识形态》对1844年秋至1845年春这一时期的经济学和哲学研究的成果进行了概括和深化,从理论上再现了社会的基本结构和社会历史的基本过程。

按照《德意志意识形态》的观点,生产必须以个人之间的交往为前提,而人们之间的交往关系是以分工为基础的。"分工发展的各个不同阶段,同时也就是所有制的各种不同形式。这就是说,分工的每一个阶段还决定个人的与劳动材料、劳动工具和劳动产品有关的相互关系。"[2]同时,分

---

[1]《马克思恩格斯选集》第2卷,第18页。
[2]《马克思恩格斯选集》第1卷,第68页。

工又是由生产力水平所决定的,是生产力发展的结果和表现。"一个民族的生产力发展的水平,最明显地表现于该民族分工的发展程度。任何新的生产力,只要它不是迄今已知的生产力单纯的量的扩大(例如,开垦土地),都会引起分工的进一步发展。"①因此,生产力是社会发展的最终动力,它决定所有制关系,从而决定整个社会关系。

不仅如此,《德意志意识形态》还从动态上考察了生产力与交往形式、生产力与所有制形式的矛盾运动。按照《德意志意识形态》的观点,随着生产力发展到一定阶段,交往形式、所有制形式就会由生产力的发展形式变为"桎梏",于是,就要发生社会变革,旧的交往形式、所有制形式就会被适合生产力发展的新的交往形式、所有制形式所代替。"一切历史冲突都根源于生产力和交往形式之间的矛盾"②,这个矛盾不断循环下去,不断采取新的形式,便构成一个有联系的所有制序列:部落所有制、古代公社所有制和国家所有制、封建的或等级的所有制、资本主义所有制以及未来的共产主义所有制,因而就呈现出"历史"。

对生产力与交往形式、生产力与所有制形式矛盾运动的发现,使马克思从根本上把握了社会发展规律。站在这个理论高峰上,可以说是"会当凌绝顶,一览众山小",它使马克思对社会的理解达到了新的高度。此时,对马克思来说,社会已不是一个混沌的整体,而是一个非常清晰的"具体"了。

《德意志意识形态》明确指出:"在过去一切历史阶段上受生产力制约同时又制约生产力的交往形式,就是市民社会"③;"市民社会包括各个人在生产力发展的一定阶段上的一切物质交往。它包括该阶段的整个商业生活和工业生活,因此它超出了国家和民族的范围,尽管另一方面它对外仍必须作为民族起作用,对内仍必须组成为国家";市民社会"这一名称始终标志着直接从生产和交往中发展起来的社会组织,这种社会组织在一

---

① 《马克思恩格斯选集》第 1 卷,第 68 页。
② 《马克思恩格斯选集》第 1 卷,第 115 页。
③ 《马克思恩格斯选集》第 1 卷,第 87—88 页。

切时代都构成国家的基础以及任何其他的观念的上层建筑的基础"①。

这里,马克思对"市民社会"的内涵,市民社会与国家形式、市民社会与观念上层建筑的关系都做出了具体的规定。如前所述,《黑格尔法哲学批判》提出市民社会,即一般物质关系决定国家与法。《1844年经济学哲学手稿》发现市民社会中的物质生产是社会的更深刻的基础,提出物质生产领域支配社会其他领域。《德意志意识形态》则深入到物质生产和市民社会的内部结构、内在机制,提出了市民社会,即由一定生产力所决定的"物质交往"、经济生活、"社会组织"构成了社会结构的基础。在这里,市民社会概念的内涵异常清晰,是一个具有许多规定和关系的"具体",从中可以看到被综合、提高了的《黑格尔法哲学批判》和《1844年经济学哲学手稿》。

对市民社会的内在结构、五种所有制形式的全面综合的考察,使马克思对社会的认识产生了质的飞跃。此时,对马克思来说,不仅市民社会,而且整个社会,都不是一个混沌的整体,而是一个具有许多规定和关系的"具体"了。所以,在《德意志意识形态》中,马克思不仅提出了"社会结构"这一概念,而且对社会结构进行具体解剖,并以此为基础制定了"社会形态"这个概念②,并对"社会形态"做了具体的规定,即受物质生产方式所制约的市民社会(经济关系)构成了社会结构的基础,在这个基础之上形成了政治结构和意识形式,即"观念的上层建筑"。

"具体之所以具体,因为它是许多规定的综合,因而是多样性的统一。因此它在思维中表现为综合的过程,表现为结果,而不是表现为起点,虽然它是现实的起点,因而也是直观和表象的起点。在第一条道路上,完整的表象蒸发为抽象的规定;在第二条道路上,抽象的规定在思维行程中导致具体的再现。"③虽然《德意志意识形态》制定的社会形态概念还需要进一步精确化和完善化,但是这一概念的基本内容在《德意志意识形态》中

---

① 《马克思恩格斯选集》第1卷,第130、131页。
② 《马克思恩格斯全集》第3卷,人民出版社1960年版,第29、35页。
③ 《马克思恩格斯选集》第2卷,第18页。

已经形成,在思维中再现了作为许多规定的综合和多样性统一的社会。这一概念的制定是马克思对社会各个方面综合考察的结果。因此,社会形态概念在《德意志意识形态》中基本形成,标志着马克思对社会的认识达到了思维具体。

可以看出,马克思创立唯物主义历史观是沿着两条道路进行的:第一条道路是从哲学—政治批判开始,结合经济学研究,马克思意识到市民社会是国家的基础,认识到劳动是社会的基础、历史的源泉和人的存在方式;第二条道路是从经济学—哲学批判开始,结合历史研究,马克思发现了物质生产的内在结构,认识到市民社会是由生产力所决定的物质交往关系构成的,它是社会的经济基础,并提出了具有许多规定、多样性统一内涵的社会形态概念。

至此,思维行程的两条道路相遇了,历史的唯物主义终于被马克思发现。这两条道路的联系反映出马克思创立唯物主义历史观的思维逻辑及其进程。这一逻辑进程所体现的科学研究的一般规律就是,从感性的具体到思维的抽象,再到思维的具体;所反映的马克思思想进程的特性则是,从哲学—政治批判到经济学—哲学批判,再到哲学的"综合"。正如马克思所说,唯物主义历史观"是从对人类历史发展的考察中抽象出来的最一般结果的概括"①。

三、《哲学的贫困》:唯物主义历史观诞生的标志

无疑,《德意志意识形态》第一次全面地阐述了唯物主义历史观的基本原理。但是,准确地说,唯物史观的中心范畴——生产关系,在《德意志意识形态》中只是大致形成,而唯物史观的核心观点——生产力与生产关系之间的关系,在《德意志意识形态》中并未直接确定下来。换言之,在《德意志意识形态》中,唯物史观的中心范畴和核心观点还未得到严格的

---

① 《马克思恩格斯选集》第 1 卷,第 73—74 页。

科学规定。最终完成这一任务的是马克思在1847年写的《哲学的贫困》。《哲学的贫困》的特点是严谨的唯物主义和科学的辩证方法。马克思后来评论这本书说:"我们见解中有决定意义的论点,在我的1847年出版的为反对蒲鲁东而写的著作《哲学的贫困》中第一次作了科学的、虽然是论战性的概述。"①

之所以说生产关系范畴在《德意志意识形态》中只是大致形成:一是因为《德意志意识形态》提出,所有制就是由分工所决定的个人与生产资料的关系,但没有明确所有制关系是在生产、分配、交换和消费的运转过程中不断生成的关系;二是因为《德意志意识形态》中的生产关系范畴具有多义性,它有时同生产力的含义相类似,有时又包括人口生产上的社会关系,有时还指直接生产活动中的人们之间的关系;三是因为《德意志意识形态》中的生产关系范畴主要是用"交往形式"或"交往关系"的术语表述的,然而,交往形式不仅是指物质交往和精神交往,而且包括战争、保险公司这样的事物,其含义类似于社会关系。这就是说,"交往形式"或"交往关系"包括"生产关系",但不等于"生产关系"。

在《德意志意识形态》中,马克思只是相应地考察了生产力与交往形式、生产力与所有制的关系,表述了这样一种从属关系,即生产力—生产方式—交往形式,生产力—分工—所有制形式。如前所述,《德意志意识形态》中的交往形式概念包括物质交往,有时又类似于生产关系的概念;《德意志意识形态》中的所有制概念的内涵与生产关系概念的内涵具有一致性。因此,"生产力决定交往形式""生产力决定所有制形式"的原理和"生产力决定生产关系"的原理是一致的。正是在这个意义上,《德意志意识形态》发现了生产力与生产关系的辩证法。

但是,交往形式或交往关系的概念不能等同于生产关系概念,也不是生产关系内容的准确表达;所有制形式在《德意志意识形态》中也未被直接规定为在物质生产和再生产过程中不断生成的个人与生产资料的关

①《马克思恩格斯选集》第2卷,第34页。

系。因此,生产力决定交往形式、生产力决定所有制形式的原理不能等同于生产力决定生产关系的原理。严格地说,生产力决定交往形式相当于生产力决定社会关系,而生产力决定所有制形式只是具备了生产力决定生产关系的思想。正是在这个意义上,《德意志意识形态》只是大致确立了生产力决定生产关系的原理,对这一原理的认识尚未完全成熟,也未直接做出生产力决定生产关系的结论。

《哲学的贫困》则从内容和形式两个方面"科学概述"了生产关系范畴。

从内容上看,《哲学的贫困》直接把所有制关系规定为在物质生产和再生产过程中不断生成的个人与生产资料的关系。按照马克思的观点,所有制是占有的一定社会形式,存在于物质生产和再生产的整个过程,体现并实现于生产、分配、交换和消费四个环节的有机结合中。否则,所有制无从谈起,只能是空的。而生产关系就是人们在物质生产和再生产过程中发生的一定的、必然的、不以人的意志为转移的关系。在这个意义上,所有制关系和生产关系是同一概念,所有制不过是生产关系的"法律用语"。

针对蒲鲁东把所有制形而上学化,马克思在 1846 年 12 月《致安年柯夫的信》中指出,在资本主义社会中,"蒲鲁东先生的分工和所有其他范畴都是社会关系,这些关系的总和构成现在称之为所有制的东西"[1]。《哲学的贫困》进一步指出:"给资产阶级的所有权下定义不外是把资产阶级生产的全部社会关系描述一番。"[2]"硬使所有权的起源神秘化,也就是使生产本身和生产工具的分配之间的关系神秘化。"[3]

在《致安年柯夫的信》中,马克思已经认识到生产关系是生产、分配、交换和消费等环节构成的统一的整体,即"人们借以进行生产、消费和交

① 《马克思恩格斯选集》第4卷,第536页。
② 《马克思恩格斯全集》第4卷,人民出版社1958年版,第180页。
③ 《马克思恩格斯全集》第4卷,第181页。

换的经济形式"①。这表明，《哲学的贫困》中的生产关系的含义，已经突破了把生产关系理解为人们在直接生产活动中形成的相互关系的局限，把它推广到人们在生产、分配、交换和消费等生产和再生产所必经的几个环节中所形成的一切经济关系。这种观点同马克思后来的经典论述是完全吻合的。在《〈政治经济学批判〉导言》中，马克思把生产关系分为生产、分配、交换和消费四个环节，认为"它们构成一个总体的各个环节，一个统一体内部的差别"②。因此，《哲学的贫困》确切地规定了生产关系的内涵。

从形式上，即术语的表达上看，《哲学的贫困》直接并完全用"生产关系"这一术语来表示人们在物质生产和再生产的过程中所形成的关系，达到了形式和内容的统一。从此，"生产关系"这一术语成为表达人们在物质生产和再生产过程中所形成的一切经济关系的惯常用语。

把《哲学的贫困》中的生产关系范畴同《德意志意识形态》中的生产关系范畴相比较，可以看出，前者继承了后者，即都是结合着生产力来说明生产关系；但二者又有区别：在《德意志意识形态》中，生产关系范畴未得到确切规定和准确表达，而在《哲学的贫困》中，生产关系内容的确切规定和术语的准确表达首次达到了统一，即达到了"科学的概述"。

由于科学地制定了生产关系范畴，因此马克思在《哲学的贫困》中以一种令人信服的明确性，"科学概述"了生产力决定生产关系的原理。

生产关系范畴的科学制定，为直接规定生产力与生产关系的关系提供了可靠的前提。因此，《哲学的贫困》直接考察了生产力与生产关系的关系，明确指出"人们生产力的一切变化必然引起他们的生产关系的变化"③，并认为："随着新生产力的获得，人们改变自己的生产方式，随着生产方式即保证自己生活的方式的改变，人们也就会改变自己的一切

---

① 《马克思恩格斯选集》第 4 卷，第 533 页。
② 《马克思恩格斯选集》第 2 卷，第 17 页。
③ 《马克思恩格斯全集》第 4 卷，第 155 页。

社会关系。"①

这里的论述可以说是简练、明确而科学，清澈见底地向我们展示出物质生产的内在机制，即生产力—生产关系；明白无误地向我们说明了社会关系的全部秘密，即生产力—生产方式—社会关系。显而易见，马克思对生产力与生产关系之间关系的理解在《哲学的贫困》中已完全成熟，并首次做了直接而科学的表述。

与此相关，《哲学的贫困》又以其深刻的思想、精彩的表述"科学概述"了阶级斗争理论。

第一，生产力的状况决定阶级的状况。"革命因素之组成为阶级，是以旧社会的怀抱中所能产生的全部生产力的存在为前提的。"②生产力的进一步发展必然与现存的生产关系发生冲突。为了解放生产力，"必须粉碎生产力在其中产生的那些传统形式。从此以后，从前的革命阶级将成为保守阶级"③。这就明确告诉我们，生产力的状况决定阶级的状况。

第二，阶级斗争是阶级社会发展的直接动力。"当文明一开始的时候，生产就开始建立在级别、等级和阶级的对抗上，最后建立在积累的劳动和直接的劳动的对抗上。没有对抗就没有进步。这是文明直到今天所遵循的规律。到目前为止，生产力就是由于这种阶级对抗的规律而发展起来的。"④

第三，阶级斗争必然导致全面的革命。"工人阶级解放的条件就是要消灭一切阶级。"⑤因此，在无产阶级和资产阶级斗争的进程中，无产阶级将创造一个消除阶级和阶级对立的"联合体"来代替资本主义社会。这是一次"全面的革命"。从此，"社会进化将不再是政治革命"⑥。

以生产力与生产关系的矛盾运动原理为基础，《哲学的贫困》又"科

---

① 《马克思恩格斯全集》第 4 卷，第 144 页。
② 《马克思恩格斯全集》第 4 卷，第 197 页。
③ 《马克思恩格斯全集》第 4 卷，第 155 页。
④ 《马克思恩格斯全集》第 4 卷，第 104 页。
⑤ 《马克思恩格斯全集》第 4 卷，第 197 页。
⑥ 《马克思恩格斯全集》第 4 卷，第 198 页。

学概述"了人与历史的关系,即人既是历史的"剧中人",又是历史的"剧作者"。

按照马克思的观点,社会是人们交互作用的产物,是"一切关系同时存在而又互相依存的社会机体"①。人们不能自由选择自己的生产力,一定的生产力状况必然产生一定的生产关系,从而形成一定的社会关系。"手工磨产生的是封建主为首的社会,蒸汽磨产生的是工业资本家为首的社会。"②因此,人们不能随心所欲地选择自己的社会形式,也不能随心所欲地创造自己的历史。"后来的每一代人都得到前一代人已经取得的生产力并当作原料来为自己新的生产服务,由于这一简单的事实,就形成人们的历史中的联系,就形成人类的历史。"③即使人本身的需要也"直接来自生产或以生产为基础的情况"④。在这个意义上,人是历史的"剧中人"。

人又是历史的主体,人们自己创造了自己的历史。按照《哲学的贫困》的观点,"人们是在一定的生产关系范围内制造呢绒、麻布和丝织品的",同时,"这些一定的社会关系同麻布、亚麻等一样,也是人们生产出来的"⑤。作为社会存在和发展最终决定力量的生产力是人们的实践能力,历史规律也不是凌驾于人们活动之上的超然物,而是在人们的活动过程中生成的,并且只有通过人们的活动才能实现。离开现实的人及其活动,社会历史将荡然无存。"人们的社会历史始终只是他们的个体发展的历史",而社会关系"不过是他们的物质的和个体的活动所借以实现的必然形式"⑥。在这个意义上,人又是历史的"剧作者"。

正因为如此,在《哲学的贫困》中马克思提出,只有把人同时当作历史的"剧中人"和"剧作者",才能发现真实的历史,才能达到历史研究的"真

---

① 《马克思恩格斯全集》第4卷,第145页。
② 《马克思恩格斯全集》第4卷,第144页。
③ 《马克思恩格斯选集》第4卷,第532页。
④ 《马克思恩格斯全集》第4卷,第87页。
⑤ 《马克思恩格斯全集》第4卷,第143—144页。
⑥ 《马克思恩格斯选集》第4卷,第532页。

正的出发点"①。这就既批判了唯心主义,又批判了形而上学。

在完成了对《哲学的贫困》主要内容的具体分析之后,我们再回到对《哲学的贫困》的总评价上,就有可能获得一个包含着丰富而又具体内容的明确看法了。

其一,《哲学的贫困》表明唯物主义历史观形成史的结束,标志着唯物史观的诞生。

生产关系范畴、生产力与生产关系的辩证法既然是唯物史观的中心范畴和核心观点,那么,对生产关系、生产力与生产关系之间关系理解的成熟程度,也就是唯物史观本身成熟程度的标志。应该说,《德意志意识形态》第一次描绘了唯物史观的轮廓,但生产关系、生产力与生产关系之间的关系在《德意志意识形态》中并未得到确切规定和准确表达,而中心范畴的清晰、核心观点的明确是任何一个科学体系完全形成的不可缺少的因素。因此,《德意志意识形态》并未完成唯物史观的形成过程。

《哲学的贫困》第一次使唯物主义历史观的中心范畴和核心观点达到了思想的完全成熟和术语的准确表达的统一,并以此为基础,"科学概述"了阶级斗争理论、人与历史的真实关系,并科学地确定了历史研究的"真正的出发点"。至此,唯物主义历史观才真正完成了其形成过程。正是基于这一点,马克思在《〈政治经济学批判〉序言》中,分别对《德意志意识形态》和《哲学的贫困》做出评价:对唯物史观,《德意志意识形态》只是"弄清问题",《哲学的贫困》则做了"科学概述"。"弄清问题"和"科学概述"这八个字的评价很有分寸,极其准确,充分说明《德意志意识形态》和《哲学的贫困》在唯物史观形成史上的不同地位。

其二,《哲学的贫困》标志着人类思想史革命性变革的实现。

根据史实,马克思、恩格斯生前只是在 1847 年的《威斯特伐里亚汽船》杂志上发表了《德意志意识形态》第二卷第四章,即"卡尔·格律恩"那一章,而《德意志意识形态》关键的第一卷第一章,即论述唯物主义历史

---

① 《马克思恩格斯选集》第 1 卷,第 147 页。

观基本观点的"费尔巴哈"那一章,在 1924 年才首次发表。这表明,直到 1846 年,马克思还没有公开树立起唯物史观的旗帜,最多只是"自己弄清问题"。换言之,人类思想史上的革命性变革此时仍只是可能,还未转变为现实。《哲学的贫困》不仅"科学概述"了唯物史观的观点,而且它在唯物史观史上还有一个特殊地位,即它于 1847 年公开发表。这样,在 1847 年,马克思就公开树立起唯物史观的旗帜,使他的第一个伟大发现变成了读者的财产,被载入世界史册。

因此,《哲学的贫困》是唯物主义历史观诞生的标志,并使人类思想史的革命性变革从可能变为现实。如果说古希腊哲学家阿那克萨哥拉提出"理性统治世界"命题,标志着唯心史观统治人类思想史的开始,那么,马克思公开发表《哲学的贫困》,则宣告了唯心史观统治人类思想史的结束。

四、唯物主义历史观的理论基础及其演变

从马克思创立唯物主义历史观的历史进程和思维逻辑可以看出,实践的观点构成了唯物史观的理论基础。

按照马克思的观点,历史是人的实践活动在时间中的展开,而人的实践活动蕴含着三重关系,即人与自然的关系、人与人的关系、人与意识的关系;历史的进程及其规律始终表现为"人""意""物"三种因素之间的相互作用。这三重关系和三种因素实质上就是历史的主体与客体的关系。历史主体与客体的相互作用形成了历史规律,历史规律不可能脱离主体活动而成为独立的实体,但又不依主体的意识为转移,并反过来制约,甚至决定着人的活动的总体方向。

按照马克思的观点,自在自为运动着的是人类改造外部世界的实践活动。正是实践,一方面为人们的生存、发展提供了基础,另一方面也为人们改造、创造社会关系提供了基础。实践是人类社会得以存在的根据和基础。旧唯物主义之所以在历史领域中陷入唯心主义,其根本原因就在于,不理解社会生活在本质上是实践的。马克思把实践的观点作为历

史观的理论基础,则使历史观从唯心主义的樊篱中解放出来,并且消除了"精神的历史"与"物质的自然"对立的神话,填平了人本主义与科学主义之间的鸿沟。

对于历史,只从客体的方面,把它当作自然界一样去研究,不可能把握历史的特质——人通过人的劳动而诞生的过程;只从主体的方面去研究,不把历史看作一个客观的过程,抹杀其内在规律,这正是唯心主义的陈腐观念。马克思的高明之处就在于,他以实践的观点为理论基础,从实践出发去把握历史主体与客体的关系,从而发现了社会生活的本质,发现了人的存在方式,发现了人与世界的辩证关系,发现了社会发展的根本动力——生产力与生产关系的矛盾运动。一句话,发现了人类社会运动的一般规律。

唯物主义历史观的任务就是揭示人类社会运动的一般规律,而要完成这一任务就必须以实践的观点作为自己的理论基础。如果把实践问题仅仅限制在认识论范围,排除在历史观之外,那么,必然导致唯物主义历史观的逆向位移,即转向唯心主义历史观或自然主义历史观。

恩格斯看到了实践观点在唯物主义历史观中的基础地位,所以,他从劳动出发理解人类历史,并批判了自然主义的历史观。"自然主义的历史观……是片面的,它认为只是自然界作用于人,只是自然条件到处决定人的历史发展,它忘记了人也反作用于自然界,改变自然界,为自己创造新的生存条件。"[①]按照恩格斯的观点,从劳动开始了"人对自然的统治",同时使人们"互相结合起来",形成一定的社会关系,并推动着人的意识的产生和发展。"人的思维的最本质的和最切近的基础,正是人所引起的自然界的变化,而不仅仅是自然界本身;人在怎样的程度上学会改变自然界,人的智力就在怎样的程度上发展起来。"[②]

不难看出,恩格斯把劳动——实践的根本形式——看作人类历史的

---

① 《马克思恩格斯选集》第4卷,第329页。
② 《马克思恩格斯选集》第4卷,第329页。

根基,不仅是人的生存的基础,而且是人的社会关系、智力发展的基础。恩格斯抓住了唯物主义历史观的深邃本质:正是在实践过程中,人们改造、认识着自然界,同时也改造、创造和认识自身——他们的肉体组织、社会关系和思维结构。正因为如此,恩格斯认为,唯物史观"在劳动发展史中找到了理解全部社会史的锁钥"①。

恩格斯的这一见解正是马克思始终强调的观点,即人类历史是人通过人的劳动而诞生的过程。换言之,同马克思一样,恩格斯也把实践的观点作为唯物史观的理论基础。但是,我又不能不指出,恩格斯的确没有把劳动、生产和实践结合在一起去揭示实践的内在结构。在对唯物史观做了"最为详尽的阐述"的《路德维希·费尔巴哈和德国古典哲学的终结》中,恩格斯也仅仅把实践概括为"实验和工业",甚至或多或少忽视了实践的历史本体论的意义。

深入研究马克思主义哲学史可以看出,恩格斯晚年强调"交互作用论",即社会发展是经济、政治、思想等多种因素相互作用的结果,以此来批判经济唯物主义,阐明历史唯物主义。这无疑具有重大理论意义。可是,恩格斯没有充分说明实践的观点是唯物主义历史观的理论基础,没有深入阐述历史唯物论与历史辩证法相统一的基础就是实践。而这正是恩格斯"晚年通信"未能阻止庸俗的"经济决定论"在第二国际泛滥的原因之一。弗兰尼茨基认为:"实践的观点不仅克服了沉思的观点,而且带来了根本的历史尺度,而这一点恩格斯在这些著作中没有充分强调。但他也从来没有完全忽略掉。"②应该说,这个评价是中肯的。

普列汉诺夫继承了恩格斯关于唯物主义历史观理论基础的观点,同时,又提出了自己的独到的看法。

按照普列汉诺夫的观点,"行动(人们在社会生产过程中的合规律的活动)向辩证唯物主义者说明社会人的理性的历史发展。全部他的实践

① 《马克思恩格斯选集》第4卷,第258页。
② [南]普雷德腊格·弗兰尼茨基:《马克思主义史》第1卷,李嘉恩、韩宗翊等译,人民出版社1986年版,第244页。

哲学归结为行动。辩证唯物主义是行动的哲学"①。通过实践，"'在作用于外间自然时，人改变了自己本身的天性'。在这几句话中包括着马克思的历史理论的全部本质"②。漠视人的实践活动、具体的人的行动，唯物主义就是"枯燥的、灰暗的、悲惨的"③。这些见解堪称精辟，沿着这条线索走下去，普列汉诺夫就有可能全面而正确地揭示唯物主义历史观的理论基础。

然而，令人遗憾的是，普列汉诺夫未能把这些宝贵的思想加以充分的展开。在普列汉诺夫那里，实践更多的是一个认识论的范畴，并且在这个范围内又主要是一个检验真理的标准。普列汉诺夫对实践的理解是狭隘的，没有把实践观和历史观结合起来。因此，尽管普列汉诺夫看到了实践的观点在唯物主义历史观中的重要性，但在具体论述唯物史观时，"实践"仍在他的视野之外。

按照普列汉诺夫的观点，唯物主义历史观的最重要发现就在于，经济关系实际上是由生产力决定的，并因生产力的变化而变化；在用经济解释历史现象之前，经济本身首先需要得到解释，经济并不是关于历史的最后解释，"它本身是结果，是生产力的'功能'"，因此，生产力才是对历史的最终解释。唯物史观正是在生产力中找到了对全部历史现象，包括经济关系和知识观念的合理理解；唯物史观成功的契机就在于，从经济学解释社会形态与人类思想的演变，"以人类生存的物质条件、以经济史来说明观念的历史"④。普列汉诺夫对经济唯物主义的批判相当精彩，对经济唯物主义与历史唯物主义的区别也有相当的认识。但是，他没有看到实践的观点是唯物主义历史观首要的和基本的观点，只是从经济史的角度来解释历史、说明观念，实际上是把经济必然性理论作为唯物史观的理论

① 《普列汉诺夫哲学著作选集》第一卷，博古等译，生活·读书·新知三联书店1961年版，第769页。
② 《普列汉诺夫哲学著作选集》第一卷，第676页。
③ 《普列汉诺夫哲学著作选集》第一卷，第747页。
④ 《普列汉诺夫哲学著作选集》第二卷，第186页。

基础。

生产力决定经济关系,但生产力并不是脱离人的实践活动而独立自存的实体。按照马克思的观点,生产力就是人们的实践能力,是在人与自然的相互作用中形成和发展的人的本质力量。"相互作用是事物的真正的终极原因……只有从这种普遍的相互作用出发,我们才能达到现实的因果关系。"①在历史观中,没有比人与自然的相互作用更根本的相互作用了。人与自然的相互作用构成了实践活动的根本内容,整个人类历史正是在人与自然的相互作用中存在和发展的;全部历史现象,包括生产力不仅生成于人与自然的相互作用,而且只有通过人与自然的相互作用才能得到正确的说明。在这个意义上,历史哲学不能追溯到比人与自然的相互作用更远的地方了。

普列汉诺夫未能深刻理解人与自然相互作用的辩证法,没有把生产力理论与科学的实践观统一起来,因而也就无法正确地阐述生产力本身运动、变化、发展的原因。为了避免用精神或知识来解释生产力本身的运动、变化、发展,普列汉诺夫走向了地理环境决定论,认为"生产力发展本身是为环绕着人的地理环境的属性决定的"②。这表明,普列汉诺夫虽然没有陷入唯心主义历史观,但走向了自然主义历史观。在普列汉诺夫那里,整个唯物主义历史观的理论星空呈现出一种奇怪的现象:太阳的单独运动规律已经被指明,但关于整个天体运行的解释仍旧通行着托勒密的理论。

在论述唯物主义历史观的理论基础时,列宁认识到,包括费尔巴哈在内的旧唯物主义之所以在历史领域中陷入唯心主义,其根本原因就在于"他们不了解'革命实践活动'的意义"。同时,黑格尔的实践观已经有"历史唯物主义的胚芽"③,"历史唯物主义,是在黑格尔那里处于萌芽状

① 《马克思恩格斯选集》第4卷,第328页。
② 《普列汉诺夫哲学著作选集》第一卷,第765页。
③ 《列宁全集》第55卷,人民出版社1990年版,第159页。

态的天才思想——种子——的一种应用和发展"①。这就是说,不把实践引入对人类历史的分析,就不可能"加深和发展哲学唯物主义"。列宁在一定程度上看到了唯物史观是建立在实践的观点基础之上的。这是一方面。

另一方面,列宁又把"一般唯物主义"看作唯物主义历史观的理论基础,明确提出了"推广运用说",即"发现唯物主义历史观",就是"把唯物主义贯彻和推广运用于社会现象领域"②,把唯物主义"对自然界的认识推广到对人类社会的认识"③,并认为:"既然唯物主义总是用存在解释意识而不是相反,那么应用于人类社会生活时,唯物主义就要求用社会存在解释社会意识。"④在列宁看来,作为唯物史观理论基础的"一般唯物主义"的根本特征,就是认为:"物质的存在不依赖于感觉。物质是第一性的。感觉、思想、意识是按特殊方式组成的物质的高级产物。这就是一般唯物主义的观点,特别是马克思和恩格斯的观点。"⑤显然,列宁在一定程度上把马克思的唯物主义等同于"一般唯物主义"了,并在更多的场合把这种"一般唯物主义"作为唯物史观的理论基础。

斯大林把列宁的"推广运用说"发挥到了极致,认为:"历史唯物主义就是把辩证唯物主义的原理推广去研究生活,把辩证唯物主义的原理应用于社会生活现象,应用于研究社会历史。"⑥这就是说,辩证唯物主义构成了历史唯物主义的理论基础。

问题在于,斯大林所理解的辩证唯物主义只是一种自然观。斯大林明确指出,辩证唯物主义"所以叫做辩证唯物主义,是因为它对自然界现象的看法,它研究自然现象的方法,它认识这些现象的方法是辩证的,它对自然界现象的解释,它对自然界现象的了解,它的理论是唯物

---

① 《列宁全集》第 55 卷,第 160 页。
② 《列宁选集》第 2 卷,第 425 页。
③ 《列宁选集》第 2 卷,第 311 页。
④ 《列宁选集》第 2 卷,第 423 页。
⑤ 《列宁选集》第 2 卷,第 51 页。
⑥ 《斯大林选集》下卷,第 424 页。

主义的"①。不难看出,斯大林实际上是把辩证唯物主义理解为一种与历史过程无关的自然观,并把这种所谓的辩证唯物主义作为历史唯物主义,即唯物主义历史观的理论基础。

为了论证历史唯物主义是辩证唯物主义在社会历史领域中的推广与应用,斯大林进行了一系列从自然到社会的逻辑推演:"既然自然现象的联系和相互制约是自然界发展的规律,那么由此可见,社会生活现象的联系和相互制约也同样不是偶然的事情,而是社会发展的规律";"既然我们关于自然界发展规律的知识是具有客观真理意义的、可靠的知识,那么由此应该得出结论:社会生活、社会发展也同样可以认识,研究社会发展规律的科学成果是具有客观真理意义的、可靠的成果";"既然自然界、存在、物质世界是第一性的,而意识、思维是第二性的……是这一客观实在的反映,那么由此应该得出结论:社会的物质生活、社会的存在,也是第一性的,而社会的精神生活是第二性的,是派生的……是这一客观实在的反映";如此等等。② 这就是说,在斯大林那里,从辩证唯物主义到历史唯物主义,实际上是从自然存在到社会存在的逻辑运行过程。

问题在于,自然界与人类社会既有联系又有本质区别。在自然界中,一切都处在盲目的相互作用之中,任何事情的发生都没有预期的目的,而在人类社会中,进行活动的人都有自觉的意图,任何事件的发生都有预期的目的。所以,从唯物主义自然观并不能"推广应用"出唯物主义历史观。爱尔维修早就"把他的唯物主义运用到社会生活方面"③,得到的却是唯心主义历史观。费尔巴哈也是这样。"当费尔巴哈是一个唯物主义者的时候,历史在他的视野之外;当他去探讨历史的时候,他不是一个唯物主义者。在他那里,唯物主义和历史是彼此完全脱离的。"④

撇开自然观能否作为历史观的理论基础不说,斯大林的观点也包含

---

① 《斯大林选集》下卷,第424页。
② 参见《斯大林选集》下卷,第435—436页。
③ 《马克思恩格斯全集》第2卷,第165页。
④ 《马克思恩格斯选集》第1卷,第78页。

致命的理论错误,即斯大林所理解的自然存在是脱离了现实的人及其活动,脱离了现实的社会及其历史的"抽象的自然",实际上就是马克思在批判费尔巴哈时所说的那种"开天辟地以来就直接存在的、始终如一的东西"①。斯大林实际上是在孤立地考察自然环境,而不理解马克思所说的"历史的自然和自然的历史"的深刻内涵,不理解马克思所说的"从这些自然基础以及它们在历史进程中由于人们的活动而发生的变更出发"②的重要意义,从而犯了一个费尔巴哈式的错误。

同时,斯大林还混淆了马克思主义的"新唯物主义"与"旧唯物主义"的本质区别。在论述"马克思主义哲学唯物主义的基本特征"时,斯大林向我们展示的实际上只是马克思的新唯物主义与旧唯物主义的共性,而没有显示马克思的新唯物主义的"个性"。而正是这种理论上的特殊性,才使马克思的新唯物主义有别于旧唯物主义。

在《论辩证唯物主义和历史唯物主义》中,斯大林把"决不可把思维与思维着的物质隔开,物质是一切变化的主体"这句话当作马克思本人的话加以引用。实际上,这是一段明显的误引。具体地说,斯大林把马克思对于霍布斯思想的复述看成马克思本人的思想,把马克思所批评的观点看成马克思本人所赞赏的观点。在我看来,这不是一个偶然的疏忽。它表明,斯大林并未清楚地认识到马克思的新唯物主义与旧唯物主义的本质区别。斯大林所理解的"辩证唯物主义"实质上是一种理论与方法相分离、唯物论与辩证法简单相加,并且带有浓厚的机械唯物主义色彩的自然观。以这样一种"辩证唯物主义"作为唯物主义历史观的理论基础,必然把实践的观点排除在唯物史观之外,并在相当大的程度上抛弃了马克思的划时代贡献。这是马克思主义哲学史上一次惊人的理论倒退。

在我看来,把实践的观点作为唯物主义历史观的理论基础并不是从外部的需要中产生的,而是唯物史观本身的主导逻辑,它深深地扎根于唯

① 《马克思恩格斯选集》第 1 卷,第 76 页。
② 《马克思恩格斯选集》第 1 卷,第 67 页。

物史观的"本性"之中。把实践的观点排除在外，或者仅仅把实践的观点作为一个一般观点的"唯物主义历史观"，已经暴露出种种困难和弱点。为此，越来越多的哲学家"回到马克思"，力图以实践的观点为理论基础重建唯物主义历史观。引人注目的是，这种重建方兴未艾，在各种建构中显示出强大的生命力。可以预言，以实践的观点为理论基础重建唯物主义历史观在不久的将来会"洛阳纸贵"，成为哲学家们的一个重要话题。

第四章

社会与自然

　　社会不同于自然,但社会又离不开自然。任何一个人都生活在自然与社会"二位一体"的现存世界之中,面临的是社会的自然和自然的社会,或者说是"历史的自然"和"自然的历史"。而实践则是社会与自然相互作用、相互渗透的中介,是社会的自然与自然的社会形成的基础。实践构成了人的存在方式,构成了人类社会、人类世界,即现存世界的基础。

一、人类社会产生的自然前提与现实基础

　　社会不同于自然。在社会领域中进行活动的,是具有意识、经过思虑或凭激情行动并追求某种目的的人。"历史不过是追求着自己目的的人的活动而已。"①社会历史的这种特殊性犹如横跨在自然与社会之间的"活动

---

① 《马克思恩格斯全集》第2卷,第118—119页。

翻板"。在马克思之前,即使是坚定的唯物主义者,当他们的视线由自然转向社会,开始探讨社会历史时,几乎都被这块活动翻板翻向唯心主义的深渊,从而制造了"物质的自然"和"精神的历史"对立的神话。

社会又离不开自然。从发生学的角度看,人类社会的产生就有其自然前提。现代科学证明,人和人类社会是从古猿及其动物联合体的生物学结构演化发展而来的。古猿的生存环境、体质形态、群体结构,构成了人和人类社会形成的自然前提。

从生存环境看,由于当时气候条件的变化,以及热带草原向森林的"进袭",古猿的生存环境有一个从林栖到地栖,直至完全转入开阔热带草原的演变过程。与生存环境的这一演变相适应,古猿的行为方式发生转变,并促使其体质形态和群体结构发生了重要变化。

从体质形态看,古猿从林栖转入热带草原生活后,逐步开始两足直立行走。尽管这种直立行走的步态不如现代人那样稳健,但是,这一变化对从猿到人来说具有重要意义:一方面,它扩大了视野;另一方面,它使解放了的前肢可以随时握有合用的天然工具或武器,从而使古猿适应环境的能力——取食或自卫的能力迅速增长。在这同时,猿脑的结构开始发生重组,脑容量缓慢扩大。这些都为人类的产生在体质上奠定了自然前提。

从群体结构看,古猿的群体结构向着大规模和严密化的方向发展。转入热带草原生活的古猿,为了维持自己的生存,必须防御猛兽并进行群体狩猎。这两种行为方式要求群体有组织地协同行动,形成足以和猛兽正面对抗的自卫力量。而且对古猿来说,越是过地栖生活,越是走向草原,群体的规模越大,组织程度也越严密。在这个过程中,古猿群体结构逐步形成两个新特征:

一是古猿的协同行动是依靠面对"首领"的定向方式实现的,即每一个群的成员都把注意力集中在作为首领的一个或几个古猿身上,全群的行动都直接以首领的意志和行为作为标准,这就更能保障全群活动的协调一致。

二是面对"首领"的定向方式又主要借助于群内原先已有的协作互助关系来实施,即通过姿态、声音等相互理解后加以推行。古猿的群体结构是人类的社会组织形式借以发生的生物学前提。

转入热带草原生活的古猿群体结构的新特征,在两种行为方式——御敌和狩猎的进步过程中不断地得到巩固和发展,从而为人类社会的形成奠定了自然前提。

现代科学从生物学方面解答了人类起源的问题,得出了人是从古猿进化而来的结论。但是,构成社会主体的人并不是一个单纯的生物体。人固然是自然存在物,更重要的,是社会存在物;从猿到人的转化也不仅仅是一个生物进化的量变的过程,而是一个从自然界向人类社会飞跃的根本质变。

转入热带草原生活后,古猿在体质形态和群体结构上的变化只是为人和人类社会的产生提供了自然条件,人和人类社会产生的内在机制与现实基础却是劳动。劳动是整个人类生活的第一个基本条件,它既是使人类社会从自然界独立出来的基础,又是人类社会区别于自然界的标志。在人和人类社会的形成过程中,劳动起了决定性的作用。唯物主义历史观关于劳动创造人的原理,在肯定达尔文学说的基础上,进一步揭示了猿如何变成人的奥秘。

劳动是专属于人和人类社会的范畴。劳动是人类对自然界的积极改造,其根本标志是制造工具。在纯粹的自然界中,并不存在真正意义的劳动。但是,劳动却以萌芽的形式存在于自然界的高级动物——古猿的活动中,它有一个从古猿动物式的本能活动向人类劳动的演变过程。具体地说,出于生存的需要,古猿把天然的树枝和现成的石块作为工具,用来觅取食物、构筑巢穴、防御其他兽类的袭击,并以此从事经常性的狩猎。现代科学证明,这种具有较严密组织形式的集体狩猎成为对人和人类社会具有决定作用的活动方式。现代民族学、人类学、考古学的成果表明了人类学家法英别尔格这一观点的正确性:"猎取大型动物是人和人类文化借以确立起来的决定性因素。"①古猿的这种动物式的本能活动经过长期

① 转引自蔡俊生:《人类社会的形成和原始社会形态》,中国社会科学出版社 1988 年版,第 107 页。

发展转变为人类祖先的"最初的动物式的本能的劳动形式"①。这种劳动形式对于从猿到人的转变具有重要的中介作用,它促使前肢已经得到解放的古猿越来越多地利用自然界现成的"工具"从事获取生活资料的活动。这种"动物式的本能的劳动形式"反过来又促进了手和脚的专门化发展,使前肢更灵活、更精巧,逐渐使猿"手"具备了变为制造和使用工具的人手的可能性。所以,恩格斯认为,"手不仅是劳动的器官,它还是劳动的产物"②,"手的专业化意味着工具的出现,而工具意味着人所特有的活动,意味着人对自然界的具有改造作用的反作用,意味着生产"③。

同时,这种劳动形式促使古猿的"脑的结构重组并缓慢扩大",使古猿心理不断发生变化,并对周围所感知的环境产生一种意识。古猿的群体活动形式犹如一个"知识库",它使古猿"在生活中得到知识,从一代传给另一代,个体在群体中,可以比在单独的情况下得到更多的知识"④。这种知识或这种意识虽然只是对自然界的一种"纯粹动物式的意识",然而却是人类意识的发端。正是在这种劳动形式的推动下,猿脑开始转变为人脑。同猿脑相比,"人脑并不仅仅是单纯的扩大,而且被重新建造了。实际上可以说是脑的重建发生在前,随之而来才是脑的扩大(与神经元的大小的变化,分枝及密度等的变化相联系)"⑤。

可见,在这种"动物式的本能的劳动形式"中,人的体质形态、心理特征以及意识开始形成。因此,"劳动创造人"并不是说在人形成之前就存在着某种"劳动",然后由这种"劳动"把人创造出来。实际上,这里所说的"劳动"和"人"都不是某种预成的、超历史的东西,而是处于发生和演化过程中的一种活动形态,是正在形成中的劳动和"正在形成中的人"。这种"正在形成中的人"是人类形成的开端。正是在这个意义上,唯物主义历

---

① 《马克思恩格斯全集》第 23 卷,人民出版社 1972 年版,第 202 页。
② 《马克思恩格斯选集》第 4 卷,第 375 页。
③ 《马克思恩格斯选集》第 4 卷,第 273 页。
④ 郑开琪、魏敦庸:《猿猴社会》,知识出版社 1982 年版,第 101 页。
⑤ 〔美〕D. 匹尔比姆:《人类的兴起——人类进化概论》,周明镇、周本雄译,科学出版社 1983 年版,第 93 页。

史观认为,劳动创造了人本身。

随着"动物式的本能的劳动形式"的发展,一种制造工具的活动逐渐经常化、固定化,成为一种必然的和普遍的现象。"工具的制造也是一种自成体系的活动。"①具体地说,制造工具必须通过特定的中介,即制造工具的工具,如打制石斧的石块、刮削木棒的石片等,这是人以外的动物,甚至最高级的动物所不能的。因此,制造工具是真正的人类劳动的标志,也是"人猿相揖别"的标志。以制造工具为标志的劳动是专属于人的活动。

在劳动中,人与自然之间必然结成一定的关系,同时,人与人之间又必须结成一定的社会联系和社会关系。"只有在这些社会联系和社会关系的范围内,才会有他们对自然界的影响,才会有生产。"②劳动的这些特点,使它成为人的生命存在和人类社会存在的基础。"当人开始生产自己的生活资料的时候⋯⋯人本身就开始把自己和动物区别开来",就是说,"人把自己和动物区别开来的第一个历史行动不在于他们有思想,而在于他们开始生产自己的生活资料"③。在从自然界向人类社会飞跃的过程中,劳动是一个决定性的条件。劳动不仅把人类社会和自然界分离开来,同时,又把二者联系起来,即劳动不间断地实现人与自然之间的物质变换,从而使人类社会得以存在和发展。

二、人类社会的物质性

劳动本身就是一种物质实践。作为人与自然界之间相互作用的过程,劳动以自然界的存在和人的自然力的存在为其自然前提,"劳动本身不过是一种自然力即人的劳动力的表现"④。因此,不仅人类社会的产生需要自然前提,而且人类社会必然存在于一定的自然环境之中。"助成民

---

① [美] D. 匹尔比姆:《人类的兴起》,第 103 页。
② 《马克思恩格斯选集》第 1 卷,第 344 页。
③ 《马克思恩格斯选集》第 1 卷,第 67 页。
④ 《马克思恩格斯选集》第 3 卷,第 298 页。

族精神的产生的那种自然的联系，就是地理的基础……是'精神'所从而表演的场地，它也就是一种主要的、而且必须的基础。"①黑格尔实际上是用唯心主义语言表达了这样一个真理，即人类社会必然存在于一定的自然环境之中，脱离一定自然环境的社会是不可能存在的。

自然环境是人类社会存在和发展的前提。人的需要的对象归根到底存在于自然之中，人类只有从自然界中才能获得必要的物质生产资料，自然环境的好与坏对于生产和社会的发展有重要的影响。马克思指出："不是土壤的绝对肥力，而是它的差异性和它的自然产品的多样化，形成社会分工的自然基础，并且通过人所处的自然环境的变化，促使他们自己的需要、能力、劳动资料和劳动方式趋于多样化。"②恩格斯认为："资产阶级文明沿着海岸、顺着江河传播开来。内地，特别是贫瘠而交通阻塞的山区就成了野蛮和封建的避难所。"③这从一个侧面体现了人类社会的物质性。

自然环境是自然界的一部分，但它已不是纯粹的自然物质，而是被纳入人的实践范围内并具有了社会属性的自然物质，已经从纯粹的自然存在转化为社会存在。自然环境的好坏、优劣可以加速或延缓社会的发展，但不能决定社会的性质，不能决定社会制度的更替。相反，自然环境的面貌及其变化受制于人的实践活动，在越来越大的程度上变成"人化自然"。

马克思确认自然界的"优先地位"，但他并没有把旧唯物主义的自然概念原封不动地移入唯物主义历史观中，而是用实践的观点扬弃了旧唯物主义的自然概念，把自然同人的活动、社会历史联系起来考察，并认为："任何历史记载都应当从这些自然基础以及它们在历史进程中由于人们的活动而发生的变更出发。"④

人自身的生产是人类社会存在和发展的又一前提。社会是人的社会，历史是人的历史。没有人自身的生产，当然也就没有人类社会及其历

---

① ［德］黑格尔：《历史哲学》，第 123 页。
② 《马克思恩格斯全集》第 23 卷，第 561 页。
③ 《马克思恩格斯全集》第 4 卷，第 517 页。
④ 《马克思恩格斯选集》第 1 卷，第 67 页。

史。正如马克思所说，"全部人类历史的第一个前提无疑是有生命的个人的存在。因此，第一个需要确认的事实就是这些个人的肉体组织以及由此产生的个人对其他自然的关系"①。这表明，人自身的生产构成人类社会存在和发展的又一前提。这从另一个侧面体现了人类社会的物质性。

在任何一个历史阶段，物质生产都必须以一定的人口量为基础。没有一定量的人口，物质生产便不能进行，社会也无法存在和发展。这个事实在远古时代表现得尤为突出。物质生活的生产和再生产"第一次是随着人口的增长而开始的"②，"家庭起初是唯一的社会关系"③。人自身的生产，人口的数量和质量，人口的增长率和人口的分布状况等，从不同的方面对社会的发展产生影响，起着有利或不利、加速或延缓的作用。正如恩格斯所说，"根据唯物主义观点，历史中的决定性因素，归根结蒂是直接生活的生产和再生产。但是，生产本身又有两种。一方面是生活资料即食物、衣服、住房以及为此所必需的工具的生产；另一方面是人自身的生产，即种的蕃衍。一定历史时代和一定地区内的人们生活于其下的社会制度，受着两种生产的制约：一方面受劳动的发展阶段的制约，另一方面受家庭的发展阶段的制约"④。

人自身的生产是社会存在和发展的前提，但它不能决定社会的发展及其状况。相反，人自身的生产除受自然规律的制约外，主要受制于社会发展的程度。人的肉体组织及其生长固然具有自然属性，有着自然需要，但这种需要只有通过社会的物质生产活动才能得到满足。人自身的生产虽然具有生物特性，体现着生物学规律，但同时又必然受到社会发展规律的支配。所以，马克思指出："每一种特殊的、历史的生产方式都有其特殊的、历史地起作用的人口规律。"⑤

在社会生活的诸因素中，只有物质资料的生产方式，才是社会存在的

---

① 《马克思恩格斯选集》第 1 卷，第 67 页。
② 《马克思恩格斯选集》第 1 卷，第 68 页。
③ 《马克思恩格斯选集》第 1 卷，第 80 页。
④ 《马克思恩格斯选集》第 4 卷，第 2 页。
⑤ 《马克思恩格斯全集》第 23 卷，第 692 页。

现实基础和社会发展的决定力量。具体地说：

第一，生产方式构成了人类社会赖以存在的基础。人类为了生存和生活，必须进行物质生产，物质生产活动是其他一切社会活动的基础。因此，人类的"第一个历史活动"，每日每时必须进行的根本活动，就是"生产物质生活本身"。更重要的是，"这种生产方式不应当只从它是个人肉体存在的再生产这方面加以考察。它在更大程度上是这些个人的一定的活动方式，是他们表现自己生活的一定方式、他们的一定的生活方式"①。在这个意义上，生产方式就是社会生活本身。正如马克思所说，"物质生活的生产方式制约着整个社会生活、政治生活和精神生活的过程"②。

第二，生产方式决定着社会的结构和性质。以一定的方式进行生产活动的个人发生一定的社会关系，形成一定的社会结构。有什么样的生产方式，就有什么样的社会结构。社会的政治结构和文化结构都根源于经济结构，即生产方式，都直接或间接为生产方式所制约，不同的生产方式必然造就不同性质的社会形态。

第三，生产方式决定着社会形态的更替。随着生产方式的变化，社会形态也必然发生更替，社会形态的演变是由生产方式的变化决定的。"随着新生产力的获得，人们改变自己的生产方式，随着生产方式即谋生的方式的改变，人们也就会改变自己的一切社会关系。手推磨产生的是封建主的社会，蒸汽磨产生的是工业资本家的社会。"③社会形态的演变归根到底是生产方式演变的历史。

生产方式中的生产力是在人与自然之间的物质交换过程中形成的物质力量，生产关系是人们在物质生产活动、在人与人之间的活动互换过程中形成的"物质的社会关系"。生产力与生产关系的统一构成了生产方式，并使自然界的一部分转化为社会的物质生活条件，使其从纯粹的自然存在转化为社会存在，使生物的人上升成为社会的人。因此，生产方式是

---

① 《马克思恩格斯选集》第1卷，第67页。
② 《马克思恩格斯选集》第2卷，第32页。
③ 《马克思恩格斯选集》第1卷，第142页。

社会关系中的物质实体、物质力量和物质关系的统一体,是一种特殊的物质存在,即社会存在,并集中体现了人类社会的物质性。

人类社会物质性的标志就是生产方式所体现的物质性,即它们本身固有的"物质变换"和"物质关系",并最终体现在作为物质力量的生产力上。人类社会的物质性标志着社会与自然之间具有内在的统一性。所以,列宁指出:"马克思和恩格斯是唯物主义者。他们用唯物主义观点观察世界和人类,看出一切自然现象都有物质原因作基础,同样,人类社会的发展也是受物质力量即生产力的发展所制约的。"①这样,唯物主义历史观就科学地揭示了社会与自然的物质统一性。

三、社会的自然与自然的社会

从本质上看,社会的自然也就是"人化自然"。"人化自然"是同自在自然相对应的概念。"自在自然"这一概念包含着两重含义:一是指人类社会产生之前就已存在的先在的自然;二是指人类的实践活动尚未达到的自然。自然界在广度和深度上都是无限的,永远存在着人类活动尚未达到的部分,即尚未人化的部分,这一部分自然仍然属于自在自然。人化自然,则是指被人的实践活动改造过,并打上了人的目的和意志烙印的自然。

自在自然与人化自然都具有客观实在性。人们并不是在自在自然之外创造人化自然,而是在自在自然所提供的材料的基础上表现自己的本质力量,建造人化自然的。人的实践活动可以改变自在自然的外部形态、内部结构,乃至其规律起作用的方式,但是,它不可能消除自在自然的客观实在性。相反,自在自然的客观实在性通过实践延伸到人化自然之中,并构成了人化自然客观实在性的自然基础。

自在自然与人化自然又有本质的区别。自在自然是独立于人的活

① 《列宁选集》第 1 卷,第 91 页。

动,或尚未被纳入人的活动范围内的自然界,其运动完全是自发的,一切都处在盲目的相互作用中。人化自然和人的活动不可分离。人化自然是被人的实践活动所改造过的自然,它体现了人的需要、目的、意志和本质力量,是人的实践活动的对象化。人化自然的独特性就是它的对人的实践活动的依赖性。

人化自然不可能脱离自在自然,它要以自在自然为自己存在和发展的前提,但人化自然毕竟不同于自在自然,也不是自在自然自动延伸的产物。从根本上说,人化自然是人的实践活动的对象化,是人的对象世界。统一的物质世界本无自在自然和人化自然之分,只是在出现了人及其活动之后,"自然之网"才出现了缺口并一分为二,即在自在自然的基础上叠加了一个与它既对立又统一的人化自然。实践则是自在自然和人化自然分化与统一的基础。

实践不仅使自在自然发生形态的改变,同时,还把人的目的性因素注入自然界的因果链条之中,使自然界的因果链条按同样客观的"人类本性"发生运转。实践虽然不能使自然物的本性和规律发生变化,却能把人的目的和力量贯注到自然物质上,按人的方式来规范这些自然物运动的方向和范围,改变这些自然物的自在存在形式。正如恩格斯所说,"我们不仅发现一个运动后面跟随着另一个运动,而且我们也发现,只要我们造成某个运动在自然界中发生时所必需的那些条件,我们就能引起这个运动,甚至我们还能引起自然界中根本不发生的运动(工业),至少不是以这种方式发生运动,并且我们能赋予这些运动以预先规定的方向和范围"①。

在实践中,自在自然这个"自在之物"日益转化为体现了人的目的并能满足人的需要的"为我之物"。这一过程就是自然"人化"的过程,其结果是从自在自然中分化出人化自然。"自然的人化"强调的是"自然界对人说来的生成过程"。换言之,"自然的人化"强调的不是自然界的变化,

①《马克思恩格斯选集》第4卷,第328页。

而是自然界在人的实践过程中不断获得属人的性质,不断地被改造为人生存和发展的条件,成为"人的无机身体"。人化自然是人的本质力量的确证和展现,体现了人的体力和智力,甚至体现了人的审美能力,正如马克思所说,"人也按照美的规律来建造"①。因此,人化自然"是人的现实的自然界",是"真正的、人类学的自然界"②。

自然的"人化"过程同时就是人类社会形成和发展的过程,"整个所谓世界历史不外是人通过人的劳动而诞生的过程,是自然界对人说来的生成过程"③。人们在从事物质生产、改造自然的同时,又改造和创造着自己的社会联系和社会关系。"人在积极实现自己本质的过程中创造、生产人的社会联系。"④没有人与人之间的社会关系,也就不可能有人与自然的现实关系。

"一切生产都是个人在一定社会形式中并借这种社会形式而进行的对自然的占有。"⑤这就是说,自然的"人化"是在社会之中而不是在社会之外实现的。正是在这个意义上,马克思指出:"自然界的人的本质只有对社会的人说来才是存在的;因为只有在社会中,自然界对人说来才是人与人联系的纽带……才是人的现实的生活要素;只有在社会中,自然界才是人自己的人的存在的基础。"⑥

实践改造自然,不仅仅是改变自然物的形态,更重要的,是在自然物中贯注社会力量,使社会力量本身进入到自然存在当中,并赋予自然存在以新的尺度——社会性或历史性,使其具有一种独特的社会性质。在现实世界中,自然界意味着什么,自然对人的关系如何,人对自然的作用采用了什么样的形式、内容和范围等,都受到社会关系的制约。要把人化自然从社会形式中分离出去是不可能的。这就是说,在现存世界中,自然不

---

① 《马克思恩格斯全集》第 42 卷,第 97 页。
② 《马克思恩格斯全集》第 42 卷,第 128 页。
③ 《马克思恩格斯全集》第 42 卷,第 131 页。
④ 《马克思恩格斯全集》第 42 卷,第 24 页。
⑤ 《马克思恩格斯全集》第 46 卷上,人民出版社 1979 年版,第 24 页。
⑥ 《马克思恩格斯全集》第 42 卷,第 122 页。

仅保持着天然的物质本性,而且被打上了人的烙印;不仅具有客观实在性,而且具有社会历史性。人化自然是一个社会(历史)范畴,本质上是社会的自然或"历史的自然"。

在现存世界中,如同自然被社会所中介一样,反过来,社会也被自然所中介。人类社会就是在人与自然的物质变换过程中形成并发展起来的,人类历史也无非是"自然界对人说来的生成过程"。作为客体的自然,其本身的规律不可能被完全消融到对它进行占有的社会活动中;自然不是外在于社会,而是作为一种恒定的因素出现在社会活动、历史过程中,社会需要归根到底只有通过自然过程的中介才能实现。通过实践,自然进入到社会之中,并从纯粹的自然存在转化为社会存在,转化为社会生活的要素,并制约着社会的发展。

"在实践上,人的普遍性正表现在把整个自然界——首先作为人的直接的生活资料,其次作为人的生命活动的材料、对象和工具——变成人的无机的身体。"①"最初的社会形态""起初完全是自然发生的"②,而"自然界同劳动一样也是使用价值(而物质财富就是由使用价值构成的!)的源泉,劳动本身不过是一种自然力即人的劳动力的表现"③,人与自然之间的物质变换构成了社会存在和发展得以实现的"永恒的自然必然性"。社会历史既不是纯自然的过程,也不是脱离自然的超自然的过程,而是包括自然运动在内的、与自然历史"相似"的过程。正是在这个意义上,社会是自然的社会,"历史是人的真正的自然史"④。把人对自然的理论和实践关系从社会(历史)中排除出来,也就等于把社会(历史)建立在虚无上。

社会的自然与自然的社会的形成,标志着人类世界的形成。现实的人类世界也就是马克思所说的现存世界。从内容上看,现存世界包含着自然与社会两个方面。但是,现存世界又不是自然界与社会的"相加",而

① 《马克思恩格斯全集》第42卷,第95页。
② 《马克思恩格斯全集》第46卷上,第104页。
③ 《马克思恩格斯选集》第3卷,第298页。
④ 《马克思恩格斯全集》第42卷,第169页。

是在实践基础上形成的人化自然与人类社会"二位一体"的世界。在现存世界中，自然与社会相互制约、相互渗透，出现在人们面前的是社会的自然和自然的社会，或者说，是"历史的自然"和"自然的历史"。社会的自然和自然的社会都是人们的实践，即"对象性的活动"的产物。

现代科学成果表明，自然史上最高的"会聚"就发生在自然史向人类史转化时。此时，较低层次的自然系统成为较高层次的社会系统的组成部分，而社会系统又对自然系统施加着"约束"，这是其一。

其二，自在自然通过人的实践活动转化为人化自然，并在人化自然中延续了自己的存在；同时，人化自然不可避免地要参与整个大自然的运动过程，或者说，仍然要加入到由自然规律支配的自然运动过程中。

这样，就会出现两种情况：一是自然运动以其强大的力量强行铲除人化自然的痕迹，使人的活动成果趋于淡化和消失；二是人化自然，特别是生物圈内的物质变换，改变了自然规律起作用的范围、过程和结果。这就可能产生对人并非有利的负面效应，如生态失衡问题。当今，生态失衡问题日益突出，程度不同地触及世界上所有国家，因而具有世界性的影响，具有全球性质，所以又被称为"全球问题"。

"全球问题"深刻地反映了社会与自然的矛盾。"全球问题"的出现，从一定意义上说，是由科学技术广泛应用于自然而又失去控制所引发的。科学技术的进步和生产力的发展赋予人类改造自然的新手段、新形式，使社会对自然的影响在广度和深度上都急剧地扩大了。例如，人类对地球的改造作用在广度和深度上不断拓展，造成一种新的地质作用过程，并急剧地改变地球表面。同时，人正在影响化学元素，造成新的化合物，把新的物质引入地球内部，改变了地球的化学过程。当人们在自然中滥用科学技术的威力时，全球环境恶化就不足为怪了。全球气候变暖、土壤流失和土地沙漠化，森林资源日益减少，臭氧层不断耗损，动植物资源急剧减少，空气严重污染等，都是人类不合理地利用科学技术，并使社会与自然发生冲突的结果。形象地说，生态失衡是以"天灾"的形式而表现出来的"人祸"。

爱因斯坦认为,我们为人的理智发展中所取得的进步而自豪,但是,我们一定要注意,切不可把理智奉为我们的"上帝";理智固然有强有力的身躯,却没有"人性"。因此,关心"人性",关心怎样组织人的劳动和产品分配,用以保证我们科学技术的成果造福于人类,而不致成为"祸害",应当始终成为一切科学技术活动的主要目标。爱因斯坦的这一忠告发人深省。科学技术能否造福于人类,取决于掌握科学技术的人及其社会关系。在我看来,"全球问题"不仅是一个自然问题,是一个科学技术问题,而且是一个社会问题,是一个涉及社会制度、社会管理组织和社会整体实践的复杂问题。为此,应变革和完善社会制度,创造合理利用科学技术的社会环境。

恩格斯早就指出了自然界"对人进行报复"以及"人类同自然的和解"问题。马克思也认为,应当合理地调节人与自然之间的物质变换,"在最无愧于和最适合于他们的人类本性的条件下来进行这种物质变换"①。唯物主义历史观并不主张"对自然的崇拜",而是主张征服自然。但是,唯物史观同时认为,人们并不是在自然之外,而是在自然之中去征服自然的,这种征服意味着使自然成为"人的无机身体",意味着社会与自然的真正的"和解",即在更高阶段上回归社会与自然的统一,达到新的平衡。

实际上,社会与自然的平衡有两种类型:

一种是原生的自然生态系统的平衡,即自然生态系统没有受到外力的破坏,它凭借自我调节而保持自身的平衡。在这种平衡状态中,人处于服从的地位,社会与自然的关系因此比较协调,温情脉脉。"稻花香里说丰年,听取蛙声一片",所陶醉其中的就是这种境界。

另一种是人工生态系统的平衡,即通过人对自然的改造,不断改变原生的自然生态系统,创造出一个适合人的生存和发展的生态平衡系统。唯物主义历史观所追求的社会与自然的平衡,就是这种平衡,并为达到这一平衡指出了必由之路,即按照人的内在需要和自然规律这两种尺度的

①《马克思恩格斯全集》第25卷下,人民出版社1974年版,第927页。

统一去改造自然,同时对现在的社会制度进行变革。正如恩格斯所说,要合理地调节人与自然的关系,"单是依靠认识是不够的。这还需要对我们现有的生产方式,以及和这种生产方式连在一起的我们今天的整个社会制度实行完全的变革"①。

四、实践活动中的人与自然的关系:主体与客体的关系

实践作为一种社会现象,早就引起了哲学家的注意。古希腊哲学家苏格拉底说过:"只要一息尚存,我永不停止哲学的实践。"亚里士多德认为:"实践是包括了完成目的在内的活动。"在西方哲学史上,康德正式把"实践"概念引入哲学中,并提出了"理论理性"和"实践理性"的概念。然而,从总体上看,在马克思主义哲学产生之前,无论是唯心主义哲学还是唯物主义哲学,都不理解人类实践活动的本质,都不理解实践批判活动的意义。结果,唯物主义哲学与人的能动的方面失之交臂,唯心主义哲学则"抽象地发展了'人的'能动的方面"。

旧唯物主义和唯心主义之所以不理解实践批判活动的意义,没有正确解答实践的本质问题,除了旧唯物主义与唯心主义各自的主观原因以外,还有一个客观原因,即作为人所特有的活动,实践本身就具有矛盾的特征:一方面,实践是人的有目的的活动,受人的理性、意志的支配,体现了人对理想世界的追求;另一方面,实践又是作为物质实体的人,通过工具等物质手段同物质世界之间进行物质变换的客观过程。不能全面而深刻地把握实践的这种内在矛盾,是造成旧唯物主义和唯心主义各执一端、争执不下的认识论根源。

当唯物主义历史观把物质生产作为实践的首要形式和根本内容时,唯物史观所理解的实践是同自然过程既相联系又相区别的社会过程,是一种自在自为的活动。按照唯物史观,实践活动首先是人以自身的活动

---

① 《马克思恩格斯全集》第20卷,人民出版社1971年版,第521页。

来引起、调整和控制人与自然之间物质变换的过程,在这个过程中,人与人之间又要互换活动并必然结成一定的社会关系。人与自然的关系制约着人与人的社会关系,人与人的社会关系又制约了人与自然的关系。

同时,实践过程结束时得到的物质结果,在这个过程开始时就作为目的在生产者的头脑中以观念的形式存在着,这个目的是生产者"所知道的,是作为规律决定着他的活动的方式和方法的"①。这就是说,实践活动又是一个"物质变精神"和"精神变物质"的过程。

正因为如此,实践既是人与自然之间物质变换的过程,又是人与人之间活动互换的过程,同时,还是人与自然之间、物质与观念之间转换的过程。这样,唯物主义历史观就找到了把能动性、主观性、创造性与现实性、客观性、物质性统一起来的基础。

从词义上看,实践就是实行或行动,指的是人们实现某种主观目的的活动。在唯物主义历史观中,实践是指人能动地改造物质世界的对象性活动。对实践本质的这一理解和规定,首先肯定了实践活动的对象性质,即它是以人为主体,以客观事物为对象的现实活动;更重要的是,实践把人的目的、理想、知识、能力等本质力量对象化为客观实在,创造出一个属人的对象世界。因此,实践是人所特有的对象化活动。正如马克思所说,"劳动的产品就是固定在某个对象中、物化为对象的劳动,这就是劳动的对象化。劳动的实现就是劳动的对象化"②。

与动物消极地适应自然的活动不同,人的实践活动具有自主性。实践的自主性表现在,人通过实践不但能够认识自然规律,而且能够利用自然规律,使自然规律为人所用,达到物被人所掌握和占有的目的。同时,实践还具有创造性,创造出按照自然规律本身无法产生或产生的概率几乎等于零的事物。人对世界的改造本质上就是创造。没有创造,就不会形成适合人类生存和发展的属人世界。

---

① 《马克思恩格斯全集》第23卷,第202页。
② 《马克思恩格斯全集》第42卷,第91页。

实践的自主性和创造性体现了人的主体性。实践是由人发动同时又是为了人的活动,它使人与物的关系成为"为我而存在"的关系①,由此确立了人对自然界的主体地位。在实践中,人按照对事物运动规律的认识去改造事物,把它塑造成适合人占有和利用的形式,充分显示了人的主体性。同时,人在实践中自觉地把自己和自然界区分开来,自觉意识到自我的存在,具有了主体意识。实践的发展,既是人的主体性不断发展和提升的过程,同时,也是人的主体意识不断提高和弘扬的过程。

实践活动的自主性、创造性和主体性表明,实践具有自觉能动性,是自觉的能动的活动。在实践活动中,人把"物"的内容映射到自身中,同时,又把自身的需要以目的的形式贯注到"物"的内容中去,使观念的东西转化为物质的东西,使自在之物变为"为我之物",使"物"成为从属于人的需要的客观存在,从而在人与物之间建立起一种新的更高的统一的关系,即"为我而存在"的关系。

实践是人自觉地改造物质世界的创造性活动。实践活动中的人和自然的相互作用,与自然界中的物质实体的相互作用是根本不同的。实践具有物质的、感性的性质和形式。与以观念的方式把握物质世界的活动不同,实践活动具有直接现实性的特征。但是,实践的直接现实性不同于自然物的直接现实性。纯粹的自然存在物不包含人的主观活动,因此,它们不可能证实或证伪人的理论与认识。实践则不同,它既同人的主观活动相联系,又从人的主观活动的圈子里走出来,物化为感性的客观存在。实践是人把自己作为物质力量,并运用物质手段同物质对象发生实际的相互作用的感性活动,这种感性活动同感性对象一样具有客观实在性。

作为人所特有的对象化活动,实践从一开始就是社会的实践,是历史地发展着的实践。尽管实践可以表现为单个人的个体活动,但人们总是凭借着社会力量去同自然发生关系的,总是在一定的社会关系中进行实践活动的。所以,马克思指出:"为了进行生产,人们相互之间便发生一定

---

① 参见《马克思恩格斯选集》第 1 卷,第 81 页。

的联系和关系;只有在这些社会联系和社会关系的范围内,才会有他们对自然界的影响,才会有生产。"①"甚至当我从事科学之类的活动,即从事一种我只是在很少情况下才能同别人直接交往的活动的时候,我也是社会的……不仅我的活动所需的材料,甚至思想家用来进行活动的语言本身,都是作为社会的产品给予我的,而且我本身的存在就是社会的活动。"②人的实践活动总是社会活动,总是受到一定的历史条件的制约。实践的对象、范围、规模和方式都受到历史条件的制约。

在实践活动中,人把自身之外的自然变成了自己活动的对象,变成自己的客体,与此同时,也就使自己成为主体性的存在。因此,在实践活动中,人与自然的关系转变为主体与客体的关系。如果说主体是从事着实践活动和认识活动的人,那么,客体就是实践活动和认识活动所指向的对象,首先是自然界。

实践的主体是实践活动中具有能动性的因素,在其能力结构中存在着三种基本要素:一是"人本身的自然力",即与自然物相适应的自然力,因而可以与自然进行物质变换,这种物质力量是精神支配下的物质力量;二是人的智力,即主体所实际掌握、运用的知识和经验,这主要是作为主体改造客体的目的和方法而发生作用的,并设计实现这一目的的具体途径、方法和步骤;三是主体的感情和意志力,这种感情和意志力对主体实践活动的发动与停止、对主体实践能力的发挥起着重要的控制和调节作用。正如马克思所说,"激情、热情是人强烈追求自己的对象的本质力量"③。

客体是进入主体活动的领域,并同主体发生功能性关系,或为主体活动所指向的自然物。因此,对于实践的客体要从两方面去理解:一方面,客体是一种不以主体的主观意志为转移的自然物,这种自然物不仅在成为客体之前就具有客观性特征,而且进入主体与客体的关系结构以后,这

---

① 《马克思恩格斯选集》第1卷,第344页。
② 《马克思恩格斯全集》第42卷,第122页。
③ 《马克思恩格斯全集》第42卷,第169页。

种客观性特征仍然保持着;另一方面,客体不是与自然物相等同的概念,自然物只有被纳入主体活动范围内,成为主体活动所改造或指向的对象时,才能成为客体。

具体地说,哪些自然物能够成为实践的客体,不仅取决于这些自然物的自在本性,同时,也取决于人的本质力量的发展水平。换言之,哪些自然物能成为实践的客体,既取决于自然物具有哪些可被人所利用的属性,又取决于人的实践水平能否利用自然物的这些属性。客体的变化不仅表示客体本身发生了特定的变化,而且这种变化本身就是主体本质力量的确证。

这就是说,通过客体的变化可以透视出主体需要和能力的变化,客体不断扩大的过程同时就是人的实践活动和本质力量的发展过程。正如马克思所说,"工业的历史和工业的已经产生的对象性的存在,是一本打开了的关于人的本质力量的书"①。人原本是自然界的产物,受自然界支配。但是,实践扭转了乾坤。正是通过实践,人成为一种主体性的存在,自然成为客体,为人所支配。

同主体一样,客体也是历史的范畴,被纳入主体活动范围的客体是不断扩大和变化的。其中,自然是客体的最基本形式。问题在于,人与自然的关系离不开并受制于人与人的社会关系。所以,适应生产实践的需要,与改造自然的实践活动同时发生的是处理人与人之间社会关系的实践活动。既然生产实践离不开一定的社会关系,总是在一定社会关系中进行的,那么,同生产实践相伴而行,就必须维持和巩固那些适合生产发展的社会关系,调整和改变那些不适合生产发展的社会关系。因此,处理社会关系的活动是人类实践活动的又一基本形式。这就是说,从事实践活动的人,必须把在实践活动中形成的人与人的社会关系作为认识和改造的对象。对象化了的现实的社会关系、社会结构、社会制度因此成为实践活动中的又一客体。

---

① 《马克思恩格斯全集》第42卷,第127页。

实践是一个以主体、中介、客体为基本骨架的动态的发展系统。其中,主体是能动性因素,客体是受动性因素,工具则是把主体与客体连接起来,使二者之间的相互作用得以实现的中介。

从主体与客体相互作用的特点和实质看,这种相互作用既不同于一般的物质实体之间的相互作用,也不同于一般的精神与物质之间的相互作用,而是把这两种相互作用都包含于自身。主体与客体的相互作用具有物质性的特点,但又不能把这种相互作用的本质归结为一般的物质性。除人以外的一切物与物之间的相互作用都是无意识的、盲目的,都不可能以主体与客体相互作用的形式出现。在主体与客体的相互作用中,出现了一般的物质实体之间的相互作用所没有的崭新的关系,这就是目的与手段、能动者与受动者、创造者与被创造者之间的关系。因此,主体在主客体相互作用中的主导地位和中心地位就被确定下来了。

在实践过程中,主体一方面受到客体的限定和制约,另一方面又不断地发展自己的能力和需求,以自觉能动的活动不断打破客体的限定,超越现实客体。主体与客体之间的这种限定和超越或在限定中超越的关系,是实践的主体与客体相互作用的实质。

从实践的主体与客体相互作用的内容和结果看,这种相互作用是通过主体对象化和客体非对象化的双向运动实现的。人通过实践使自己的本质力量转化为对象物,这就是主体的对象化。实践是人们运用工具改造自然的过程。在这个过程中,对象按照主体的要求发生了结构和形式上的变化,形成了自然界中原来所没有的种种对象物。这种种对象物是人在与自然的相互作用中创造出来的,是主体的本质力量通过活动转化为静止的物质的存在形式,积淀、凝聚和物化在客体中。因此,主体的对象化就是主体通过对象性活动向客体渗透和转化,即主体客体化。人类一切实践活动的结果都是主体对象化的结果,都是主体客体化。

在主体对象化的同时,还发生着客体非对象化的运动。所谓客体非对象化,是指客体从客观对象的存在形式转化为主体生命结构的因素或主体本质力量的因素,也即客体失去对象化的形式,转化为主体的一部分。正如马克思所说,"在生产中,人客体化,在消费中,物主体化"①。在生产实践中,主体一方面通过物质和能量的输出改变着客体,同时,主体需要把一部分客体作为直接的生活资料加以消费,或者把客体的规定性转化为自己思维的力量,或者把物质工具作为自己身体器官的延长包括在生命活动中。这些都是客体向主体的渗透和转化,即客体主体化。

主体对象化、主体客体化造成人的活动成果的体外积累,形成了人类积累、交换、传递、继承和发展自己本质力量的特殊方式——社会遗传方式,从而使人类的物质文化和精神文化的成果不会因个体的消逝而消失。客体非对象化、客体主体化则使人占有、吸收对象(包括前人的活动成果),从而不断丰富人的本质力量,提高主体能力,使主体能以更高的水平去改造客体。因此,实践主体与客体的相互作用总是不断地在新的基础上进行。

主体对象化与客体非对象化、主体客体化与客体主体化的双向运动是人类实践活动同一过程的两个方面,它们互为前提、互为中介,人们就是通过这种运动形式不断解决所面临的现实矛盾。这是客体对主体的制约性和主体对客体的超越性的生动体现,是人类实践活动的本质内容。

五、人对自然界实践把握的基本环节

实践的运行过程包括三个基本环节:确立实践目的和实践方案;实践主体依据目的、方案通过一定手段作用于客体;根据实践结果修正实践目的和实践方案,从而对实践活动本身进行反馈调节。人对自然界的实践把握正是通过这三个环节进行的,这三个环节实际上构成了实践活动的运行机制。

目的是人们在实际改造自然之前,在头脑中预定的活动结果,是人们从事实践活动的出发点。目的不仅包含着主体对自身需要的意识,也包

---

① 《马克思恩格斯全集》第46卷上,第26页。

含着对客体及其与主体关系的认识。由于外部自然的现存形式不能满足人的需要，因此，人必须根据自己的内在需要对外部自然进行改造。这种改造首先是在思维中进行的，即通过"思维操作"，消灭外部对象"当前存在"的自在的客观性，在思维中形成一个符合人的内在需要和主观要求的"理想存在"，在观念中建立起主体与客体的新的统一的关系。

这种思维改造，对实际改造来说，是一种超前改造，是实践改造外部对象的过程在思维中的预演，是预先在头脑中设定的实践活动的理想模型。这种超前改造形成了实践的目的，并以意图、动机的形式规定了人们活动的目标。目的包含着主体改造客体的强烈愿望，是要在对人的有用的形式上占有客体，而不仅仅是一般地认识客体。目的所关心的不是客体的现状如何，而是客体应当如何，是客体对主体的意义。正如马克思所说，"人却懂得按照任何一个种的尺度来进行生产，并且懂得怎样处处都把内在的尺度运用到对象上去"①。

目的中既包含着主观的尺度，也包含着客观的尺度；在这两个尺度中，主观尺度是核心，客观尺度是前提。"人在自己的实践活动中面向客观世界，以它为转移，以它来规定自己的活动。"②从这个意义上说，"人的目的是客观世界所产生的，是以它为前提的"③。然而，目的要克服的却是客体的自在的客观性，使客观存在符合人的主观需要。"目的的活动不是指向自身……而且为了通过消灭外部世界的规定的（方面、特征、现象）来获得具有外部现实形式的实在性……"④换言之，人在实践活动中并非仅仅接受自然规律，而且要依据自己的目的利用自然规律去改变外部自然的现存状况，使它成为符合人的目的的新的状态，即成为"人类学的自然界"。

可见，目的包含着主体与客体、主观与客观的矛盾，这种主体与客体、

① 《马克思恩格斯全集》第42卷，第97页。
② 《列宁全集》第55卷，第157页。
③ 《列宁全集》第55卷，第159页。
④ 《列宁全集》第55卷，第183页。

主观与客观的矛盾表现为实然与应然、现实与理想的矛盾。外部自然实际怎样,这是对象的实然性;主体要求对象应当怎样,这是对象的应然性。实然性表明了外部自然的客观状态,是自然当前的现实存在;自然的应然性则表明了人们对它的主观要求,是一种未来理想的存在。目的的内在矛盾通过实践的对象性活动得到解决。

实践的目的性把实践活动过程同自然运动过程区别开来。在自然运动过程中,事物的客观状态及其发展直接受因果规律制约,事物的现状主要是被过去的事件所支配,是过去制约现在。实践活动过程却不是一般的"原因—结果"的转化过程,而是"目的—结果"的转化过程,目的作为环节插入客观联系的因果链条之中,作为一种特殊的原因而起作用。

在这种特殊的因果关系中,目的作为原因并不是指向过去的事件,而是指向一种尚未发生的事实。因此,人的实践活动并不是纯粹地为过去的事件所制约,而是同时受到未来的事件的制约;未来的事件在现实中还不存在,它是主体选择的结果。这样,实践过程就表现为一种自在自为的物质运动过程。这种过程改变了客体的自然进程,使其成为在主体制约下的物质运动过程。这就是主体活动的客观性与客体运动的客观性的本质区别。

唯物主义历史观确认因果关系是客观的联系,认为"'因果关系的运动'=实际上在不同的广度或深度上被捉摸到、被把握住内部联系的物质运动以及历史运动"①。可以说,整个自然科学就是依据因果范畴建立起来的,离开因果范畴就没有自然科学。在说明主体的活动过程时,唯物史观又强调目的范畴的重要地位,认为人的实践活动是体现着目的性的活动,离开目的就无法说明人的实践活动。这种有目的的活动与客观的因果关系并非如同冰炭,难以相容。正如恩格斯所说,人的活动能够"引起自然界中根本不发生的运动(工业),至少不是以这种方式发生运动,并且我们能赋予这些运动以预先规定的方向和范围。因此,由于人的活动,就

––––––––––––––

① 《列宁全集》第 55 卷,第 135 页。

建立起因果观念",同时,"人类的活动对因果性作出验证……可以说是对因果性作了双重的验证"①。人的活动的因果联系是更高水平的因果联系。

目的是主观的,但它要改造的对象却是客观的,因此,目的不能直接作用于客观对象。"物质力量只能用物质力量来摧毁"②,客观对象只能被一种客观力量所改变。手段正是这样一种客观力量。但是,手段是依据主观目的的要求选定的,只有符合主观目的要求的"物"才能成为手段,实现不同目的必须使用具有不同功能的手段。同时,手段功能的发挥也必须服从于目的,手段依据目的而运动,并始终为目的所制约。正如马克思所说,"劳动者利用物的机械的、物理的和化学的属性,以便把这些物当作发挥力量的手段,依照自己的目的作用于其他的物"③。

手段是人的身内器官与身外器官的矛盾统一。手段就是主体将之置于自己和客体之间,把自己的活动传到客体上去的物或物的综合体。"这样,自然物本身就成为他的活动的器官,他把这种器官加到他身体的器官上……延长了他的自然的肢体。"④动物完全靠自身的身内器官从事活动,身内器官是它们唯一的活动手段。动物力量和能力的大小,是由它的身内器官决定的。与动物不同,人的力量和能力的大小不是由身内器官决定,而是由身外器官,即手段决定的。

手段是由身外的自然物构成的,但它在人的实践活动中的功能却是人的身内器官功能的外化,是人的身外器官。靠身外器官的作用,人首先占有和支配了一部分外部自然力,并把这些自然力变成主体自身的力量去征服其他自然力,从而实现自己的目的。手段的特点就在于,它是人的身内器官和身外器官的统一。这样,人们就可以突破身内器官功能的局限,使主体的力量具有了无限发展的可能性。

---

① 《马克思恩格斯选集》第4卷,第328—329页。
② 《马克思恩格斯选集》第1卷,第9页。
③ 《马克思恩格斯全集》第23卷,第203页。
④ 《马克思恩格斯全集》第23卷,第203页。

因此，马克思提出，要注意"社会人的生产器官"和"批判的工艺史"问题，并指出："达尔文注意到自然工艺史，即注意到在动植物的生活中作为生产工具的动植物器官是怎样形成的。社会人的生产器官的形成史，即每一个特殊社会组织的物质基础的形成史，难道不值得同样注意吗？"①只要认真研究作为手段的工具，创建"批判的工艺史"，"工艺学会揭示出人对自然的能动关系"②。

"社会人的生产器官"的形成表明，人的实践活动的特点是主要使用人自己制造的工具，而不是使用天然工具。这说明，手段首先是人们过去活动的结果，尔后才是未来活动的前提；手段不是天然的自然物，而是凝聚了、物化了人的过去活动的人工自然物。如果说人的身内器官是一种天然器官，那么，手段作为一种身外器官就是一种人工器官，是"社会人的生产器官"。因此，手段与人的肉体器官的关系，不仅是身外器官与身内器官的关系，而且是人工器官与天然器官的关系。只有具备过去活动的结果与未来活动的前提这两种性质的东西，才具备手段的性质。换言之，手段是人的过去活动和未来活动的矛盾统一。

手段把过去活动与未来活动统一起来，把前人活动与后人活动统一起来，这就使人的活动具有不同于动物活动的特点。具体地说，前人活动的结果和终点，是后人活动的前提和起点。手段使前人活动与后人活动、过去活动与未来活动建立起内在的历史联系。这样，每一代人在使用手段进行活动时，实质上是把前人活动及其成果作为自己的手段，因而每一代人都突破了本身力量的局限，把历史上创造的人类力量的总和纳入自身之中，以人"类"的资格去从事新的活动。这就使人类社会的发展成为一个不断向上的、滚雪球式的过程，形成了区别于生物进化规律的社会发展规律。

因此，马克思把"社会人的生产器官"看作"每一个社会组织的物质基

---

① 《马克思恩格斯全集》第 23 卷，第 409 页。
② 《马克思恩格斯全集》第 23 卷，第 410 页。

础",认为只要认真研究作为手段、工具的"社会人的生产器官"的形成史，就能够揭示出人对自然的活动方式和人的物质生活的生产过程，从而揭示出社会关系以及精神观念的起源，并形象地指出："手推磨产生的是封建主的社会，蒸汽磨产生的是工业资本家的社会。"①

在实践的目的中，实践的结果已经以主观观念的形式建立起来了，实践结果就是在外部自然中以客观形式实现了的主观目的。因此，实践的结果是主观性与客观性的现实统一。在这个过程中，主体自觉地认识、把握和利用客体的规律，使客体达到适应主体需要的性质和状态。这样一来，自然界本身潜存着的丰富的因果联系的可能性，通过"目的—手段—结果"的运动，被有选择地实现出来了。

同自然运动结果相比，实践活动结果有一个显著的特点，这就是实践的结果具有成败的属性。自然结果仅仅是由原因引起的，自然运动受自然规律支配，它必然严格遵循客观规律，不存在违背客观规律的可能性。所以，在这种原因与结果之间没有成败问题。实践的结果却始发于目的，而且在整个实践过程中目的不仅没有消失，反而成为支配人的活动的方式和方法。在这个过程中，人既可能遵循客观规律，也可能违背客观规律，因而实践结果一旦形成，就马上进入与目的的对比之中。正是这种对比关系构成实践结果所独有的成败属性。因此，实践结果对实践目的具有反馈作用，人们可以以此坚定或修正实践活动的目的，反思整个实践过程。实践结果对主体发生的这些效应，使主体具有了更大的主动性，因而成为主体活动的一个基本环节。

人的实践活动之所以与自然的物质运动具有不同的特点，是因为人是在理性支配下活动。理性追求客体的必然性，向人们展现外部自然的各种可能性，以供主体行动时选择；同时，又追求客体的应然性，并促使人们根据应然性在客体发展的多种可能性中进行选择。人的实践活动与自然的物质运动相区别，并不在于前者自觉地为客观规律所支配，后者盲目

①《马克思恩格斯选集》第1卷，第142页。

地为客观规律所支配,而是在于,在人的实践活动中,理性向主体展示了可供选择的多种可能性,以及对各种可能性后果的估计,同时,又反映着主体内在需要的多种层次性及其实现的可能性,从而使主体把客体的可能性和主体的可能性结合起来,并创造条件使这种可能转为现实。

六、实践:人类社会、人类世界的本体

如前所述,实践不仅使自在自然发生形态的改变,同时,还把人的目的性因素注入自然界的因果链条当中,使自然界的因果链条按同样客观的"人类本性"发生运转;实践虽然不能使自然物的本性和规律发生变化,却能把人的内在尺度运用到物质对象上去,按人的方式来规范物质转换活动的方向和过程,改变物质的自在存在形式。在实践活动中,自然这个"自在之物"日益转化为体现了人的目的并能满足社会需要的"为我之物"。这一过程就是自然"人化"的过程,其结果是从天然自然中分化出人化自然、社会的自然,使自然界在人的实践过程中不断获得属人的性质,不断地被改造为社会存在和发展的条件。

自然的"人化"过程同时就是人类社会形成和发展的过程。全部社会生活在本质上是实践的。人们在从事物质生产实践、改造自然的同时,又形成、改造和创造着自己的社会联系和社会关系。没有人与人之间的社会关系,也就不可能有人与自然的现实关系。"一切生产都是个人在一定社会形式中并借这种社会形式而进行的对自然的占有。"[①]这就是说,自然的"人化"是在社会之中而不是在社会之外实现的。在实践活动中生成的人化自然和人类社会及其统一,构成了人类世界。

人通过自己的实践活动在自在世界的基础上建造了属人世界,从而使世界二重化为自在世界和人类世界。在这个过程中,自在世界构成了人类世界存在和发展的自然基础,人在实践活动中把自然同化于自身,转

---

① 《马克思恩格斯全集》第46卷上,第24页。

化为自己的本质力量;同时,又把自己的本质力量对象化,创造了人类世界;人类世界形成之后又反过来不断地改变自在世界的界限,并使人的本质力量进入到自然存在之中,使这一部分自然存在转化为社会存在。"只要有人存在,自然史和人类史就彼此相互制约。"①

人的实践活动使世界二重化为自在世界与人类世界表明,实践不仅改造着世界,而且创造着世界。正是在这个意义上,马克思认为,不仅要从客体方面,而且要从主体方面,从"感性的人的活动",即实践方面去理解"对象、现实、感性"。因此,在唯物主义历史观中,实践具有本体论意义。

实践的本体论意义首先体现在,实践创造出一个与自然既对立又统一的人类社会,一个与自在世界既对立又统一的人类世界。

人类世界,即现存世界在内容上包含着自然与社会两个方面。但是,人类世界不是自然界与社会的"相加",而是在实践基础上形成的人化自然与人类社会不可分割的世界。在人类世界中,自然与社会相互制约、相互渗透,出现在人们面前的是被社会改变的自然和受自然制约的社会。

人类世界中的自然不是与人无关的自然,而是被人们"加工"过的自然;人不仅改造自然存在,而且通过实践使自身进入到自然存在当中,并赋予自然存在以新的属性——社会性、历史性。一切对自然的加工、改造都是"在一定社会形式中并借这种社会形式"进行的。人化自然是被打上了社会烙印的自然,是社会的自然。在人类世界中,自然界意味着什么,自然对人的关系如何,人对自然的作用采用了什么样的形式、内容和范围等,都受到社会形态的制约。要把人类世界中的自然从社会形式中分离出去是不可能的。在人类世界中,自然不仅保持着天然的物质本性,而且被打上了人的烙印;不仅具有客观实在性,而且具有社会历史性。人化自然是一个社会范畴、历史范畴。

人类世界中的社会也不是与自然无关的社会。人类社会是在人与自

---

① 《马克思恩格斯选集》第 1 卷,第 66 页。

然的物质变换中形成并发展起来的,人类历史也无非是"自然界对人的生成过程"。在人类世界中,作为客体的自然,其本身的规律不可能被完全消融到占有它的社会中;自然不是外在于社会,而是作为社会存在和发展的条件出现在社会中。社会的需要只有通过自然过程的中介才能实现,人与自然之间的物质变换构成了社会存在和发展得以实现的"永恒的自然必然性"。从这个意义上说,社会是自然的社会。

社会的自然与自然的社会都是人们实践活动的产物。实践是社会与自然相互作用、相互影响、相互渗透的中介和基础。实践是人类社会、人类世界得以存在的根据和基础,在人类社会、人类世界的运动中具有导向作用。人类世界只能是实践中的存在。所以,马克思认为,物质实践"这种活动、这种连续不断的感性劳动和创造、这种生产,正是整个现存的感性世界的基础"①。

实践的本体论意义不仅体现在人类社会、人类世界的形成上,还体现在人类社会、人类世界的不断发展中。

实践是人类社会、人类世界得以存在和发展的基础,人类世界是实践中的存在,而实践本身就处在不断的变化发展之中。因此,人类世界是一个动态的、不断生成、不断形成更大规模和更多层次的开放体系。人们"周围的感性世界决不是某种开天辟地以来就直接存在的、始终如一的东西,而是工业和社会状况的产物,是历史的产物,是世世代代活动的结果,其中每一代都立足于前一代所达到的基础上,继续发展前一代的工业和交往,并随着需要的改变而改变它的社会制度"②。

人与自然的统一"在每一个时代都随着工业或快或慢的发展而不断改变"③。在现代,人类已经"上穷碧落下黄泉","上天、入地、下海",人类活动已涉及广袤的宇宙、辽阔的海洋,深入地球深处以及生物的分子结构等。正如现代著名科学家西蒙所说的,"我们今天生活着的世界,与其说

---

① 《马克思恩格斯选集》第 1 卷,第 77 页。
② 《马克思恩格斯选集》第 1 卷,第 76 页。
③ 《马克思恩格斯选集》第 1 卷,第 76—77 页。

是自然的世界,还不如说是人造的或人为的世界。在我们周围,几乎每样东西都刻有人的技能的痕迹"①。这进一步凸显了实践的本体论意义。

确认实践是人类社会、人类世界得以存在的根据和基础,在人类世界的运动中具有导向作用,并不是否定自然界对人类社会、人类世界的先在性。同一切唯物主义一样,唯物主义历史观确认自然界的"优先地位",并认为:"人并没有创造物质本身。甚至人创造物质的这种或那种生产能力,也只是在物质本身预先存在的条件下才能进行。"②

但是,马克思并没有把旧唯物主义的自然概念原封不动地移入唯物主义历史观中,而是用实践的框架来理解人类世界中的自然,把自然同社会联系起来考察,认为"任何历史记载都应当从这些自然基础以及它们在历史进程中由于人们的活动而发生的变更出发"③,并把"感性世界理解为构成这一世界的个人的全部活生生的感性活动"④。

正因为如此,唯物主义历史观极为关注人的实践活动,关注在人的实践活动中生成的人类世界,即"现存世界",并明确指出:"对实践的唯物主义者即共产主义者来说,全部问题都在于使现存世界革命化,实际地反对并改变现存的事物。"⑤

---

① 〔美〕西蒙:《关于人为事物的科学》,杨砾译,解放军出版社1988年版,第8页。
② 《马克思恩格斯全集》第2卷,第58页。
③ 《马克思恩格斯选集》第1卷,第67页。
④ 《马克思恩格斯选集》第1卷,第78页。
⑤ 《马克思恩格斯选集》第1卷,第75页。

第五章

个人与社会

社会是人的社会，个人与社会的关系是统一的：社会是由个人组成的，现实的个人是社会的主体，是历史的前提和出发点；个人又依赖于社会，社会是个人赖以存在和发展的基础，为个人的发展提供了现实条件；个人的发展和社会的发展具有一致性，个人的发展必然推动社会的发展，社会的发展又制约着个人的发展，伴随着社会的不断发展，个人将成为具有自由个性的全面发展的个人。

一、"有生命的个人"与"社会的个人"

人是什么？这是哲学家们给予特别关注而又众说纷纭的问题，以至卢梭感叹道："人类的各种知识中最有用而又最不完备的，就是关于'人'的知识。"①的确如此，人类最关心的是自己，但在相当长的历史时期内最不了解

---

① ［法］卢梭：《论人类不平等的起源和基础》，李常山译，商务印书馆 1962 年版，第 62 页。

的恰恰是自己。从普罗泰戈拉的"人是万物的尺度"到费尔巴哈的"人是人的最高尺度",从亚里士多德的"人是政治动物"到富兰克林的"人是制造工具的动物",从拉美特利的"人是机器"到康德的"人是目的",从爱尔维修的"人是环境的产物"到萨特的"存在先于本质"……自从苏格拉底提出"认识你自己"以来,人的问题犹如一只"看不见的手"牵引着哲学家们不停思索、寝食难安。在一定意义上可以说,一部哲学史就是一部"人学"史。

在马克思之前,众多哲学家在回答人这个"斯芬克斯之谜"时,提出了许多有见地、具有合理因素的观点。但是,从总体上看,他们的解答大多是片面的,其失误主要在于:没有站在人是"社会活动"产物的高度来把握人的本质,往往把人的本质简单地归结为人的某一种特性,认为人的本质是先天的、固定不变的;没有把人放到社会关系中来研究,没有对人的社会特质给予高度关注,即使有的思想家注意到了人的社会性方面,但由于他们不懂得实践是人的生存方式,因而没有真正说明人的本质。

唯物主义历史观所理解的人首先是"有生命的个人",因为"全部人类历史的第一个前提无疑是有生命的个人的存在"①。问题在于,"有生命的个人"是通过自身的实践活动改造自然而存在的,实践构成了人的特殊的生命活动形式。因此,"有生命的个人"是"从事实际活动的人"。正如马克思所说,"这些个人是从事活动的,进行物质生产的,因而是在一定的物质的、不受他们任意支配的界限、前提和条件下活动着的"②。这就是说,从事实践活动的个人才是"现实的个人"。

现实的个人是自然存在物,具有自然属性。

唯物主义历史观反对把人看成纯粹的自然人,反对把人的自然属性说成人的唯一属性或根本属性,反对单纯地用生物学规律来解释人的行为和社会活动。但是,唯物史观并不否认人也是一种自然存在物,并不否

① 《马克思恩格斯选集》第1卷,第67页。
② 《马克思恩格斯选集》第1卷,第71—72页。

认人的自然因素在人类生命活动中的作用。唯物史观认为，"人直接地是自然存在物……而且作为有生命的自然存在物"①。因此，唯物史观"第一个需要确认的事实就是这些个人的肉体组织以及由此产生的个人对其他自然的关系"②。

人来源于自然这一事实，决定了人永远不能割断自身同自然的联系。更重要的是，现实的个人本身就包含自然因素。正是在这个意义上，马克思多次使用"人本身的自然"这一概念，并认为人是"具有自然力、生命力，是能动的自然存在物；这些力量作为天赋和才能、作为欲望存在于人身上"③。现代科学表明，人的有生命的肉体组织，是一个由活动器官、消化器官、循环器官、感觉器官和神经组织等系统组成的有机整体，各个器官系统相互联系、相互制约，协调有序地发挥功能，既同外部自然进行物质变换，又在内部自然中进行新陈代谢，从而不断地再生产人本身的生命有机体。"人来源于动物界这一事实已经决定人永远不能完全摆脱兽性。"④恩格斯在这里所说的"兽性"实际上是指人的自然属性。

现实的个人是社会存在物，具有社会属性。

在黑格尔看来，一个人被注定为君主，是通过直接的自然的方式，即通过肉体的出生实现的；出生像决定动物的特质一样决定了君主的特质。人与动物没有区别：马生下来就是马，国王生下来就是国王，君主的权力和尊严是与生俱来的东西，是由其肉体的本性决定的。马克思则认为，黑格尔只是证明了君主一定是生出来的，但没有说明出生是如何使"君主"成为君主的。在马克思看来，一个人通过出生获得了自然生命和肉体存在，但这并不是他获得某种社会特权的原因和根据，包括王位继承制在内的长子继承制是以私有财产的存在为根据的，长子继承制是一种"国家制度""政治制度"和社会制度。正是在这个意义上，马克思认为，那些宣传

---

① 《马克思恩格斯全集》第 42 卷，第 167 页。
② 《马克思恩格斯选集》第 1 卷，第 67 页。
③ 《马克思恩格斯全集》第 42 卷，第 167 页。
④ 《马克思恩格斯选集》第 3 卷，第 442 页。

某些人生下来就是国王和贵族,并夸耀自己的血统、自己的家世的人,实际上是在宣扬一种"动物的世界观","贵族的秘密就是动物学"。

作为社会存在物,人必然具有社会属性。"人不是抽象的蛰居于世界之外的存在物。人就是人的世界,就是国家,社会。"①在现实中,任何个人都不是孤立地站在自然面前,而是始终生活在特定的社会中,并作为社会的成员和自然相对立的。在社会之外,离开社会而"孤独的个人",充其量不过是思维中的抽象。"甚至当我从事科学之类的活动,即从事一种我只是在很少情况下才能同别人直接交往的活动的时候,我也是社会的……不仅我的活动所需的材料,甚至思想家用来进行活动的语言本身,都是作为社会的产品给予我的,而且我本身的存在就是社会的活动。"②

正是在"社会的活动"中,每个人都形成了自己的"个人的国家特质""个人的社会特质",更重要的是,这种社会属性反过来又改变并重塑着人的"肉体本性""私人特质",即人的社会属性不断改变并重塑着人的自然属性。所以,对于个人,"应该按照他们的社会特质,而不应该按照他们的私人特质来考察他们"③。一言以蔽之,"社会人的一定性质,即他所生活的那个社会的一定性质"④。

现实的个人,又"是有意识的类存在物"⑤,具有精神属性。

人与动物的主要区别之一,就是动物和自然界是直接统一的,动物的生命活动是其生物的本能活动,而"人则使自己的生命活动本身变成自己的意志和意识的对象。他的生命活动是有意识的……有意识的生命活动把人同动物的生命活动直接区别开来"⑥。在社会领域内进行活动的,是具有意识、经过思虑或凭激情行动的、追求某种目的的人,而且"人离开动物愈远,他们对自然界的作用就愈带有经过思考的、有计划的、向着一定

---

① 《马克思恩格斯选集》第 1 卷,第 1 页。
② 《马克思恩格斯全集》第 42 卷,第 122 页。
③ 《马克思恩格斯全集》第 1 卷,第 270 页。
④ 《马克思恩格斯全集》第 19 卷,人民出版社 1963 年版,第 404 页。
⑤ 《马克思恩格斯全集》第 42 卷,第 96 页。
⑥ 《马克思恩格斯全集》第 42 卷,第 96 页。

的和事先知道的目标前进的特征"①。

作为"有意识的类存在物",人具有精神属性。具体地说,人具有一个与动物的心理结构不同的、由知情意构成的精神属性,一个由感性认识与理性认识构成的认知结构,一个与外部客观世界不同的主观世界,并由此形成了人所特有的主观能动性。这种能动性使"人的意识不仅反映客观世界,并且创造客观世界"②。

现实的个人是自然属性与社会属性、感性与理性的矛盾统一体。从根本上说,文学艺术作品所要刻画的,就是人的自然属性与社会属性、感性与理性之间的冲突,是人性内部的矛盾冲突。《复活》之所以能够在不同时代、不同国家引起不同读者的共鸣,就是因为它着力刻画的聂赫留朵夫身上的那种自然属性与社会属性、感性与理性的矛盾冲突,在我们每个人身上都或多或少、或这样或那样地存在着。正如托尔斯泰在《复活》中所说,"人也是这样,每一个人身上都有一切人性的胚胎,有的时候表现这一些人性,有的时候又表现那一些人性。他常常变得完全不像他自己,同时却又始终是他自己"③。在一定意义上说,人是一种最特殊、最复杂、最"神秘"的生物现象。所以,狄德罗认为:"说人是一种力量与软弱、光明与盲目、渺小与伟大的复合物,这并不是责难人,而是为人下定义。"④但是,我们应当明白,现实的个人是自然存在物、社会存在物和有意识的存在物,但本质上是社会存在物;人具有自然属性、社会属性和精神属性,但本质属性是社会属性。动物具有自然属性,人也具有自然属性,但人的自然属性不是生物本能,不是纯粹的自然属性,而是打上了社会关系烙印的自然属性;人的精神属性离不开人的社会因素,它是在人的社会活动中形成的,其内容是社会生活的反映。因此,"有生命的个人""现实的个人"本质

---

① 《马克思恩格斯全集》第 20 卷,第 517 页。
② 《列宁全集》第 55 卷,第 182 页。
③ ［俄］列夫·托尔斯泰:《复活》,汝龙译,人民文学出版社 2015 年版,第 443 页。
④ ［法］狄德罗:《狄德罗哲学选集》,江天骥、陈修斋、王太庆译,商务印书馆 1983 年版,第 44 页。

上是"社会的个人"。"人即使不象亚里士多德所说的那样,天生是政治动物,无论如何也天生是社会动物。"①

二、实践:人的存在方式

"一个种的全部特性、种的类特性就在于生命活动的性质。"②这就是说,判断一个物种的存在方式就是看其生命活动的性质。动物是在本能、消极适应自然环境的过程中维持其生存的,所以,动物的存在方式就是其本能活动。与此不同,人是在有目的、积极改造自然的过程中维持自己的生存和发展的,所以,实践构成了人的存在方式。

首先,实践改造和发展着人的自然属性。所谓人的自然属性,是指人的肉体组织、生物需要。毫无疑问,人们之所以劳动,是由人的"肉体组织所决定",而劳动、实践一经开始就成为强大的推动力,开始支配人类生物进化的方向。"已经得到满足的第一个需要本身、满足需要的活动和已经获得的为满足需要而用的工具又引起新的需要。"③实践使人的自然需要的对象、内容和满足方式与动物相比发生了质的变化,赋予它们以不同于动物需要的属人性质,改造和发展着人的自然属性。

其次,实践生成和发展着人的社会属性。人是社会存在物,人的本质在其现实性上是社会关系的总和。问题在于,现实的社会关系正是在人的实践活动中生成的。"无论是通过劳动而达到的自己生命的生产,或是通过生育而达到的他人生命的生产,就立即表现为双重关系:一方面是自然关系,另一方面是社会关系;社会关系的含义在这里是指许多个人的共同活动。"④在这种共同活动中,人们之间发生一定的社会关系。这种社会关系反过来又制约和规定人的本质,生成和发展着人的社会属性。换言

① 《马克思恩格斯全集》第 23 卷,第 363 页。
② 《马克思恩格斯全集》第 42 卷,第 96 页。
③ 《马克思恩格斯选集》第 1 卷,第 79 页。
④ 《马克思恩格斯选集》第 1 卷,第 80 页。

之，人是在实践活动中"创造、生产人的社会关系、社会本质"，从而使自己成为社会存在物的。

再次，实践生成和发展着人的精神属性。人是"有意识的类存在物"。有意识的生命活动把人同动物的生命活动区别开来，使人成为"能动的自然存在物"。问题在于，人的意识是在实践中生成、实现和确证的。"思想、观念、意识的产生最初是直接与人们的物质活动，与人们的物质交往，与现实生活的语言交织在一起的"①，是物质生产活动的"直接产物"，而后又成为物质生活过程的"必然升华物"。意识的形成离不开语言的产生，语言是意识的物质外壳，和意识具有同样长久的历史。问题在于，语言是在实践活动中由于人与人之间交往的需要而产生的。所以，马克思指出："语言是一种实践的、既为别人存在因而也为我自身而存在的、现实的意识。"②换言之，实践生成和发展着人的精神属性，使人的生命活动成为有意识的生命活动，使人成为"有意识的类存在物"。"通过实践创造对象世界，即改造无机界，证明了人是有意识的类存在物。"③

人的自然属性、社会属性和精神属性是在实践活动中得以统一的。其中，自然属性在实践活动中得以重塑，社会属性和精神属性则是在实践活动中生成和发展起来的。"一当人开始生产自己的生活资料的时候……人本身就开始把自己和动物区别开来。"④"个人怎样表现自己的生活，他们自己就是怎样。因此，他们是什么样的，这同他们的生产是一致的——既和他们生产什么一致，又和他们怎样生产一致。"⑤实践构成了人的存在方式，是人的生命之根和立命之本。

作为人的存在方式，实践是一种对象性的活动。所谓对象性活动，是指实践活动的对象性质，即它是以人为主体，以客观事物为对象的现实活动；更重要的，是指实践把人的目的、理想、知识、能力等本质力量对象化

---

① 《马克思恩格斯选集》第 1 卷，第 72 页。
② 《马克思恩格斯选集》第 1 卷，第 81 页。
③ 《马克思恩格斯全集》第 42 卷，第 96 页。
④ 《马克思恩格斯选集》第 1 卷，第 67 页。
⑤ 《马克思恩格斯选集》第 1 卷，第 67—68 页。

为客观实在,创造出一个属人的对象世界。对象性活动使人们有目的地把自身的本质力量凝结在客体中,使其取得客观实在的形式,同时,又通过对象来认识和确证自己的本质力量。正如马克思所说,"劳动的产品就是固定在某个对象中、物化为对象的劳动,这就是劳动的对象化。劳动的实现就是劳动的对象化"①。"工业的历史和工业的已经产生的对象性的存在,是一本打开了的关于人的本质力量的书。"②

三、人的本质是社会关系的总和

"根据就是内在存在着的本质,而本质实质上即是根据",黑格尔的这一观点无疑是正确的。人的本质就是人成为人的内在根据。在《关于费尔巴哈的提纲》中,马克思明确指出:"人的本质不是单个人所固有的抽象物,在其现实性上,它是一切社会关系的总和。"③

人的本质不是单个人天生就具有的东西,也不是从所有个人身上抽象出来的共同性。现实的人总是处在特定的社会关系中。社会关系使"现实的个人"具有独特的社会品质。现实的人及其特征,是在后天与他人交往中形成的,是由他在社会关系中的地位决定的。正如马克思所说,"黑人就是黑人。只有在一定的关系下,他才成为奴隶。纺纱机是纺棉花的机器。只有在一定的关系下,它才成为资本。脱离了这种关系,它也就不是资本了,就像黄金本身并不是货币,砂糖并不是砂糖的价格一样"④。

这就是说,使黑人成为奴隶的不是所谓的黑人的"本性",而是黑人生活在其中的特定的社会关系。真正决定现实的人及其特征的是他所依存的社会关系的状况。一个人"成为奴隶或成为公民,这是社会的规定,是人和人或 A 和 B 的关系。A 作为人并不是奴隶。他在社会里并通过社会

---

① 《马克思恩格斯全集》第 42 卷,第 91 页。
② 《马克思恩格斯全集》第 42 卷,第 127 页。
③ 《马克思恩格斯选集》第 1 卷,第 56 页。
④ 《马克思恩格斯选集》第 1 卷,第 344 页。

才成为奴隶"①。要真正认识人的本质,就必须深入到社会关系之中。社会关系是多方面的,有经济关系、政治关系、思想关系,血缘关系、地缘关系、业缘关系,等等。这些关系不是简单地堆积拼凑在一起,而是相互联系、相互影响形成一个整体,以"总和"的形式存在着并发挥作用。

毫无疑问,在全部社会关系中,经济关系,即生产关系是决定其他一切社会关系的"基本的原始的关系",在社会关系的总和中起着支配作用。因此,人们在生产关系中所获得的规定性构成人的根本规定性。在阶级社会中,生产关系表现为阶级关系,因而社会关系包含着阶级关系。在分析资本家和工人的关系时,马克思指出:"资本家和雇佣工人,本身不过是资本和雇佣劳动的体现者,人格化,是由社会生产过程加在个人身上的一定的社会性质,是这些一定的社会生产关系的产物。"②所以,《资本论》中"涉及到的人,只是经济范畴的人格化,是一定的阶级关系和利益的承担者"③。"不管个人在主观上怎样超脱各种关系,他在社会意义上总是这些关系的产物。"④

人的本质是随着社会关系的变化而变化的。由于人们在不同的历史条件下所依存的社会关系不同,因而具有不同的本质和特殊的性质。从奴隶主到封建主再到资本家,从奴隶到农民再到雇佣工人,人的"本性"在不断变化,而造成这种变化的直接原因,就是社会关系处在不断变化中。由"社会关系的总和"所决定的人的本质不是凝固不变的抽象物,而是随着社会关系的变化而变化,具有历史性。正是由于这种变化,马克思要求在研究人的"一般本性"之后,还要研究处在历史变化中的人的本性。

人的本性与人的本质是两个既有联系又有区别的概念。人的本性是指人生而具有的属性,人的本质则是使人成为人的根据。马之所以是马,是因为它具有马的本性;某一具体的马之所以是良马,是因为马的本性在

① 《马克思恩格斯全集》第 46 卷上,第 220 页。
② 《马克思恩格斯全集》第 25 卷下,第 995 页。
③ 《马克思恩格斯全集》第 23 卷,第 12 页。
④ 《马克思恩格斯全集》第 23 卷,第 12 页。

它身上表现得最集中、最充分。这种使马成为马的特性,是马这个种所具有的类本性。类本性是一种自然性,它不是在个体之外存在的东西,而是个体本身所固有的自然本性。所以,生物中种的关系是个体与类的关系。人也具有这种类似的个体与类的关系。如果一个人不具有人所共有的类特性,当然不是人。人要成为人,从种的角度看,首先要具有人所共有的东西。

然而,人不仅是自然存在物,而且是社会存在物。构成人的本质的东西不是生物学上的类,而是社会关系。人的本质是在社会生活中形成的社会本质,即使是类本性,也会受到社会关系的再铸造而发生变化。人的自然本性取决于人的肉体组织,但它的实现方式却受到社会关系的制约。饮食男女本是人的自然本性,可"朱门酒肉臭,路有冻死骨"却是一种社会现象,而"梁山伯与祝英台""罗密欧与朱丽叶"式的爱情悲剧体现的就是一种特定的社会关系和道德观念。"人生自古谁无死,留取丹心照汗青",这一千古绝句表明,人的生与死本身属于自然规律,而生与死的意义却属于社会规律。

在我看来,所谓某人没有人性,不是指其丧失了人的自然本性,而是指其违反了特定的社会公认的做人的准则。我们可以说动物的本性在动物自身,但我们不能说人的本质在人自身。我们不能用人的类来说明人的本质,我们只有把人放在社会关系中才能理解人的本质。正因为如此,马克思提出了人的"两种特质",即人的肉体特质(私人特质)和社会特质的问题,并认为人的本质不是人的"抽象的肉体的本性,而是人的社会特质","应该按照他们的社会特质,而不应该按照他们的私人特质来考察他们"①。

现实的人都表现为个体,离开了个体,人必然是一个不可捉摸的抽象存在。但是,任何现实的个人都是属于一定社会形式的个人,处在一定的社会关系中。在阶级社会中,个人—集团(阶级)—社会是统一的,个人属

---

① 《马克思恩格斯全集》第 1 卷,第 270 页。

于一定的集团(阶级),而各个集团(阶级)构成特定的社会。所以,人类社会的关系是个人—集团—社会,而不是个体—亚种—类。费尔巴哈提出:"类的保持是由于自然的理由,类无非就是借交配而繁殖蕃衍的个体的总和。"显然,这是一种自然主义的观点。费尔巴哈"所分析的抽象的个人,实际上是属于一定的社会形式的"①。马克思关于人的本质是"一切社会关系的总和"的论断,摒弃了费尔巴哈关于个体和类的观点,把人和人的关系从个体和类的关系转变为个人和社会的关系。

社会和类是不同的概念。"类"强调的是个体的自然同一性,而"社会"关注的则是个人之间的全部关系。马克思所说的全部社会关系的总和,指的就是社会。"生产关系总和起来就构成所谓社会关系,构成所谓社会,并且是构成一个处于一定历史发展阶段上的社会,具有独特的特征的社会。"②从类的观点来考察人,只能看到抽象的同一性,差异只是性别、肤色、年龄等;从社会的角度来考察人,看到的是人的社会属性、阶级差别,如奴隶主与奴隶、地主与农民、资本家与工人。

唯物主义历史观关于人的本质有两个基本命题,即人的本质是劳动和人的本质是社会关系。在我看来,这两个命题并非相互否定,而是相互补充的。

一方面,"人的本质是劳动"有待于深化为"人的本质是社会关系"。在《1844年经济学哲学手稿》中,马克思提出,人的本质是劳动。但是,不同历史阶段有不同的劳动方式,而劳动方式之所以不同,一个重要原因,就是受社会关系,尤其是生产关系的制约。劳动是在社会关系中进行的,社会关系不过是人们的物质的和个体的活动所借以实现的必然形式。因此,要具体说明人的本质是劳动,就必须从劳动上升到社会关系。

另一方面,"人的本质是社会关系"是以"人的本质是劳动"为前提的。人只有通过劳动才能成为现实的人,而在劳动中的人必然结成一定的社

---

① 《马克思恩格斯选集》第1卷,第60页。
② 《马克思恩格斯选集》第1卷,第345页。

会关系,这种社会关系一旦形成,又反过来决定人的本质。所以,马克思强调,人的本质,"在其现实性上",是一切社会关系的总和。

劳动不是存在于社会关系之外,社会关系也不是形成于劳动之外。劳动和社会关系从不同角度、不同层次展示了人的本质。"劳动是人的类本质",强调的是人与动物的区别,正如马克思所说,"一当人开始生产自己的生活资料的时候……人本身就开始把自己和动物区别开来"①;"社会关系的总和是人的本质",强调的是人与人的区别,正如马克思所说,"社会人的一定性质,即他所生活的那个社会的一定性质"②。

四、人的个性化与社会化及其关系

心理学通常把个性理解为个人独有的心理特征,包括个人的意识倾向、稳定的心理特征。哲学的个性概念与心理学的个性概念具有相同之处,都是指相对于共性而言的个人的独特性。从哲学的视角看,个性是指个人在内在本质及外部存在方面的特异性,包括个人的唯一性、独特性等内容。

个人的独特性表现为个人是特殊的存在物。无论是就存在而言,还是从活动来说,每个人都会显示其独特的个性特征,是特殊的有个性的存在物。作为一定的社会关系的承担者,个人总要受到社会关系的制约,每个人总要通过社会交往获得各种规定性,获得个人特殊的心理特征、行为特征及社会特征。但是,每个人的社会关系又是独特的、不可重复的,由此形成了具有不同个性的个人。作为反映不同个人之间差别的个性,折射出个人与社会的关系,更重要的是,显示了个人独特的社会规定性。

从总体上看,人的个性的内容体现在三个方面:一是个人的倾向特征,包括个人的需要、兴趣、信仰、价值观等,它们规定着个人的活动方向

① 《马克思恩格斯选集》第 1 卷,第 67 页。
② 《马克思恩格斯全集》第 19 卷,第 404 页。

和生活目的,规定着个人行为的社会定向;二是个人的心理特征,包括气质、性格和能力等,它们直接影响着个人活动的效率;三是个人的人格特征,包括个人的道德风貌、社会角色等,它们反映了个体的社会认可程度,是个人之间相互区别的主要标志。

人的个性是自然性和社会性的辩证统一。

人是自然存在物,受外在自然和内在自然的双重制约。由生物遗传所决定的人的生理结构及其性能在很大程度上决定着个人的特异性。皮亚杰通过对儿童早期心理活动的研究表明,气质较多地受到个体生物组织的制约。现代心理学揭示了人的高级神经系统深刻影响着个人性格的形成。

人又是社会存在物,人的个性是在社会化过程中逐步生成和发展的。正是社会化,使文化内化、积淀在个体的心理结构中,使个人的心理结构及其性能呈现较大的可变性。无论是个人生活状况的变化还是社会环境的变化,以及人生经历的重大变化,都会造成个性的变化。

现实的个人是个性化的存在。所谓个性化,是指个人获得个性、形成个性的过程,是个人逐步形成自己的心理特征和行为特征的过程。但是,人的个性化不可能脱离社会化而单独进行,它总是与社会化联系在一起的。所谓人的社会化,就是指个体通过参与社会活动,学习社会知识、行为规范、价值观念,掌握社会的物质生活、精神生活和政治生活的经验,获得和发展自己的社会属性的过程。

个人必须社会化。只有经过社会化,他才能作为现实的个人而存在和发展。同时,每个社会都会按照一定的标准培养、塑造自己的社会成员,使其理解已有的文化遗产,认同社会的主导价值,遵循社会的行为规范,以有助于社会生活正常运转的方式进行活动。按照马克思的观点,一个人的出生只是赋予他以生命,使其成为自然的个人;人要由自然的个人转变为社会的个人,必须社会化,即与其他社会成员进行交往。"一个人的发展取决于和他直接或间接进行交往的其他一切人的发展。"[①]社会化

① 《马克思恩格斯全集》第 3 卷,第 515 页。

伴随人的一生,或者说,人的一生是一个不断社会化的过程。

人的社会化是现实的个人在对象化活动中形成社会特质的过程。人的对象化活动本身就是具有社会规定性的活动。在对象化活动中,人的个性化与社会化是相互联系、相伴而行的发展过程。个性化依赖于社会化,个性化只有在社会生活、社会关系中才能进行。即使是"爱"这种所谓的人的天性,实际上也是在交往和关系中所凝结成的感情。社会化是个性化的现实基础。只有在社会中经过后天的塑造和训练,并经过社会活动的直接陶冶,个人才能获得各种社会规定性。否则,个人只能是一个自然的个人,其行为方式也必然是动物式的。作为真实存在的个体,个人不是纯粹生物学意义上的个体,而是作为社会成员的个体。个人只有在社会中才能获得人的资格,离开了社会的个人就不再是人,而是"两脚动物"。这是一方面。

另一方面,社会化本身就是个人在对象化活动中获得个性、发展个性的过程。按照马克思的观点,劳动及其产品既是人的本质力量的物化、对象化,同时,又是个人的个性的物化、对象化。"我在劳动中肯定了自己的个人生命,从而也就肯定了我的个性的特点"①;"我在我的生产中物化了我的个性和我的个性的特点,因此……在对产品的直观中由于认识到我的个性是物质的、可以直观地感知的因而是毫无疑问的权力而感受到个人的乐趣"②。"人们的社会历史始终只是他们的个体发展的历史。"③在一定的意义上可以说,社会的发展就是现实的个人不断追求和获得其独特的主体性,实现自我价值的过程。

人的社会化与个性化处于相互促进的动态发展过程中。实践是人的存在方式和社会生活的本质。实践一方面使社会力量得以实现和对象化,使个人不断社会化;另一方面又使每个个体的独特力量在其创造物中得以实现和对象化,创造着日益丰富的个性。"在资产阶级社会里,资本

① 《马克思恩格斯全集》第42卷,第38页。
② 《马克思恩格斯全集》第42卷,第37页。
③ 《马克思恩格斯选集》第4卷,第532页。

具有独立性和个性,而活着的个人却没有独立性和个性。"①共产主义社会就是要"确立有个性的个人",实现人的自由个性。"代替那存在着阶级和阶级对立的资产阶级旧社会的,将是这样一个联合体,在那里,每个人的自由发展是一切人的自由发展的条件。"②

五、"社会生产人"与"人生产社会"

在哲学史上,个人与社会的关系一直是哲学家关注的问题。在唯物主义历史观产生之前,在这一问题上存在着整体主义与个体主义两种对立的观点。

整体主义认为,社会由个人结合而成,但社会整体所具有的性质不是个人特性的简单相加,相反,社会作为一个有机整体决定和支配着个人的行为,所以,必须从社会整体去说明个体。例如,在黑格尔看来,国家是社会组织的最高形式,个人是从国家和整体获得"绝对个体性"或"实体性的个体性"的。

个体主义认为,社会就是个人的相加,社会依赖于个体,个体的属性先于和高于社会整体的属性,只有从个体出发才能对社会进行根本性的说明。例如,费尔巴哈哲学以及斯密、李嘉图经济学都认为,社会是由孤立的个体组成的,只要研究了这些原子式的个人,就可以理解社会以及个人与社会的关系了。

整体主义与个体主义各执一端,但二者又存在着共同的缺陷,即都不懂得个人与社会的关系是在实践的活动中形成,并随着历史的变化而不断发展的。无论是整体主义还是个体主义,它们所讲的"个人"都是抽象的个人,它们所讲的"社会"同样是抽象的社会,因而它们对个人与社会的"关系"的理解也只能是抽象的。

---

① 《马克思恩格斯选集》第 1 卷,第 287 页。
② 《马克思恩格斯选集》第 1 卷,第 294 页。

唯物主义历史观对个体主义做了深刻的批判,认为费尔巴哈"所分析的抽象的个人,实际上是属于一定的社会形式的"①,而被斯密、李嘉图当作出发点的孤立的猎人和渔夫,"属于 18 世纪缺乏想象力的虚构。这是鲁滨逊一类的故事"②。同时,唯物史观也批判了整体主义,强调"应当避免重新把'社会'当作抽象的东西同个人对立起来",认为"正象社会本身生产作为人的人一样,人也生产社会"③。

社会生产人,人本质上是社会存在物。社会构成了个人存在和发展的前提,规定了人的现实本质。个人总是处于一定社会关系中的个人,"不管个人在主观上怎样超脱各种关系,他在社会意义上总是这些关系的产物"④。有什么样的社会关系,就有什么样的人。社会关系构成了人的活动的前提,并预先规定了人们的现实本质。例如,在前资本主义社会和资本主义社会中,我们看到的是"两种人":一种是"必然的个人",一种是"偶然的个人"。"必然的个人"是指生下来就注定从属某一群体的人,无可选择;"偶然的个人"是指在市场经济条件下通过竞争来确定自己地位和身份的人。前资本主义社会经济联系松弛,可人与人的关系密切,而且历史越是往前追溯,个人就越不独立,越从属于一个更大的整体,个人是"必然的个人";资本主义社会经济联系紧密,可人与人的关系疏远,并形成了以物的依赖性为基础的人的独立性,个人是"偶然的个人"。这种"偶然的个人"又被看作"孤立的个人"。

实际上,"产生这种孤立个人的观点的时代,正是具有迄今为止最发达的社会关系(从这种观点来看是一般关系)的时代"。"物的依赖关系无非是与外表上独立的个人相对立的独立的社会关系,也就是与这些个人本身相对立而独立化的、他们互相间的生产关系。"⑤无论是"必然的个人"还是"偶然的个人",其背后都是特定的生产关系和社会关系。正是在

---

① 《马克思恩格斯选集》第 1 卷,第 60 页。
② 《马克思恩格斯全集》第 30 卷,人民出版社 1995 年版,第 22 页。
③ 《马克思恩格斯全集》第 42 卷,第 122、121 页。
④ 《马克思恩格斯全集》第 23 卷,第 12 页。
⑤ 《马克思恩格斯全集》第 46 卷上,第 21、111 页。

这个意义上，唯物主义历史观认为，"社会本身生产作为人的人"。

　　人生产社会，社会是人们交互作用的产物。社会离不开个人，全部人类历史的第一个前提是有生命的个人的存在。"随着完全形成的人的出现又增添了新的因素——社会。"①社会关系、社会结构不过是人的实践活动的对象化、静态化。按照马克思的观点，社会关系、社会结构不是超历史的预成的实体，而是在人们的物质生产活动、现实生活过程中产生的。"人们是在一定的生产关系范围内制造呢绒、麻布和丝织品的。但是……这些一定的社会关系同麻布、亚麻等一样，也是人们生产出来的。社会关系和生产力密切相联。随着新生产力的获得，人们改变自己的生产方式，随着生产方式即谋生的方式的改变，人们也就会改变自己的一切社会关系。"②"人们按照自己的物质生产率建立相应的社会关系。"③人们在实践活动的基础上不断地改造、创造着社会关系，从而不断地改造、创造着社会本身。历史不过是追求着自己目的的人的活动，人们自己创造自己的历史。正是在这个意义上，唯物主义历史观又认为"人也生产社会"。

　　可见，既不存在离开社会的个人，也不存在离开个人的社会。社会生产人，人也生产社会。"人的存在是有机生命所经历的前一个过程的结果。只是在这个过程的一定阶段上，人才成为人。但是一旦人已经存在，人，作为人类历史的经常前提，也是人类历史的经常的产物和结果。而人只有作为自己本身的产物和结果才成为前提。"④正因为如此，马克思形象地指出，人既是历史的"剧中人"，又是历史的"剧作者"，并认为只有"把人们当成他们本身历史的剧中的人物和剧作者"，才能达到历史的"真正的出发点"。⑤

　　个人与社会的相互生产、相互作用是在实践的基础上实现的。社会生活在本质上是实践的，实践构成了社会关系的发源地；同时，实践构成

---

① 《马克思恩格斯选集》第 4 卷，第 378 页。
② 《马克思恩格斯选集》第 1 卷，第 141—142 页。
③ 《马克思恩格斯选集》第 1 卷，第 142 页。
④ 《马克思恩格斯全集》第 26 卷Ⅲ，人民出版社 1974 年版，第 545 页。
⑤ 参见《马克思恩格斯选集》第 1 卷，第 147 页。

了人的存在方式,而在实践活动中生成的社会关系又决定着人的本质。随着实践的变化和发展,社会的本质和人的本质都处在变化之中。正是在不断变化发展的实践活动中,人们形成了越来越丰富的交往关系,创造着越来越全面的社会关系,个人由此也将获得越来越多的社会规定性,成为全面发展的人。

第六章

社会的本质与社会有机体的特征

人类思想史表明,人们在认识自然的过程中,也力求认识社会。然而,认识自然,难;认识社会,更难。在唯物主义历史观产生之前,人们没有真正地把握社会的本质;在唯物史观产生之后,仍然有一些人或者用自然环境来解释社会的本质以及社会制度的变迁,或者用社会的主体——人的有意识活动来否定社会发展的客观性、规律性,从而或者重归自然主义历史观,或者重归唯心主义历史观。从认识论的角度看,造成这种状况的根本原因,乃在于没有真正理解和把握实践在社会生活中的特殊地位,忽视了从人的实践活动的视角来理解和把握社会有机体。

一、实践:社会生活的本质

社会离不开自然,因为社会所需要的一切归根到底来自自然,自然环境构成了社会存在和发展的前提。但是,社会又不同于自然,在自然中,一切都处在无意识的相互作用之中,任何自然事件的发生都不是预期的、有目的的;在社会中进行活动的,都是有意识的、经过思虑或凭激情行动的、追求某种目的的人,任何历史事件的发生都蕴含着人的意识、意志和目的。自然现象仅仅是现象,在它的背后没有思想和利益;历史现象不仅仅是现象,在它的背后还有思想和利益。一场地震可以毁灭许多城市和众多生命,但地震只是自然现象,其中并无思想动机和利益纷争;一场战争也可以毁灭许多城市和众多生命,但战争不仅仅是现象,它从头至尾贯穿着思想动机和利益纷争,是一种有目的的社会活动。

唯心主义历史观看到了历史事件所蕴含的人的思想动机,但它没有进一步探究思想动机背后的客观动因,因而或者把社会的本质归结于人的意识活动,或者认为社会历史是"绝对理性"在时间中的展开。唯心史观夸大了社会的特殊性。社会的特殊性犹如横跨在自然与社会之间的"活动翻板",在马克思之前,即使是坚定的唯物主义者,当他们的视线由自然转向社会,开始探讨社会的本质时,几乎都被这块"活动翻板"翻向了唯心主义的深渊。

自然主义历史观看到了自然环境对社会的影响和制约作用,但它又夸大了这种作用,把社会的本质还原为自然物质,从而夸大了社会与自然的同一性。正如恩格斯所说,"自然主义的历史观……是片面的,它认为只是自然界作用于人,只是自然条件到处决定人的历史发展,它忘记了人也反作用于自然界,改变自然界,为自己创造新的生存条件"①。

唯物主义历史观确认社会的自然基础,认为"任何历史记载都应当从这些自然基础以及它们在历史进程中由于人们的活动而发生的变更出发"②,但它同时又确认人是社会的主体,认为社会历史不过是追求着自己目的的人的活动。按照唯物史观,人类社会对自然物质具有不可还原性,

①《马克思恩格斯选集》第4卷,第329页。
②《马克思恩格斯选集》第1卷,第67页。

相反,自然物质只有通过人的实践活动才能转化为社会的内在要素从而对社会发生影响和作用;同时,也不能把社会的本质归结为人的意识活动,意识一开始就是物质实践的"直接产物",而后又成为物质实践的"必然升华物",思维的"格"不过是实践的"格"的内化和升华。

正因为如此,唯物主义历史观对人的实践活动及其与社会的关系进行了深入而全面的探讨,并得出一个极为明确的结论:"全部社会生活在本质上是实践的。"①

实践之所以构成了社会生活的本质,首先是因为人与自然的关系和人与人的关系共生于实践活动中。

如前所述,实践是人以自身的活动来引起、调整和控制人与自然之间物质变换的过程。在这个过程中,人是以物的方式去活动并同自然发生关系的,得到的却是自然以人的方式而存在,自在自然转化为人化自然,自然之物转化为社会之"物","自在之物"转化为"为我之物"。在实践活动中形成的人与自然的关系是一种"为我而存在"的关系。同时,为了实现人与自然之间的物质变换,人与人之间必须互换其活动,并必然结成一定的社会关系。"他们只有以一定的方式共同活动和互相交换其活动,才能进行生产。为了进行生产,人们相互之间便发生一定的联系和关系;只有在这些社会联系和社会关系的范围内,才会有他们对自然界的影响,才会有生产。"②

可见,人与自然的关系和人与人的关系相互制约,共生于实践活动中。这就是说,实践内在地包含着人与自然的关系和人与人的关系,构成了社会关系的发源地。从根本上说,社会关系是实践活动的静态化,以社会关系为内容的社会结构是实践活动的对象化。社会结构的演变绝不是一个"无主体的过程"。

其次,实践决定社会生活。

①《马克思恩格斯选集》第 1 卷,第 56 页。
②《马克思恩格斯选集》第 1 卷,第 344 页。

物质生活是人们社会生活的根本内容,而物质实践则创造着人们的物质生活。"人们为了能够'创造历史',必须能够生活。但是为了生活,首先就需要吃喝住穿以及其他一些东西。因此第一个历史活动就是生产满足这些需要的资料,即生产物质生活本身。"①"人们生产自己的生活资料,同时间接地生产着自己的物质生活本身。"②正是在这个意义上,马克思认为,生产方式就是人们的生活方式。

物质实践不仅"生产物质生活本身",而且从根本上决定着整个社会生活。按照马克思的观点,物质生产决定精神生产,人们的存在,即他们的现实生活过程决定人们的意识。从根本上说,这个"现实生活过程"就是"物质生活的生产方式"。"物质生活的生产方式制约着整个社会生活、政治生活和精神生活的过程。"③

物质实践"生产物质生活本身",物质生活的生产方式又制约着"整个社会生活"。正是在这个意义上,马克思认为,实践是人们的"能动的生活过程",并指出:"只要描绘出这个能动的生活过程,历史就不再像那些本身还是抽象的经验论者所认为的那样,是一些僵死的事实的汇集,也不再像唯心主义者所认为的那样,是想象的主体的想象活动。"④

再次,实践构成了社会发展的动力之源。

人们自己创造自己的历史,社会发展是人的实践活动在时间中的展开,"整个所谓世界历史不外是人通过人的劳动而诞生的过程"⑤。因此,社会发展的动力不可能产生于人的实践活动之外,它只能形成于人的实践活动之中。生产关系与生产力的矛盾运动是社会发展的根本动力,而生产关系与生产力就是在物质实践活动中形成的人与人的关系和人与自然的关系。生产关系与生产力的关系"就是交往形式与个人的行动或活

---

① 《马克思恩格斯选集》第1卷,第79页。
② 《马克思恩格斯选集》第1卷,第67页。
③ 《马克思恩格斯选集》第2卷,第32页。
④ 《马克思恩格斯选集》第1卷,第73页。
⑤ 《马克思恩格斯全集》第42卷,第131页。

动的关系"①,是"社会的个人"发展的两个方面。这就是说,生产关系与生产力的矛盾运动形成于人的实践活动之中。

即使社会发展的最终决定力量——生产力,也不是纯粹的外部自然力,而是人们的实践能力,是在个人的生产活动和交往活动中形成的社会力量。所以,"生产力的历史……是个人本身力量发展的历史"②。"受分工制约的不同个人的共同活动产生了一种社会力量,即扩大了的生产力。"③正是在这个意义上,马克思把生产力称为"社会生产力"。生产力绝不是超历史的预成的实体,而是人们实践活动的产物,它是在人们改造自然的过程,即人与自然之间的物质变换过程中形成的物质力量。正是在这个意义上,马克思又把生产力称为"物质生产力"。

确认社会生活的本质是实践,并不是否定社会的物质性。如前所述,实践首先是人与自然之间的物质变换过程,而人类社会就建立在这种物质变换的基础之上。因此,当唯物主义历史观确认社会的实践本质时,也就确认了社会的物质性及其特殊性。

在我看来,确认人与自然之间的物质变换构成了人类社会存在和发展的基础,这正是唯物主义历史观的"唯物"之所在。唯物主义历史观高出自然主义历史观和唯心主义历史观一筹的地方就在于:它看到了"社会的物"所体现、承担的社会关系,从直接呈现在人们面前的物与物的关系中透视出其中的人与自然的关系和人与人的社会关系,进而又发现人与自然的关系和人与人的社会关系共生于实践活动中。

二、社会经济形态、社会形态和社会有机体

社会有机体理论是唯物主义历史观的重要理论。然而,由于种种原因,人们对唯物史观社会有机体理论的理解发生了偏差,即把社会有机体

---

① 《马克思恩格斯选集》第 1 卷,第 123 页。
② 《马克思恩格斯选集》第 1 卷,第 124 页。
③ 《马克思恩格斯选集》第 1 卷,第 85 页。

理论定格为社会经济形态或社会形态理论，忽视了对社会有机体理论本身的研究。

把"社会有机体"等同于"社会经济形态"有一个历史过程。恩格斯首先把"社会有机体"等同于社会组织。在恩格斯看来，家庭"这一用语是罗马人所发明，用以表示一种新的社会机体"①。之后，列宁把"社会机体"等同于"社会经济形态"，明确提出"作为一定生产关系总和的社会经济形态这个概念"②，同时，又明确提出"把社会经济形态看作特殊的社会机体的唯物主义概念"③，并强调马克思是从经济生活规律的角度揭示"资本主义的经济组织""这个社会机体的产生、生存、发展和死亡以及这一机体为另一更高的机体所代替的特殊规律（历史规律）"④。

研读《什么是"人民之友"以及他们如何攻击社会民主党人?》这一著作可以看出，列宁当时强调"社会机体"就是"社会经济形态"，目的在于反对唯心主义历史观，捍卫唯物主义历史观。然而，这样一来，也留下了理论上的缺陷：从逻辑上看，社会经济形态当然也是一种社会有机体，但并不能由此得出社会有机体就是社会经济形态，社会经济形态只是社会有机体的经济基础，二者不能等同；从方法论上看，把社会有机体等同于社会经济形态，实际上是把整体归于部分，这同唯物史观的多层次、多角度的社会分析方法有较大的差别。

但是，这一理论缺陷一直没有得到重视和反思，把社会有机体等同于社会经济形态的观念一直占据着统治地位。只要看看罗森塔尔、尤金主编的《简明哲学词典》，康斯坦丁诺夫主编的《马克思列宁主义哲学原理》，以及艾思奇主编的《辩证唯物主义 历史唯物主义》，就足以说明问题。即使在专门论述马克思系统性原则的著作《马克思理论和方法论中的系统性原则》中，苏联著名哲学家库兹明仍然持这一看法。在库兹明看来，

①《马克思恩格斯选集》第 4 卷，第 55 页。
②《列宁选集》第 1 卷，第 10 页。
③《列宁选集》第 1 卷，第 35 页。
④《列宁选集》第 1 卷，第 34 页。

"马克思发现了社会发展的真正系统,并建立了社会经济形态('社会机体')的理论"①。在我看来,正是这种认识阻碍了对唯物主义历史观社会有机体理论的全面分析和深入研究。

为了从理论上弄清问题,有必要对"社会经济形态""社会形态""社会有机体"这三个范畴做出区分。

从马克思的思路来分析这一问题可以看出,马克思首先是从法、国家和所有制的关系,从社会经济生活、政治生活、精神生活的相互关系上弄清了社会形态概念的。在《德意志意识形态》中,马克思不仅提出了"社会结构"这一概念,而且制定了"社会形态"这一概念,在划分社会形态时,突出的是以所有制关系为标准来划分社会形态。

为了进一步剖析社会形态,马克思又深入到生产方式中去分析所有制关系,把握社会经济形态,剖析社会形态。在《〈政治经济学批判〉序言》中,马克思制定了"社会经济形态"概念,并以社会经济形态为基础来理解"社会形态",划分时代。马克思指出:"社会的物质生产力发展到一定阶段,便同它们一直在其中活动的现存生产关系或财产关系(这只是生产关系的法律用语)发生矛盾。于是这些关系便由生产力的发展形式变成生产力的桎梏。那时社会革命的时代就到来了。随着经济基础的变更,全部庞大的上层建筑也或慢或快地发生变革……无论哪一个社会形态,在它们所能容纳的全部生产力发挥出来以前,是决不会灭亡的;而新的更高的生产关系,在它存在的物质条件在旧社会的胎胞里成熟以前,是决不会出现的。"②"大体说来,亚细亚的、古代的、封建的和现代资产阶级的生产方式可以看作是社会经济形态演进的几个时代。资产阶级的生产关系是社会生产过程的最后一个对抗形式,这里所说的对抗,不是指个人的对抗,而是指从个人的社会生活条件中生长出来的对抗;但是,在资产阶级社会的胎胞里发展的生产力,同时又创造着解决这种对抗的物质条件。

---

① [苏] B. П. 库兹明:《马克思理论和方法论中的系统性原则》,王炳文、贾泽林译,生活·读书·新知三联书店1980年版,第95页。
② 《马克思恩格斯全集》第13卷,人民出版社1962年版,第8—9页。

因此,人类社会的史前时期就以这种社会形态而告终。"①

可见,在马克思那里,"社会形态"与"社会经济形态"的含义是不同的。从"社会形态"到"社会经济形态",再到"社会形态",反映出马克思对社会认识的深化。需要指出的是,马克思在研究社会形态与社会经济形态的同时,社会有机体的思想始终贯穿其中。这一思想在《哲学的贫困》《资本论》等著作中得到了集中阐发。当然,这是从一个更宏大的、动态的以及各种关系生成的角度来阐明的。

按照马克思的观点,可以这样来大致区分"社会形态""社会经济形态"和"社会有机体"这三个范畴:

"社会形态"这一范畴包括三个基本要素:一是与生产力相适应的生产关系,其"总和构成社会的经济结构",即构成社会形态的"现实基础";二是政治结构,即"法律的和政治的上层建筑";三是"社会意识形式",即"观念的上层建筑"。社会形态就是这三个要素构成的统一体。体现社会三级结构统一体的社会形态范畴是对社会制度以及类型的划分。由于社会形态范畴是对"各国制度"的"概括"②,因此,对社会作"形态"的分析主要是以国家为单位的。

"社会经济形态",即"经济的社会形态"这一范畴从要素上看不包括上层建筑,它是属于生产方式内部的。马克思指出:"不论生产的社会形式如何,劳动者和生产资料始终是生产的因素。但是,二者在彼此分离的情况下只在可能性上是生产因素。凡要进行生产,就必须使它们结合起来。实行这种结合的特殊方式和方法,使社会结构区分为各个不同的经济时期。"③因而,社会经济形态是劳动者与生产资料的特殊结合方式。劳动者与生产资料的特殊结合方式决定着社会结构,决定着社会形态。

"社会有机体"则是立足于社会经济形态、社会形态理论基础上形成的总括社会一切关系的有机运动的范畴。马克思最初是在《哲学的贫困》

---

① 《马克思恩格斯全集》第13卷,第9页。
② 《列宁选集》第1卷,第8页。
③ 《马克思恩格斯全集》第24卷,人民出版社1972年版,第44页。

中提出"社会有机体"这一范畴的,即社会是"一切关系在其中同时存在而又互相依存的社会机体"①。

显然,"社会有机体"一开始就与"社会经济形态"在对象、角度和范围上都有区别。唯物主义历史观中的社会有机体理论揭示的是社会中各种因素、关系、方面的相互依存。这是一个比社会经济形态理论更为广泛的、关于社会一切关系同时存在而又相互依存的系统理论。社会经济形态构成了社会有机体的经济基础,也是理解社会有机体发展的方向、规模、有机程度的钥匙。但是,我们没有理由把"社会有机体"与"社会经济形态"这两个范畴、两种理论混同起来。

同时,我们也不能把"社会有机体"与"社会形态"这两个范畴、两种理论混同起来。具体地说,社会形态范畴是从客体的角度对社会制度所做的宏观的划分和规定,而社会有机体范畴则是从主体与客体关系的角度揭示全部社会关系的自组织过程,是一个更为广泛的社会关系的发散过程。如果说社会形态以生产关系为"骨骼",那么,社会有机体则以"交往"为轴心。唯物主义历史观的社会有机体理论揭示的是社会关系在"交往"中的有机化。

社会形态是以国家为单位进行分析的,当交往处于区域发展的条件下,社会形态与社会有机体具有某种重合性,要明确地区分开来是困难的;当交往进入世界发展的条件下,社会有机体就具有某种超越社会形态的世界性的机制。各种不同的社会形态之所以必须走开放的道路,就是因为世界性的交往系统形成了一个全球性的社会机体。

马克思非常重视立足于生产关系的"社会形态"与立足于交往的"社会有机体"的区别。按照马克思的观点,在生产力与交往形式的关系中,生产力是根本的,只有随着生产力的普遍发展,人们之间的普遍交往才能建立起来。换言之,"世界交往的普遍发展"以"生产力的普遍发展"为前提。问题在于,世界交往的普遍发展一旦形成,就催生一种世界性的社会

①《马克思恩格斯选集》第1卷,第143页。

有机体,使"每一民族都依赖于其他民族的变革"①,"使每个文明国家以及这些国家中的每一个人的需要的满足都依赖于整个世界"②,使"地域性的个人为世界历史性的、经验上普遍的个人所代替"③。显然,在已经进入世界交往的时代,"社会有机体"范畴与"社会形态"范畴的区别是显而易见的。

从思想史的角度看,社会有机体理论并不是马克思的独创。依据历史资料,圣西门在19世纪初就初步提出了社会有机体思想。圣西门逝世后,他的门徒在《圣西门学说释义》中明确提出"社会是一种有机的整体",并要求分析"社会这个统一集体的各个器官"。

孔德则在19世纪30年代创立了社会有机论理论。依据生物学中的"个体有机论",孔德把社会有机体分解成家庭、阶级或种族以及城市和社区,并认为家庭是社会的真正的要素或细胞,阶级或种族是社会的组织,城市和社区是社会的器官。尔后,斯宾塞又对社会有机体与生物有机体的相似之处与相异之点进行比较,对社会有机体理论做了多方面的分析。自此以后,社会有机体理论便成为西方社会科学中的基本理论和方法,这是一种用生物有机体的"细胞""组织""器官"等概念来分析社会的理论和方法。

唯物主义历史观的社会有机体理论与上述理论有相似之处,但又有本质的不同。唯物史观从社会的经济基础出发,把社会有机体理论奠定在社会经济形态理论的基础之上,从而揭示了社会有机体的唯物主义基础;从物质生产、精神生产和人本身的生产以及社会关系生产出发,说明社会有机体有着自身运动的特殊规律,从而在社会有机体理论中贯彻了"合理形态的辩证法";从人的实践活动出发,说明社会有机体不是按生物规律,而是按实践活动规律运行的,从而在社会有机体理论中贯彻了现实的人及其历史发展的原则。

---

① 《马克思恩格斯选集》第1卷,第86页。
② 《马克思恩格斯选集》第1卷,第114页。
③ 《马克思恩格斯选集》第1卷,第86页。

可以看出,把社会有机体范畴和理论等同于社会经济形态或社会形态范畴和理论,是一个认识的错误,它必然导致唯物主义历史观社会有机体理论的萎缩;把社会有机体理论与社会经济形态或社会形态范畴和理论分裂开来,又是一个认识的错误,它必然抹杀马克思的社会有机体理论与圣西门、孔德、斯宾塞的社会有机体理论的本质区别。

三、考察社会有机体的四种角度

唯物主义历史观的社会有机体理论是一个以人的活动为内容,包括物质生产、精神生产以及人类自身生产在内的总体结构,是一个动态地展开各种社会关系如何运动,最后凝聚于人本身发展的宏大的社会发展理论。

唯物主义历史观首先从结构的角度把社会有机体分解为生产力、生产关系(经济基础)和上层建筑,认为经济基础是社会有机体的"骨骼"系统,上层建筑则是"血肉"系统,并以生产方式的发展为主线显示社会发展的不同的历史阶段。在《〈政治经济学批判〉序言》中,马克思以经典的形式表述了这一发展图式:

人们在自己生活的社会生产中发生一定的、必然的、不以他们的意志为转移的关系,即同他们的物质生产力的一定发展阶段相适合的生产关系。这些生产关系的总和构成社会的经济结构,即有法律的和政治的上层建筑竖立其上并有一定的社会意识形式与之相适应的现实基础……社会的物质生产力发展到一定阶段,便同它们一直在其中运动的现存生产关系或财产关系(这只是生产关系的法律用语)发生矛盾。于是这些关系便由生产力的发展形式变成生产力的桎梏。那时社会革命的时代就到来了。随着经济基础的变更,全部庞大的上层建筑也或慢或快地发生变革……无论哪一个社会形态,在它所能容纳的全部生产力发挥出来以前,是决不会灭亡的;而新的更高的生产关系,在它的物质存在条件在旧社会的胎胞里成熟以前,是决不会出现的……大体说来,亚细亚的、古代的、封建的和现代资产阶级的生产方式可以看作是社会经济形态演进的几个时代。资产阶级的生产关系是社会生产过程的最后一个对抗形式，这里所说的对抗，不是指个人的对抗，而是指从个人的社会生活条件中生长出来的对抗；但是，在资产阶级社会的胎胞里发展的生产力，同时又创造着解决这种对抗的物质条件。因此，人类社会的史前时期就以这种社会形态而告终。① 在这里，马克思是把社会作为客体，暂时撇开人的发展的这一方面来分析社会发展的。

唯物主义历史观强调"社会经济形态"这一社会有机体的"唯物主义基础"，同时，又反对把社会与人对立起来，强调"避免重新把'社会'当作抽象的东西同个人对立起来"②，并从人的发展角度考察了社会发展，提出了社会发展三阶段理论，即人的依赖关系阶段、"以物的依赖为基础的人的独立性"阶段和自由个性阶段。当马克思把生产力与生产关系视为社会的人发展的不同方面，并从人的发展的角度揭示社会发展时，实际上就从客体与主体的双向角度考察了社会发展，从而深化了社会有机体理论。

社会主体与客体相互作用、相互制约的基础是实践活动。所以，唯物主义历史观又确立了从人的活动来考察社会发展的维度。按照马克思的观点，"分工发展的各个不同阶段，同时也就是所有制的各种不同形式"③，而"分工和私有制是相等的表达方式，对同一件事情，一个是就活动而言，另一个是就活动的产品而言"④。

在唯物主义历史观中，人的活动的发展图式与社会形态更替的发展图式、人的发展图式是一致的。这是因为，"生产力与交往形式的关系就是交往形式与个人的行动或活动的关系。（这种活动的基本形式当然是物质活动，一切其他的活动，如精神活动、政治活动、宗教活动等取决于它……）"⑤在共产主义社会，人的"自主活动才同物质生活一致起来，而

① 《马克思恩格斯全集》第 13 卷，第 8—9 页。
② 《马克思恩格斯全集》第 42 卷，第 122 页。
③ 《马克思恩格斯选集》第 1 卷，第 68 页。
④ 《马克思恩格斯选集》第 1 卷，第 84 页。
⑤ 《马克思恩格斯选集》第 1 卷，第 123 页。

这又是同各个人向完全的个人的发展以及一切自发性的消除相适应的"①。这里，马克思直接把生产力与生产关系的关系和人的活动与生产关系的关系等同起来，使社会发展、人的活动与个人的发展一致起来，从而说明三者具有"同构性"。

唯物主义历史观为我们提供的是一幅完整的人的活动的画卷。这幅画卷从横的方面来看，表现为物质活动和"一切其他的活动"的关系；从纵的方面来看，表现为活动的区域性和世界性、"社会活动的固定化"和自主化等发展过程；从层次方面来看，又表现为活动不断多样化，以及旧的活动向基础层次积淀、新的活动不断滋生的开放过程。唯物史观关于人的活动的发展图式是极富有生命力的，然而，长期以来它为我们所忽视，从而导致把社会发展仅仅看作社会形态的更替，片面地理解了唯物史观的社会有机体理论。

唯物主义历史观还从社会再生产的角度描述了社会发展，这就是物质生产、精神生产和人本身生产所构成的社会再生产的模式。社会有机体再生和更新的内在机制就是物质生产、精神生产和人本身生产的统一。

任何一种有机体要维持自己的存在，就必须同周围环境进行物质变换。社会有机体要存在下去，也必须同自然进行物质变换。为此，就要不间断地进行物质生产。物质生产犹如一个转换器，它使社会在自然中注入了自己的目的，使之成为社会的自然；同时，自然由此进入社会，转化为社会中的一个恒定的因素，使社会成为自然的社会。正是在这种双向运动中，人的需要得到不断的满足和扩大，社会有机体得以不断扩大和发展。

社会有机体要维持自己的存在和发展，还必须进行精神生产。精神生产就是"思想、观念、意识的生产"，是创造系统化、理论化、实物化的精神产品。其中，社会科学以及意识形态的再生产是为了调节和控制社会力量；自然科学的再生产，则是为了调节和控制自然力量。精神生产一开

---

① 《马克思恩格斯选集》第1卷，第130页。

始是与物质生产交织在一起的,而后又成为物质生产的"必然升华物",成为具有相对独立性的领域。精神生产在整个社会生产中处于枢纽地位,是社会有机体维系各种关系的控制器。

社会有机体是一种具有自我意识的有机体。与生物有机体不同,社会有机体的自组织、自调节过程在一定程度上是被自身意识到、以某种自觉的形式进行的。人是社会的主体。人与动物不同的地方在于,"他的意识代替了他的本能,或者说他的本能是被意识到了的本能"①。各种社会制度都是通过社会意识形成的,实际上是意识到自己交往活动的社会主体自觉建立起来的社会规范系统,从而使社会作为一个整体而存在和运行。具有自我意识,这是社会有机体异于并优于生物有机体的地方。

人是社会的主体。社会有机体要维持自己的存在,还必须进行人本身的生产。马克思认为,一开始就纳入社会发展过程的重要因素就是,"每日都在重新生产自己生命的人们开始生产另外一些人,即增殖"②。社会发展既受到物质生产的制约,同时又受到"人自身的生产"的制约。从历史上看,物质生活的生产和再生产"第一次是随着人口的增长而开始的"③,最初的社会关系就是在人本身生产的过程中形成的,"家庭起初是唯一的社会关系"。后来,随着新的社会关系的逐渐增长,"家庭便成为从属的关系了"④。人本身的生产不仅是生物遗传过程,同时又是"社会遗传"过程。人本身的生产受制于物质生产和精神生产,首先取决于物质生产及其创造的"生活资料、享受资料和发展资料"的性质和水平。所以,每一种特定的生产方式都有其特定的人口规律。

物质生产、精神生产和人本身生产的过程,同时就是社会关系再生产的过程。"生命的生产,无论是通过劳动而达到的自己生命的生产,或是通过生育而达到的他人生命的生产,就立即表现为双重关系:一方面是自

---

① 《马克思恩格斯选集》第1卷,第82页。
② 《马克思恩格斯选集》第1卷,第80页。
③ 《马克思恩格斯选集》第1卷,第68页。
④ 《马克思恩格斯选集》第1卷,第80页。

然关系,另一方面是社会关系。"①社会的经济关系、政治关系、思想关系、血缘关系、业缘关系、地缘关系等,都是在物质生产、精神生产和人本身生产的过程中形成的。正是在物质生产、精神生产和人本身生产的过程中,社会成为"一切关系在其中同时存在而又互相依存的社会机体"②。物质生产、精神生产和人本身生产的不断进行,其水平的不断提高,使社会需要不断得到满足、变化、再满足……从而使社会有机体不断地复制和更新自己。

社会结构—人的发展—人的活动—社会再生产形成统一的社会有机体的运动。因此,可以把社会发展的这四种图式看作唯物主义历史观社会有机体理论的四个方面。

在唯物主义历史观的社会有机体理论中,人的发展是主线。与社会经济形态理论以生产关系为主线、社会形态理论以生产方式为主线不同,社会有机体理论以人的发展为主线。既然社会发展是"生产力的历史,从而也是个人本身力量发展的历史"③,那么,社会有机体理论就是关于"个人本身力量发展的历史"理论;既然"生产力和社会关系——这二者是社会的个人发展的不同方面"④,那么,就应当把生产力和社会关系看作对个人发展的抽象,二者应当也必然在个人的活动中统一起来。因此,当我们强调"社会有机体"时,就已经转换了考察问题的视角,即从"个人发展的不同方面"来研究社会。

在唯物主义历史观的社会有机体理论中,人的实践活动是基础。人是实践中的存在,人的本质是在实践中定型和发展的;社会的各种活动的独立化都是实践各要素分化的产物,社会的各种"器官"都是在实践活动中展现出来的,社会生活本质上是实践的;人对"对象、现实、感性"的把握是在实践中形成和发展的,人自身的发展和解放也只能在实践中才能实

---

① 《马克思恩格斯选集》第 1 卷,第 80 页。
② 《马克思恩格斯选集》第 1 卷,第 143 页。
③ 《马克思恩格斯选集》第 1 卷,第 124 页。
④ 《马克思恩格斯全集》第 46 卷下,人民出版社 1980 年版,第 219 页。

际地达到。实践活动是全部社会活动的"原型",是一切社会关系的发源地和基础,是人的发展的"母体"。因此,当我们强调"社会有机体"时,就已经转换了考察问题的视角,即从以实践活动为基础的各种社会活动来研究社会。

作为探讨社会"一切关系同时存在而又互相依存"的社会有机体理论,唯物主义历史观是渗透到社会各个领域、各种关系中的中介理论,借助这一理论,客体与主体、宏观与微观、长程与短程、静态与动态、定性与定量的分析就结合起来了,从而形成一个宏大的、多层次的马克思主义的社会发展理论。

四、社会有机体的运行规律

唯物主义历史观通过对社会的演化、社会关系的生成以及人的发展的分析,揭示出社会有机体运行的特殊规律。

第一,自律与他律的双向规律。

社会有机体的运行是自律的,这就是人在实践活动中的自我认识、自我创造。对人来说,"他自己的生活对他是对象。仅仅由于这一点,他的活动才是自由的活动"①。同时,这种自我认识、自我创造的自律活动又受到自然运动规律和社会运动规律的双重制约,因而又是他律的。正是在这种自律与他律的矛盾中,社会有机体运动一方面形成主体的客体化,另一方面又形成客体的主体化,展开着对象化与非对象化的双向运动过程。要把握社会有机体就要从根本上把握自律与他律的运动规律。

第二,总体与要素的"普照光"运行规律。

社会中的一切关系如何构成一种有机体,受总体与要素运动规律的支配。社会有机体的总体与要素的运行则遵循着这样一种规律,即社会"有机体制本身作为一个总体有自己的各种前提,而它向总体的发展过程

---

① 《马克思恩格斯全集》第42卷,第96页。

就在于：使社会的一切要素从属于自己，或者把自己还缺乏的器官从社会中创造出来。有机体制在历史上就是这样向总体发展的。它变成这种总体是它的过程即它的发展的一个要素"①。这就是社会一切关系如何形成"总体"的规律。

在马克思看来，这一过程就是"普照光"过程，即"在一切社会形式中都有一种一定的生产决定其他一切生产的地位和影响，因而它的关系也决定其他一切关系的地位和影响。这是一种普照的光，它掩盖了一切其他色彩，改变着它们的特点。这是一种特殊的以太，它决定着它里面显露出来的一切存在的比重"②。这就是某一社会机体向自身总体发展的过程。当然，当另一种关系又占着这种"普照光"的地位时，它同样会把其他关系置于自身的从属地位，改变以往的特点。这就意味着新的社会有机体的诞生。

第三，基础层次与新层次的分化规律。

在社会有机体的发展中存在着类似生物学的规律，这就是社会有机体的发展总是把先前占主导地位的关系纳入自己的基础层次中，然后在这一基础层次上展开新的层次，社会的发展又会将新的层次再积淀于基础层次，形成新的更高的层次。社会有机体就是以这种内化与积淀的方式，使自己的层次越来越多样化，使自身的基础层次越来越坚实。

从历史上看，社会有机体历经以自然因素为主的总体到以社会因素为主的总体的发展，再发展为以"人作为社会体"的更高总体③。在这一总体的各个发展阶段中，高级的总体总是将先前的总体纳为自己的基础层次。马克思曾用社会有机体的这一发展规律分析范畴的发展："比较简单的范畴可以表现一个比较不发展的整体的处于支配地位的关系或者一个比较发展的整体的从属关系，这些关系在整体向着以一个比较具体的范畴表现出来的方面发展之前，在历史上已经存在。"④

---

① 《马克思恩格斯全集》第46卷上，第235—236页。
② 《马克思恩格斯全集》第46卷上，第44页。
③ 参见《马克思恩格斯全集》第46卷下，第218页。
④ 《马克思恩格斯选集》第2卷，第20页。

第四,社会结构、人的发展、人的活动的"同构性"规律。

社会结构、人的发展、人的活动各有自己的相对独立性,但从社会有机体的视角看,它们又是同一个问题的三个方面,三者之间存在着"同构性"。这种"同构性"的秘密就在人的实践活动中。"环境的改变和人的活动或自我改变的一致,只能被看作是并被合理地理解为革命的实践。"[1]社会结构、人的发展、人的活动具有一致性,三者的演变过程中呈现的历史性,都是由一定的实践活动定格的。

伴随着对"同构性"的深入分析,就会展现出社会的隐结构与显结构、深层结构与浅层结构、长程结构与短程结构、必然结构与选择结构等差异,以及所有这些结构中的某种"同一性""转换性""相互包含性",这就为我们提供了一个新的社会研究的"思维空间"。社会一切关系的"同构性原则",是我们寻找社会结构、人的发展、人的活动相互关系的中介,是我们把握社会有机体的关节点。

行文至此,我不能不简要地提一下系统论与社会有机体理论的关系。

系统论是20世纪40年代后由于研究生物系统的需要而兴起的一种新的理论,它历经贝塔朗菲的一般系统论、普里高津的耗散结构论、哈肯的协同学以及自组织理论得到不断的发展和完善,其整体性原则、相关性原则、有序性原则以及系统与要素、系统与层次、有序与无序、结构与功能等方法,对于揭示社会的本质、结构和过程具有极其有效的作用。

但是,仅仅进行系统分析还不能真正揭示社会本身的本质特征。这是因为,社会是一种最特殊、最高级的系统,其根本特征就在于,人既是社会的"剧中人",又是社会的"剧作者";人既把自己当成"行动者",同时又把这个"行动者"当作自己的认识对象;人自己塑造着自己,自己创造着自己的存在,同时,又把这一过程、存在当作客体来认识。这种自相缠绕、自我变革的怪圈,只是在以人为主体的社会有机体中才存在。换言之,作为科学的系统论无法取代作为哲学的社会有机体理论。

---

① 《马克思恩格斯选集》第1卷,第55页。

第七章

社会结构与实践活动

马克思主义不是结构主义，但从人的实践活动出发去剖析社会结构，或者说从结构的视角去分析社会，却是唯物主义历史观的重要内容。马克思不仅明确提出了"社会结构"的概念，而且在《黑格尔法哲学批判》《1844年经济学哲学手稿》《德意志意识形态》《哲学的贫困》《〈政治经济学批判〉序言》《资本论》等著作中深入考察、全面分析了社会结构，制定了唯物史观的社会结构理论。

一、社会结构：实践活动的对象化和交往活动的制度化

"社会不是由个人构成，而是表示这些个人彼此发生的那些联系和关系的总和。"①问题在于，人们之间的社会关系并不是先于人的活动而预成的，而是生成于人们改造自然的生产活动中；人们改造自然的活动是在诸多个

① 《马克思恩格斯全集》第46卷上，第220页。

人共同活动的条件下进行的,而诸多个体的共同活动又是通过个人的交往活动而形成的;个体之间的交往就是人与人之间的交互作用,正是在人与人之间的交互作用中形成了人与人之间的社会关系,即形成了社会。"社会——不管其形式如何——是什么呢? 是人们交互活动的产物。"①

从直接性上看,社会关系就是个人之间的交往关系。

人与自然之间的物质变换活动,是和人与人之间的社会交往活动同时进行的。如果说人与自然的物质变换是主体与客体之间的关系,那么,人与人之间的交往活动则是主体间关系或人际关系。人与人的交往活动是在生产活动的基础上,并借助一定的规范才能进行。换言之,人们之间的交往活动产生于生产活动,而一定的生产活动只需要而且只允许某种特定的交往形式作为自己的社会形式。这就需要交往活动规范化、制度化。经济交往的规范化、制度化形成社会的经济结构,政治交往的规范化、制度化形成社会的政治结构,文化交往的规范化、制度化形成社会的文化结构。

马克思不仅明确提出了"经济结构"的概念,而且明确提出了"政治结构""社会结构"的概念②,并认为以社会关系为内容的社会结构根源于物质生产活动。"以一定的方式进行生产活动的一定的个人,发生一定的社会关系和政治关系。经验的观察在任何情况下都应当根据经验来揭示社会结构和政治结构同生产的联系。"③这就是说,社会结构是以社会关系为内容的,它产生于物质生产活动中,是人们实践活动的对象化。

社会结构根源于物质生产活动,直接形成于人们之间的交往活动之中。人们之间交往的规范化、制度化形成了交往的秩序和结构,形成了社会制度体系。人们之间的经济交往、政治交往和文化交往及其规范化,构成了社会的经济制度、政治制度和文化制度。物质生活的生产方式制约着整个社会生活、政治生活和文化生活的过程。社会的制度体系是一个

---

① 《马克思恩格斯选集》第 4 卷,第 532 页。
② 《马克思恩格斯选集》第 2 卷,第 32 页;《马克思恩格斯选集》第 1 卷,第 71 页。
③ 《马克思恩格斯选集》第 1 卷,第 71 页。

以物质生活的生产方式为基础逐层整合而成的总体协调体系。正是这种总体协调性把分散的个体组织起来，使个人的行动协调起来，从而使社会作为一个整体存在和运行。可以说，人们之间的交往结构是社会的隐结构，而社会的制度结构则是社会的显结构。

从根源上看，社会结构产生于人们的物质生产活动，是实践活动的对象化和交往活动的制度化；从内容上看，社会结构以人们之间的社会关系为内容；从形式上看，经济结构、政治结构和文化结构构成了社会的基本结构。由于整个社会结构犹如一座庞大的建筑，其中，政治结构和文化结构是建立在经济结构这一基础之上的，因此，马克思又把经济结构形象地比喻为经济基础，把政治结构和文化(观念)结构形象地比喻为上层建筑。

二、社会的经济结构：生产关系的总和

"人们在自己生活的社会生产中发生一定的、必然的、不以他们的意志为转移的关系，即同他们的物质生产力的一定发展阶段相适合的生产关系。这些生产关系的总和构成社会的经济结构。"[①]社会的经济结构就是生产关系，即人们在物质生产过程中所结成的经济关系。生产关系与生产资料所有制关系密切相关，生产关系的建立是以生产资料所有制关系为前提的，生产关系的性质是由生产资料所有制关系直接决定的。换言之，生产资料所有制的性质直接决定着经济结构的性质。只有生产资料所有制的性质，才是区分社会经济结构或经济形态的根本标志。

所谓生产资料所有制关系，是指人与物的关系，即人与生产资料结合的方式，它表明生产资料归谁所有，为谁支配。只有通过一定的生产资料所有制，人与物的要素才能结合起来，才能形成现实的生产力；只有生产资料所有制关系才能决定人与人之间的关系，包括分配、交换关系和消费关系。

---

① 《马克思恩格斯选集》第2卷，第32页。

生产关系贯穿于生产、分配、交换和消费的全过程,或者说,生产、分配、交换和消费四个环节构成了生产关系,构成了生产关系这个"总体的各个环节,一个统一体内部的差别"①。在生产、分配、交换和消费四个环节中,生产这一环节居于主导地位。人们在直接生产过程中所结成的关系,如统治与被统治、支配与被支配的关系,决定着产品的分配、交换和消费关系。反过来,产品的分配、交换和消费关系又对人们在直接生产过程中所结成的关系产生影响:交换范围的扩大会引起生产规模增大,生产分工会更细,从而影响人们在直接生产过程中的关系;分配关系的变动,会引起人们在直接生产过程中所结成的关系或多或少发生变动;消费的需要又决定直接生产过程。只有经过分配、交换和消费三个环节,直接生产过程才能重新开始。生产关系是由生产、分配、交换和消费四个环节构成的统一体。

生产资料所有制关系既是生产关系建立的前提,又是生产关系运动的结果。具体地说,生产资料所有制关系需要通过生产和再生产过程中人与人的关系来维持其存在,需要通过生产、分配、交换和消费这些环节的运转过程实现出来。否则,生产资料所有制就会落空。所以,马克思认为:"资本也是一种社会生产关系。这是资产阶级的生产关系,是资产阶级社会的生产关系。构成资本的生活资料、劳动工具和原料,难道不是在一定的社会条件下,不是在一定的社会关系内生产出来和积累起来的吗?难道这一切不是在一定的社会条件下,在一定的社会关系内被用来进行新生产的吗?并且,难道不正是这种一定的社会性质把那些用来进行新生产的产品变为资本的吗?"②

实际上,资产阶级所有制就是通过在生产领域中的支配雇佣工人,分配领域中的不劳而获、按"资"分配,交换领域中的"平等"交换以及消费领域中的工人阶级相对贫困化这四个环节实现出来的。正是在这个意义

---

① 《马克思恩格斯选集》第 2 卷,第 17 页。
② 《马克思恩格斯选集》第 1 卷,第 345 页。

上,马克思指出:"给资产阶级的所有权下定义不外是把资产阶级生产的全部社会关系描述一番。"①

生产关系不是形成于人的活动之外的超历史的存在物,而是根源于人们的物质生产活动。人们在生产物质产品的同时也生产着生产关系,生产关系不过是人们的物质生产活动以及个体活动所借以实现的形式。但是,生产关系又不是人们按照自己的意志任意构成的,它具有客观性。对于生产关系,人们既不能自由选择,也不能任意改变。从根本上说,生产关系由生产力所决定,同人们的物质利益紧密相关。所以,马克思认为,生产关系是人们之间的"物质联系";列宁认为,生产关系是"物质的社会关系"。

从内容上看,社会的经济结构就是生产关系的总和。这里的"总和"是指多种生产关系的总和。从历史上看,一种生产关系往往以萌芽状态、成熟状态和残余状态分别存在于现实的经济结构中。当我们考察任何一种社会经济结构时都会发现,在该社会的经济结构中,并不是只存在一种生产关系,而往往是多种生产关系同时存在并相互影响。例如,在封建社会,除了占统治地位的封建制的生产关系,前期还存在着奴隶制的生产关系,后期则有资本主义生产关系的萌芽。在当代中国,不仅有占主体地位的公有制的生产关系,还有不占主体地位的非公有制的生产关系,它们共同构成了当代中国社会的经济结构。

但是,在社会的经济结构中,各种生产关系并不是占有同样的地位,起着同样的作用。在多种生产关系的总和中必定有一种生产关系占据统治地位,起着主导作用。正是这种占统治地位的生产关系决定了社会经济结构的性质。所以,马克思指出:"在一切社会形式中都有一种一定的生产决定其他一切生产的地位和影响,因而它的关系也决定其他一切关系的地位和影响。这是一种普照的光,它掩盖了一切其他色彩,改变着它们的特点。"②

---

① 《马克思恩格斯选集》第 1 卷,第 177 页。
② 《马克思恩格斯选集》第 2 卷,第 24 页。

"生产关系总和起来就构成所谓社会关系,构成所谓社会,并且是构成一个处于一定历史发展阶段上的社会,具有独特的特征的社会。古典古代社会、封建社会和资产阶级社会都是这样的生产关系的总和,而其中每一个生产关系的总和同时又标志着人类历史发展中的一个特殊阶段。"①这是因为生产关系是"基本的、原始的社会关系",作为生产关系的总和,社会的经济结构直接决定政治结构和文化结构,构成政治结构和文化结构的现实基础。正是在这种意义上,马克思又把作为生产关系总和的经济结构称为社会的经济基础,并指出:"任何时候,我们总是要在生产条件的所有者同直接生产者的直接关系——这种关系的任何形式总是自然地同劳动方式和劳动社会生产力的一定的发展阶段相适应——当中,为整个社会结构,从而也为主权和依附关系的政治形式,总之,为任何当时的独特的国家形式,找出最深的秘密,找出隐蔽的基础。"②除原始社会外,到目前为止,社会的经济结构中都存在着阶级这种人群共同体。"所谓阶级,就是这样一些大的集团,这些集团在历史上一定的社会生产体系中所处的地位不同,同生产资料的关系(这种关系大部分是在法律上明文规定了的)不同,在社会劳动组织中所起的作用不同,因而取得归自己支配的那份社会财富的方式和多寡也不同。所谓阶级,就是这样一些集团,由于它们在一定社会经济结构中所处的地位不同,其中一个集团能够占有另一个集团的劳动。"③从本质上看,阶级就是基于对生产资料占有关系的不同而形成的利益根本对立的社会集团,是特定经济结构中的人群共同体。

三、社会的政治结构及其核心

自从人类进入阶级社会之后,社会体系中便出现了政治结构。社会

---

① 《马克思恩格斯选集》第 1 卷,第 345 页。
② 《马克思恩格斯全集》第 25 卷下,第 891—892 页。
③ 《列宁全集》第 37 卷,人民出版社 1986 年版,第 13 页。

的政治结构是指建立在经济结构之上的政治法律设施、政治法律制度及其相互关联的方式。其中,国家政权是政治结构的核心,是政治体系运行的基本设置。"国家是文明社会的概括"①,是政治结构的核心。正因为如此,国家理论在一定意义上就是政治理论。从柏拉图、亚里士多德到马克思,政治学家、哲学家们大都把政治学理解为国家学。正如布坎南所说,"政治理论关注的问题:国家是什么? 政治哲学把这个问题扩展为:国家应该是什么? 而政治'科学'则问道:国家是如何组织起来的?"②

由于政治结构建立在经济结构的基础之上,因此,马克思又把政治结构形象地称为"政治的上层建筑"。政治结构反映的是阶级或阶层的经济利益。在任何一个社会中,以政治活动为职业的只是少数政治家,而与政治活动有这样或那样联系的却是社会的全体成员。这就是政治的社会阶级(阶层)性和政治的社会普遍性原理。

从历史的长过程看,经济结构的状况决定着政治结构的状况,政治结构适应经济结构,围绕着经济发展的中轴线而演变。同时,政治结构又有其相对独立性,政治结构的设置与政治文明有着特定的联系。1844 年,马克思在《关于现代国家的著作的计划草案》中使用了"政治文明"这一概念,并把"政治文明"同"集权制"相对立。从社会结构看,政治文明是相对物质文明和精神文明而言的;从类型上看,政治文明是相对封建专制主义而言的。

作为政治结构的核心,国家是人们的政治共同体,是"人的社会特质的存在和活动的方式"③。相比原始氏族组织,国家有三个特征:一是按地域,而非按血缘关系划分和组织居民;二是设立了一种特殊权力机关,即常任官吏、特殊的武装队伍以及各种强制性的机关;三是为了维持这些特殊的机关需要征收赋税。这三个特征具备时就标志着国家的形成。

---

① 《马克思恩格斯选集》第 4 卷,第 176 页。
② [美]詹姆斯·M. 布坎南、戈登·塔洛克:《同意的计算——立宪民主的逻辑基础》,陈光金译,中国社会科学出版社 2000 年版,第 2 页。
③ 《马克思恩格斯全集》第 1 卷,第 270 页。

从历史上看,国家的产生是阶级斗争的结果。当社会分裂为敌对的阶级而陷入原有的氏族组织无法解决的阶级对立的矛盾时,占人口少数的奴隶主阶级要迫使数量上远远超过自己的奴隶供其剥削,保护自己和社会不致在无休止的斗争中陷于毁灭,并使对奴隶的剥削固定化,就必须凭借暴力的强制性机关,于是,国家便应运而生。正如恩格斯所说,"国家是社会在一定发展阶段上的产物;国家是承认:这个社会陷入了不可解决的自我矛盾,分裂为不可调和的对立面而又无力摆脱这些对立面。而为了使这些对立面,这些经济利益互相冲突的阶级,不致在无谓的斗争中把自己和社会消灭,就需要有一种表面上凌驾于社会之上的力量,这种力量应当缓和冲突,把冲突保持在'秩序'的范围以内;这种从社会中产生但又自居于社会之上并且日益同社会相异化的力量,就是国家"①。

国家本质上是一个阶级概念、政治范畴。国家是社会中的特殊利益与共同利益的矛盾的产物,"正是由于特殊利益和共同利益之间的这种矛盾,共同利益才采取国家这种与实际的单个利益和全体利益相脱离的独立形式"②。这种从社会中产生但又凌驾于社会之上并统治社会的国家,本质上是统治阶级为保障自己的根本利益而必然采取的一种社会组织形式,是阶级统治的政治形式。只不过为了掩盖其"一个阶级统治着其他一切阶级"③的实质,国家"同时采取虚幻共同体的形式"。从本质上看,"国家是统治阶级的各个人借以实现其共同利益的形式"④。

国家的产生又同社会管理职能的独立化密切相关。社会分工出现以前,社会管理职能十分简单,不可能也没有必要成为一种独立活动。社会分工出现之后,生产活动及其产品交换在规模上日益扩大且复杂化,这就需要一个权威的管理机构来保证生产和交换的顺利进行;而脑力劳动同体力劳动相分离并成为某些人的专门职业,使得建立一种权威的管理机

---

① 《马克思恩格斯选集》第 4 卷,第 170 页。
② 《马克思恩格斯选集》第 1 卷,第 84 页。
③ 《马克思恩格斯选集》第 1 卷,第 84 页。
④ 《马克思恩格斯选集》第 1 卷,第 132 页。

构不仅具有必要性,而且具有现实的可能性。恩格斯指出:"社会产生它不能缺少的某些共同职能。被指定执行这种职能的人,形成社会内部分工的一个新部门。这样,他们也获得了同授权给他们的人相对立的特殊利益,他们同这些人相对立而独立起来,于是就出现了国家。"①这些社会"不能缺少的某些共同职能"包括维护社会公共利益和社会公共秩序、从事社会公共管理的社会职能,以及调节经济生活或直接组织经济建设的经济职能。

唯物主义历史观揭示了国家的阶级实质,即国家是从控制阶级对立的需要中产生的,是最强大的、在经济上占统治地位的阶级的国家。但是,唯物史观并没有因为强调国家的政治职能而否定国家的经济职能和社会职能,即社会不能缺少的某些共同职能。马克思早就指出:"亚洲的一切政府都不能不执行一种经济职能,即举办公共工程的职能。"②剥削阶级国家"既包括执行由一切社会的性质产生的公共事务,又包括由政府同人民大众相对立而产生的各种特殊职能"③。

现代国家的发展表明,国家不仅具有政治职能,而且具有管理经济运行的经济职能和管理公共事务的社会职能,并且这种职能不断得以扩大和强化。"罗斯福新政"开始了国家对经济运行负责的历史,并为西方提供了一种管理经济运行的国家模式;而"制度化的福利国家"的出现则是对西方"过去那种社会矛盾的一个回应,为资本与劳动的关系奠定了基本原则"④。正是通过履行这种经济职能、社会职能,统治阶级实现了自己的政治统治。正如恩格斯所说,"政治统治到处都是以执行某种社会职能为基础,而且政治统治只有在它执行了它的这种社会职能时才能持续下去"⑤。

---

① 《马克思恩格斯选集》第4卷,第700—701页。
② 《马克思恩格斯选集》第1卷,第762页。
③ 《马克思恩格斯全集》第25卷,第432页。
④ [美]布里吉特·H. 舒尔茨:《全球化、统一与德国福利国家》,刘北成泽,载《国际社会科学杂志》2001年第2期。
⑤ 《马克思恩格斯选集》第3卷,第523页。

国家具有管理公共事务的社会职能,实际上是在执行"由于国家的一般的共同的需要而必须执行的职能"①。正因为如此,国家具有相对独立性。这种相对独立性首先表现为对经济运动的反作用,"一方面是经济运动,另一方面是追求尽可能大的独立性并且一经确立也就有了自己的运动的新的政治权力。总的说来,经济运动会为自己开辟道路,但是它也必定要经受它自己所确立的并且具有相对独立性的政治运动的反作用,即国家权力的以及和它同时产生的反对派的运动的反作用"②。

同时,这种相对独立性表现为国家具有一定程度的政治自主性。这种自主性表现为:调整统治阶级内部的矛盾,不惜牺牲统治阶级内部的个体,甚至某个阶层的利益,以维护统治阶级的根本利益;调整阶级之间的矛盾,不惜牺牲统治阶级的某些方面和局部的利益,对被统治阶级做出某些让步,以维护统治阶级的整体利益,从而维护社会公共秩序,并在一定程度上体现社会的公共利益。国家的相对自主性能够"对某些被统治阶级的经济利益在这个制度的限度内给予一定的保证"③。国家在一定程度上代表社会的公共利益,并非单纯的"虚构的神话"。但是,我们必须明白,国家在一定程度上代表社会公共利益的政治自主性,具有管理公共事务的社会职能,并没有否定国家的阶级性质,并不会使国家成为超阶级的完全独立的机构。

从历史上看,社会管理职能的独立化与社会的阶级分化是交织在一起的,社会分工同时造成了私有制的产生和阶级的形成。所以,当国家成为管理社会生活的机构时,它就不可避免地同时成为阶级压迫的机器。

从现实看,国家仍然是阶级统治的政治形式。尽管在现代资本主义社会中存在着多元利益集团及其精英阶层,但是,这种多元利益集团及

---

① 《马克思恩格斯选集》第 3 卷,第 121 页。
② 《马克思恩格斯选集》第 4 卷,第 701 页。
③ [希]尼科斯·波朗查斯:《政治权力与社会阶级》,叶林等译,中国社会科学出版社 1982 年版,第 207 页。

其精英阶层的存在,与在经济上占统治地位的阶级的存在并不矛盾,相反,正是"资本主义社会各个分离的精英构成了一个占统治地位的经济阶级"①。更重要的是,这个在经济上占统治地位的"经济阶级"拥有政治决策权或控制权。正因为如此,密里本德赞同马克思的这一基本观点,即"现代的国家政权不过是管理整个资产阶级的共同事务的委员会罢了。"②

国家作为阶级矛盾不可调和的产物,如同阶级一样也是一个历史范畴,同阶级的消灭联系在一起的是国家的消亡。如前所述,国家是一种从社会中产生,但又自居于社会之上,并日益同社会相脱离、相异化的力量,是一种"虚幻共同体"。社会主义革命的重要内容就是"把靠社会供养而又阻碍社会自由发展的国家这个寄生赘瘤迄今所夺去的一切力量,归还给社会机体"③。"这是社会把国家政权重新收回,把它从统治社会、压制社会的力量变成社会本身的生命力;这是人民群众把国家政权重新收回,他们组成自己的力量去代替压迫他们的有组织的力量。"④当国家真正成为整个社会的代表时,即国家与社会走向同一之日,也就是国家消亡之时,或者说,是公共权力失去政治性质之时。这是国家与社会的关系发展的总趋势,其实现需要一个漫长的历史过程。

四、社会的文化结构及其功能

一般说来,"文化"这一概念有广义和狭义两种含义。

所谓广义的文化,是指人们所创造的不同于外在自然和自身生物本能的东西,如生产工具、语言文字、行为规范、价值观念、社会制度等。列维斯特劳斯指出:"所有文化都可以被视为一系列象征系统的整体,处于这些象征系统首要位置的是语言、婚姻制度、经济关系、艺术、科学、宗教。

---

① ［英］拉尔夫·密里本德:《资本主义社会的国家》,沈汉等译,商务印书馆1997年版,第53页。
② 《马克思恩格斯选集》第1卷,第274页。
③ 《马克思恩格斯选集》第3卷,第57—58页。
④ 《马克思恩格斯选集》第3卷,第95页。

所有这些系统的目标是要表达物理事实与社会事实的某些方面,还有这两种类型的事实之间维系的关系,以及诸多象征系统之间彼此维系的关系。"①

马克思也使用过广义的文化概念。马克思指出:"在文化初期,已经取得的劳动生产力很低,但是需要也很低,需要是同满足需要的手段一同发展的,并且是依靠这些手段发展的。其次,在这个文化初期,社会上依靠别人劳动来生活的那部分人的数量,同直接生产者的数量相比,是微不足道的。"②在历史的早期阶段,人类主要使用"自然产生的生产工具",人的生存主要依靠提供生活资料的自然资源;在历史的较高阶段,人类主要使用"由文明创造的生产工具",人的生存主要依靠提供生产资料的自然资源。"在文化初期,第一类自然富源具有决定性的意义;在较高的发展阶段,第二类自然富源具有决定性的意义。"③马克思在这里所说的文化,就是广义的文化。

狭义的文化则是指与经济、政治相对应的观念文化,其中既包括风俗习惯、社会心理等自发形态的文化,也包括艺术、哲学等自觉形态的文化。应该说,这是文化的主要含义。克罗勃和克拉克洪认为,文化主要体现为观念和价值,并明确指出:"文化最本质的核心是传统观念,特别是由传统观念赋予的价值理念而得来的。"④萨比亚认为,文化是我们生活特性的习惯和信念的集合,并明确指出:"就理念而言,若无精神意义存在,则文化就毫无内容可言。"⑤

唯物主义历史观所说的文化,主要是指狭义的文化,即与经济、政治相对应的文化,是以意识形态为主要内容的"观念形态的文化"。由于社会的文化结构是建立在经济结构基础之上的,因此,唯物史观又把文化结

① 转引自[法]丹尼斯·库什:《社会科学中的文化》,张金岭译,商务印书馆2016年版,第62页。
②《马克思恩格斯全集》第23卷,第559页。
③《马克思恩格斯全集》第23卷,第560页。
④ 转引自[日]镜味治也:《文化关键词》,张泓明译,商务印书馆2016年版,第132页。
⑤ 转引自[日]镜味治也:《文化关键词》,第120页。

构形象地称为"观念的上层建筑""思想的上层建筑""意识形态的上层建筑"。"在不同的占有形式上,在社会生存条件上,耸立着由各种不同的、表现独特的情感、幻想、思想方式和人生观构成的整个上层建筑。整个阶级在它的物质条件和相应的社会关系的基础上创造和构成这一切。"①文化不同于文明。从词源上看,"文化"概念起源于古罗马人的农耕观念,认为文化就是培育土地;"文明"概念起源于古希腊的城市,城市中的人自视比城外的野蛮人开化,这样,"文明"就作为与"野蛮"相对的概念出现了。这就是说,广义的文化相对于自然而言,狭义的文化相对于经济、政治而言,而文明则是相对于野蛮而言的。自从有了人类社会,就有了文化,而文明则是人类进入阶级社会之后才形成的。所以,恩格斯把原始社会向奴隶社会的转变称为"野蛮向文明的过渡",并认为,"文明时代的基础是一个阶级对另一个阶级的剥削"②,奴隶制、农奴制和雇佣劳动制,"这就是文明时代的三大时期所特有的三大奴役形式;公开的而近来是隐蔽的奴隶制始终伴随着文明时代"③。这就是说,文明从产生之日起就与阶级性密切相关。

文明与文化又有联系,在一定意义上可以说,二者是"孪生"概念。在西方,人们通常是把"文明"与"文化"作为对偶词或同源对似词来使用的。如前所述,广义的文化是指一切"人化"的事物,文明则是"人化"事物的综合和结晶。"文明概念中包含着这样一些观念,如安逸程度的提升、教育的进步、行为举止更加礼貌、艺术和科学的发展、工商业的增长、物质商品和奢侈品的获得等。文明一词首先指的是一种过程,即个人、国家和所有人类走向教化(civilized,这个词过去就存在)的过程,然后它也指代这一过程的结果。文明概念充当一个将多种观念统一起来的概念。"④唯物主义历史观也使用"文明"这一概念。在《家庭、私有制和国家的起源》中,恩

---

① 《马克思恩格斯选集》第 1 卷,第 611 页。
② 《马克思恩格斯选集》第 4 卷,第 177 页。
③ 《马克思恩格斯选集》第 4 卷,第 176 页。
④ [美]布鲁斯·马兹利什:《文明及其内涵》,汪辉译,商务印书馆 2017 年版,第 21 页。

格斯专门探讨了"野蛮时代和文明时代"的关系,并认为:"文明时代是学会对天然产物进一步加工的时期,是真正的工业和艺术的时期。"①马克思不仅提出了"自然产生的工具和由文明创造的生产工具"这两个概念,并把生产力看作是"文明的果实",而且提出了"政治文明"这一概念;恩格斯则把国家看作"文明社会的概括"。在这个意义上,文明是文化的升华,标志着人类社会发展的状态。正如马克思所说,"文明是实践的事情,是一种社会品质"②。

从结构上看,唯物主义历史观所说的观念文化,包括社会心理和社会意识形态两个层次。

社会心理属于自发形态的文化,是指在一定的民族、阶级、阶层中普遍流行的精神状态,通常表现为情感、情绪、愿望、性格,其中蕴含着普遍的社会动机、社会态度和价值取向。社会心理是人们对涉及自身利益的重大问题的直接感受,带有明显的直接性。同时,社会心理又是人们在日常生活中对社会活动和社会制度的经验感受,具有明显的自发性。与个体心理不同,社会心理是在一定的民族、阶级、阶层中具有普遍性的心理特征和性格结构。

社会心理是社会结构中的一个特殊的层次。在社会结构中,社会心理是对经济结构以及政治结构的直接反映,并由经济结构以及政治结构所决定,同时,它又构成了意识形态的心理基础。这就是说,经济结构与政治结构通过社会心理对意识形态起决定作用,意识形态又通过社会心理对政治结构与经济结构起反作用。因此,要了解特定社会的思想体系,不仅要了解该社会的经济结构和政治结构,而且要了解该社会的社会心理。只有这样,才能理解和把握社会存在是如何转化为社会意识的。正如普列汉诺夫所说,"对于社会心理若没有精细的研究与了解,思想体系的历史的唯物主义解释根本就不可能"③。

---

① 《马克思恩格斯选集》第 4 卷,第 24 页。
② 《马克思格斯全集》第 1 卷,第 666 页。
③ 《普列汉诺夫哲学著作选集》第二卷,第 272 页。

社会意识形态是指自觉形态的文化,包括政治法律思想、伦理道德、文学艺术、宗教神学、哲学。从历史上看,"意识形态"一词是法国哲学家德·特拉西在 19 世纪初首先使用的,其意是指揭示人们的偏见和倾向的根源的"关于观念的科学"。之后,意识形态这一概念在多种含义上被使用。

在唯物主义历史观中,意识形态是与经济形态、政治形态相对应的范畴,是指反映经济形态和政治形态以及一定阶级或社会集团的利益和要求的思想体系。

观念文化与意识形态密切相关,甚至融为一体。意识形态犹如一种思想构架,正是通过意识形态,人们感知、阐释和生活于他们置身其中的现实社会,并形成了观念形态的文化。

与社会的经济结构中存在着多种性质的生产关系相适应,在社会的文化结构中,存在着多种性质的意识形态。在这多种性质的意识形态中,统治阶级的意识形态总是占据着主导、支配、中心地位,从而成为国家的意识形态。"统治阶级的思想在每一时代都是占统治地位的思想。这就是说,一个阶级是社会上占统治地位的物质力量,同时也是社会上占统治地位的精神力量……占统治地位的思想不过是占统治地位的物质关系在观念上的表现,不过是以思想的形式表现出来的占统治地位的物质关系;因而,这就是那些使某一个阶级成为统治阶级的关系在观念上的表现,因而这也就是这个阶级的统治的思想。"①按照马克思的观点,支配着物质生产资料的阶级,同时也支配着精神生产资料,因此,"构成统治阶级的各个人""还作为思维着的人,作为思想的生产者进行统治,他们调节着自己时代的思想的生产和分配;而这就意味着他们的思想是一个时代的占统治地位的思想"②。这就是说,在文化结构中占统治地位的意识形态与经济权力、政治权力的关系是密切相关的。正如福柯所说,"在人文科学里,所

① 《马克思恩格斯选集》第 1 卷,第 98 页。
② 《马克思恩格斯选集》第 1 卷,第 98、99 页。

有门类的知识的发展都与权力的实施密不可分",都是"伴随着权力的机制一道产生的"①。掌握经济权力和政治权力的阶级,也必然掌握着精神生产的主导权,从而建构着"时代的占统治地位的思想"。用福柯的话来说就是,国家将使自己能够发挥作用的全部权力关系符码化。在这个意义上,社会的文化结构是社会的权力结构的再现。

在社会的文化结构中,各种意识形态都有其不同的内容、形式、特征和作用:

第一,对社会生活反映的内容不同。各种意识形态都是对社会生活的反映,但它们反映的侧面各不相同。文学艺术从审美的角度反映人们的社会生活,道德从伦理的角度反映个人、家庭、阶级和社会的关系,政治法律思想是直接为维护某种生产关系或改变某种生产关系而服务的,宗教神学和哲学都是从总体上反映人与世界的关系。

第二,对社会生活反映的形式不同。各种意识形态反映社会生活的形式,大体上依文学艺术、宗教神学、伦理道德、政治法律思想和哲学的次序,一个比一个更抽象,更概括,更富于概念和逻辑的特色。文学艺术的语言是形象,宗教神学的语言是形象与直观感性的混合物,伦理道德和政治法律思想所使用的语言是同人们的具体行动密切相关的特殊概念,哲学的语言则是抽象的一般概念。

第三,同经济结构联系的密切程度不同。政治法律思想、伦理道德、文学艺术、宗教神学、哲学同经济结构的联系,一个比一个更远,间接程度更大。政治法律思想直接随着经济结构的变化而变化,伦理道德则在一定程度上保持着自身的传统和惯性,文学艺术、宗教神学、哲学往往要通过许多中间环节才同经济结构联系起来。

第四,对社会生活的作用不同。各种意识形态对社会生活产生反作用的方式、大小和性质,在不同历史条件下是不同的。依哲学、宗教神学、文学艺术、伦理道德、政治法律思想的次序,它们在作用于社会活动时,分

---

① 《权力的眼睛——福柯访谈录》,严锋译,上海人民出版社1997年版,第31页。

别通过对人们做思想上的原则指导、心理感召和情感熏陶、舆论和习俗的维护,直至半强制和强制的约束,一个比一个更富有指令性和强制性,其作用的具体收效也一个比一个更及时、更迅速。当然,它们的作用都不是固定的,而是随历史发展着的。

各种意识形态都是对统一的社会生活的反映。同一性质的意识形态都为同一经济形态、政治形态服务,只不过反映和服务的侧面、重点、方式不同罢了。各种意识形态之间在内容上相互补充、相互渗透,在形式上相互交叉、相互为用,在发展过程中相互影响、相互制约,从而构成一个意识形态体系,形成一个文化结构的整体和一种强大的精神力量,并对经济结构以及政治结构产生能动的反作用。正如毛泽东所说,"一定的文化(当作观念形态的文化)是一定社会的政治和经济的反映,又给予伟大影响和作用于一定社会的政治和经济"①。

文化结构对经济结构和政治结构的能动的反作用,集中体现在意识形态维护或批判现实社会和调控人的活动这两大功能上。

作为经济形态的反映,意识形态必然具有维护或批判现实社会的功能。意识形态的能动性不仅在于它能够反映现实社会,而且在于它能够评价现实社会。评价的结果便是肯定或否定,即维护或批判。维护或批判是意识形态功能的两个方面,维护的是同自身性质相同的东西,批判的是同自身性质相反的东西。

一般说来,维护仅仅存在于性质相同的意识形态和经济形态、政治形态之间。一定的经济形态、政治形态总是产生相应的意识形态,而一定的意识形态也总是维护相应的经济形态、政治形态。批判则有两种情况:一是不同性质的意识形态对经济形态、政治形态的批判,即旧的、过时的意识形态与新的、代表未来的意识形态对现实的经济形态、政治形态进行批判;二是意识形态对具有与其同一性质的经济形态、政治形态的批判。前一种批判着眼于旧制度的复辟或新制度的确立,后一种批判则是通过批

①《毛泽东选集》第二卷,人民出版社 1991 年版,第 663—664 页。

判达到从根本上维护现实社会的目的。

人的活动是有意识的。意识形态在个人、群体、社会等各个层次上支配着人的活动,必然对人的活动具有调节功能。具体地说,意识形态可以确定人的活动的目的和方式,对活动做可行性分析,规划活动程序;可以对人的活动进行必要的调节,部分调整甚至完全停止不可行的计划,或从精神上推动人们全力以赴完成原计划;能够在实践的基础上超越现实社会,创造出新的观念,并以此指导人的活动。意识形态对经济形态和政治形态的反作用,是通过把不同阶级,尤其是统治阶级的利益要求内化为人们的思想、情感、意志,以支配人们的行动,从而影响社会的经济活动和政治活动来实现的。

我们必须看到文化结构、政治结构在社会生活和历史进程中的重要作用。正如恩格斯所说,"经济状况是基础,但是对历史斗争的进程发生影响并且在许多情况下主要是决定着这一斗争的形式的,还有上层建筑的各种因素……这里表现出这一切因素间的相互作用"[1]。在这个意义上,阿尔都塞、普兰查斯(又译作"波朗查斯")的"多元决定论"都有其合理性。唯物主义历史观不是"经济解剖学",而是"总体现象学"。

但是,我们又必须明白,在这种相互作用、"多元决定作用"中,经济结构具有根本决定作用。"根据唯物史观,历史过程中的决定性因素归根到底是现实生活的生产和再生产。"[2]无论是阿尔都塞还是普兰查斯,当他们提出"多元决定论"时,都没有否定经济结构的根本决定作用。在阿尔都塞看来,"多元决定作用"归根到底决定于经济因素。按照普兰查斯的观点,"作为生产方式特征的统一形式乃是一套复杂的形式,其中占统治地位的归根到底是经济环节"[3]。历史唯物主义不是经济唯物主义,但它确认经济必然性是人类历史进程的"中轴线"。

---

① 《马克思恩格斯选集》第 4 卷,第 696 页。
② 《马克思恩格斯选集》第 4 卷,第 695 页。
③ [希]尼科斯·波朗查斯:《政治权力与社会阶级》,第 4 页。

第八章

社会历史过程与自然历史过程

长期以来，马克思主义哲学教科书一直把"社会形态的发展是一个自然历史过程"看作唯物主义历史观的基石和总纲。实际上，这是对唯物史观的误解。马克思从来没有在等同的意义上用"自然历史过程"来表述社会历史过程，他只是指出社会经济形态的发展同自然的进程和自然的历史具有"相似"性。然而，相似不等于相同。因此，我们需要对社会发展是自然历史过程的观点做一新的考察和审视，以真正理解、深刻把握社会发展与自然运动的"相似"性。

一、问题的提出

"社会形态的发展是自然历史过程"的观点，是后人根据马克思在《资本论》第一卷第一版序言中的有关思想提出来的。为了弄清问题，需要考察马克思在《资本论》第一卷第一版序言中有关思想的德文原文以及中译本。

在德文版《资本论》中，马克思的原话是：Mein Standpunkt, der die Entuicklung der ök on o mischen Gesellschaftsformation als einen naturgeschichtlich en Proze-β auffaβt.

郭大力、王亚南的译本把这段话译为："我的观点，是把经济社会形态的发展，理解为一个自然史的过程。"[1]中共中央编译局的译本把这段话译为："我的观点是：社会经济形态的发展是一种自然历史过程。"[2]对照德文原文，我认为，郭大力、王亚南的译法更为准确。这是因为，把社会经济形态的发展"理解为"自然历史的过程，并不是说社会经济形态的发展"就是"自然历史的过程。

为了进一步明确问题，我们再考察一下中共中央编译局根据马克思本人修订的法文版《资本论》（第一卷）翻译的中译本。在这里，马克思明确指出："我的观点是：社会经济形态的发展同自然的进程和自然的历史是相似的。"[3]

马克思的这一修改极其重要。这表明，马克思并没有认定社会经济形态的发展本身就是一种自然历史过程，而是说社会经济形态的发展与自然的进程和自然的历史具有相似性。社会历史过程与自然历史过程具有"相似"的一面这层含义在这里说得更明确、更突出了。

由此，我们不难做出判断：马克思本人从来没有说过社会形态发展是自然历史过程，也没有认定社会经济形态的发展是自然历史过程；马克思的本意是指，可以从"自然的进程和自然的历史"方面来理解社会经济形态的发展，因为社会经济结构、运行机制，特别是社会工艺过程，同自然进程、自然历史有相似之处。

显然，把社会形态的发展说成是"自然历史过程"是一种误解。这里，至少发生了这样几个思维上的跳跃：

---

① 马克思：《资本论》第1卷，郭大力、王亚南译，人民出版社1963年版，第XII页。

① 马克思：《资本论》第1卷，郭大力、王亚南译，人民出版社1963年版，第Ⅻ页。
② 马克思：《资本论》第1卷，中共中央马克思恩格斯列宁斯大林著作编译局译，人民出版社1975年版，第12页。
③ 马克思：《资本论》（根据作者修订的法文版第一卷翻译），中共中央马克思恩格斯列宁斯大林著作编译局译，中国社会科学出版社1983年版，第4页。

第一,把马克思所说的社会经济形态跳跃为社会形态。马克思所说的社会经济形态是特指社会的经济结构,而不是社会结构。换言之,马克思所说的社会经济形态,与我们现在理解的作为经济结构、政治结构和文化结构统一体的社会形态并不是同一个概念。

第二,把社会经济形态的发展同"自然历史过程"的"相似"性跳跃为二者的"相同"。社会发展作为现实的人的活动过程,与自然过程是无法等同的。严肃的思考应该是:社会经济形态的发展在何种意义上与自然历史过程"相似",又在何种意义上与自然历史过程不同?

第三,把马克思在《资本论》中对资本主义社会的经济形态的解剖跳跃为对整个唯物主义历史观的说明。《资本论》的重点是解剖资本主义社会的经济形态,即分析社会发展过程的一个特殊阶段、特殊方面。毫无疑问,这一特殊阶段、特殊方面是十分重要的。但是,用这一特殊阶段、特殊方面来取代并跳跃为唯物史观的总观点,理由是不充分的。唯物史观的基本思想在《黑格尔法哲学批判》中萌发,在《1844 年经济学哲学手稿》《神圣家族》中开始形成,在《关于费尔巴哈的提纲》中得到高度概括,在《德意志意识形态》中得到全面阐述,在《哲学的贫困》中得到"科学概述",尔后在《资本论》等著作、手稿和通信中得到"科学检验"以及进一步阐述。我们研究问题不能仅仅停留于一个方面。

二、何谓"自然历史过程"

为了弄清问题,我们还需要弄清什么是"历史过程",什么是"自然历史过程"。

"历史过程"简称历史,这一概念在唯物主义历史观中具有极其重要的意义。马克思赋予历史以内在变化和发展的含义,他经常用"排除历史过程""没有历史的要素"来批判那种"抽象的"观点,其中不仅包括唯心主义、形而上学的唯物主义、自然科学的唯物主义,也包括费尔巴哈的直观唯物主义。按照马克思的观点,"联系不断采取新的形式,因而就表现为'历史'"①。"没有发展",也就"没有历史"。历史就是联系的新形式不断产生的过程,也就是变化和发展过程。同一的重复,没有形式和内容的变化,尽管存在着也没有历史。例如,在谈到亚细亚生产方式的典型——印度时,马克思指出,"印度社会根本没有历史,至少是没有为人所知的历史"②,并认为"没有历史"本质上是指"不发生变化""不变性"。亚细亚生产方式中的"自给自足的公社不断地按照同一形式把自己再生产出来,当它们偶然遭到破坏时,会在同一地点以同一名称再建立起来,这种公社的简单的生产机体,为揭示下面这个秘密提供了一把钥匙"③。

从总体上看,历史可以区分为自然历史过程与社会历史过程。马克思当时所理解的"自然历史过程",是指自然界联系形式多样化的过程。依据马克思所处时代的科学条件,马克思是在达尔文进化论的含义上理解这一过程的,即把自然界联系形式多样化的过程理解为"生物进化过程"。"达尔文注意到自然工艺史,即注意到在动植物的生活中作为生产工具的动植物器官是怎样形成的。"④因此,马克思所说的"自然历史过程"不是泛指一种"自然必然性",而是指动植物"器官"的"形成史"。

这种"形成史"具有三个特点:一是这种"形成"是动植物在其生存中,在与周围环境相互作用的过程中自组织地生成的;二是这种生成的过程表现为动植物"器官"不断多样化的发生过程,其本质是动植物自身的发展史;三是这种发展史又是动植物盲目地、无意识地进行的。正是在这一盲目的发展过程中,一条形式多样化的道路显现出来。

可见,马克思所说的"自然历史过程"与马克思主义哲学教科书所理解的"自然历史过程"具有较大的差异。在马克思看来,自然历史过程具有内在的规律性,这种规律性是在动植物的自组织活动中存在,并通过动植物本身"器官"的多样化体现出来的必然趋势。

---

① 《马克思恩格斯选集》第 1 卷,第 81 页。
② 《马克思恩格斯选集》第 1 卷,第 767 页。
③ 《马克思恩格斯全集》第 23 卷,第 396—397 页。
④ 《马克思恩格斯全集》第 23 卷,第 409 页。

当然,我注意到,马克思对"自然历史过程"的理解已深入到地质学中。马克思指出:"正像地质的形成一样,在这些历史的形成中,有一系列原生的、次生的、再次生的等等类型。"①但是,马克思对"自然历史过程"的理解还没有也不可能深入到自然界的物理、化学过程中去。马克思那个时代的科学还没有发展到这一步。当时,以热力学第二定律为基础的关于自然界发展的"熵增加"原理,只是证明自然界的物理过程自发地走向"无序",为此,恩格斯批判了把"熵增加"原理推广到整个宇宙中去的"热寂说"。但是,物理、化学过程是如何实现其"历史过程"的,这一问题在马克思、恩格斯的时代并没有被证明,至多只是哲学上的逻辑推导。

直到 20 世纪 70 年代,普里戈金的"非平衡态热力学"以及哈肯的"协同学"才完成了对物理运动、化学运动"历史过程"的证明。普里戈金在研究耗散结构演化时指出:"分岔在一定意义上把'历史'引进物理学中来了……这样,我们在物理学和化学中引入了历史因素,而这一点似乎向来是专属于研究生物、社会和文化现象的各门学科的。"②只是到了这个时候,我们才获得了对"自然历史过程"含义的全面理解:"自然历史过程"无非是指,自然界的发展是自然界本身运动的自组织过程,表现为自然界本身的形式越来越多样化、复杂化的生成过程。

自然的"历史过程"是自然本身在盲目的运动中形成的,不存在一个预成的发展过程,但它却表现为不可逆的有箭头的运动过程。这一运动过程大致是:自然界最早产生的是低级的平衡结构,它自发地趋向"无序"和"熵增加";由于特定的涨落条件,形成远离平衡状态,于是平衡结构否定自身形成的自组织的耗散结构。从此以后,自然的"历史过程"表现为耗散结构自组织进行的由简单到复杂的多样化的过程,特别是在动植物系统中表现为其"器官"不断复杂化、高级化的过程。自然界的整个运动过程符合马克思所说的"历史"概念,即联系不断采取新的形式。

①《马克思恩格斯全集》第 19 卷,第 432 页。
②〔比〕R. 普里戈金:《时间、结构和涨落》,郝伯林等译,载《自然杂志》编辑部编:《1977 年诺贝尔奖演讲集》,上海科技出版社 1980 年版,第 42 页。

三、经济规律在何种意义上是自然规律

把社会形态的发展看作自然历史过程这一思维跳跃,是以把社会经济规律看作自然规律的观点为前提的。马克思确实在许多地方谈到社会经济规律是自然规律。例如,在《资本论》中,马克思一再提到"资本主义生产的自然规律"①,并认为现代社会的经济运动规律是一种自然规律。列宁明确指出:"马克思谈到社会的经济运动规律,并把这个规律叫作Naturgesetz——自然规律。"②然而,问题的关键在于,马克思在何种意义上认为社会经济规律是自然规律。

从本质上看,社会经济规律是人们经济活动的规律,深刻地体现着人的活动的社会性、历史性。经济规律本质上不同于自然规律:经济规律形成于追求自己目的的人的活动中,形成于人与自然之间物质变换和人与人之间活动互换的过程中,体现并贯穿着人与人的社会关系。经济规律实际上是人的实践活动规律,随着实践格局的变化而不断变化,其实现与否也取决于人的实践活动;自然规律却是自然界的机械、物理、化学、生物运动的规律,它是在自然事物盲目的相互作用过程中形成并实现的。当人们没有认识它们时,自然规律就以与人对立的形式出现。经济规律与自然规律是两种本质不同的规律。

实际上,马克思是在二重意义上把社会经济规律看作自然规律的:一是资本主义社会经济规律的特殊性;二是整个经济规律的基础的特殊性。

按照马克思的观点,资本主义的经济运动是一种典型的社会运动。"在土地所有制处于支配地位的一切社会形式中,自然联系还占优势。在资本处于支配地位的社会形式中,社会、历史所创造的因素占优势。"③资本主义社会是社会因素占优势的社会形态,但它又是对抗性的社会形态。

① 《马克思恩格斯选集》第2卷,第100页。
② 《列宁选集》第1卷,第4页。
③ 《马克思恩格斯全集》第46卷上,第45页。

正是由于这种对抗性,社会的经济规律以与人对立的自然规律的特殊形式出现。

具体地说,当生产者丧失了对他们自己的社会关系和自主活动的支配权时,"生产资料和产品的社会性反过来反对生产者本身,周期性地突破生产方式和交换方式,并且只是作为盲目起作用的自然规律强制性地和破坏性地为自己开辟道路"①。"我们应该怎样理解这个只有通过周期性的革命才能为自己开辟道路的规律呢? 这是一个以当事人的盲目活动为基础的自然规律。"②可见,经济规律以与人对立的自然规律的形式出现,本质上是资本主义社会的"社会性"的体现,是资本主义社会对抗性的体现。换言之,人与人对抗的社会形式使社会规律不得不以自然规律的形式出现。

按照马克思的观点,经济规律有它存在的永恒的基础,这就是人与自然之间的物质变换过程。"劳动作为使用价值的创造者,作为有用劳动,是不以一切社会形式为转移的人类生存条件,是人和自然之间的物质变换即人类生活得以实现的永恒的自然必然性。"③只有在这个意义上,即从使用价值创造的意义上,经济规律才是一种体现人与自然之间的物质变换关系的自然规律。

但是,这种人与自然之间物质变换的实现离不开人与人之间活动的互换,离不开人与人之间的社会关系。因此,人与自然之间的物质变换就必然具有特定的社会形式。换言之,经济规律不会以纯粹的"自然规律"形式出现,经济规律的形成、存在和实现始终是以人与自然之间的物质变换为基础而展开的社会运动过程。在《资本论》第三卷中,马克思更透彻地表达了这个思想。按照马克思的观点,人与自然之间的物质变换是自然必然性的王国,是"一切社会形态""一切可能的生产方式"的基础,未来

①《马克思恩格斯选集》第 3 卷,第 629 页。
②《马克思恩格斯全集》第 23 卷,第 92 页。
③《马克思恩格斯全集》第 23 卷,第 56 页。

人类也只能是"合理地调节他们和自然之间的物质变换"①，"在最无愧于和最适合于他们的人类本性的条件下来进行这种物质变换"②。显然，马克思是在经济活动规律的基础——人与自然之间的物质变换过程，在抽象掉"一切社会形态""一切可能的生产方式"的意义下，认为经济规律是一种自然规律。

研读唯物主义历史观的"文本"可以看出，一进入具体的社会形态，马克思立即用社会的眼光来看待经济规律。马克思坚决反对用自然规律来说明社会发展。在致库格曼的信中，马克思批判了朗格把社会规律自然化的方式，明确指出："朗格先生有一个伟大的发现：全部历史可以纳入一个唯一的伟大的自然规律。这个自然规律就是《strugglo for life》，即'生存斗争'这一句话（达尔文的说法这样应用就变成了一句空话），而这句话的内容就是马尔萨斯的人口律，或者更确切些说，人口过剩律。这样一来，就可以不去分析'生存斗争'如何在各种不同的社会形态中历史地表现出来，而只要把每一个具体的斗争都变成'生存斗争'这句话，并且把这句话变成马尔萨斯关于'人口的狂想'就行了。"③

这里，马克思关心的是"生存斗争"这一规律在"不同的社会形态中历史地表现出来"的形式。马克思始终用"历史"的方法来说明社会。更为重要的是，马克思认为，经济规律不是预成的，而是在人们的实践活动中生成的，是在历史中生成的；在人们面前绝没有一个预成的、一成不变的经济规律可供认识，经济规律同样具有历史性，只有当某种实践活动、社会关系完全展开时，某种具体的经济规律才能全面形成。因此，"对社会生活形式的思索，从而对它的科学分析，遵循着一条同实际运动完全相反的道路。这种思索是从事后开始的，是从已经完全确定的材料、发展的结果开始的"④。认为在人们的具体活动之前存在一个预成的经济规律，这

---

① 《马克思恩格斯全集》第 25 卷，第 926 页。
② 《马克思恩格斯全集》第 25 卷，第 927 页。
③ 《马克思恩格斯全集》第 32 卷，人民出版社 1975 年版，第 671—672 页。
④ 马克思：《资本论》（根据作者修订的法文版第一卷翻译），第 55 页。

不是唯物主义历史观。

就经济规律制约人类历史进程而言,社会发展的确有一个大概趋势;从全部社会生活在本质上是实践的来说,经济规律的形成、存在和实现也是一个历史的过程,是人类实践活动的过程。经济规律根本不同于自然规律,它是"人们自己的社会行动的规律"①。把经济规律等同于自然规律,其结果只能把经济规律抽象化、逻辑化、预成化,其实质是回归黑格尔的"绝对计划"。

四、社会经济形态的发展在何种意义上与自然历史过程"相似"

如同人与自然之间的物质变换是经济规律与自然规律一致的中介一样,社会经济形态的发展与自然历史过程的"相似",则是以社会工艺学为中介的。换言之,这里存在着这样一种关系:经济规律—"物质变换"—自然规律;社会经济形态—"社会人的生产器官"—自然历史过程。这里,"社会人的生产器官"与"物质变换"之间又有着直接关系。然而,马克思主义哲学教科书是不讲"物质变换""社会人的生产器官"等概念的,并把社会经济形态直接等同于社会形态。这是把社会历史过程与自然历史过程"相似"上升到"相同"的认识根源。

应当指出,把社会经济形态、"社会人的生产器官"从社会发展中抽象出来,这是唯物主义历史观对社会认识的巨大深化。

在《德意志意识形态》中,马克思已经把分工看作生产力与所有制之间的中介关系,即"分工和私有制是相等的表达方式,对同一件事情,一个是就活动而言,另一个是就活动的产品而言"②。但是,当时社会经济形态概念还没有从"活动"中剥离出来,马克思对所有制的关系更感兴趣,并以所有制为标准把历史划分为"部落所有制""古代公社所有制或国家所有

---

① 《马克思恩格斯选集》第3卷,第634页。
② 《马克思恩格斯选集》第1卷,第84页。

制""封建的或等级的所有制""资本主义所有制"四个阶段。

在《政治经济学批判》《资本论》中,马克思明确提出"社会经济形态"的概念,并以社会经济形态来划分历史:"大体说来,亚细亚的、古代的、封建的和现代资产阶级的生产方式可以看作是社会经济形态演进的几个时代。"①同时,马克思又深化了社会经济形态概念的内容。具体地说,马克思分析了社会经济运动中的工具发展史,并把人的生产工具同动植物的器官进行了比较,认为"自然工艺学"揭示动植物生活的"生产工具"即动植物的器官怎样形成的历史具有重要意义,而"社会工艺学"揭示"社会人的生产器官"怎样形成的历史同样具有重要意义。"工艺学揭示出人对自然的活动方式,人的物质生活的生产过程,从而揭示出社会关系以及由此产生的精神观念的起源。"②如果我们把目光专注于社会工艺过程,即社会生产的具体构成模式,那么,在它们之中确实存在着一个由低级到高级的有序的发展过程,这一过程也确实不以人的意志为转移。

因此,马克思所说的社会经济形态的演进与自然历史过程"相似"是指,如同动植物的演进是立足于自身器官的形成和发展的过程一样,社会经济形态的演进也是立足于"社会人的生产器官"的形成和发展的过程。任何夸大这方面意思,把"自然历史过程"上升为社会发展的预成性、单线性,认为一切民族的发展都必须经过一条唯一的道路,都是对唯物主义历史观的误读。

在我看来,马克思所说的社会经济形态演进的几个时代,即亚细亚的、古代的、封建的和现代资产阶级的,是有特定坐标系统的。具体地说,马克思是立足于西欧资本主义的发展来考察这一问题的,是以西欧为坐标系的。正如马克思所说,他所研究的对象是资本主义生产方式,研究的典型是英国。马克思绝没有要求所有民族都走同样的发展道路,相反,他指出:"一定要把我关于西欧资本主义起源的历史概述彻底变成

---

① 《马克思恩格斯全集》第13卷,第9页。
② 马克思:《资本论》(根据作者修订的法文版第一卷翻译),第374页。

一般发展道路的历史哲学理论,一切民族,不管他们所处的历史环境如何,都注定要走这条道路……这样做,会给我过多的荣誉,同时也会给我过多的侮辱。"①

这表明,唯物主义历史观并没有把亚细亚的、古代的、封建的、资本主义的、社会主义的社会这样一条发展道路看成预成的、所有民族都必定要走的一般发展道路。把社会发展的"自然历史过程"理解为一种超历史的必然性,理解为所有民族的发展都必须经过原始的、奴隶的、封建的、资本主义的、社会主义的社会这样一条唯一的道路,不过是把西欧的发展道路强加给所有民族罢了,不过是把历史必然性抽象化、预成化罢了。

显然,这里有一个更宏大的社会发展道路问题。按照马克思的观点,资本主义形成的途径和道路是多样的:美国的"资产阶级社会不是在封建制度的基础上发展起来的,而是从自身开始的"②。"在现实的历史上,雇佣劳动是从奴隶制和农奴制的解体中产生的,或者象在东方和斯拉夫各民族中那样是从公有制的崩溃中产生的,而在其最恰当的、划时代的、囊括了劳动的全部社会存在的形式中,雇佣劳动是从行会制度、等级制度、劳役和实物收入、作为农村副业的工业、仍为封建的小农业等等的衰亡中产生的。"③这里,不存在一种固定的模式和超历史的必然性,也没有一种所谓的"自然历史过程"。

在分析社会发展道路时,马克思常常指出,"这不适用于例如东方","这仅仅是从欧洲的观点来看的",等等。马克思从来不以单线的方式考察历史,除了关心"典型的""原生的"生产关系,马克思还经常向自己提问:"第二级的和第三级的东西,总之,派生的、转移来的、非原生的生产关系。国际关系在这里的影响。"④在社会发展过程中,不仅存在着某种社会关系的"原生形态",即自然形态,而且存在着由于国际关系的影响而产生

① 《马克思恩格斯全集》第19卷,第130页。
② 《马克思恩格斯全集》第46卷上,第4页。
③ 《马克思恩格斯全集》第46卷上,第14页。
④ 《马克思恩格斯全集》第46卷上,第47页。

的"非原生"的"派生形态"。

五、社会发展中的自然形态与派生形态

在社会形态更替过程中,存在着自然形态和派生形态两种基本情况。当各个民族或国家处于封闭状态时,每一个民族的发展都要重复"同一的历史必然性",社会发展的模式以"自然形态"为主。当交往步入区域性、世界性之后,"过去那种地方的和民族的自给自足和闭关自守状态,被各民族的各方面的互相往来和各方面的互相依赖所代替了"①,社会发展中的"派生形态"开始出现,并逐渐成为社会发展中的普遍现象或常规现象,社会发展由此开始加速化了。

所谓自然形态,是指外部因素、外部关系对该社会的发展影响极小,可以忽略不计,发展主要是由本民族或国家的内部因素、内部关系决定的。用现代社会发展理论话语来说就是,自然形态属于内源发展。古代文明圈,即中国、印度、希腊、埃及等文明的形成和发展几乎都是内源发展。中国封建社会和西欧资本主义社会的形成和发展也属于内源发展。这些发展基本上是在彼此隔离、互不干扰的情况下完成的。从总体上看,在资产阶级开创世界历史之前,自然形态是社会发展中的主导类型。

自然形态占主导地位的前提是,环境是孤立封闭的。按照马克思的观点,自然形态是该社会的各种要素和关系"自然发生"的过程,这一发展过程的各个阶段则是该社会"自然的发展阶段"。自然发生形成社会的"殊化",即不同的自然发生的类型之间有不同的遗传"密码",从而规定不同社会共同体的独立性;这一"殊化"遗传"密码"又是社会发展多样性的源头。不同的社会共同体由于遗传"密码"不同,尔后发展的道路也有所不同。唯物主义历史观十分重视对社会的"自然发生"分析。在马克思看

---

① 《马克思恩格斯选集》第 1 卷,第 276 页。

来，"人的依赖关系（起初完全是自然发生的），是最初的社会形态"①，而远古时期的人则是"原始的、通过自然发生的途径产生的人们"②。即使社会发展到高级形式，它们仍然有着"自然发生"的痕迹。自然发生分析方法是唯物主义历史观的重要方法。

即使在孤立封闭的环境中发展的社会，即社会发展中的自然形态，仍有其典型形态，如亚细亚或东方社会的典型、西欧资本主义制度的典型等。在马克思看来，中国封建社会是东方社会的典型，因为它是东方社会的"活的化石"，体现着"一切东方运动的共同特征"③。资本主义的发生有三条道路，即从原始公有制的"崩溃"中产生，从奴隶制的"解体"中产生，从封建制度的"衰亡"中产生，其中，从封建制度的衰亡中产生是资本主义制度自然发生的典型。不仅如此，资本主义的不同方面也有各自的典型，如英国是资本主义经济发展的典型，而法国则是资本主义政治发展的典型。

当交往超出了毗邻地区而成为各民族日常生活、行为不可或缺的因素时，社会发展便产生了派生形态。在考察社会发展时，马克思提出一个极其重要的思想，即"第二级的和第三级的东西，总之，派生的、转移来的、非原生的生产关系。国际关系在这里的影响"④。按照马克思的观点，那些自然发生的社会关系是原生的关系，即第一级的关系，而派生的、转移来的关系则是第二级、第三级的关系，它们是由民族、国家之间的交往造成的。

马克思描述过自然发生的社会关系即"原生的生产关系"向"非原生的生产关系"的运动："这种所有制的原始形式本身就是直接的公有制（东方形式，这种形式在斯拉夫人那里有所变形；直到发展成对立物，但在古代的和

---

① 《马克思恩格斯全集》第 46 卷上，第 104 页。
② 《马克思恩格斯选集》第 1 卷，第 77 页。
③ 《马克思恩格斯全集》第 15 卷，人民出版社 1963 年版，第 545 页。
④ 《马克思恩格斯全集》第 46 卷上，第 47 页。

日耳曼的所有制中仍然是隐蔽的——尽管是对立的——基础)。"①这就是说,在社会的原始形式中存在着这样的运动:典型的东方形式,斯拉夫人的变形形式,日耳曼人隐蔽对立的形式,它们构成"原生的生产关系"中的差异。

在民族之间交往的过程中,由于国际关系的影响,"原生的生产关系"的差异向"第二级的关系"转化。在这个过程中,由于原生形态,即自然形态的不同而使派生形态产生较大的差异。"在奴隶制、农奴制等等之下,劳动者本身表现为服务于某一第三者个人或共同体的自然生产条件之一(这不适用于例如东方的普遍奴隶制;这仅仅是从欧洲的观点来看的)。"②这就是说,在派生形态、第二级的关系中,已经发生了形式的不可类同性。

到第三级关系,情况就更复杂了。这里,有三种基本形式:一是处于较高社会发展阶段的征服者带给处于较低发展阶段的被征服者的;二是处于较低社会阶段的征服者带给处于较高发展阶段的被征服者的;三是征服者与被征服者处于同一社会形态的不同发展阶段。

这三种情况对社会发展都有不同的影响。马克思指出:"导入英国的封建主义,按其形式来说,要比在法兰西自然形成的封建主义较为完备。"③这是因为,"这种交往形式在自己的祖国还受到以前时代遗留下来的利益和关系的牵累,而它在这些地方就能够而且应当充分地和不受阻碍地确立起来,尽管这是为了保证征服者有持久的政权(英格兰和那不勒斯在被诺曼人征服之后,获得了最完善的封建组织形式)"④。反过来,也有大量的"古老文明被蛮族破坏,以及与此相联系重新开始形成一种新的社会结构(罗马和蛮人,封建制度和高卢人,东罗马帝国和土耳其人)"⑤。

---

① 《马克思恩格斯全集》第46卷上,第498页。
② 《马克思恩格斯全集》第46卷上,第496页。
③ 《马克思恩格斯全集》第46卷上,第489—490页。
④ 《马克思恩格斯选集》第1卷,第125页。
⑤ 《马克思恩格斯选集》第1卷,第125页。

这些"导入的和带去的派生形式"①构成了社会发展中的派生形态。

资本主义生产方式开辟了世界交往、世界历史的时代。在世界交往的时代,各个民族、国家都自觉或不自觉地加入交往序列之中,形成了交往主体的全面性,形成了"全面的生产""全面的依存关系"和"世界历史性的共同活动形式"。此时,任何一个民族或国家面对的都是以全球为单位的由其他民族和国家组成的整体。"各个相互影响的活动范围在这个发展过程中越是扩大,各民族的原始封闭状态由于日益完善的生产方式、交往以及因交往而自然形成的不同民族之间的分工消灭得越是彻底,历史也就越是成为世界历史。"②

随着交往成为世界交往,历史转变为世界历史,社会发展的特点发生了根本性变化,即社会发展中的派生形态成为一种普遍或常规现象。在世界交往、世界历史形成之前,社会发展也出现过派生形态,如日耳曼民族通过"战争交往"征服罗马帝国之后,越过奴隶社会,从原始社会直接走向封建社会。然而,这在世界交往、世界历史形成之前毕竟是一种特殊现象。世界交往、世界历史形成之后,奴隶社会、封建社会以及后来的资本主义社会在不同的时期、不同的地区都被不同的民族超越过,派生形态从而成为普遍的历史现象,具有重复性,成为社会发展的常规现象。

六、人类总体历史的发展进程与民族历史的发展进程

派生形态的出现及其普遍化并不是对人类总体历史发展顺序的否定,不能由此就认为社会形态的发展如瓶坠地、碎片四溅,没有确定的方向;社会发展道路多样性的存在,也不是对人类总体历史整体性的否定。把人类历史作为一个整体来考察,可以发现,原始社会、奴隶社会、封建社会、资本主义社会、社会主义社会五种社会形态的确是依次更替的,具有

---

① 《马克思恩格斯全集》第 46 卷上,第 489 页。
② 《马克思恩格斯选集》第 1 卷,第 88 页。

不可超越性。"无论哪一个社会形态,在它所能容纳的全部生产力发挥出来以前,是决不会灭亡的;而新的更高的生产关系,在它的物质存在条件在旧社会的胎胞里成熟以前,是决不会出现的。"①

原始社会、奴隶社会、封建社会、资本主义社会、社会主义社会,这是人类总体历史的发展道路,是人类总体历史的"自然的发展阶段"。从人类总体历史来看,社会主义制度的出现没有也不可能早于资本主义制度,资本主义社会的产生没有也不可能先于封建社会,封建社会的形成没有也不可能早于奴隶社会,奴隶社会的出现更不可能先于原始社会。原始社会是人类社会的"原生形态"和出发点,所有民族在"人猿相揖别"之后,首先进入的都是原始社会。

确认人类总体历史进程的不可跨越性,并不否定某一民族在一定的历史条件下能够跨越一定的社会形态而直接走向更高级的社会形态;确认人类总体历史发展道路的存在,并不是说一切民族,不管其所处的历史环境如何都注定要走"五种社会形态"依次更替的历史轨道。纵览历史可以看出,西欧的日耳曼民族在征服罗马帝国之后,越过奴隶制,从原始社会直接走向封建社会,东欧的一些斯拉夫民族以及亚洲的蒙古族走着类似的道路。北美洲在欧洲移民到来之前仍处于原始社会,但随着欧洲移民的到来,北美洲迅速建立起资本主义制度。所以,马克思认为,在美国,"资产阶级社会不是在封建制度的基础上发展起来的,而是从自身开始的"②。大洋洲也走着类似的道路。而在非洲,有的民族从奴隶制,甚至从原始社会末期就直接走上了资本主义道路。在概括资本主义社会产生的途径时,马克思指出了资本主义制度产生的三条道路:一是从封建制度的"衰亡"中产生,这是西欧资本主义制度产生的道路;二是从奴隶制或农奴制的"解体"中产生;三是从原始公有制的"崩溃"中产生。③ 某一民族之所以能够超越一定的社会形态、跨越本身以及派生形态的产生之所以能

① 《马克思恩格斯选集》第 2 卷,第 33 页。
② 《马克思恩格斯全集》第 46 卷上,第 4 页。
③ 参见《马克思恩格斯全集》第 46 卷上,第 14 页。

够成为社会发展的常规现象,与民族之间的交往密切相关,以几种社会形态在空间上的并存为前提。

社会形态的更替在不同的民族那里具有不同步性,当有的民族已经进入封建社会,甚至资本主义社会时,有的民族还停留在奴隶社会,甚至原始社会,从而在空间上呈现出几种社会形态同时并存的局面。同时,从原始社会末期起,民族之间就有了一定的交往。随着生产力的发展,民族之间的交往经历了一个从毗邻地区交往到地域性交往,再到世界性交往的发展过程,这同时是一个交往层次、交往形式不断发展的过程。交往使不同的民族之间产生了相关性,即进入到交往过程中的民族之间产生相互作用、相互影响。当处于不同社会形态的民族进行交往时,会产生三种超越现象:

一是落后的民族征服了先进的民族之后,就会自觉或不自觉地适应被征服民族较高的生产力水平,"重新形成一种社会结构",从而自觉或不自觉地跨越某种社会形态。日耳曼民族征服了罗马帝国之后就是如此。对日耳曼民族来说,封建社会属于派生形态。

二是先进的民族征服了落后的民族之后,把自己较高的生产力、社会关系"导入"到落后的民族之中,从而促进落后的民族跨越一定的社会形态,或跨越一定社会形态发展过程中的一定历史阶段,而进入更高级的社会形态,如"导入"印度的资本主义制度,"导入"英国的封建制度。此时,先进的民族"充当了历史的不自觉的工具",而对落后的民族来说,新产生的社会制度属于"导入的和带去的派生形式"。

三是当一个民族处在历史的转折点时,先进的社会形态对该民族具有更大的吸引力。在先进民族的"历史启示"下,落后的民族能够有意识地利用先进民族的经验和成果,并在先进的社会形态的框架中选择和设计自己的发展形式,从而自觉地跨越某种社会形态,进入先进的社会形态。对这个民族而言,这种新的社会形态也属于派生形态。

所以,马克思认为,某些民族跨越一定的社会形态而达到的较为先进的社会形态并不是从它们之中"自然发生"的,而是"转移来的""带来的"

"导入的"。这种"转移来的""带来的""导入的"社会关系形成了社会发展中的派生形态。

"不仅一个民族与其他民族的关系,而且这个民族本身的整个内部结构也取决于自己的生产以及自己内部和外部的交往的发展程度。"①交往及其产生的相关性形成了社会发展中的跨越现象。尽管不同民族跨越的对象及其途径都是特殊的,但是,只要在同一时代存在着不同的社会形态,只要处于不同社会形态的民族之间进行交往,那么,在相关性的作用下,跨越现象以及派生形态就会不断产生、重复可见,成为社会发展中的常规现象。

某些民族跨越某种社会形态而直接进入更高级的社会形态,并不是对人类总体历史发展顺序的否定。某一民族可以跨越一定的历史阶段,但其历史运行的线路不可能是同人类历史总进程逆向的,相反,超越的方向同人类总体历史及其规律运行的方向是一致的。在我看来,民族历史发展的跨越性是以人类历史总体进程的不可跨越性为前提的。迄今为止,任何一个民族超越一定的社会形态,都是在世界上,尤其是在周围国家已经存在着更先进的社会形态的条件下实现的。没有罗马帝国的存在,日耳曼民族就不可能跨越奴隶制而从原始社会直接进入封建社会;没有资本主义制度的存在及其发展,一些民族就不可能跨越封建制或奴隶制而直接从奴隶社会或原始社会末期走上资本主义道路,东方一些较为落后的民族也就不可能跨越资本主义的历史阶段,直接走向社会主义。

一切社会发展,包括派生形态的形成、跨越现象的产生,都根源于生产关系与生产力的矛盾运动。马克思在分析古代某些民族的跨越现象时指出:"定居下来的征服者所采纳的共同体[Gemeinwesen]形式,应当适应于他们面临的生产力发展水平,如果起初情况不是这样,那么共同体形式就应当按照生产力来改变。""封建制度决不是现成地从德国搬去的。它起源于征服者在进行征服时的战时组织,而且这种组织只是在征服之后,

----

① 《马克思恩格斯选集》第1卷,第68页。

由于在被征服国家内遇到的生产力的影响才发展为现在的封建制度的。"①这表明，派生形态的形成、跨越现象的产生并不是对生产关系一定要适合生产力状况规律的否定，相反，它本身就是生产关系一定要适合生产力状况这一社会发展根本规律的体现。

一切社会发展都根源于生产力与生产关系之间的矛盾。但是，"不一定非要等到这种矛盾在某一国家发展到极端尖锐的地步，才导致这个国家内发生冲突。由广泛的国际交往所引起的同工业比较发达的国家的竞争，就足以使工业比较不发达的国家内产生类似的矛盾"②。正是这种"类似的矛盾"，促使较为落后的民族、经济较不发达的国家跨越了一定的社会形态。这样一来，具体民族或国家的发展便呈现出各自的特殊性，从而使社会发展道路呈现出多线性。在我看来，社会发展是"一元多线"，这个"元"，就是物质资料的生产方式，就是生产力与生产关系的矛盾运动。实际上，"一元多线"本身就是历史的规律性。

七、历史向世界历史的转变与资本主义世界体系的形成

从总体上看，"世界历史"这一范畴具有两种含义。

第一种含义，是指人类总体历史。在《1844年经济学哲学手稿》中马克思指出："整个所谓世界历史不外是人通过人的劳动而诞生的过程。"③这一命题中的"世界历史"就是指人类总体历史。列宁也曾在人类总体历史的意义上使用"世界历史"一词，如"世界历史发展的一般规律，不仅丝毫不排斥个别发展阶段在发展的形式或顺序上表现出特殊性，反而是以此为前提的"④。这里的"世界历史"一词显然是指人类总体历史。

应当说，用"世界历史"一词表征人类总体历史，是常见的、流行的，甚

---

① 《马克思恩格斯选集》第1卷，第126页。
② 《马克思恩格斯选集》第1卷，第115—116页。
③ 《马克思恩格斯全集》第42卷，第131页。
④ 《列宁选集》第4卷，第776页。

至被学者们确定下来了。例如,苏联著名历史学家茹科夫在其《历史方法论大纲》中明确指出:"'世界历史'这一概念本身就总是引起一定的意见分歧或看法上的细微差别。我们把世界历史这一概念理解为整个人类所走过的道路。世界历史的任务,就是对人类社会从低级阶段向更高阶段前进运动的这一发展,给予概括的(但决不是抽象的)阐明。"①茹科夫所说的"世界历史"是历史学意义上的"世界通史"。

但是,我们应当看到,马克思用以表征人类总体历史的概念并不限于"世界历史"一词,更多的是使用"历史""一切历史""整个历史"这些概念,如"历史不外是各个世代的依次交替","一切人类生存的第一个前提,也就是一切历史的第一个前提","这些不同的条件……它们在整个历史发展过程中构成一个有联系的交往形式的序列"②,等等。

第二种含义,是特指各民族、国家通过普遍交往,进入相互作用、相互依存、相互渗透的状态,使世界整体化或"一体化"以来的历史。在《德意志意识形态》中,马克思明确提出了"历史向世界历史的转变"③这一命题,以表征世界"一体化"这一历史趋势,并认为资产阶级"首次开创了世界历史"④,而且"各个相互影响的活动范围在这个发展进程中越是扩大,各民族的原始封闭状态由于日益完善的生产方式、交往以及因交往而自然形成的不同民族之间的分工消灭得越是彻底,历史也就越是成为世界历史"⑤。正因为如此,马克思在《〈政治经济学批判〉导言》中强调指出:"世界史不是过去一直存在的;作为世界史的历史是结果。"⑥按照马克思的观点,在资本主义时代,由于生产力的高度发展和交往的普遍发展,各个民族或国家都被卷入世界"一体化"的洪流之中。"随着这种发展,人们

---

① 〔苏〕E.M.茹科夫:《历史方法论大纲》,王瓘译,上海译文出版社1988年版,第142—143页。
② 《马克思恩格斯选集》第1卷,第88、78、123—124页。
③ 《马克思恩格斯选集》第1卷,第89页。
④ 《马克思恩格斯选集》第1卷,第114页。
⑤ 《马克思恩格斯选集》第1卷,第88页。
⑥ 《马克思恩格斯选集》第2卷,第28页。

的世界历史性的而不是地域性的存在同时已经是经验的存在了。"①在这里，马克思赋予"世界历史"这一概念以特殊的意义，即无产阶级的存在、共产主义的实现与世界历史密切相关。"无产阶级只有在世界历史意义上才能存在，就像共产主义——它的事业——只有作为'世界历史性的'存在才有可能实现一样。"②显然，这里的"世界历史"概念与作为"世界通史"意义上的"世界历史"概念就有区别了。

对于"世界历史"的第二种含义，马克思在其一生的理论活动中都给予特别的关注。列宁注意到马克思的"世界历史"范畴的这一层含义，并从"器官"与整体的关系的意义上说明具体民族历史与世界历史的关系："世界历史是个整体，而各个民族是它的'器官'。"③列宁这里的"世界历史"，指的正是第二种含义的"世界历史"范畴。研读唯物主义历史观的文本可以看出，唯物主义历史观主要是在第二种含义上使用"世界历史"这一范畴的。

世界历史的存在在当代已是一个可经验的事实了，但它却形成于现代，即资本主义时代。马克思以其惊人的洞察力注意到这一历史趋势，并用"历史向世界历史的转变"这一命题表征这一历史趋势。

历史向世界历史的转变以世界市场的存在为基础，伴随着资本主义生产方式的确立而得以形成。生产的社会化、商品化驱使资产阶级奔走于全球各地，力图建立世界市场；大工业的建立、交通工具的发达、对印度和中国的入侵以及美洲的殖民化等，使世界市场以及"生产的国际关系"得以形成。"资产阶级，由于开拓了世界市场，使一切国家的生产和消费都成为世界性的了"④，"使每个文明国家以及这些国家中的每一个人的需要的满足都依赖于整个世界，因为它消灭了各国以往自然形成的闭关

① 《马克思恩格斯选集》第 1 卷，第 86 页。
② 《马克思恩格斯选集》第 1 卷，第 87 页。
③ 《列宁全集》第 55 卷，第 273 页。
④ 《马克思恩格斯选集》第 1 卷，第 275—276 页。

自守的状态"①。

由此,"过去那种地方的和民族的自给自足和闭关自守状态,被各民族的各方面的互相往来和各方面的互相依赖所代替了。物质的生产是如此,精神的生产也是如此。各民族的精神产品成了公共的财产。民族的片面性和局限性日益成为不可能,于是由于许多种民族的和地方的文学形成了一种世界的文学"②。正是在这个意义上,马克思认为,资产阶级"首次开创了世界历史"③。世界历史的形成标志着人类进入一个新的历史阶段,即进入到各民族、国家全面相互作用、相互依存、相互制约、相互渗透的历史阶段,标志着世界成为一个统一的整体。

在世界历史形成之前,人类总体历史和具体民族历史之间的关系是一般与个别的关系,在具体民族的"个别"之中存在着人类历史的"一般",不同民族的历史发展以其个别的、特殊的发展形态体现出人类历史发展的一般规律;世界历史形成之后,人类总体历史和具体民族历史之间不仅存在着一般与个别的关系,还具有了整体与部分的关系。

我们应当注意,世界历史并不是各个民族历史的简单相加,而是各个民族之间相互作用、相互依存、相互制约、相互渗透所形成的"系统值"。黑格尔和马克思都肯定了这一点。列宁则明确指出:"世界历史是个整体,而各个民族是它的'器官'。"④作为整体的"器官",任何民族或国家的发展都不可避免地受到世界历史这个"整体"的影响,并在这种影响下发生某种程度的"变形"。

作为一个整体,世界历史对民族历史的影响作用突出表现为交往行为的"相加效应",即人们在普遍交往中往往用自己的优势部分换取对自己不足部分的弥补,或者吸取其他民族的先进成果以充实提高自己,给自己带来了新的发展力。正是这种新的发展力使较为落后的民族或国家避

---

① 《马克思恩格斯选集》第 1 卷,第 114 页。
② 《马克思恩格斯选集》第 1 卷,第 276 页。
③ 《马克思恩格斯选集》第 1 卷,第 114 页。
④ 《列宁全集》第 55 卷,第 273 页。

免了重复劳动的耗费,不必一切"单独进行""从头开始""重新发明",而是以人类的最新成果为起点去创造更新的东西,以跨越式发展进入历史的先进行列。

世界历史形成之前,社会发展中也出现过超越现象。如前所述,日耳曼民族在征服罗马帝国之后,越过奴隶制,从原始社会直接走向封建社会。然而,这种超越现象在世界历史形成之前毕竟是一种特殊现象。世界历史形成之后,社会发展中的超越现象才成为一种普遍现象。正是在世界历史这个整体的影响下,在北美洲、大洋洲、非洲,有的民族从奴隶社会,甚至从原始社会末期,直接走上了资本主义道路。"在现实历史上,雇佣劳动是从奴隶制和农奴制的解体中产生的,或者象在东方和斯拉夫各民族中那样是从公有制的崩溃中产生的,而在其最恰当的、划时代的、囊括了劳动的全部社会存在的形式中,雇佣劳动是从行会制度、等级制度、劳役和实物收入、作为农村副业的工业、仍为封建的小农业等等的衰亡中产生的。"①这里,马克思实际上指出了资本主义产生的三条道路:一是从封建制度的"衰亡"中产生;二是从奴隶制或农奴制的"解体"中产生;三是从原始公有制的"崩溃"中产生。其中,第一条道路是西欧资本主义产生的道路,第二、第三条道路则是在世界历史影响下形成的。没有资产阶级开创的世界历史的存在,从奴隶制的"解体"和原始公有制的"崩溃"中绝不可能产生资本主义制度。也正是在世界历史的影响下,东方一些较为落后的国家跨越了资本主义"卡夫丁峡谷",直接走上了社会主义道路。

在世界历史的背景中,不同的民族在不同的时期、不同的地区,跨越了不同的社会形态——奴隶社会、封建社会、资本主义社会,从而使社会发展中的跨越现象成为一种可重复的普遍现象,社会发展由此加速了。从这个意义上说,西方资产阶级在开创世界历史的进程中"充当了历史的不自觉的工具"。

然而,这只是问题的一个方面。问题的另一个方面是,资产阶级在开

---

① 《马克思恩格斯全集》第 46 卷上,第 14 页。

创世界历史的过程中"使未开化和半开化的国家从属于文明的国家,使农民的民族从属于资产阶级的民族,使东方从属于西方"①,实际上创造出一个资本主义世界体系。

按照马克思的观点,资本主义生产方式区别于前资本主义生产方式的一个显著特征,就是它"具有国际的性质"。"资产阶级社会的真实任务是建立世界市场(至少是一个轮廓)和以这种市场为基础的生产。"②正是通过开拓世界市场、世界历史,资产阶级创造了"以国际分工为基础的商品生产"的世界经济体系。因此,马克思提出要研究"生产的国际关系。国际分工。国际交换。……世界市场和危机"。③

马克思已经注意到,资产阶级在开创世界历史的过程中"使未开化和半开化的国家从属于文明的国家,使农民的民族从属于资产阶级的民族,使东方从属于西方";已经注意到国际交换中的"不平等交换"问题,即"处在有利条件下的国家,在交换中以较少的劳动换回较多的劳动"④;已经注意到被"强力"纳入世界历史中的民族或国家,即处于资本主义体系中的卫星国"所遭受的灾难具有了一种特殊的悲惨的色彩",资产阶级在"卫星"国所实行的一切,"既不会给人民群众带来自由,也不会根本改善他们的社会状况"⑤。"当我们把目光从资产阶级文明的故乡转向殖民地的时候,资产阶级文明的极端伪善和它的野蛮本性就赤裸裸地呈现在我们面前,它在故乡还装出一副体面的样子,而在殖民地它就丝毫不加掩饰了。"⑥

可见,世界历史形成过程也就是"中心—卫星"式的资本主义世界体系的形成过程。在这个体系中,卫星国从属于中心国;中心国通过种种手段,包括不平等交换,残酷地剥削卫星国,从而使经济本来就落后的卫星

---

① 《马克思恩格斯选集》第 1 卷,第 276—277 页。
② 《马克思恩格斯全集》第 29 卷,人民出版社 1972 年版,第 348 页。
③ 《马克思恩格斯选集》第 2 卷,第 26 页。
④ 《马克思恩格斯全集》第 25 卷上,第 265 页。
⑤ 《马克思恩格斯全集》第 9 卷,第 250 页。
⑥ 《马克思恩格斯选集》第 1 卷,第 772 页。

国处于一种畸形发展状态。换言之,中心国的发展是以卫星国的畸形发展为代价的,这是一种使卫星国中的个人和民族"遭受流血与污秽、穷困与屈辱"才能达到的发展。

当然,马克思并没有就"中心—卫星"式的资本主义世界体系做出具体的论述,但是,他毕竟提出了资本主义世界体系问题,提出了"生产的国际关系。国际分工。国际交换"的问题,提出了用社会主义革命支配"世界市场和现代生产力"的问题。这实际上为研究资本主义世界体系指明了方向,并提供了科学的方法论。

美国社会学家沃勒斯坦自觉地意识到这一点,他运用唯物主义历史观对现代资本主义做了整体研究,并在20世纪70—80年代提出了世界体系理论。在一般场合中,沃勒斯坦是把"世界体系"和"资本主义世界体系"当作同一概念使用的,并认为:"'世界体系'是一个社会体系,它具有范围、结构、成员集团、合理规则和凝聚力。世界体系的生命力由各种力量构成。"[1]

按照沃勒斯坦的观点,世界体系首先是一个"经济实体",世界经济体的存在必然要求形成一种有利于资本主义生产方式运行和发展的世界政治结构,这就是由主权国家所组成、以强国欺凌弱国为基本特征的"国际体系"。由这样一种"经济实体"和"国际体系"构成的世界体系是个整体,有其自身的发展规律。正是这种整体运动规律决定了具体国家的发展形式。在世界体系中,每个国家的发展都受到这一整体运动规律的制约和支配。发达与不发达,都不是具体民族、国家自身的问题,而是世界体系整体发展在各个组成部分上的具体反映。这是其一。

其二,世界体系形成于16世纪的"欧洲世界经济"。在这一时期,西方资本主义国家通过暴力分配世界市场,完成了资本原始积累;17—20世纪,西方资本主义国家不断地扩大世界体系,在这个过程中,西方资本主

---

[1] [美]伊曼纽尔·沃勒斯坦:《现代世界体系》第1卷,郭方等译,高等教育出版社1998年版,第460页。

义国家成为这个体系的"中心",东方国家,即亚洲、非洲、拉丁美洲国家成为这个体系的"外围"或"半外围"。"外围"国家本身可能处在前资本主义经济中,但由于它们与世界体系的内部分工相联系,因而在总体上属于世界资本主义经济的一部分;"半外围"国家具有"中心"和"外围"的二重性,它或者发展成为"中心",或者落入"外围",而"中心"国家也有可能落入"半外围"的行列。

资本主义生产方式的本质就体现在"中心—半外围—外围"这一世界体系的内在结构中。在世界体系中,已经实现工业化的"中心"国,通过不平等交换剥削、掠夺非工业化国家,这是世界资本主义的资本积累过程,"外围"国的不发达正是这种资本世界积累的产物。同时,这种不平等交换、资本积累过程又使"中心—半外围—外围"结构不断地得以再生产。资本主义生产方式必然造就资本主义世界体系。

其三,现代社会主义是由世界体系运动所决定的一种社会发展形式。在世界体系中,经济较为落后的国家要改变其"外围"的地位,就必须走社会主义道路,社会主义本身就是不发达国家在世界体系中寻求再生之路而做出的一种反应;社会主义自身还不能构成一个世界体系,也无法回避资本主义世界体系的制约乃至支配,但社会主义又是"反体系力量",它可以改变本国与世界体系的政治关系,并凭借在国际政治中的地位来争取世界市场;资本主义生产方式本质上是世界性的,因而资本主义的灭亡必然是世界性的,资本主义在世界范围内扩张的极限就是其灭亡之时;社会主义代替资本主义是世界体系矛盾运动的必然结果,社会主义生产方式也只有在新的世界体系中才能全面实现。

可见,沃勒斯坦的世界体系理论是以马克思主义的历史观和经济学为基础的,同时,又拓展了马克思主义的历史观和经济学的研究领域:对当代世界中发达国家与不发达国家的相互并存进行了系统研究,深化并具体化了马克思关于"生产的国际关系"的构想,并把马克思的生产价格理论扩展到国际生产价格的研究中,从而揭示了世界资本主义的整体发展规律。同时,沃勒斯坦的世界体系理论以全球性的宏大视野对发达与不发达现象进行了总体性分析，打破了 20 世纪 60 年代的"依附论"以国家为单位的分析框架，在现代社会发展理论中独树一帜，实际上代表着运用马克思主义的历史观和经济学分析社会发展问题的趋势。正因为如此，沃勒斯坦的世界体系理论被称为"雄心勃勃的具有马克思主义色彩的理论"。

第九章

历史规律的形成与特征

　　自维柯创立历史哲学以来,社会发展的规律,即历史规律问题一直是西方历史哲学关注的中心问题,至今仍然是西方历史哲学争论的焦点;全面而科学地解答历史规律问题是唯物主义历史观对人类思想史的巨大贡献。然而,唯物史观的历史规律观念在现代又受到种种的曲解、非难和挑战。因此,需要对唯物史观的历史规律观念做一新的考察和审视,以深化我们对唯物史观的研究。

一、客观过程的两种形式及其区别

　　"客观过程的两个形式:自然界(机械的和化学的)和人的有目的的活动。"①列宁的这一论述实际上说明,自然运动与社会活动属于两个不同系列的发展形式:自然运动是一种自在形式,社会活动属于自为形式。自然运

———————

① 《列宁全集》第 55 卷,第 158 页。

动,从机械运动、物理运动、化学运动到生物运动,都以一种自发的、盲目的方式存在着,发展的必然性通过一种自发的、盲目的活动为自己开辟道路;而社会活动的主体是人,人们总是按照自己设定的目标从事社会活动的,任何历史规律的实现都离不开人的有意识、有目的的活动。正如马克思所说,"历史不过是追求着自己目的的人的活动而已"①。

从发展规律的形成机制看,自然运动是自然界各种因素自发、盲目的交互作用的结果,而社会发展则是有意识、有目的的人的实践活动的结果;自然规律形成于自然界诸因素盲目的交互作用过程,而历史规律形成于人的有目的的实践过程。实践不仅包含着人与自然之间的物质变换,而且包含着人与人之间的活动互换,以及人与自然之间物质和观念的变换,即通常所说的"物质变精神、精神变物质"。"物质变换"是人的活动和自然运动共同具有的,自然事物相互作用过程就是物质变换过程,而"活动互换"以及物质和观念的变换仅仅为人的实践活动所具有。

实践活动包含"物质变换"表明,人的活动也必须遵循物质运动的共同规律;同时,这种"物质变换"又是同"活动互换"以及物质和观念之间的变换交织在一起的,所以,实践活动又体现出新的、为自然运动所不具有的特殊运动规律。这就是体现主体活动特点,包括物质运动在内的人的实践活动规律。全部社会生活在本质上是实践的。人的实践活动规律实际上就是社会发展规律,即历史规律。所以,恩格斯认为,历史规律是"人们自己的社会行动的规律"②。

从发展规律起作用的方式看,自然规律发生作用的条件是在自然因素盲目相互作用的过程中自发形成的,自然规律也是通过这种盲目的相互作用实现的,而历史规律得以存在并发生作用的条件则是有目的、有意识的社会活动,它也只有通过人的有目的、有意识的活动才能实现。离开了人的实践活动以及个体之间的相互作用,历史规律就失去了赖以存在

①《马克思恩格斯全集》第2卷,第118—119页。
②《马克思恩格斯选集》第3卷,第634页。

的载体和发挥作用的场所。

从发展规律的表现形式看,自然规律更多地表现为动力学规律,而历史规律主要表现为统计学规律。一般说来,动力学规律揭示的事物之间的规律性关系是一种一一对应的确定联系,它指明一种事物的存在必定导致另一种确定事物的发生;同时,在动力学规律作用下,偶然现象可以忽略不计。统计学规律揭示的不是事物之间的一一对应关系,而是一种必然性和多种随机现象之间的规律性关系。对统计学规律来说,偶然现象不能忽视,正是在对大量的偶然现象的统计中才能发现其中的必然性、规律性。

历史事件的发生大多具有随机性。在社会活动中,事物、现象如果不是"大量"发生,它们之间就表现为一种非确定的联系;如果"大量"发生,它们之间就表现为一种确定的联系。这就像抛掷同一个质量均匀的硬币,出现正面或反面都是偶然的,但在大量抛掷的情况下,出现正面和反面的概率大体上是1/2,体现出一种规律性。正因为自然规律更多地表现为动力学规律,历史规律主要表现为统计学规律,自然科学不仅能够预见自然运动的趋势,而且能够准确预报自然事件的发生,社会科学则只能预报社会发展的趋势,很难准确地预报历史事件的发生。

社会发展的自为性并不能否定社会发展的规律性,二者的关系并非如同冰炭,难以相容,相反,它们是同一过程的两个方面。恩格斯指出:"历史是这样创造的:最终的结果总是从许多单个的意志的相互冲突中产生出来的,而其中每一个意志,又是由于许多特殊的生活条件,才成为它所成为的那样。这样就有无数互相交错的力量,有无数个力的平行四边形,由此就产生出一个合力,即历史结果,而这个结果又可以看作一个作为整体的、不自觉地和不自主地起着作用的力量的产物。因为任何一个人的愿望都会受到任何另一个人的妨碍,而最后出现的结果就是谁都没有希望过的事物。所以到目前为止的历史总是像一种自然过程一样地进行。"①

----

① 《马克思恩格斯选集》第4卷,第697页。

个人愿望、个人行动的冲突之所以构成社会发展的"合力",使社会发展呈现出规律性,是因为他人活动制约某人活动,他人活动就是制约某人活动的客观条件;前人活动制约后人活动,前人活动就是制约后人活动的客观条件;他人活动在某人活动之外,前人活动在后人活动之前,因而它们都具有非选择性,即不以某人、后人的主观意志为转移。他人活动对某人活动的制约就是生产关系对个人活动的制约,前人活动对后人活动的制约就是作为人们"以往活动产物"的生产力对后人活动的制约;在前人活动中,个人活动又是相互制约的。

与自然运动规律不同,社会发展规律的特殊性就在于,它不是存在于人的活动之外,不可能脱离人的有意识、有意志的活动而独立自存,但社会发展的趋势和方向又不以人的意识、意志为转移。这的确是一个自相缠绕的哥德尔式怪圈。在人类思想史上,只有唯物主义历史观才打破了这一怪圈。其秘密就在于,唯物史观确认社会生活在本质上是实践的,既把人看作历史的"剧中人",又把人看作历史的"剧作者",从人的实践活动出发理解社会历史,从而达到历史研究的"真正的出发点"。

二、历史规律形成于人的实践活动中

历史不同于自然。自然界所发生的一切都是盲目作用的结果,"在社会历史领域内进行活动的,是具有意识的、经过思虑或凭激情行动的、追求某种目的的人;任何事情的发生都不是没有自觉的意图,没有预期的目的的"①。历史不过是追求着自己目的的人的活动,但是,历史又离不开自然。人类社会实际上是人与自然的关系和人与人的关系这双重关系的统一,"整个所谓世界历史不外是人通过人的劳动而诞生的过程,是自然界对人说来的生成过程"②。离开了人与自然的关系,社会只能建立在虚无

① 《马克思恩格斯选集》第 4 卷,第 247 页。
② 《马克思恩格斯全集》第 42 卷,第 131 页。

之上;把人与自然的关系从历史中排除出去,只能走向唯心主义历史观①。

按照马克思的观点,把历史与自然区别开来,同时,又把二者联系起来的,就是人的实践活动。作为实践首要的和根本的形式,劳动是人以自身的活动来引起、调整和控制人与自然之间物质变换的过程;在这个过程中,人与人之间又要互换其活动,并必然结成一定的社会关系;同时,劳动结束时得到的结果,在这个过程开始时就已经在劳动者的头脑中作为目的以观念的形式存在着,然后通过劳动转化为对象性存在、物质性存在。这就是说,实践内在地包含着三重关系,即人与自然的关系、人与人的关系以及人与观念的关系。正是这些关系构成了基本的社会关系。

可以说,实践以浓缩的形式包含着基本的社会关系,它是社会关系的发源地,因而构成了社会生活的本质。从根本上说,历史不过是人的实践活动在时间中的展开。所以,马克思认为:"只要描绘出这个能动的生活过程,历史就不再像那些本身还是抽象的经验论者所认为的那样,是一些僵死的事实的汇集,也不再像唯心主义者所认为的那样,是想象的主体的想象活动。"②正是以此为前提,唯物主义历史观确立了科学的历史规律观念。

历史规律不仅实现于人的活动之中,而且形成于人的活动之中。如前所述,实践内在地包含着三种转换,即人与自然之间的物质变换、人与人之间的活动互换以及人的观念与物质的转换。前一种转换是人的活动和自然运动共同具有的,后两种转换仅仅为人的实践活动所具有。实践活动包括"物质变换",表明人的活动也必须遵循物质运动的共同规律。问题在于,这种人与自然之间的物质变换又是同人与人之间的活动互换和观念与物质的转换结合在一起的,因而又形成新的、为自然运动所不具有的特殊的活动规律。这就是体现主体活动的特点,包括"物质变换"在内的人的实践活动的规律。社会生活在本质上是实践的。因此,人的实

① 参见《马克思恩格斯选集》第1卷,第93页。
② 《马克思恩格斯选集》第1卷,第73页。

践活动的规律实际上就是社会发展规律,即历史规律。由此可见,"历史必然性的思想也丝毫不损害个人在历史上的作用:全部历史正是由那些无疑是活动家的个人的行动构成的"①。

历史是人的实践活动在时间中的展开,历史规律就形成并实现于人的活动之中。这里,我们碰到了"自由是对必然的认识"这一命题。在我看来,在唯物主义历史观中,"自由是对必然的认识"这一命题绝不意味着在人们从事某种历史活动之前有一个现成的历史规律可供认识,相反,"对人类生活形式的思索,从而对它的科学分析,总是采取同实际发展相反的道路。这种思索是从事后开始的,就是说,是从发展过程的完成的结果开始的"②。

之所以如此,是因为:不存在任何一种预成的、纯粹的、永恒不变的历史规律,任何一种具体的历史规律都形成于特定的历史活动和社会形态中;当这种特定的历史活动和社会形态结束时,这种特定的历史规律也就不复存在。这是其一。

其二,以往的历史传统和既定的历史条件为新一代的历史活动提供了前提,并决定了新一代历史活动的大概方向。但是,这些历史条件又在新一代的历史活动中不断被改变。正是在这种改变以往条件的活动过程中,决定着新一代命运的新的历史规律才得以形成。

其三,只有当某种历史活动和社会关系达到充分发展、充分展示时,某种历史规律才能真正全面地形成;只有在此时,人们才能理解、把握这种历史规律。正是在这种意义上,马克思认为,在"从后思索"的过程中抽象出来的历史的一般规律,绝不提供可以适用于各个历史时代的"药方"或"公式",相反,这些抽象离开了现实的历史就没有任何价值。

这就是说,人的自由和历史规律的关系本质上是一个实践问题,而不仅仅是认识的问题。

---

① 《列宁选集》第 1 卷,第 26 页。
② 《马克思恩格斯全集》第 23 卷,第 92 页。

历史规律具有总体性。从根本上说,历史规律就是经济运动对人类历史进程的制约性,生产力与生产关系的矛盾运动从根本上决定着历史运行的大概趋势,构成了历史运动的"中轴线"。但是,我们又不能把历史规律等同于经济必然性。在整个历史中,没有一个重大历史事件的起源不能用经济必然性来说明;同时,没有一个重大历史事件不为一定的政治因素和意识形态所引导、所伴同、所追随。历史的演变在任何时候都不是在一种经济的平面上进行的。经济必然性既不可能脱离人们的物质实践活动而成为独立的实体,也不可能脱离政治、文化等社会要素而纯粹地发生作用。经济必然性本身就具有社会性、历史性,以经济必然性为基础的历史规律因此具有总体性,是经济、政治、文化等社会要素交互作用的产物。

历史规律同样具有重复性、常规性。只要具备一定条件,某种历史规律会反复发生作用,成为一种常规现象。分析经济形态和社会关系,把握历史规律及其重复性、常规性,既不能用显微镜,也不能用化学试剂,二者只能用抽象力来代替。同时,由于把社会关系归结于生产关系,把生产关系归结于生产力,唯物主义历史观不仅发现了历史规律的重复性、常规性,而且能够"用自然科学的精确性"指明社会的物质变革。[①] "一分析物质的社会关系(即不通过人们的意识而形成的社会关系:人们在交换产品时彼此发生生产关系,甚至都没有意识到这里存在着社会生产关系),立刻就有可能看出重复性和常规性,把各国制度概括为社会形态这个基本概念。"[②]正是以此为前提,马克思制定了"五种社会形态"理论,认为在不同的历史时期、不同的民族那里,可以产生相同的社会形态。

当然,历史规律的重复性在表现形式上又不同于自然规律的重复性。如前所述,从规律的表现形式看,自然规律表现为动力学规律,历史规律表现为统计学规律。

---

① 参见《马克思恩格斯选集》第 2 卷,第 33 页。
② 《列宁选集》第 1 卷,第 8 页。

动力学规律的概念是在经典力学研究机械运动规律的基础上产生的，其特点在于，可以根据一定的初始材料来确定一个体系的整个运动，确定这一体系在每一个定时点上的地位和运动速度。例如，根据牛顿第二力学定律，我们只要知道一个物体初始位置的动量以及作用于物体上的力，就可以准确地描述物体运动的轨迹，并推断出它从过去到未来任何时候的状况。一般来说，动力学规律体现的事物之间的规律性关系是一一对应的确定的联系，它表明一种事物的存在或发生必定导致另一种确定事物的存在或发生。

统计学规律揭示的事物之间的规律性关系，是一种必然性与多种随机现象之间的确定性关系。在动力学规律作用下，偶然现象可以忽略不计。但是，对统计学规律来说，偶然现象不能忽略不计，而且，正是通过对大量偶然现象、随机现象的统计才发现其中的规律的。在社会生活中起主要作用的是统计学规律，或者说，历史规律主要表现为统计学规律。在《资本论》中，马克思不仅称赞比利时统计学家凯德勒运用统计平均数的方法来研究社会现象，而且他本人也运用统计学方法揭示了资本主义经济运动的一系列规律，并指出："规则只能作为没有规则性的盲目起作用的平均数规律来为自己开辟道路。"[①]马克思在这里所说的"平均数规律"实际上就是统计学规律。

唯物主义历史观不仅承认经济必然性会在政治、文化等社会要素的反作用下发生某种程度的"变形"，而且认为历史必然性要通过偶然性才能实现。"如果'偶然性'不起任何作用的话，那末世界历史就会带有非常神秘的性质。这些偶然性本身自然纳入总的发展过程中，并且为其他偶然性所补偿。"[②]历史规律只是社会发展中不可避免的趋势，这种趋势只有在一定条件的作用下才能实现。但是，历史规律本身又不能自由地选择这些条件，它遇到什么条件只能是一种"机遇"或"遭遇"，即偶然性。所

---

① 《马克思恩格斯全集》第23卷，第120页。
② 《马克思恩格斯全集》第33卷，人民出版社1973年版，第210页。

以,确定的历史必然性只有通过非确定的偶然性才能实现。偶然性因此成为历史必然性的实现形式,并给同一历史规律的实现形式打上了不同特征的烙印。

三、历史规律的决定性与人的活动的选择性

社会运动的每一个结果以及实际发生的历史事件都有其内在的原因,社会运动中的主要因果关系构成历史的规律性。从根本上说,历史的规律性就是经济必然性对人类历史进程的制约性和决定性,正是在历史规律的支配下,历史过程呈现出一定的轨迹和趋势。

在研究社会发展时,只要把社会关系归结于生产关系,把生产关系归结于生产力,就可以看出历史规律及其重复性和常规性,就能把握历史规律对社会发展的决定性。例如,尽管大洋彼岸的美国、欧洲的法国和亚洲的日本各具特色,但具有本质上的共同性,即同属于资本主义国家,而且这些不同的国家是在不同的地区、不同的时期走上共同的发展道路,即资本主义道路的。究其根本原因,都是生产力与生产关系矛盾运动的结果,体现着生产关系一定要符合生产力状况的规律。正是以历史规律为依据,唯物主义历史观制定了"五种社会形态"理论,认为在不同的时期、不同的地区、不同的民族那里,可以产生本质上相同的社会形态。历史规律具有重复性。

历史规律的重复性并不等于历史事件的重复性。历史事件都是独一无二的,法国大革命、明治维新、戊戌变法等都是非重复性的存在,是"一",但由此否定历史活动的规律性和社会发展的决定性却是错误的。在多种多样的历史现象背后,存在着只要具备一定条件就会重复起作用的历史规律。1640年的英国革命、1789年的法国革命、1911年的中国辛亥革命……这一个个不可重复的历史事件,体现的正是资产阶级革命的必然性,体现的正是历史规律的重复性及其对社会发展的决定性。

就人类总体历史而言,"五种社会形态"的依次更替体现了历史的规

律性,表现为一个决定过程;就具体民族历史而言,社会发展并不是严格按照"五种社会形态"的序列演进的。这里,历史选择性表现出重要作用。所谓历史选择性,实际上是指人的活动具有选择性,是指具体的历史主体以一定的方式,在特定的"可能性空间"中有意识、有目的地指向确定对象的活动。

当一个民族处在一个转折点时,社会发展往往显示出多种可能的途径。在这多种可能性中,哪一种可能性能够实现,则取决于这个民族的自觉选择,取决于这个民族内部不同阶级实践力量的对比。历史选择可以使一个民族跨越一种甚至几种社会形态,通过不同的道路向着较高级的社会形态迈进,而一个民族之所以做出这种或那种选择,有其特定的原因。

第一,取决于民族利益。不管人们是否意识到,其选择活动的思想动机都根植于利益,一切思想、观念、意识和目的,归根到底都反映了一定民族、阶级的利益尤其是物质利益。"人们奋斗所争取的一切,都同他们的利益有关。"①物质利益是推动不同民族进行不同选择的根本动因,规定着这个民族历史选择的方向。

第二,取决于交往状况。一个民族的发展根源于这个民族内部的生产力与生产关系的矛盾运动。但是,任何一个民族都直接或间接地处于交往中。交往使一个民族内部的矛盾运动与外部的矛盾运动交织在一起,相互作用、相互影响。正是这种相互作用、相互影响为该民族的发展提供了由多种可能性构成的可能性空间。同时,当多种社会形态并存时,先进的社会形态对处在转折点上的民族或国家具有较强的吸引力,并为它提供了"历史的启示"。

第三,取决于对历史规律以及本民族特点把握的程度。历史的选择性并不是对社会发展决定性的否定,相反,历史选择的对象只能存在于可能性空间中,而这个可能性空间却是由人们不能自由选择的生产力所决

①《马克思恩格斯全集》第 1 卷,第 82 页。

定的。人们的选择活动有着既定的前提并受历史规律的制约。一般说来，一个民族对历史规律以及本民族特点把握的程度，直接制约着其历史选择的内容和方向。历史规律的决定性并没有否定人的活动的能动性，包括选择性。正如列宁所说，"决定论思想确认人的行为的必然性，屏弃所谓意志自由的荒唐的神话，但丝毫不消灭人的理性、人的良心以及对人的行动的评价。恰巧相反，只有根据决定论的观点，才能作出严格正确的评价，而不致把什么都推到自由意志上去。同样，历史必然性的思想也丝毫不损害个人在历史上的作用：全部历史正是由那些无疑是活动家的个人的行动构成的。在评价个人的社会活动时会发生的真正问题是：在什么条件下可以保证这种活动得到成功？有什么保证能使这种活动不致成为孤立的行动而沉没在相反行动的汪洋大海里？"①

历史规律的决定性与人的活动的选择性使社会发展呈现出统一性和多样性。

从纵向上看，社会发展的统一性就在于，在人类总体历史上，社会发展表现为原始社会—奴隶社会—封建社会—资本主义社会—社会主义社会这五种社会形态的依次更替；在具体民族的历史上，表现为在没有外来的影响、干涉的情况下，民族的历史也将依次经历"五种社会形态"。西欧绝大多数民族走的就是这样一条典型的发展道路，即已经依次经历了原始社会、奴隶社会、封建社会和资本主义社会。社会发展的多样性表现为，不同的民族在特定的历史条件下可以跨越一种甚至几种社会形态，直接走向更高级的社会形态。问题在于，某一民族可以跨越一定的历史阶段，但它的历史运行路线是不可能同人类总体历史进程的方向逆向的，相反，其跨越的方向同人类总体历史进程的方向是一致的。更重要的是，现实的生产力状况规定着这种跨越的限度，现实存在的先进的社会形态对超越具有导向作用。

从横向上看，社会发展的统一性表现为，同类社会形态在不同的民族

---

① 《列宁选集》第 1 卷，第 26—27 页。

或国家中具有共同的本质;社会发展的多样性表现为,同类社会形态在不同的民族或国家中具有特殊的表现形式。例如,任何一个封建社会都是以地主阶级占有生产资料和不完全占有劳动者为基础,其上层建筑都包括世袭制、等级制、天命论、血统论以及宗教神权与世俗君权的结合等。但是,同类封建社会在不同的民族或国家中又有特殊的表现形式,如中国的封建制度在经济方面主要采取土地国家所有制,西欧的封建制度则主要实行"采邑"制;在意识形态方面,中国的封建社会不像西欧的封建社会那样由宗教统治一切。实际上,每一种社会形态在不同的民族或国家中都有特殊的表现形式。

在人类总体历史上,社会形态的更替体现了人类解决自身矛盾的能力及其创造性;同类社会形态在不同的民族那里具有不同的表现形式,则体现了不同的民族解决其内在矛盾的能力及其独特的创造性。一般说来,不同的民族总是自觉或不自觉地依据本民族特点、历史传统以及"从外部发生作用的历史影响"来设计、创造自己的社会存在形式,从而使同类社会形态在不同的民族或国家中呈现出不同的形式,具有不同的特点。

四、生产力与生产关系的矛盾运动规律

在历史规律体系中,生产力与生产关系的矛盾运动规律,即生产关系一定要适合生产力状况的规律,从根本上决定着社会发展的方向和总体进程,是社会发展的根本规律。

人的需要的对象归根到底存在于自然界之中,然而,自然界不会自动地满足人的需要,这就决定了人与自然界的关系是一种矛盾的关系。为了解决这种矛盾,占有自然以满足自身的内在需要,人们必须进行物质生产。生产力就是人们在物质生产活动中形成的解决自身需要与自然之间矛盾的实际能力,是作为主体的人以自身的活动来引起、调整和控制人与自然之间的物质变换的能力。

在与自然进行物质变换的过程中,作为主体的人不仅要付出自身的

体力和智力,还要借助于自然力;不仅改变外部自然,也改变着"自身的自然"。这是一个通过人的本质力量对象化而实现的"自然的人化"过程,同时,又是一个自然力被同化于人的体力、自然规律转化为人的智力的过程,二者相互依存、相互制约,形成一种双向运动。正是在这种双向运动中形成了现实的生产力。"一边是人及其劳动,另一边是自然及其物质"①,二者的统一构成了生产力的本质内容,缺少其中任何一个方面,都不能构成现实的生产力。离开人的实践活动,生产力只能是一个空洞无物的抽象范畴。

生产力不是超历史的预成的实体,而是人的实践活动的产物,本身就体现着人的本质力量。正因为如此,马克思认为,生产力发展的历史也就是"个人本身力量发展的历史"②。但是,生产力不是"孤立的个人"的力量,而是个人的劳动能力通过一定的社会结合方式,包括分工、协作等中介环节而形成的社会力量。生产力总是"社会生产力"。同时,生产力是在人与自然之间的物质变换过程中形成的物质力量,所以,生产力又是"物质生产力"。

确认生产力的物质性,并不是否定生产力本身就凝聚着人的"社会智力"。正如马克思所说,从人类生产力形成之日起,就"既有表现为个人特性的主观的生产力,也有客观的生产力","一切生产力即物质生产力和精神生产力"。③ 但是,"主观生产力"或"精神生产力"毕竟属于知识形态,它只有"物化"为生产工具才能成为现实的生产力,才能转化为"具有物质创造力"的现实力量。

生产力是人们在物质生产活动中形成的、解决人的需要与自然之间的矛盾的能力。问题在于,"已经得到满足的第一个需要本身、满足需要的活动和已经获得的为满足需要而用的工具又引起新的需要"④。人的需

① 《马克思恩格斯全集》第 23 卷,第 209 页。
② 《马克思恩格斯选集》第 1 卷,第 124 页。
③ 《马克思恩格斯全集》第 46 卷上,第 495、173 页。
④ 《马克思恩格斯选集》第 1 卷,第 79 页。

要与自然之间的矛盾是人类社会的永恒的矛盾。正是这个矛盾作为一种客观的、强制性的力量,推动着生产力处于不断发展之中。换言之,生产力之所以具有一种不可遏制的向前发展的趋势,是由人的需要与自然之间的矛盾不断解决又不断产生这一客观必然性决定的。人的需要与自然之间的矛盾构成了生产力不断发展的根本原因。

从可能与现实的关系看,人的需要与自然之间的矛盾只是使生产力不断发展具有了可能性,要使这种可能性转变为现实,还需要直接的动力。生产力发展的直接动力就是生产者与生产工具的矛盾。这是因为,新的需要的满足,需要生产者改进原有的生产工具或创造出新的生产工具;新的生产工具的出现,反过来又会造就出具有新的生产技能的新的生产者。生产者、新的生产工具、新的生产者、更新的生产工具……矛盾双方的相互作用,不断解决着人的需要与自然之间的矛盾,从而直接推动着生产力的不断发展。

不断变化发展的生产力与生产关系处在相互作用的过程中,这种相互作用是通过中介实现的。

在我看来,能够成为生产力与生产关系相互作用的中介的,必须具有双重属性,即既有生产力的属性,又有生产关系的属性。分工就具有这种二重性:就它是生产过程中人与"物"的结合方式来说,它属于生产力范畴;就它是生产过程中人与人的结合方式而言,它又属于生产关系范畴。正是这种二重性,使分工成为生产力与生产关系相互作用的中介。

分工同生产力的基本要素之一——生产工具直接相关,具有生产力的属性。

"生产工具的积聚和分工是彼此不可分割的",即"工具积聚发展了,分工也随之发展,并且反过来也一样"①。这就是说,生产工具的性质和发展决定着分工的性质和发展,分工的发展又反过来影响、促进生产工具的发展。"正因为这样,机械方面的每一次重大发展都使分工加剧,而每一

①《马克思恩格斯选集》第 1 卷,第 165、166 页。

次分工的加剧也同样引起机械方面的新发明。"①分工就是以一定的生产工具为前提,把统一的生产分解为既相互独立又相互联结的部分,各种不同形式的社会分工不过是物质生产各个不同过程的组合方式。

因此,分工实际上是生产过程中生产者和生产工具的具体结合方式,标志着生产的技术构成。马克思指出:"劳动的组织和划分视其所拥有的工具而各有不同。"②同时,分工"造成了社会生产过程的质的划分和量的比例,从而创立了社会劳动的一定组织,这样就同时发展了新的、社会的劳动生产力"③。正因为如此,分工构成了生产力的一环,是生产工具水平和生产者水平的综合体现,因而是生产力水平的表现。"一个民族的生产力发展的水平,最明显地表现于该民族分工的发展程度。"④

分工又同所有制关系直接相关,具有生产关系的属性。

分工首先是生产过程中人与人的分离,同时,又是一种人与人的组合,"分工无非是并存劳动"⑤。分工不仅是生产过程中人与工具的结合方式,也是人与人的结合方式。人们之间的分配、交换和消费等关系正是在分工的基础上发生的,是从事不同劳动的人们之间必然联系的外部表现形式。

"分工从最初起就包含着劳动条件——劳动工具和材料——的分配,也包含着积累起来的资本在各个所有者之间的劈分,从而也包含着资本和劳动之间的分裂以及所有制本身的各种不同的形式。"⑥在《资本论》中,马克思正是以此为理论出发点,通过对平均利润的分析,揭示出各类资本家怎样在对生产资料的占有、支配、使用的结合中不断达到利润平均化,从而在经济利益上形成一个阶级。

这就是说,分工又是生产的社会组织形式。正是在这个意义上,马克

---

① 《马克思恩格斯选集》第 1 卷,第 166 页。
② 《马克思恩格斯选集》第 1 卷,第 161 页。
③ 《马克思恩格斯全集》第 23 卷,第 403 页。
④ 《马克思恩格斯选集》第 1 卷,第 68 页。
⑤ 《马克思恩格斯全集》第 26 卷 Ⅲ,第 295 页。
⑥ 《马克思恩格斯选集》第 1 卷,第 127 页。

思认为,分工和所有制是"同义语",分工发展的不同阶段也就是所有制的不同形式,"分工的每一个阶段还决定个人的与劳动材料、劳动工具和劳动产品有关的相互关系"①。显然,分工具有生产关系的属性。

分工的二重性,使之成为生产力与生产关系相互作用的中介。分工状况以生产工具的性质为前提,本身就体现着生产的技术构成形式,同时,又形成了特定的经济活动方式。特定的分工既体现着特定的生产技术构成,又形成着特定的经济活动方式或经济组织形式,而经济活动方式的改变必然引起所有制形式的改变,以至所有制根本性质的变革。例如,资本主义所有制在根本性质未变的前提下,就先后经历了个体所有制、联合所有制和国家所有制等几种形式的变化,这些变化都在一定程度上和在一定时期内适应由特定的分工所形成的经济活动方式的要求,并通过生产、分配等环节实现出来。离开了生产和再生产过程,以及由特定的分工所形成的经济活动方式,就无法理解资本主义所有制形式的变化。

由此,我们可以看到这样一个相互作用的链条:生产力(生产工具)→生产的技术形式→分工与经济活动方式→所有制关系(生产关系)。这一链条展示了生产力与生产关系相互作用的内在机制。生产力对生产关系的决定作用和生产关系对生产力的反作用,就是通过分工这个中介实现的。这种通过分工而实现的生产力与生产关系的相互作用,形成了生产力与生产关系的矛盾运动。

生产力与生产关系的矛盾运动在不同的时代具有不同的特点。在现代,生产力与生产关系的矛盾运动的特征是,在世界性发展的背景下以具有民族性特点的方式表现出来。

历史越往前追溯,生产力与生产关系矛盾运动的民族性就越突出。在古代,由于交通不便和信息传递的困难,生产力与生产关系的矛盾运动一般都是在民族的狭隘地域内"单另进行"的,其显著特点是,每一种生产方式的形成在各个民族那里都必须"从头开始""重新开始"。正如马克思

①《马克思恩格斯选集》第 1 卷,第 68 页。

所说,"当交往只限于毗邻地区的时候,每一种发明在每一个地方都必须单另进行;一些纯粹偶然的事件,例如蛮族的入侵,甚至是通常的战争,都足以使一个具有发达生产力和有高度需求的国家处于一切都必须从头开始的境地。在历史发展的最初阶段,每天都在重新发明,而且每个地域都是独立进行的"①。

在民族之间的交往有了一定发展的条件下,原来"单独进行"的各民族的生产方式之间便会产生相互作用、相互影响、相互渗透的关系。例如,日耳曼民族征服罗马帝国之后,被征服民族的较高生产力与征服者原来的生产关系产生交互作用,结果使日耳曼民族越过奴隶制而直接建立了封建制。"封建制度决不是现成地从德国搬去的。它起源于征服者在进行征服时军队的战时组织,而且这种组织只是在征服之后,由于在被征服国家内遇到的生产力的影响才发展为真正的封建制度的。"②这里,已经显露出生产力与生产关系矛盾运动的"世界性"的萌芽。

随着"世界市场""生产的国际关系"的形成,"过去那种地方的和民族的自给自足和闭关自守状态,被各民族的各方面的互相往来和各方面的互相依赖所代替了"③。由此,以往"自然形成"的各国的孤立状态被消除,世界形成一个统一的整体,历史向世界历史转变。随着世界历史的形成,原来"单独进行"的生产力与生产关系的矛盾运动便真正越出了民族的疆域,进入了世界"运动场",具有了世界性,即进入全面相互作用、相互影响和相互渗透的历史阶段。

生产力与生产关系矛盾运动的世界性以民族性为基础,但它又不是其民族性的简单叠加。作为一种整合值,它具有相对独立性,并能够使民族性在某种程度上发生"变形",使之协调于世界性之中。在世界历史的背景中,某些较为落后的民族或较不发达的国家内的生产力与生产关系的矛盾会较快地达到激化状态,并产生与较发达国家"类似"的矛盾。一

---

① 《马克思恩格斯选集》第 1 卷,第 107—108 页。
② 《马克思恩格斯选集》第 1 卷,第 126 页。
③ 《马克思恩格斯选集》第 1 卷,第 276 页。

切历史冲突都根源于生产力与生产关系的矛盾，但"不一定非要等到这种矛盾在某一国家发展到极端尖锐的地步，才导致这个国家内发生冲突。由广泛的国际交往所引起的同工业比较发达的国家的竞争，就足以使工业比较不发达的国家内产生类似的矛盾"①。

在这种历史条件下，较为落后的民族或较不发达的国家就不必一切"从头开始"，亦步亦趋地沿着发达国家的历史道路走下去。在"类似的矛盾"的推动下，在发达国家的"历史启示"下，较为落后的民族或较不发达的国家可以自觉地利用生产力与生产关系矛盾运动的世界性，缩短自身矛盾的解决过程，以跨越式的发展走向世界先进行列。东方一些较为落后的民族或较不发达的国家之所以能够跨越完整的或典型的资本主义阶段，直接走向社会主义道路，其秘密正在于此。

随着现代生产力的发展，各民族的交往日益增多，其层次在不断扩大，节奏在不断加快。从远古时代的战争交往、契约交往和血缘交往一直发展到现代的物质交往、精神交往、政治交往、科学交往等，形成了交往的"系统值"，并产生了规模更加宏大的"世界市场""生产的国际关系"，以及全球循环的物质流、资金流、技术流、信息流，世界的整体化达到了前所未有的高度。

现在的世界的确是开放的世界。现代世界的开放性增强了各个民族之间的共生性。这种开放性、共生性决定了任何一个民族都不可能长久地孤立于世界历史进程之外，如同人的器官不能孤立于血液循环系统之外一样。在现代，任何一个民族或国家只有同"整个世界的生产"发生实际的联系，才能发展自己。

五、现代西方历史哲学对历史规律的否定及其失误

从维柯、黑格尔到马克思，可以说是历史决定论观念凯歌行进的时

---

① 《马克思恩格斯选集》第 1 卷，第 115—116 页。

代,越来越多的哲学家、历史学家确认历史规律的存在。然而,从 19 世纪晚期开始,越来越多的哲学家、历史学家开始怀疑、否定历史规律的存在。以克罗齐为标志,否定历史规律的观念成为现代西方历史哲学的主导思潮,几乎成为一种"流行病"。

以历史事件的单一性否定历史的规律性,是现代西方历史哲学的第一个特征。

按照现代西方历史哲学的观点,只有反复出现的东西才能形成规律。在自然界中,相同的事件反复出现,因而存在着规律;在历史中,一切都是"单纯的一次性东西",历史事件都是个别的、不重复的,因而不存在规律。文德尔班指出:"在自然研究中,思维是从确认特殊关系进而掌握一般关系,在历史中,思维则始终是对特殊事物进行亲切的摹写。""前者追求的是规律,后者追求的是形态。"[1]李凯尔特认为:"由于规律概念所包括的仅仅是那种可以永远看作是无数次重复出现的东西,所以历史发展的概念和规律的概念是互相排斥的。""历史概念、亦就其特殊性和个别性而言只发生一次的事件这个概念,与普遍规律概念处于形式的对立之中",并由此断言,"'历史规律'这个概念是 contratio in adjecto(用语的矛盾)"。[2]

的确,历史不同于自然,历史事件都是独一无二的,法国大革命、明治维新、戊戌变法、西安事变等都是非重复性的存在,但由此否定历史必然性却是不能接受的。戊戌变法是"一",但改良、改革作为历史现象在古今中外并不罕见,是"多";法国大革命是"一",但资产阶级革命作为历史现象在近现代历史上却重复可见,是"多"……这表明,要把历史事件、历史现象和历史必然性三个概念加以区分。历史事件是"一",历史现象是"多",在这"多"的背后存在着只要具备一定的条件就会重复起作用的历史规律。

历史规律是同类历史事件中的共同的本质的联系,是历史的深层结构,隐藏在历史事件的差异性、单一性的后面;自然事件的差异性却隐藏

---

① 洪谦:《西方现代资产阶级哲学论著选辑》,商务印书馆 1964 年版,第 59 页。
② [德] H. 李凯尔特:《文化科学和自然科学》,涂纪亮译,商务印书馆 1986 年版,第 IX 页。

在其相似性的后面。在观察自然时,应从事件的相似中看到相异;在研究历史时,应从事件的相异中看到相同,从事件的单一性中透视出规律性。这样,才能走向历史的深处。现代西方历史哲学却恰恰停留在历史的表层结构,并且混淆了历史事件、历史现象和历史规律的区别。

历史规律的重复性不等于历史事件的重复性。任何一个历史事件的产生都是必然性和偶然性共同作用的结果,正是其中的偶然性使历史事件各具特色、不可重复,规律重复的只是同类历史事件中的共同的本质的东西,它不是也不可能重复其中的偶然因素。实际上,历史规律的重复性正是在一个个不可重复的历史事件中体现出来的。1640年的英国革命、1789年的法国大革命、1911年的中国辛亥革命……这一个个不可重复的历史事件的出现,体现的正是资产阶级革命的历史规律。

实际上,任何事件,包括自然事件都是必然性和偶然性共同作用的结果。严格地说,自然事件也是不可重复的,自然规律也是在一个个不可重复的自然事件中体现出来的。现代西方历史哲学夸大了自然事件与历史事件的差异,并把历史规律的重复性等同于历史事件的重复性。当他们用历史事件的不可重复性来否定历史规律时,恰恰说明他们并没有真正理解必然性和偶然性的关系,不理解可重复的历史规律和不可重复的历史事件之间的内在联系。

以人的历史活动的选择性否定历史的规律性,是现代西方历史哲学的第二个特征。

按照现代西方历史哲学的观点,不同的民族根据自己的需要选择了不同的社会制度,从而使历史发展具有多线性,因而不存在历史规律。在萨特看来,"任何一件事情都是可能的",关键在于人的自由选择。胡克认为,全部人类历史就是人们不断选择的结果,这种选择表现的并不是客观规律,而是人的自由,"是他自己本质的一个独特的和不可还原的表现"[①]。

① [美] 悉尼·胡克:《对卡尔·马克思的理解》,徐崇温译,重庆出版社1989年版,第153页。

选择是人类创造历史活动的重要一环,尤其是当一个民族的历史处在一个转折点时,历史的进一步发展往往显示出多种可能的途径;在这多种可能性中,哪一种可能性能够成为现实,则取决于这个民族的自觉选择及其内部的阶级力量的对比。但是,由此把历史选择性同历史规律性对立起来,以前者的存在否定后者的存在却是错误的。

这是因为,历史选择的前提——"可能性空间"的形成具有必然性。历史选择的对象只能存在于既定的可能性空间中,一定的可能性空间的形成是人们历史选择的前提。问题在于,一定的可能性空间的形成却是由人们不能自由选择的生产力决定的,生产力的状况从根本上决定着可能性空间的状况。人们在原始社会不可能选择资本主义社会。标榜崇尚自由的西方社会曾"自由"地"选择"一个"黑暗的中世纪"。西方社会和东方社会都走过专制主义道路这一事实,说明人们的历史选择是有既定前提并受历史规律制约的。

更重要的是,历史选择不能改变人类历史的总体进程。历史选择可以使一个民族超越某种社会形态,以"跳跃"的发展形式进入到人类历史的先进行列,从而使社会发展道路呈现出多样性。但是,这种选择性、多样性并不能改变人类历史的总进程及其一元性——经济必然性。从人类总体历史来看,原始社会、奴隶社会、封建社会、资本主义社会、社会主义社会这五种社会形态的确是依次更替的,资本主义制度的产生没有也不可能早于封建制度,社会主义社会的出现没有也不可能先于资本主义社会,相反,社会主义社会的产生正是资本主义社会内在矛盾运动的必然结果。社会主义制度在东方某些较为落后的国家首先建立,正是资产阶级开创的世界历史对东方社会冲突、影响和渗透的必然结果。

以历史认识的相对性来否定历史的规律性,是现代西方历史哲学的第三个特征。

以历史认识的相对性否定历史的规律性这一特征在克罗齐的历史哲学中得到了集中体现。按照克罗齐的观点,只有现实生活中的兴趣才能促使人们去研究过去,更重要的是,人们总是根据当代意识去认识、评价历史的,因此,"当代性"是一切历史的内在特征,"一切历史都是当代史"。克罗齐由此认为,正是这种"当代性"使得人们只能知道与现实生活有关的有限的、特定的历史,"那种'下余的'历史是关于'物自体'的永恒幻想,它既不是'物',也不是'自体',它只是我们的行动与知识的无限性的想象的具体化而已"①。这就是说,在打上了"当代性"烙印的有限的、特定的历史中去寻找"普遍史""永远不会成功",历史"无任何规律可循",必须抛弃历史规律观念。

克罗齐的确提出了一个重要问题,这就是人们认识历史的特殊性问题。"一切历史都是当代史"的合理之处就在于,它揭示了历史认识总是从现在出发,由后向前追溯的逆向过程。马克思也认为,对人类生活形式的思索,从而对它的科学分析,总是从事后开始,从发展过程的完成的结果开始。但是,克罗齐走得太远了,他把一切都相对化、主观化了,以至否定了客观历史及其必然性。从认识论的角度看,克罗齐至少犯了两个错误:

其一,割裂了现实与历史的关系。系统是过程的集合,历史往往平铺在一个社会截面上。这就是说,历史虽已过去,但它并没有消失,化为无,而是以一个"萎缩"或"歪曲"的"残片和因素"的形式存在于现实社会中;现实社会是历史的延续、缩影,因而提供了认识历史的钥匙。正是在这个意义上,马克思认为,通过对资本主义社会结构的理解,"同时也能使我们透视一切已经覆灭的社会形式的结构和生产关系。资产阶级社会借这些社会形式的残片和因素建立起来,其中一部分是还未克服的遗物,继续在这里存留着,一部分原来只是征兆的东西,发展到具有充分意义,等等"②。

同时,现实社会形式与过去社会形式又具有历史差别,不应当把它们等同起来。"资产阶级社会本身只是发展的一种对立的形式,所以,那些早期形式的各种关系,在它里面常常只以十分萎缩的或者完全歪曲的

---

① [意]贝奈戴托·克罗齐:《历史学的理论和实际》,第38页。
② 《马克思恩格斯选集》第2卷,第23页。

形式出现。"①按照马克思的观点，只有在现实的社会形式"能够进行自我批判"时，才能对过去的社会形式"作客观的理解"，否则只能"作片面的理解"。

其二，割裂了有限与无限的关系。只要具备一定的条件，规律就可以在无限的事物中发挥作用，重复出现。在这个意义上说，规律的确是无限的形式。但是，规律的这种无限性却不需要它现实地在无限多的事件中得到证明，在一定的有限事件中证明了的规律，也就是在无限的同类事件中证明了规律的存在及其重复有效性。要求从无限的历史事件去验证历史规律，实际上是一种形而上学的要求。它表明，克罗齐割裂了有限与无限的内在联系，重归黑格尔早已批判过的"恶无限"观念，并在这条道路上走到了逻辑终点。

以历史事件的不可预测性来否定历史规律，是现代西方历史哲学的第四个特征。

按照波普尔的观点，历史决定论的核心就是根据历史规律来预测人类历史的进程，但问题在于，人类历史中并不存在所谓的客观规律。人类社会进化是一个单独的历史进程，对这一进程的描述只是一个单称的历史命题，而不是普遍的历史规律；从连续的历史事件中可以发现社会变迁的趋势，但趋势不是规律，人们可以根据规律做科学预测，但不能根据趋势来做科学预测，换言之，历史是不可预测的。

在波普尔看来，人是历史的主体，预测是人的认识活动。如果历史可预测的话，那么，这种预测本身就参与并将影响历史进程。具体地说，在历史中，某一个预测甚至可以引起它所预测的历史事件的产生，如果没有这个预测，这个历史事件也许根本不会发生；反过来，对某个行将到来的历史事件的预测，也可以防止这个历史事件的发生。因此，历史规律不存在，科学的历史预测不可能，历史决定论不能成立。

波普尔在这里至少犯了一个认识论的错误，即混淆了预报与预见。

---

① 《马克思恩格斯选集》第 2 卷，第 23 页。

所谓预报,是对某一事物在确定时空范围必然或可能出现的判断;预见则是以规律为依据的关于发展趋势的判断,或者说,是一种只涉及发展趋势的规律性的判断。自然规律是动力学规律,所以,自然科学既能预见,又能预报;历史规律,即社会活动规律是统计学规律,所以,社会科学只能预见,不能预报。面对客观事实,波普尔不得不承认,"马克思的预言可能也能实现",现代资本主义的发展"证实了马克思的预言,即贸易循环必然是造成无约束的资本主义制度崩溃的因素之一",但他又"自我解嘲",认为导致马克思历史预言成功的"并不是他的历史主义的方法,而一直是制度学分析的方法"①。实际上,在马克思那里,无论是历史主义方法还是制度学分析方法,预见都是以发现和把握历史规律为前提的。

波普尔的结论是错误的,但他的思考却是深刻的,留下的问题是有价值的:一是历史规律与历史趋势的关系,即趋势的逐渐强化能否成为一种必然性,转化为规律?趋势本身是否包含某种必然性,随着条件的变化,规律的作用是否可能弱化,最后是否转化为趋势?二是历史预测与历史进程的关系,即历史预测能否影响、如何影响历史事件、历史进程和历史规律,以及历史客观进程与历史认识主体的关系?

对历史规律的否定,使得现代西方历史哲学陷入泥潭并在其中辗转,无法自拔。这种理论失误从反面启示我们,唯物主义历史观的历史规律观仍然是我们时代的真理。因此,我们既要批判现代西方历史哲学,又要吸收其合理因素,并在现代实践和科学的基础上解答其提出的问题,从而深化和发展唯物史观的历史规律观。

---

① 〔英〕卡尔·波普尔:《开放社会及其敌人》第二卷,郑一明等译,中国社会科学出版社1999年版,第303页。

第十章

社会主义代替资本主义的历史必然性和价值取向

马克思关于资本主义必然灭亡和社会主义必然胜利（以下简称"两个必然"）的理论集中体现了唯物主义历史观的真理性、批判性和革命性。可以说，全部唯物史观的基本观点都是围绕这一核心展开的。然而，"两个必然"理论在当代受到种种的误解、曲解和挑战。在这样一个直接关系到唯物史观的真理性和现实性的重大问题面前，我们必须站在现代实践的高度深刻反思和重新认识"两个必然"，并以此为基础坚持和发展马克思主义。

一、社会主义代替资本主义的历史必然性

资本主义制度从它确立的第一天起就受到来自不同立场、不同方面的不同批判，资本主义的发展和对资本主义的批判是形影相随的，尤其是 19 世纪初以圣西门、傅立叶和欧文为代表的"批判的空想的社会主义"对资本主义的批判可谓淋漓尽致，"提供了启发工人觉悟的极为宝

贵的材料"。然而,从总体上看,这种批判是激情多于理性,幻想压倒科学,针对的是结果而不是原因,没有解决社会主义代替资本主义的必然性及其客观依据问题。

科学社会主义之所以科学,从根本上说,就在于它以社会发展规律为基础,以对资本主义生产方式及其内在矛盾的经济学分析为依据,从结果到原因,揭示了社会主义代替资本主义的必然性及其客观依据。"资本的垄断成了与这种垄断一起并在这种垄断之下繁盛起来的生产方式的桎梏。生产资料的集中和劳动的社会化,达到了同它们的资本主义外壳不能相容的地步。"①"随着新生产力的获得,人们改变自己的生产方式,随着生产方式即谋生的方式的改变,人们也就会改变自己的一切社会关系。手推磨产生的是封建主的社会,蒸汽磨产生的是工业资本家的社会。"②这表明,某种社会形态的盛衰兴亡是一个规律性的现象。

社会发展的确有其内在规律,不以任何人的意志为转移。从历史上看,尽管每一代封建君主都被教导如何进行统治,被告诫"水能载舟亦能覆舟",甚至专门编撰了《资治通鉴》之类的书供他们阅读,以希图封建王朝万世一系,可是,历史上照样发生农民起义,照样发生改朝换代,照样发生资产阶级革命。"千古兴亡多少事?""不尽长江滚滚流。"

从封建社会的灭亡中产生出来的资本主义社会本身就是生产方式一系列变革的产物,具有历史必然性,所以,资本主义"在历史上曾经起过非常革命的作用"。但是,任何一种社会形态都不可能永恒存在,在历史中产生的资本主义社会也必然历史地走向灭亡,为新的社会形态所代替。社会主义代替资本主义的必然性就根植于历史过程本身,根植于资本主义生产方式内在矛盾的本性之中。

资本主义生产方式的内在矛盾就是生产社会化与生产资料资本家私人占有制之间的矛盾。这一矛盾实际上是生产力与生产关系的矛盾在资

①《马克思恩格斯全集》第23卷,第831页。
②《马克思恩格斯选集》第1卷,第142页。

本主义社会的特殊表现形式,它构成了资本主义社会一切矛盾中的基本矛盾,并造就了资本主义社会的基本经济规律,即剩余价值规律。"资产阶级生存和统治的根本条件,是财富在私人手里的积累,是资本的形成和增殖"①,而资本形成和增殖的过程实际上就是剩余价值不断生产和实现的过程。对剩余价值无止境的追逐正是资本的本性。

因此,对剩余价值的追逐和贪婪,构成了资本家——"人格化"的资本——不断扩大再生产、无限发展生产力的内在动力。"劳动生产力的发展——首先是剩余劳动的创造——是资本的价值增加或资本的价值增殖的必要条件。因此,资本作为无限制地追求发财致富的欲望,力图无限制地提高劳动生产力并且使之成为现实。"②

反过来说,在资本主义社会,发展生产力要受到资本的价值增殖这个规定性的限制。资本的价值增殖或剩余价值的实现依赖于生产过程向流通过程的转化,而资本离开生产过程重新进入流通过程时,立即受到两种限制:

一是资本作为生产出来的产品受到现有消费量或消费能力的限制。资本的生产和积累本质上就是资本主义生产关系的生产和再生产,它必然造成两极对立,即一边是为数较少的人不断积累财富,一边是为数众多的人不断陷入贫困;一边是发达国家越来越发达,一边是发展中国家越来越难以摆脱贫困的状态。这就造成了极其有限的消费能力,造成了生产能力和消费能力之间的巨大反差以及资产阶级与无产阶级、发达国家与发展中国家之间的深刻对立。

二是作为新的价值,资本生产出来的产品受到现有等价物的量的限制,首先是货币量的限制。剩余价值的实现需要"剩余等价物",正如产品作为使用价值受到的限制是他人的消费,产品作为价值受到的限制是他人的生产。由于资本主义的生产都是以追求剩余价值为目的的生产,表

---

① 《马克思恩格斯选集》第 1 卷,第 284 页。
② 《马克思恩格斯全集》第 46 卷上,第 306 页。

现为个别企业生产的组织性和整个社会生产、世界市场的弱组织性的对立,因而在交换总体上,就没有实现所有剩余价值的等价物,这就必然导致使用价值的生产受到交换价值的限制。所以马克思指出,资本首先受到"货币量的限制","剩余等价物现在表现为[对于资本的]第二个限制"①。

从根本上说,这两个限制就是对生产力无限发展趋势的限制,而资本总是力图在不断发展生产力和不断变革生产关系的过程中突破这些限制。"资产阶级除非对生产工具,从而对生产关系,从而对全部社会关系不断地进行革命,否则就不能生存下去。"②问题在于,这每一次"创造性破坏"都使资本陷入一次比一次更大的危机之中。资产阶级不理解或者说忘记了,无论是消费量的限制,还是"剩余等价物"的限制,归根到底是资本主义私有制对生产力无限发展趋势的限制,这是资产阶级无法突破也不愿意突破的"大限"。因此,资本主义的发展总是伴随着经济危机。

以 1825 年的经济危机为开端,尔后反复出现的周期性经济危机及其所造成的社会危机使资产阶级意识到,不变革生产关系、社会关系,不改变经济运行机制,不建立反危机和预防经济危机的社会机制,就不能生存下去。资本主义由此进入国家垄断资本主义阶段,其特征在于,国家对经济活动进行干预和控制,国家干预和私有企业并存,垄断和竞争并存,生产资料占有方式出现某种社会化趋势,资本主义生产的计划性有所增强。有的西方学者由此认为,这样一种经济制度实现了国家的权威和私有企业的策动力相互作用,既保持了自由资本主义的优点,又克服了其缺陷,体现了资本主义的永恒性。

我并不否认当代资本主义的新变化强化了资本主义的社会适应能力,并不否认资本主义生产方式的扩张能力尚未衰竭,但以此否定资本主义必然灭亡的趋势却是不能接受的。恩格斯早就提出:"由股份公司经营

①《马克思恩格斯全集》第 46 卷上,第 388 页。
②《马克思恩格斯选集》第 1 卷,第 275 页。

的资本主义生产,已经不再是私人生产,而是由许多人联合负责的生产。如果我们从股份公司进而来看那支配着和垄断着整个工业部门的托拉斯,那么,那里不仅没有了私人生产,而且也没有了无计划性。"①

在资本主义社会,不管国家对经济是采取自由放任形式,还是采取计划干预形式,其基础都是私有企业制度,政府的经济活动主要是在私有企业活动的基础上安排的,国家干预经济是为了私有企业的经营活动能够在全社会范围内正常进行,是为了资本积累能够得到可靠的保证。无论采取什么样的垄断形式,资本主义都不可能改变资本对剩余价值贪婪的本性,都不可能消除生产资料资本家私人占有制及其对生产力无限发展趋势的限制。正如马克思所说,"资本主义生产的真正限制是资本自身"②。

当然,当代发达资本主义国家可以通过从发展中国家获得的高额利润来缓和社会矛盾,可以通过各种社会保障政策调节阶级关系,可以通过"体制改良和改善"缓解"制度危机",并获得某种"延缓衰老之术"。但是,这种"缓和""调节""延缓"仍然是在资本主义私有制的框架中进行的,仍然受到"资本本身的限制",因而也就不可能根本消除资本主义生产方式的内在矛盾及其所造成的经济危机。20 世纪 70 年代的石油危机,80年代的滞胀危机、结构危机,90 年代的金融危机以及 21 世纪初的全球金融危机……这一系列危机,一方面表明资本主义经济危机采取了新的表现形式,另一方面体现出资本主义生产方式的内在矛盾在不断积累和加深。

这表明,社会主义代替资本主义就像白昼跟随黑夜一样,非来不可。"两个必然"理论就是以资本主义生产方式的内在矛盾为客观依据的。当代西方著名学者海尔布隆纳公正地指出:"只要资本主义存在,我认为我们就不能宣称他(马克思)对这一制度内在性质的认定是错误的。"③

---

① 《马克思恩格斯选集》第 4 卷,第 408 页。
② 《马克思恩格斯全集》第 25 卷上,第 278 页。
③ [美]罗伯特·L. 海尔布隆纳:《马克思主义:赞成与反对》,马林梅译,东方出版社 2016年版,第 5 页。

的确,在资本主义国家中,至今"没有产生出任何一种可被认为是马克思的社会主义"。米尔斯由此断言,"两个必然"是一种"虚构",应当修正"马克思的理论和预言的巨大历史框架"①。社会主义取代资本主义是一个相当长的历史过程,仅仅根据一定地区、一定时间内的资本主义状况而否定"两个必然",不是"近视",就是偏见。米尔斯不理解,"两个必然"理论不是发现一个历史事件,而是揭示一种历史趋势。作为一种历史趋势,社会主义必然代替资本主义在实现过程中会遇到"实际的阻力""相反的趋势"阻碍其实现。正如马克思所说,"在整个资本主义生产中,一般规律作为一种占统治地位的趋势,始终只是以一种极其错综复杂和近似的方式,作为从不断波动中得出的、但永远不能确定的平均情况来发生作用"②。

随着社会关系、阶级矛盾的历史变化,社会主义必然代替资本主义的实现形式也在转换。随着西方资本主义生产方式内在矛盾对东方国家的冲击、渗透和影响,随着东方国家社会矛盾的激化,社会主义必然代替资本主义首先在东方社会开始了其实现的历史进程。

二、世界历史中的东方社会及其命运

在一般意义上,东方社会有两层含义:一是地理概念,指处于地球东半球的亚洲国家和传统的斯拉夫国家,以同西方社会相对应;二是经济、政治概念,指处于前资本主义阶段的社会,以同资本主义社会相对应。在确认地理含义的前提下,唯物主义历史观更多的是从经济、政治的角度界定东方社会的。正因为如此,马克思把地理上介于东方和西方之间的"半东方""半亚细亚"的俄国也归为东方社会,把俄国与土耳其之间的战争及其导致的问题标为"东方战争""东方问题"。

---

① [美] 赖·米尔斯:《马克思主义者》,商务印书馆编辑部译,商务印书馆 1965 年版,第 128 页。
② 《马克思恩格斯全集》第 25 卷上,第 181 页。

东方社会的典型是亚洲的印度和中国,在这个意义上,马克思又称东方社会为"亚洲式的社会""亚细亚式的社会",并认为中国是东方社会"活的化石",体现着"一切东方运动的共同特征"①,而印度还保存着亚细亚所有制的"一整套图样";同时,中国和印度"现在是亚洲举足轻重的国家"②。所以,马克思对东方社会的研究是从中国和印度开始,并以中国、印度和俄国为蓝本的。

马克思在创立唯物主义历史观的过程中,最初的立足点无疑是西方社会。马克思力图通过解剖资本主义制度这个历史上最发达、最复杂的社会组织,揭示社会发展的一般规律。但是,马克思的研究没有局限于西方社会。按照马克思的观点,资本主义社会具有历史上最发达和最复杂的社会结构。因此,通过资本主义社会,可以"透视一切已经覆灭的社会形式的结构和生产关系"③;更重要的是,"只有在资产阶级社会的自我批判已经开始时,才能理解封建的、古代的和东方的经济"④。因此,19世纪50年代,马克思基本完成了对西方资本主义制度的批判后,便把研究重心转向东方社会,开始探讨东方社会的社会结构和发展道路,力图全面把握社会的发展规律和发展道路。

按照马克思的观点,东方社会具有四个基本特征:

第一,在经济结构方面不存在土地私有制。"在亚细亚的(至少是占优势的)形式中,不存在个人所有,只有个人占有。"⑤不存在土地私有制是了解东方社会的一把钥匙。

第二,在社会结构方面以农村公社为基本单位。这种农村公社的特征是农业和手工业直接结合,生产限于自给自足。农村公社这些"共同体是实体,而个人则只不过是实体的附属物,或者是实体的纯粹天然的组成

---

① 《马克思恩格斯全集》第15卷,第545页。
② 《马克思恩格斯选集》第1卷,第737页。
③ 《马克思恩格斯全集》第46卷上,第43页。
④ 《马克思恩格斯全集》第46卷上,第44页。
⑤ 《马克思恩格斯全集》第46卷上,第481页。

部分"①,国家则凌驾于这些共同体之上,是土地财产的更高或唯一的所有者。

第三,在政治关系方面普遍形成专制主义政体,即东方专制制度。这种专制制度与土地公有制并不矛盾,相反,这种土地公有制构成了东方专制制度的基础。"东方的专制制度是基于公有制。"②之所以如此,是因为"各个公社相互间这种完全隔绝的状态,在全国造成虽然相同但绝非共同的利益,这就是东方专制制度的自然基础"③。

第四,在社会发展上具有"停滞性"。马克思所说的东方社会的"停滞性",主要是指东方社会经济结构的"稳定性""同一性",而暂时舍弃了浮在经济结构表层之上的政治变迁乃至生产力水平某种程度的提高。"这些自给自足的公社不断地按照同一形式把自己再生产出来,当它们偶然遭到破坏时,会在同一地点以同一名称再建立起来,这种公社的简单的生产机体,为揭示下面这个秘密提供了一把钥匙:亚洲各国不断瓦解、不断重建和经常改朝换代,与此截然相反,亚洲的社会却没有变化。这种社会的基本经济要素的结构,不为政治领域中的风暴所触动。"④这是一种"静止的社会状况"。正是在这个意义上,马克思认为,中国像一个"保存在密闭棺材里的木乃伊",而"印度社会根本没有历史"⑤。

东方社会的这种"停滞性""稳定性""同一性"在历史上保持得最持久、最顽固。但是,随着西方资产阶级的入侵以及各民族进入普遍交往的世界历史时代,东方社会开始面临着不同的历史命运。

印度成为西方资产阶级的"猎获物",农村公社死于西方侵略者的铁蹄之下。"英国则摧毁了印度社会的整个结构,而且至今还没有任何重新改建的迹象。印度人失掉了他们的旧世界而没有获得一个新世界。"⑥西

---

① 《马克思恩格斯全集》第 46 卷上,第 474 页。
② 《马克思恩格斯全集》第 20 卷,第 681 页。
③ 《马克思恩格斯全集》第 18 卷,人民出版社 1964 年版,第 618 页。
④ 《马克思恩格斯全集》第 23 卷,第 396—397 页。
⑤ 《马克思恩格斯选集》第 1 卷,第 692、767 页。
⑥ 《马克思恩格斯选集》第 1 卷,第 762 页。

方资产阶级在印度"亚洲式专制"的基础上建立起"欧洲式专制","这两种专制结合起来要比萨尔赛达庙里任何狰狞的神像都更为可怕"①。印度社会由此处于一种新的停滞之中,重新处在一种"没有历史的历史"之中。

中国在西方资本主义的冲击下显示出顽强的"生命力",同时又处于"解体的过程"之中。马克思极为关注古老的中国在西方资本主义冲击下所表现出来的"顽固性"及其原因,明确指出:"鸦片贸易之外,妨碍对华出口贸易迅速扩大的主要因素,是那个依靠着小农业与家庭工业相结合而存在的中国社会经济结构。"②在中国,摧毁这种经济结构的过程非常缓慢,"需要很长时间"。中国不同于印度,它并没有完全沦为殖民地,显示出顽强的"生命力"。可是,英国的大炮"迫使天朝帝国与地上的世界接触。与外界完全隔绝曾是保存旧中国的首要条件,而当这种隔绝状态通过英国而为暴力所打破的时候,接踵而来的必然是解体的过程,正如小心保存在密闭棺材里的木乃伊一接触新鲜空气便必然要解体一样"③。

俄国有可能跨越资本主义历史阶段,直接走上社会主义道路。俄国既不像印度那样成为西方资产阶级的"猎获物",也不像中国那样受到西方资本主义的强烈冲击而处于"解体的过程",同时,又不像西欧那样,其原来的农村公社内部的"私有制因素战胜集体制因素",而"是在全国范围内把'农业公社'保存到今天的欧洲唯一的国家"④。

问题在于,俄国农村公社具有二重性,即"公有制以及公有制所造成的各种社会关系,使公社基础稳固,同时,房屋的私有、耕地的小块耕种和产品的私人占有又使个人获得发展"⑤。这种二重性成为俄国农村公社具有"强大的生命力的源泉","也可能逐渐成为公社解体的根源"。同时,俄国农村公社与资本主义生产处于同一个时代,"这使得它不必服从资本主

①《马克思恩格斯选集》第 1 卷,第 761 页。
②《马克思恩格斯选集》第 1 卷,第 755 页。
③《马克思恩格斯选集》第 1 卷,第 692 页。
④《马克思恩格斯全集》第 19 卷,第 435 页。
⑤《马克思恩格斯全集》第 19 卷,第 434 页。

义的……〔活动方式〕就能够吸收其各种成果"①,从而"使俄国比其他还处在资本主义制度压迫下的国家优越"②。俄国农村公社的二重性及其在俄国存在的普遍性、与资本主义的同时代性,使其有可能在特定的国际环境中跨越资本主义的"卡夫丁峡谷",直接走上社会主义道路。

三、跨越"卡夫丁峡谷"设想的方法论意义

马克思注意到东方社会在世界历史的背景中已经发生了"变形",所以,他始终是从世界历史这一时代背景中去研究东方社会及其发展道路的。如果说马克思在 19 世纪 40 年代关注的是"历史向世界历史的转变",50 年代着重在世界历史这一时代背景下揭示东方社会的现实境遇,那么,70—80 年代初则偏重于在世界历史的进程中探索东方社会的发展道路。这里,贯穿着一种方法,一种科学的方法,这就是,生产力与生产关系矛盾运动的民族性和世界性相互作用的辩证法。

生产力与生产关系矛盾运动的民族性是指,生产力与生产关系的矛盾运动在不同民族或国家那里表现出不同的性质、结构和运行机制。生产力与生产关系矛盾运动的世界性是指,随着交往的普遍化、世界市场的开拓以及世界历史的形成,各民族的生产力与生产关系矛盾运动便越出民族或国家的狭隘地域,在世界历史的背景中进行全面相互作用、相互影响、相互渗透的整体运动。

历史越往前追溯,生产力与生产关系的矛盾运动的民族性就越突出。在古代,由于彼此的隔绝,生产力与生产关系的矛盾运动一般是在单个民族或国家的地域内"单独进行"的,每一种生产方式的形成在各个民族那里都必须"从头开始""重新开始""重新发明"。"当交往只限于毗邻地区的时候,每一种发明在每一个地域都必须重新开始;一些纯粹偶然的事

①《马克思恩格斯全集》第 19 卷,第 436 页。
②《马克思恩格斯全集》第 19 卷,第 441 页。

件,例如蛮族的入侵,甚至是通常的战争,都足以使一个具有发达生产力和有高度需求的国家处于一切都必须从头开始的境地。在历史发展的最初阶段,每天都在重新发明,而且每个地方都是单独进行的。"①

随着世界历史的形成,原来在民族或国家的狭隘地域内"单独进行"的生产力与生产关系的矛盾运动便越出了民族与国家的疆界,进入世界的"运动场",开始全面地相互作用、相互影响、相互渗透。一般说来,在世界历史的背景中,生产力与生产关系的矛盾运动是以民族性和世界性相互作用的方式表现出来的。

一切历史冲突都根源于生产力与生产关系的矛盾。但是,"对于某一国家内冲突的发生来说,完全没有必要等这种矛盾在这个国家本身中发展到极端的地步。由于同工业比较发达的国家进行广泛的国际交往所引起的竞争,就足以使工业比较不发达的国家内产生类似的矛盾"②。正是在这种"类似的矛盾"的推动和引导下,较为落后的民族或国家可以通过自己的选择活动跨越某种社会形态,以跳跃的发展形式走到世界历史的前列。

马克思正是以生产力与生产关系矛盾运动的民族性和世界性相互作用的辩证法为方法论,从俄国与"现在世界的特殊联结方式",从俄国农村公社的二重性、俄国资本主义已经得到一定程度的发展,以及西欧资本主义生产方式对俄国的冲击出发,提出俄国跨越资本主义"卡夫丁峡谷"设想的,即"使俄国可以不通过资本主义制度的卡夫丁峡谷,而把资本主义制度的一切肯定的成就用到公社中来"③。

从内部条件看,俄国农村公社具有二重性:"公有制以及公有制所造成的各种社会关系,使公社基础稳固,同时,房屋的私有、耕地的小块耕种和产品的私人占有又使个人获得发展。"④这种二重性是俄国农村公社具

---

① 《马克思恩格斯全集》第 3 卷,第 61 页。
② 《马克思恩格斯全集》第 3 卷,第 83 页。
③ 《马克思恩格斯全集》第 19 卷,第 435—436 页。
④ 《马克思恩格斯全集》第 19 卷,第 434 页。

有强大生命力的源泉。

从外部条件看,俄国与西方资本主义处于同时代,必然要和西方资本主义发生联系。"俄国是在全国广大范围内把土地公社占有制保存下来的欧洲唯一的国家,同时,恰好又生存在现代的历史环境中,处在文化较高的时代,和资本主义生产所统治的世界市场联系在一起。"①和资本主义生产的同时代性以及世界市场的存在,使得俄国可以借助西方资本主义已有的成果,为未来的社会主义社会提供物质条件。

从可能与现实的关系看,特殊的历史条件只是为俄国跨越资本主义历史阶段提供了可能,要把这种可能变成现实,还需要一个重要条件,即进行两种革命:一种是俄国革命,"挽救俄国公社";另一种是西欧革命,与俄国革命"互相补充"。"假如俄国革命将成为西方无产阶级革命的信号而双方互相补充的话,那么现今的俄国土地公有制便能成为共产主义发展的起点。"②

实际上,从生产力与生产关系矛盾运动的民族性和世界性相互作用的辩证法出发,去探讨具体民族或国家的发展道路,是马克思一以贯之、始终坚持的方法,是唯物主义历史观的根本方法。在《德意志意识形态》中,马克思在探讨日耳曼民族何以能跨越奴隶制,从原始社会直接进入封建社会时,就已经使用了这种方法。按照马克思的观点,日耳曼民族之所以能实现这种"跨越",从根本上说,是被征服者(罗马帝国)的生产力与征服者(日耳曼民族)的社会组织相互作用的结果。"封建制度决不是现成地从德国搬去的。它起源于征服者在进行征服时军队的战时组织,而且这种组织只是在征服之后,由于在被征服国家内遇到的生产力的影响才发展为真正的封建制度的。""定居下来的征服者所采纳的共同体[Gemeinwesen]形式,应当适应于他们面临的生产力发展水平,如果起初情况不是这样,那么共同体形式就应当按照生产力来改变。"③

---

① 《马克思恩格斯全集》第19卷,第444页。
② 《马克思恩格斯选集》第1卷,第251页。
③ 《马克思恩格斯选集》第1卷,第126页。

这里,生产力与生产关系矛盾运动的民族性和世界性相互作用的辩证法已显示出萌芽状态。由此,马克思得出一个结论,即一个"民族本身的整个内部结构也取决于自己的生产以及自己内部和外部的交往的发展程度"①。正因为如此,马克思提出了某个民族内部"现存社会关系和现存生产力"的矛盾与"其他民族实践"之间的关系问题,后又提出在分析社会发展时应注意"带来的""导入的""派生的、转移来的、非原生的生产关系。国际关系在这里的影响"②的问题。

的确,马克思的跨越"卡夫丁峡谷"的"设想"只是一个设想,而不是一个肯定的科学结论,它只是指俄国在特定的历史环境中能够跨越资本主义历史阶段,而不是说所有东方国家都可以跨越资本主义历史阶段;它只是提出了问题,而不是最后解决了问题。如果就事论事,这一设想的意义非常有限,因为俄国最终没有避免资本主义的前途,而是在资本主义不甚发达的历史条件下走上了社会主义道路。在我看来,马克思关于俄国跨越资本主义"卡夫丁峡谷"设想的意义并不在这一设想本身,而是在于,这一设想为我们提供了研究落后国家社会发展道路的科学方法论,这就是,生产力与生产关系矛盾运动的民族性和世界性相互作用的辩证法。

四、价值关怀的取向与历史尺度的坚守

生产力与生产关系和人及其活动密切相关。"生产力和社会关系——这二者是社会的个人发展的不同方面。"③这就是说,生产力不是外在于人及其活动的纯粹的物质力量,生产关系也不是超历史的预成的实体,二者都是人的实践活动的产物,体现着"社会的个人发展"。

因此,当马克思用生产力与生产关系的矛盾运动来研究东方社会及其发展道路时,即强调历史必然性、确立历史尺度时,并没有否定价值尺

---

① 《马克思恩格斯选集》第 1 卷,第 68 页。
② 《马克思恩格斯选集》第 2 卷,第 27 页。
③ 《马克思恩格斯全集》第 46 卷下,第 219 页。

度、伦理原则,而是把价值尺度、伦理原则置于历史尺度的基础之上。这集中体现在马克思提出的两个相互关联的观点上,即"从纯粹的人的感情上来说"和"从历史观点来看"。这两个观点表征着一种评价尺度,即价值观与历史观、价值尺度与历史尺度的统一。

马克思深切地关注着东方社会所遭受的特殊的悲惨命运,痛斥西方资产阶级对东方社会海盗式的掠夺行为,揭露西方资产阶级的野蛮本性和极端虚伪性:"当我们把自己的目光从资产阶级文明的故乡转向殖民地的时候,资产阶级文明的极端伪善和它的野蛮本性就赤裸裸地呈现在我们面前,因为它在故乡还装出一副很有体面的样子,而一到殖民地它就丝毫不加掩饰了。"①具体地说,西方资产阶级在"亚洲式的专制"基础上建立起一种"欧洲式的专制",使东方社会的"个人和整个民族遭受流血与污秽、穷苦与屈辱",过着一种"失掉尊严的、停滞的、苟安的生活",处于一种"消极被动的生存"状态中。"从纯粹的人的感情上来说,亲眼看到这无数勤劳的宗法制的和平的社会组织崩溃、瓦解、被投入苦海,亲眼看到它们的成员既丧失自己的古老形式的文明又丧失祖传的谋生手段,是会感到悲伤的。"②

对东方社会来说,被强行纳入资本主义世界体系不啻一场灾难,而且这场灾难同过去所遭受的所有灾难相比,"在本质上属于另一种,在程度上也不知道要深重多少倍",具有一种"特殊的悲惨的色彩"③。处在资本主义世界体系中的东方社会,如同 19 世纪之前的德国那样,"不仅苦于资本主义生产的发展,而且苦于资本主义生产的不发展"④。"除了现代的灾难而外",压迫东方社会的还有"许多遗留下来的灾难,这些灾难的产生,是由于古老的陈旧的生产方式以及伴随着它们的过时的社会关系和政治关系还在苟延残喘"⑤。

---

① 《马克思恩格斯全集》第 9 卷,人民出版社 1961 年版,第 251 页。
② 《马克思恩格斯全集》第 9 卷,第 148 页。
③ 《马克思恩格斯全集》第 9 卷,第 144、145 页。
④ 《马克思恩格斯选集》第 2 卷,第 100 页。
⑤ 《马克思恩格斯全集》第 23 卷,第 11 页。

马克思在探讨东方社会发展道路时无疑抱持着深切的价值关怀。马克思深知生产力的发展必然导致旧的社会主体的衰落和新的社会主体的崛起。新的社会主体与生产力的发展相一致,代表着人类整体的发展趋势,它不仅追求自身的利益,而且把其他阶级的利益纳入自己的利益体系之中并使之从属于自己。人类整体利益的实现,不仅要以同生产力发展相一致的新的阶级利益的实现为中介,而且要以牺牲同生产力发展不一致的、有碍新的阶级利益实现的其他阶级的利益为代价。

这种历史必然性,不仅体现在同一民族或国家发展的历史进程中,而且体现在不同民族或国家交往的历史进程中,体现在资产阶级开创世界历史的进程中。这是历史进步过程中的代价,难以避免,但人们可以“缩短和减轻”这种“分娩的痛苦”。所以,当马克思提出跨越资本主义“卡夫丁峡谷”的设想时,其出发点之一,是想使俄国的未来发展避免资本主义制度所造成的“波折”“痛苦”和“危机”,避免“对抗”“冲突”和“灾难”,尽量减少社会发展中的代价,同时,“吸取资本主义制度所取得的一切肯定成果”。如果俄国公社“在现在的形式下事先被引导到正常状态,那它就能直接变成现代社会所趋向的那种经济体系的出发点,不必自杀就能获得新的生命”①。

但是,马克思清醒地意识到西方资本主义社会在当时属于先进的社会形态,东方社会则是落后的社会形态,并明确指出,“我们不应该忘记:这些田园风味的农村公社不管初看起来怎样无害于人,却始终是东方专制制度的牢固基础;它们使人的头脑局限在极小的范围内,成为迷信的驯服工具,成为传统规则的奴隶,表现不出任何伟大和任何历史首创精神”②,“它们使人屈服于环境,而不是把人提升为环境的主宰;它们把自动发展的社会状态变成了一成不变的由自然预定的命运”③。因此,“道德义愤”只是马克思“从纯粹的人的感情上”来说的,只是马克思看待西方

① 《马克思恩格斯全集》第19卷,第451页。
② 《马克思恩格斯全集》第9卷,第148页。
③ 《马克思恩格斯全集》第9卷,第149页。

资产阶级侵略东方社会的一个视角。换言之，在唯物主义历史观中，价值关怀只是一个视角，另一个视角仍然是"历史观点"。

生产力是社会发展的最终决定力量，集中体现着社会发展，是社会进步的根本尺度。存在于某种生产关系、社会形态中的生产力如果能以其应有的速度向前发展，就表明这种生产关系、社会形态存在的必要性、可能性和价值。换言之，只要这种生产关系、社会形态能够容纳生产力继续以其应有的速度向前发展，它就能继续存在和发展。在此，任何道德愤怒都无济于事。价值尺度应该也必须服从历史尺度。所以，在研究东方社会的过程中，马克思多次提出"从纯粹的经济观点来看"和"从历史观点来看"东方问题，始终坚守历史尺度，并以此为基础评价东方社会的历史与现实，以及西方资产阶级对东方社会的侵略行为。

按照马克思的观点，西方资产阶级是在"极卑鄙的利益驱使"下入侵东方社会的，在主观上绝不是要使东方社会资本主义化，而是要使东方社会殖民化。但是，在这种殖民化的过程中，西方资产阶级给东方社会"带来""导入"了新式工业，打破了东方社会的自然经济结构，在客观上造就了有利于东方社会发展工业文明的条件，客观上"在亚洲造成了一场最大的、老实说也是亚洲历来仅有的一次社会革命"①，从而"充当了历史的不自觉的工具"。"如果亚洲的社会状况没有一个根本的革命，人类能不能完成自己的使命。如果不能，那末，英国不管是干出了多大的罪行，它在造成这个革命的时候毕竟是充当了历史的不自觉的工具。"②正是在这个意义上，马克思指出："无论古老世界崩溃的情景对我们个人的感情是怎样难受，但是从历史观点来看，我们有权同歌德一起高唱……'既然痛苦是快乐的源泉，那又何必因痛苦而伤心?'"③正是因为从历史观点出发，东方社会的"崩溃"没有使马克思感到惋惜；对古老帝国的"死去"，马克思的态度极为冷峻。按照马克思的观点，在东方社会与西方社会的冲突中，

① 《马克思恩格斯全集》第9卷，第148页。
② 《马克思恩格斯全集》第9卷，第149页。
③ 《马克思恩格斯全集》第9卷，第149—150页。

东方社会"激于道义","维护道德原则",西方社会"以发财的原则来对抗",以"获得贱买贵卖的特权",结果却是东方社会的"崩溃",古老的帝国"在这样一场殊死的决斗中死去"。这就是说,价值尺度与历史尺度在这里处于对立和离奇的冲突之中,社会进步以民族灾难为代价,古老的东方社会以其惨痛的代价换取了某种历史进步。"这的确是一种悲剧,甚至诗人的幻想也永远不敢创造出这种离奇的悲剧题材。"①

在我看来,悲剧不仅是一个美学范畴,一种戏剧艺术形式,而且是一个历史观范畴,是对历史上的个人、民族的一种评价尺度。凡属品德超群而又不容于世,终以身殉或终归失败的,都是悲剧性人物或民族。马克思用"悲剧"这一范畴显示出东方社会在与西方社会进行"殊死决斗"的过程中难以避免的失败及其客观原因,从而说明伦理原则、价值关怀必须以历史规律为基础。唯物主义历史观的确具有价值关怀的取向,但它的理论基础是历史尺度,即建立在历史规律的基础之上。

"英国在印度要完成双重的使命:一个是破坏性的使命,即消灭旧的亚洲式的社会;另一个是建设性的使命,即在亚洲为西方式的社会奠定物质基础。"②但是,马克思同时认为,这"双重的使命"都是不自觉的,西方资产阶级主观上并没有任何重新改建东方社会的意思,西方资产阶级在东方社会所实行的一切,既不会给东方人民带来自由,也不会根本改善他们的社会状况,"因为这两者都不仅仅决定于生产力的发展,而且还决定于生产力是否归人民所有"③。从本质上看,"生产力是否归人民所有"就是所有制问题,而"现存的所有制关系是一些国家剥削另一些国家的条件"④。

所以,马克思希望东方社会"有一个根本的革命",并且认为:"历史中的资产阶级时期负有为新世界创造物质基础的使命:一方面要造成以全

① 《马克思恩格斯全集》第 12 卷,人民出版社 1962 年版,第 587 页。
② 《马克思恩格斯全集》第 9 卷,第 247 页。
③ 《马克思恩格斯全集》第 9 卷,第 250 页。
④ 《马克思恩格斯选集》第 1 卷,第 308 页。

人类互相依赖为基础的世界交往,以及进行这种交往的工具,另方面要发展人的生产力,把物质生产变成在科学的帮助下对自然力的统治。资产阶级的工业和商业正为新世界创造这些物质条件,正像地质变革为地球创造了表层一样。只有在伟大的社会革命支配了资产阶级时代的成果,支配了世界市场和现代生产力,并且使这一切都服从于最先进的民族的共同监督的时候,人类的进步才会不再像可怕的异教神像那样,只有用人头做酒杯才能喝下甜美的酒浆。"①

无疑,这是一种历史尺度和价值尺度相统一的方法,它表明,唯物主义历史观是历史观和价值观的统一,体现着价值关怀的取向与历史尺度的坚守。

五、社会主义在东方国家首先实现的历史性必然性

社会主义代替资本主义的必然性首先是在西方发达国家形成的,然而是在东方落后国家首先实现的。造成这一历史"倒转"现象的根源仍是资本主义生产方式本身,这是西方资本主义生产方式的内在矛盾对东方国家冲击、渗透和影响的结果。

资本主义生产方式首先是在西方社会开始它的矛盾进程的,但随着世界历史的形成,资本主义生产方式便以整个世界为舞台进一步展开其矛盾运动,并在这个过程中冲击、影响、渗透东方社会,使东方较为落后的国家产生了同西方发达国家"类似的矛盾"。一切历史冲突都根源于生产力与生产关系的矛盾,然而,"完全没有必要等这种矛盾在这个国家本身中发展到极端的地步。由于同工业比较发达的国家进行广泛的国际交往所引起的竞争,就足以使工业比较不发达的国家内产生类似的矛盾"②。正是在这种"类似的矛盾"的推动和引导下,东方某些较为落后的国家能

---

① 《马克思恩格斯全集》第 9 卷,第 252 页。
② 《马克思恩格斯全集》第 3 卷,第 83 页。

够缩短某一历史进程或跨越某种社会形态,而直接走向更高级的社会形态。社会主义代替资本主义的必然性之所以能够在俄国、中国等东方国家首先实现,根源就在此。

20世纪初,俄国面临着一个新的时代。

从世界历史的总进程看,资本主义已由自由竞争阶段发展到垄断阶段,资本主义生产方式的内在矛盾呈现出激化状态,其标志就是经济危机频繁发生。同时,资本主义在各国的发展已经呈现出不平衡状态,资本主义世界体系矛盾四起,这是商品生产在世界市场的背景中发展的必然结果。对时代的深刻分析使列宁认识到"经济政治发展的不平衡是资本主义的绝对规律",这个绝对规律的存在,必然在资本主义链条上形成一个薄弱环节,从而使社会主义革命可能首先在少数甚至单独一个国家内获得胜利。

从俄国国内的状况看,此时俄国已经走上资本主义道路,"最先进的工业资本主义"和"最落后的土地占有制"同时存在,但相对于西欧来说,俄国还是一个落后的国家,在政治范畴上属于东方国家。同时,俄国已被卷入世界帝国主义的战争体系,并受到西欧资本主义生产方式内在矛盾的有力冲击、广泛渗透和深刻影响。

这种国际国内条件结合在一起,使俄国产生了同西方发达资本主义国家"类似的矛盾",这就是同资产阶级与地主阶级、资产阶级与农民阶级、地主阶级与农民阶级的矛盾交织在一起的无产阶级与资产阶级的矛盾。这种种矛盾交织在一起并处于激化状态,使俄国成为当时资本主义世界体系内在矛盾的集结点,成为资本主义链条上的薄弱环节。

这就为俄国未来发展提供了一种可能性,即缩短资本主义在俄国的历史进程,迈向社会主义的历史阶段。俄国无产阶级把握到了这一历史趋势,抓住了历史提供的"最好的机会",成功地进行了十月革命,从而使俄国的发展走上一条"奇特的道路",即一个经济落后的国家走到了世界历史的前列。实际上,这条"奇特的道路"的形成正是生产力与生产关系矛盾运动的民族性和世界性相互作用的结果,是资本主义生产方式的内在矛盾对俄国冲击、影响和渗透的结果。"奇特的道路"背后深藏着的,就是社会主义必然代替资本主义这一历史规律。

俄国十月革命是社会主义代替资本主义的必然性实现进程的起点,开创了社会主义的新时代,然而,苏联解体、东欧剧变又使社会主义运动走入低谷。

福山等人以此来否定十月革命,否定"两个必然",认为资本主义自由民主已成为"人类意识形态进步的终点与人类统治的最后形态,也构成历史的终结"[①]。这是一种历史虚无主义。我们不能以今天的失败来否定当年的成功,就像不能以某个人后天的夭折来否定他当年的出生一样。处在强大、发达的资本主义世界中,由落后国家开始的社会主义实践所遇到的困难是巨大的,不可能没有旋涡、没有挫折、没有反复,甚至会出现逆转和倒退。问题在于,在出现逆转、倒退的国家,随着新的资产阶级的形成,必将同时出现一个新的被雇佣的工人阶级;随着资产阶级重新处于统治地位,必将伴随着工人阶级重新处于被统治地位。已经解决了的矛盾将由此重新开始,"两个必然"将在改变了的历史条件下重新起作用,历史没有也不可能终结。

俄国缩短了资本主义的历史进程而走向社会主义,中国则越过资本主义的历史阶段,从一个半殖民地半封建社会直接走向社会主义。造成这一更为"奇特的道路"的,同样是生产力与生产关系矛盾运动的民族性和世界性相互作用的辩证法,是资本主义生产方式的内在矛盾对中国的冲击、影响和渗透。这是社会主义代替资本主义的必然性更为特殊的表现形式。

鲁迅曾对20世纪上半叶的中国社会状态做过一个经典概括,那就是"中国社会上的状态,简直是将几十世纪缩在一时:自油松片以至电灯,自独轮车以至飞机,自镖枪以至机关炮,自不许'妄谈法理'以至护法,自'食肉寝皮'的吃人思想以至人道主义,自迎尸拜蛇以至美育代宗教,都摩肩

[①] [美] 弗兰西斯·福山:《历史的终结》,本书翻译组译,远方出版社1998年版,第1页。

挨背的存在"①。的确如此。仅就生产力的状态而言,20世纪上半叶,中国的社会生产力,落后与先进就是"摩肩挨背"地并存,个体农业经济和手工业占90%,现代工业仅占10%。前者属于落后的生产力,它"同古代相似",或者说"停留在古代";后者属于先进的生产力,而且它较为集中,控制了国家的经济命脉,并造就了300万现代产业工人。这两种生产力相互作用、相互制约,形成了中国的总体生产力,并使之具有二重性。

在我看来,正是这种二重化的经济运动造成了"两个中国之命运",决定了中国的未来发展具有两种可能性,即发展并确立资本主义生产关系或建立社会主义生产关系。"两个中国之命运"本身是西方资本主义生产方式的内在矛盾对中国冲击、影响和渗透的结果。因此,中国未来发展的两种可能性哪一种能够成为现实,在很大程度上取决于中国与世界的关系以及世界历史的走向。

从中国历史看,中国是被西方资本主义国家用暴力强行拖入世界历史轨道的。在这个过程中,西方资本主义一方面在中国造就了"新式工业",破坏了封建经济的基础,在一定程度上不自觉地促进了中国资本主义的发展;另一方面,又勾结中国的封建势力压迫中国资本主义的发展,使中国资本主义发展处在一种畸形状态。"帝国主义列强侵入中国的目的,决不是要把封建的中国变成资本主义的中国⋯⋯相反,它们是要把中国变成它们的半殖民地和殖民地。"②这就是说,西方资本主义国家也不允许中国成为一个独立的资本主义国家。这似乎是一个矛盾,然而却是一个事实。西方资本主义的自身利益决定了这一历史现象的产生。

从世界历史看,20世纪上半叶,资本主义生产方式的内在矛盾已处于激化状态,经济危机不断发生,战争规模越来越大,从而向不发达国家显示了资本主义"未来的景象"。同时,十月革命又改变了世界历史的走向,并启示经济较为落后的国家"走俄国人的路"。由此,社会主义国家、发达

---

① 《鲁迅全集》第一卷,人民文学出版社2005年版,第360页。
② 《毛泽东选集》第二卷,第628页。

资本主义国家内的工人运动以及殖民地的民族解放运动遥相呼应,形成了"世界社会主义革命的时代"。当时的中国正处在这个"世界社会主义革命的时代"之中。

中国生产力的二重化、西方资本主义生产方式内在矛盾对中国的冲击、影响和渗透,以及"世界社会主义革命的时代",这种种国际国内条件结合在一起,使社会主义革命在中国的产生具有历史必然性。历史必然性就是社会经济运动对历史进程的根本制约性。社会主义革命在中国的历史必然性决定了中国未来发展的大概趋势,它的实现又表现为中国人民的实践过程,如何实现又取决于中国国内阶级力量的对比。

20世纪上半叶的中国既产生了同西方资本主义国家"类似的矛盾",即无产阶级与资产阶级的矛盾,又出现了西方资本主义国家所没有的特殊的"矛盾群",这就是中华民族与西方"资产阶级民族"、人民大众与封建势力、农民阶级与地主阶级、民族资产阶级与外国资产阶级和本国官僚资产阶级的矛盾等。这种种矛盾同无产阶级与资产阶级的矛盾交织在一起,形成了一个巨大的社会之网。其中,中华民族与西方"资产阶级民族"、人民大众与封建主义的矛盾构成了社会的主要矛盾。这就使社会主义代替资本主义的必然性在中国的实现具有特殊的形式。也确实如此。本来意义上的社会主义革命在中国就是通过新民主主义革命这个中介实现的。

在研究中国历史时,有的人总是不顾及历史的必然性而沉湎于"如果……就……"的假言判断中。在他们看来,如果戊戌变法成功了,中国就不会如此落后;如果中国在20世纪50年代选择了资本主义,今天就如何如何。然而,历史发展有其内在规律,它并不以"如果……就……"的公式为转移。实际上,对历史研究来说,"如果……就……"的判断是永远不能被验证的,因而是没有科学意义的。沉湎于这种研究方式,我们得到的就不是真实的历史,而是虚幻的历史。这绝不是误认风车为妖魔的堂吉诃德式的战斗,而是实实在在的两种历史观,即唯物主义历史观与唯心主义历史观的对立。

六、社会主义全面实现的历史必然性

社会主义革命在东方国家的首先实现,标志着社会主义代替资本主义的必然性由一种历史趋势开始转变为社会现实。然而,这只是起点,而不是终点。资本主义生产方式本质上"具有国际的性质",资产阶级的历史任务就是建立世界市场和以这种市场为基础的生产。正是在开拓世界市场、开创世界历史的过程中,资产阶级力图使一切民族都"采用资产阶级的生产方式",同时,又用暴力迫使"未开化和半开化的国家从属于文明的国家,使农民的民族从属于资产阶级的民族,使东方从属于西方"①,从而创造出一个资本主义的世界体系。因此,资本主义生产方式有世界性的活动场所。这就是说,社会主义代替资本主义的必然性可以在某一国家内首先单独实现,但它的全面实现,即社会主义最终战胜资本主义却是世界性的,是一个长期的世界历史的发展过程。

从结构上看,资本主义世界体系是一个"中心—外围"或"中心—卫星"式的体系,即发达国家是"中心"国,发展中国家是"卫星"国。恩格斯曾形象地指出:"英国是农业世界的伟大的工业中心,是工业太阳,日益增多的生产谷物和棉花的爱尔兰都围绕着它运转。"②在这样一个"中心—卫星"式的资本主义世界体系中,发达国家通过种种手段残酷剥削、掠夺发展中国家,包括:在发展中国家直接投资,利用其廉价劳动力资源;债务盘剥,造成发展中国家的债务危机;依靠其先进的科学技术和雄厚的经济实力,构成国际贸易中的双向垄断,即卖方垄断(垄断高价)和买方垄断(垄断低价),形成国际贸易中长期超越价值规律作用的不平等交换;等等。

---

① 《马克思恩格斯选集》第 1 卷,第 276—277 页。
② 《马克思恩格斯全集》第 21 卷,第 225 页。在德译本中不是"爱尔兰",而是"卫星"。参见编者注③。

在这个过程中,资本流遍全球,利润流向"中心"。发达国家的资产阶级通过双重剥削——不仅剥削本国的工人,而且剥削发展中国家的工人——得到双重好处,即既能在国外获得较高的利润率,又能在国内维持较高的剩余价值率。发达国家享尽全球化"红利",发展中国家却仍饱受贫穷落后之苦,结果是富国越来越富,穷国越来越穷,一边是发达国家财富的不断积累,一边是发展中国家贫困的不断加剧。现代科学技术和经济全球化的发展,并没有使世界各国普遍受益,世界发展中的不平衡反而更趋严重。

据有关资料统计,截至 20 世纪末,全世界有 13 亿人生活在绝对贫困线以下,日平均生活费用不足 1 美元。发达国家拥有全球生产总值的 86% 和出口市场额的 82%,而占世界人口绝大多数的发展中国家仅分别拥有 14% 和 18%。20 年前,联合国成员国中有 20 个最不发达国家,而现在上升到 48 个;40 年前,全世界最富的人口和最穷的人口人均收入比例是 30∶1,而现在已上升到 74∶1。

日益拉大的"数字鸿沟"表明,资本主义并没有消除阶级对立、贫富差距。相反,它在发达国家内剥削工人阶级的同时,又在世界范围内剥削工人阶级,并掠夺"农民的民族";它在发达国家内不断制造贫富差距的同时,又在世界范围内不断制造贫富差距,并且日益拉大这个差距;它并没有消除第三世界国家本来意义上的落后状态,反而使经济本来就落后的第三世界国家处于一种畸形发展或"不发达的发展"状态,经济安全与经济主权正面临着空前的压力和挑战;它没有消除发达国家的经济危机,又力图向发展中国家转嫁经济危机,并使发展中国家处在严重的经济危机、社会危机状态之中。

这就是说,发达国家的发达是以不发达国家的不发达为代价的,或者说,不发达国家的"不发达"是在资本主义世界体系中由发达国家的剥削、掠夺和控制所造成的一种扭曲的发展形式。"不发达并不是由孤立于世界历史主流之外的那些地区中古老体制的存在和缺乏资本的原因造成的。恰恰相反,不论过去或现在,造成不发达状态的正是造成经济发达

(资本主义本身的发展)的同一历史进程。"①一句话,资本主义世界体系造成了发达与不发达这两种对立的状态。

这种发达国家与不发达国家的矛盾又是同无产阶级与资产阶级两个阶级、社会主义与资本主义两种制度的矛盾交织在一起的。如前所述,发达国家的资产阶级不仅剥削本国工人阶级,而且剥削发展中国家的工人阶级,所以,发达国家与不发达国家之间的矛盾交织着无产阶级与资产阶级的矛盾。同时,东方社会主义国家的产生是资本主义生产方式的内在矛盾对东方国家冲击、影响和渗透的结果,而且东方社会主义国家在经济发展水平上也属于发展中国家,所以,发达国家与发展中国家之间的矛盾又交织着资本主义制度与社会主义制度的矛盾。总之,资本主义世界体系的内在矛盾表现为交织在一起的发达国家与发展中国家、资产阶级与无产阶级、资本主义与社会主义的矛盾。从根本上说,这些矛盾的出现并交织在一起正是资本主义生产方式及其内在矛盾世界化的结果。

实际上,资本主义经济需要外部的非资本主义或"准资本主义"的空间和市场,并在其中扩张,不发达国家对发达国家的经济"从属"或"依附"关系即"中心—卫星"式的关系,是资本主义生产方式在世界范围内得以确立和发展的必要条件。因此,不发达国家所处的这种贫困落后状态不可能通过发达国家的资本主义扩张来克服。

更重要的是,现代不发达国家的资本主义发展与发达国家历史上的资本主义发展具有不同的性质,资本主义的世界体系需要发展中国家保持其不发达地位,不允许发展中国家走上与发达国家相同的发展道路。这就是说,不发达国家不可能再沿着发达资本主义国家已经走过的路实现经济发展,相反,只有走社会主义道路才能摆脱对发达国家的经济"从属"或"依附",从而真正实现经济和社会发展。

现代发达国家与不发达国家的矛盾是资本主义生产方式内在矛盾的

---

① [美]查尔斯·K. 威尔伯:《发达与不发达问题的政治经济学》,高铦等译,中国社会科学出版社1984年版,第151页。

表现形式,而且是其突出的表现形式。东方一些国家走上社会主义道路就是社会主义代替资本主义的必然性的一种特殊表现形式,是处在资本主义世界体系中的落后国家寻求再生之路的一种自觉选择。改革本质上是社会主义国家在寻找一条新的发展道路,同样也是处在资本主义世界体系中、仍属于发展中国家的社会主义国家寻求再生之路的一种自觉选择。

从人类总体历史看,"无论哪一个社会形态,在它所能容纳的全部生产力发挥出来之前,是决不会灭亡的;而新的更高的生产关系,在它的物质存在条件在旧社会的胎胞里成熟以前,是决不会出现的"①。这里的"两个决不会"与"两个必然"具有内在的统一性。具体地说,资本主义社会的生产力越是发挥,社会主义社会的物质存在条件就越是趋于成熟;资本主义社会所能容纳的全部生产力完全发挥出来之日,也就是社会主义社会的物质存在条件完全成熟之时,此时,"两个必然"将全面实现。

这就是说,资本主义的发达同它的必然灭亡并不是对立的。实际上,资本主义越发达,越是预示由整个社会共同占有生产资料和把生产成果转归整个社会共同占有,不仅是必要的,而且是可能的。"两个决不会"与"两个必然"是一个理论整体,它体现了历史唯物论和历史辩证法的高度统一。这一唯物辩证法启示我们:在坚信"两个必然"时,不能忽视"两个决不会";在面对"两个决不会"时,不能忘记"两个必然"。

在当代,资本主义所能容纳的全部生产力远未发挥穷尽,因而还未发展到它的极限。没有发展到极限并不等于没有极限。生产资料资本家占有制从根本上规定了资本主义发展的极限,资本主义世界体系的内在矛盾,即发达国家与发展中国家、资产阶级与无产阶级、资本主义社会与社会主义社会的矛盾规定了资本主义发展的空间。由于资本本身的生存和发展建立在无限推动生产力发展和无限追逐剩余价值的矛盾之上,或者说,资本本身就是这一矛盾的生成和展开,因此,一旦生产力发展到一定

①《马克思恩格斯选集》第2卷,第33页。

阶段，一旦资本扩张在世界范围内达到"饱和"状态，资本主义的发展就到了它的极限。资本在空间扩张的极限，就是作为一种"世界性的制度"的资本主义的灭亡。

同时，社会主义具有旺盛的生命力，但社会主义要真正成为一种"世界性的制度"，也只有在新的世界体系中才能实现。正如马克思所说，"无产阶级只有在世界历史意义上才能存在，就像共产主义——它的事业——只有作为'世界历史性的'存在才有可能实现一样"①。这就是说，社会主义代替资本主义是一个世界历史进程，"两个必然"的全面实现是"世界历史性"的。

资本主义的寿命还有多长，这无法预料。马克思主义者不是算命先生，"两个必然"理论所揭示的是历史发展的"路线图"，而不是历史进程的"时间表"。问题的关键在于，不能把资本主义看成社会发展的终极形态，变暂时的相对稳定为永恒的绝对形式；不能把社会主义暂时的挫折看成永久的失败，变运动中的曲折为运动的终结。从人类总体历史进程看，社会主义代替资本主义的历史进程才刚刚开始，"两个必然"的实现这一威武雄壮的历史活剧仅仅是拉开了序幕。把起点当作终点，把序幕当作谢幕，这是历史的错觉。正如邓小平所说，"封建社会代替奴隶社会，资本主义代替封建主义，社会主义经历一个长过程发展后必然代替资本主义。这是社会历史发展不可逆转的总趋势，但道路是曲折的。资本主义代替封建主义的几百年间，发生过多少次王朝复辟？所以，从一定意义上说，某种暂时复辟也是难以完全避免的规律性现象"②。

七、社会主义代替资本主义的价值取向

从资本主义社会向社会主义社会的转变意味着人类的解放。在资本

---

① 《马克思恩格斯选集》第 1 卷，第 87 页。
② 《邓小平文选》第三卷，人民出版社 1993 年版，第 382—383 页。

主义以至整个私有制社会中,绝大多数社会成员承担着维持人类生存的物质生产活动,只有极少数社会成员才能得到全面发展的机会。这就是说,社会要靠牺牲绝大多数人才能得到发展,极少数人的发展是以绝大多数人的不发展为代价的。"在资产阶级社会里,资本具有独立性和个性,而活动着的个人却没有独立性和个性。"①人、人的活动、人的社会都异化了,人成了"单向度的人"。

社会主义革命就是要实现无产阶级和人类解放,从而实现"每个人的自由发展"和"一切人的自由发展"②,确立"有个性的个人"③。促进人的全面发展是社会主义社会的本质要求,共产主义社会则是"以每个人的全面而自由的发展为基本原则的社会形式"④。如果说社会主义代替资本主义的必然性理论体现的是唯物主义历史观的历史尺度,即科学尺度,那么,扬弃人的异化,实现人的全面而自由发展的观点,体现的则是唯物史观的价值尺度。这是对人的现实存在和终极存在的双重关怀,是全部哲学史上最激动人心的关怀。

人类从前资本主义社会、资本主义社会向社会主义社会的转变过程,也就是从人的依赖性、以物的依赖性为基础的人的独立性逐步达到人的自由个性的过程。马克思指出:"人的依赖关系(起初完全是自然发生的),是最初的社会形态,在这种形态下,人的生产能力只是在狭窄的范围内和孤立的地点上发展着。以物的依赖性为基础的人的独立性,是第二大形态,在这种形态下,才形成普遍的社会物质变换,全面的关系,多方面的需求以及全面的能力的体系。建立在个人全面发展和他们共同的社会生产能力成为他们的社会财富这一基础上的自由个性,是第三个阶段。"⑤人的依赖关系占统治地位的阶段,是同社会发展中的自然经济形态相适应的。在这种历史形态中,个人不是作为独立的个人,而是作为一定自然

①《马克思恩格斯选集》第1卷,第287页。
②《马克思恩格斯选集》第1卷,第294页。
③《马克思恩格斯选集》第1卷,第119页。
④《马克思恩格斯全集》第23卷,第649页。
⑤《马克思恩格斯全集》第46卷上,第104页。

共同体的成员,直接依附于这个自然共同体。"我们越往前追溯历史,个人,从而也是进行生产的个人,就越表现为不独立,从属于一个较大的整体。"①个人对自然共同体的依赖关系,具体体现在个人对自然共同体代表人物的从属关系中,而自然共同体内部依靠宗法等级制度建立起来的社会关系,则造成了普遍的人身依附关系。社会的每个成员在这个关系中既不独立,也没有自由。

以物的依赖性为基础的人的独立性的阶段,是同社会发展中的商品经济形态相适应的。在这种历史形态中,个人摆脱了人身依附关系,获得了独立性。但是,个人获得的这种独立性是建立在对物的依赖性基础之上的,人与人的关系转化为物与物的关系,人与人之间的社会关系以异己的物的关系的形式同个人相对立,个人只有掌握资本才能获得独立性。正是在这个意义上,马克思认为,在这种社会形态中,"资本具有独立性和个性,而活动着的个人却没有独立性和个性"②。

按照马克思的观点,生产力发展到一定阶段,一方面出现了剩余产品,另一方面产生了社会分工。分工使物质活动与精神活动、劳动与享受、生产与消费由不同的人来分担成为可能,而剩余产品的出现使这种可能成为现实。同时,"只要特殊利益和共同利益之间还有分裂,也就是说,只要分工还不是出于自愿,而是自然形成的,那么人本身的活动对人来说就成为一种异己的、同他对立的力量,这种力量压迫着人,而不是人驾驭着这种力量"③。人的活动所形成的社会力量反过来成为一种"在他们之外的强制力量","同他对立的力量",反过来压迫人、支配人,这就是人的异化。人的异化在人类进入文明社会后就已经出现了。

在"人的依赖性"占主导地位的社会形态中,个人没有独立性,劳动者仅仅被当作劳动的自然条件。正如马克思所说,"在奴隶制关系和农奴制依附关系中,没有这种分离;而是社会的一部分被社会的另一部分简单地

---

① 《马克思恩格斯全集》第46卷上,第21页。
② 《马克思恩格斯选集》第1卷,第287页。
③ 《马克思恩格斯选集》第1卷,第85页。

当作自身再生产的无机自然条件来对待。奴隶同自身劳动的客观条件没有任何关系;而劳动本身,无论采取的是奴隶的形态,还是农奴的形态,都是作为生产的无机条件与其他自然物同属一类的,是与牲畜并列的,或者是土地的附属物"①。这就使一部分人与另一部分人的关系异化为人与物的关系,即劳动者被当作物(劳动的自然条件),被不劳动的剥削者所占有和支配。对劳动和劳动者来说,这就是异化。但是,这种异化仅仅是社会部分成员的异化,还不是社会每个成员的异化。

在"以物的依赖性为基础的人的独立性"占主导地位的社会形态中,人与人之间的社会关系变成了商品关系,货币成为人与人之间进行商品交换的媒介,人与人的社会关系被物化为货币关系。换言之,个人劳动的直接目的是得到货币,个人的需求必须依靠货币购买商品才能得到满足,人与人之间的社会依赖性转化为对货币的依赖性,货币成为人与人之间社会关系的物化形态。

这种物化的社会关系本来是人们交往的产物,但它出现之后,对每个人来说,则成为一种外在的关系,并作为一种"外在的强制力量"支配着个人的命运,使个人成为受外在因素摆布的"偶然的个人"。从阶级的角度来看,工人阶级不仅受货币这种物化的社会关系的统治,还受资本这种物化的社会关系的剥削;从个人的角度来看,每个人都受货币这种物化的社会关系的统治,都受到资本这种物化的社会关系的支配。"资本是集体的产物,它只有通过社会许多成员的共同活动,而且归根到底只有通过社会全体成员的共同活动,才能运动起来。"②这是人的普遍异化的历史阶段。

在人的普遍异化的状态下,人的发展也出现了普遍的片面化,每个人都成为"片面的人",即"单向度的人"。

首先,私有制和强制性分工使每个人的活动范围都固定化了,个人能力的发展因此也片面化了。"当分工一出现之后,任何人都有自己一定的

① 《马克思恩格斯全集》第 46 卷上,第 488 页。
② 《马克思恩格斯选集》第 1 卷,第 287 页。

特殊的活动范围,这个范围是强加于他的,他不能超出这个范围:他是一个猎人、渔夫或牧人,或者是一个批判的批判者,只要他不想失去生活资料,他就始终应该是这样的人。"①因此,在这个历史阶段上,"一部分人变为受局限的城市动物","另一部分人变为受局限的乡村动物"②;一部分人成为头脑发达的脑力劳动者,另一部分人则成为四肢发达的体力劳动者,而且机器的使用使人的片面发展更为畸形化。

其次,在大工业和竞争中,人的一切生存条件、一切片面性都融合为两种最简单的形式——私有制和劳动,人被分化为有产者与无产者、资本家与雇佣劳动者,不仅工人不可能全面发展,资本家也不例外。"精神空虚的资产者为他自己的资本和利润欲所奴役;律师为他的僵化的法律观念所奴役……一切'有教养的等级'都为各式各样的地方局限性和片面性所奴役,为他们自己的肉体上和精神上的近视所奴役,为他们的由于受专门教育和终身束缚于这一专门技能本身而造成的畸形发展所奴役。"③私有制使个人只关心自己和社会的区别,而不顾自己和社会的联系,个人片面发展了自己的自我性,而忽视了自己的社会性。

再次,物化的社会关系使人与人之间的社会关系片面化为纯粹的金钱关系,使人的活动目的片面化为单纯地追求金钱。"钱是一切事物的普遍价值,是一种独立的东西。因此它剥夺了整个世界——人类世界和自然界——本身的价值。钱是从人异化出来的人的劳动和存在的本质;这个外在本质却统治了人,人却向它膜拜。"④由此,人的需求片面化了,人的全部感觉变成了单纯占有物的感觉,人成了"单向度的人"。

"建立在个人全面发展和他们共同的社会生产能力成为他们的社会财富这一基础上的自由个性"⑤占主导地位的社会形态,是同社会发展中的时间经济或产品经济相适应的。这种社会形态是"自由人的联合体",

① 《马克思恩格斯选集》第 1 卷,第 85 页。
② 《马克思恩格斯选集》第 1 卷,第 104 页。
③ 《马克思恩格斯全集》第 20 卷,第 317 页。
④ 《马克思恩格斯全集》第 1 卷,第 448 页。
⑤ 《马克思恩格斯全集》第 46 卷上,第 104 页。

这种联合体对个人来说不是"虚假的集体",而是"真实的集体";社会关系不再作为异己的力量支配人,而是置于人们的共同控制之下,成为实现自由个性的形式。

只有在这种社会共同体中,"个人才能获得全面发展其才能的手段,也就是说,只有在共同体中才可能有个人自由。在过去的种种冒充的共同体中,如在国家等等中,个人自由只是对那些在统治阶级范围内发展的个人来说是存在的……在真正的共同体的条件下,各个人在自己的联合中并通过这种联合获得自己的自由"①。在这种社会共同体中,每个人的自由发展成为一切人的自由发展的条件。

扬弃人的异化,使人得到全面发展,一方面需要高度发达的生产力,另一方面需要通过"联合起来的个人"占有生产力的总和,消除私有制。"随着联合起来的个人对全部生产力的占有,私有制也就终结了。"②只有这样,才能扬弃人的异化,实现人的全面发展,创造人的自由个性。人的异化不是人向非人的转化,而是人们还没有创造出高度发达的社会生产力和全面的社会关系,并将这种生产力和社会关系置于自己的自觉控制之下造成的;人向全面性方向的发展,也不是什么人性的复归,不是什么人的全面本质的失而复得,而是通过创造高度发达的社会生产力和全面的社会关系全面创造并占有自己的本质,通过社会全体成员合理运用自由时间实现自己的自由个性。

实践是人的存在方式,人的本质在其现实性上是一切社会关系的总和。人的发展的全面性,归根到底取决于实践发展的全面性和社会关系的全面性。正如马克思所说,"个人的全面性不是想象的或设想的全面性,而是他的现实关系和观念关系的全面性"③。促进人的全面发展,最终实现人的自由个性,需要充分的自由时间。与近代科学、近代哲学以及古代哲学都不同,唯物主义历史观从现实的人及其活动出发去理解时间,强

①《马克思恩格斯选集》第 1 卷,第 119 页。
②《马克思恩格斯选集》第 1 卷,第 130 页。
③《马克思恩格斯全集》第 46 卷下,第 36 页。

调"时间实际上是人的积极存在,它不仅是人的生命的尺度,而且是人的发展的空间"①。时间之所以能够成为人的生命尺度和发展空间,是因为时间能够体现人的生命特点和生命价值。具体地说,人能够按照自身的标准来减少不能体现自己生命本性和发展要求的活动时间,增加能够体现自己生命本性和发展要求的活动时间,从而为实现自己的生命意义创造条件。

"劳动时间本身只是作为主体存在着,只是以活动的形式存在着。"②正因为时间以人的活动的形式存在着,伴随着人的活动的发展和分化,必然是人的活动空间的扩大。随着生产力的发展,人的活动逐渐产生分化,从生产活动中分化出交往活动,从物质交往中分化出精神交往……每一种活动不断分化出新的活动领域;这种活动的不断分化和活动领域的不断扩大必然造成人的活动空间和发展空间的不断扩展;每一次活动的分化和交往的扩大又意味着人与自然之间新的关系的形成、人与人之间新的社会关系的建立,一句话,标志着人的新的活动和发展空间的建立。

按照马克思的观点,自由时间的多少直接决定着人的发展空间的大小,而自由时间在量上又直接取决于剩余劳动时间,"剩余劳动一方面是社会的自由时间的基础,从而另一方面是整个社会发展和全部文化的物质基础"③。发展生产力,提高劳动生产率,实际上就是缩短必要劳动时间,增加自由时间,扩大人的活动和发展空间。对个人来说,自由时间的增加实际上是提供了一个新的活动舞台,舞台越大,发展的可能性也就越大;就人类而言,整个人类的发展无非是对自由时间的运用,有了更多的自由时间,才有整个社会的更大进步,才有人类能力的更大发展。

"正象单个人的情况一样,社会发展、社会享用和社会活动的全面性,都取决于时间的节省。一切节约归根到底都是时间的节约。"④因此,时间

---

① 《马克思恩格斯全集》第 47 卷,人民出版社 1979 年版,第 532 页。
② 《马克思恩格斯全集》第 46 卷上,第 118 页。
③ 《马克思恩格斯全集》第 47 卷,第 257 页。
④ 《马克思恩格斯全集》第 46 卷上,第 120 页。

节约的规律便成为调节社会生活的"首要的经济规律"。这个规律不会因为社会制度的改变而被消除,能够改变的只是这一规律实现的社会形式。"时间的节约,以及劳动时间在不同的生产部门之间有计划的分配,在共同生产的基础上仍然是首要的经济规律。"①时间因素在人的发展中的首要意义,正是由这种规律的首要性决定的。换言之,时间节约的规律也是人的发展的首要规律。通过提高劳动生产率而节约劳动时间,实际上就是创造了人的发展的空间。

在阶级社会中,自由时间的创造与占有并不是统一的,相反,二者是背离的。"社会的自由时间的产生是靠非自由时间的产生,是靠工人超出维持他们本身的生存所需要的劳动时间而延长的劳动时间的产生。同一方的自由时间相应的是另一方的被奴役的时间。"②私有制和旧式分工使劳动者被迫承担整个社会的劳动重负,他们创造了自由时间,却不能占有和支配自由时间,因而无法获得相应的发展空间;而不从事劳动的社会成员却凭借占有生产资料的地位,通过侵占剩余劳动而占有和支配着自由时间而获得了相应的发展空间。这就是说,在阶级社会中,少数人的发展是以剥夺众多劳动者的剩余劳动时间、自由时间为基础的,少数人的发展是以多数人的不发展或片面发展为代价的。这种自由时间创造与占有上的分离,在资本主义社会达到了极端程度。

按照马克思的观点,劳动是价值的唯一源泉,工人的剩余劳动生产出剩余劳动时间、自由时间。然而,在资本主义社会,这种自由时间却为不劳动阶级所占有和支配。"在资本方面表现为剩余价值的东西,正好在工人方面表现为超过他作为工人的需要,即超过他维持生命力的直接需要而形成的剩余劳动。"③"剩余产品把时间游离出来,给不劳动阶级提供了发展其他能力的自由支配的时间。因此,在一方产生剩余劳动时间,同时在另一方产生自由时间。整个人类的发展,就其超出对人的自然存在直

①《马克思恩格斯全集》第46卷上,第120页。
②《马克思恩格斯全集》第47卷,第216—217页。
③《马克思恩格斯全集》第46卷上,第287页。

接需要的发展来说,无非是对这种自由时间的运用,并且整个人类发展的前提就是把这种自由时间的运用作为必要的基础。"①

"一方面,任何个人都不能把自己在生产劳动这个人类生存的自然条件中所应参加的部分推到别人身上;另一方面,生产劳动给每一个人提供全面发展和表现自己全部的即体力的和脑力的能力的机会,这样,生产劳动就不再是奴役人的手段,而成了解放人的手段。"②社会主义社会的建立使生产劳动从"奴役人的手段"转变为"解放人的手段",从而不断促进人的全面发展;共产主义社会就是要实现人的全面而自由发展,而要实现人类解放和人的全面而自由发展,就必须使联合起来的个人占有和支配自由时间。

"所有自由时间都是供自由发展的时间",而人的自由发展就是"超出对人的自然存在直接需要的发展"。这种支撑自由发展、提供自由时间的自由的活动,不再是维持"单纯生存"、体现人的生存的"自然的必然性"的自发活动,而是人为了发展自身的能力、占有自己的全面本质的自主活动。要从这种自发活动转向自主活动,"工作日的缩短是根本条件"③。"工作日的缩短"所提供的充裕的自由时间,联合起来的个人对这种自由时间的占有和支配,最终使劳动由人的谋生的手段转变为生活的目的,从而实现劳动意义的革命性变化。这一革命性变化将消除异化劳动,扬弃人的异化,实现以每个人自由发展为条件的一切人的自由发展。这是一个漫长的历史过程。社会主义制度的建立使我们站到了这一历史过程的起点上。

---

① 《马克思恩格斯全集》第 47 卷,第 216 页。
② 《马克思恩格斯全集》第 20 卷,第 318 页。
③ 《马克思恩格斯全集》第 25 卷下,第 927 页。

第十一章

历史科学方法范式的根本转换

在一般意义上,方法是思维如何发散和收敛的规则,是人们认识和改造客体的手段、方式和程序。顾名思义,历史科学方法是人们分析、把握历史现象及其内在规律的规则和程序。历史科学方法随着对社会、历史本身理解的多样化日益发展起来。如果把历史科学方法的演化与对社会界说的模式联系在一起考察,可以把历史科学方法划分为七种范式,其中,唯物主义历史观的创立实现了历史科学方法范式的历史性转换。

一、唯物主义历史观与历史科学方法的独立化

马克思、恩格斯极为重视历史科学,明确指出:"我们仅仅知道一门唯一的科学,即历史科学。历史可以从两方面来考察,可以把它划分为自然史和人类史。但这两方面是不可分割的;只要有人存在,自然史和人类史就彼此相互制约。自然史,即所谓自然科学,我们在这里不

谈;我们需要深入研究的是人类史,因为几乎整个意识形态不是曲解人类史,就是完全撇开人类史。意识形态本身只不过是这一历史的一个方面。"①但是,马克思、恩格斯在这里所说的"历史科学"并不是当今学科分类、学科建制意义上的"历史学",而是泛指包括历史学在内的整个社会科学。正如恩格斯所说,"历史在这里应当是政治、法律、哲学、神学,总之,一切属于社会而不是单纯属于自然界的领域的简单概括"②。

如同自然科学脱胎于自然哲学一样,历史科学也蕴含于道德哲学之中。伴随着现代工业革命,历史科学从这种哲学形态中分化出来并获得了自身的独立形态。换言之,人类社会在进入资本主义时代之前并没有独立的历史科学方法,人们对社会或者历史的研究或者是套用道德哲学、哲学本体论,或者是套用自然科学方法。

套用道德哲学来研究历史,主要是古代的历史研究方法。这种方法的根本特点是用"性善""性恶"等来规范社会、把握历史,描述理想的社会形态。著名历史学家萨拜因在分析柏拉图的国家理论时指出:"这个理论从这样一个概念开始,即必须从事有条不紊的研究来了解善,然后根据这善的观念,通过阐明一切社会所包含的相互需要这一原则,来作出对社会的构想。"③有的古代哲学家则从其哲学本体论即自然本体论推出社会观,主张"人法地,地法天,天法道,道法自然"。

套用自然科学方法来研究历史,主要是近代的历史研究方法。在近代,牛顿力学的成功促使一大批历史科学家用"万有引力"来研究历史,构造出"社会物理学""社会引力学"等学说,形成了历史科学史上的"自然科学时代"。自然科学的成功对历史科学家来说既有诱惑力,又有压力,总之,具有威力。正是科学的威力促使许多历史科学家聚集在科学主义

① 《马克思恩格斯选集》第 1 卷,第 66 页。

② 《马克思恩格斯选集》第 4 卷,第 726—727 页。马克思偶尔也把历史科学与社会科学分开使用,如在《〈政治经济学批判〉导言》中,马克思并列提出了"历史科学、社会科学"(《马克思恩格斯选集》第 2 卷,第 24 页)。

③ [美]乔治·霍兰·萨拜因:《政治学说史》上册,盛葵阳等译,商务印书馆 1986 年版,第 83 页。

的大旗下,力图用自然科学方法研究社会历史。近代唯物主义就是从自然科学方法论出发,把机械论的自然观推广到人类社会,认为"人是机器",整个社会也不过是一架大钟表。自然科学本无意向历史科学献媚,但它往往又决定了历史科学以及哲学的面貌。

历史科学研究套用道德哲学或自然科学的方法,表征着这样一个历史事实,即"自然联系"在社会中占据统治地位,历史本身的主体与客体关系尚未独立出来。只是在人类社会进入资本主义时代后,"社会、历史所创造的因素"占据统治地位,社会与个人处于形式上的对立,社会才成为人们研究的对象:历史事实如何抽象、如何描述、如何解释,才成为历史科学家争论不休的问题。只是在这个时候,历史科学方法才成为现实的问题,成为一个必须解决的问题提出来。

从总体上看,历史科学方法包括三方面的内容:一是科学抽象系统,这一系统重在揭示历史现象"是什么",并把历史规律逻辑地表述出来;二是科学解释系统,这一系统重在对"是什么"进行"为什么"的解释,是对历史现象进行"理解"的方法;三是科学实证系统,即以一定的实践形式来检验历史理论,如马克思认为,唯物主义历史观就是"真正的实证科学"[1]。历史科学方法只有在具备抽象、解释和实证这三大方法系统后,才是具有自身独立性和特殊性的方法。

历史科学方法的独立化是立足于捕捉历史规律及其特殊性的过程,它历经文艺复兴的"人文科学"、维柯的"历史哲学"、狄尔泰的"精神科学"、李凯尔特的"文化科学"和马克思的唯物主义历史观等理论形态,终于发现了历史规律及其特殊性。

其一,"自然科学家一般不是他所正研究的现象的参与者,而社会科学家则是"[2]。换言之,历史科学研究者本身就在社会现象之网中,他必然把自己的价值取向、爱好、激情渗透到研究客体中,而客体又反过来影响

---

[1] 《马克思恩格斯选集》第 1 卷,第 73 页。
[2] [美] 肯尼思·D. 贝利:《现代社会研究方法》,许真译,上海人民出版社 1986 年版,第 44 页。

着研究主体。

其二,自然运动是"自在"的,历史活动则是"自为"的,是人们有目的、有意识的行动过程,人们自己创造自己的历史。在这个过程中,人们每前进一步都对自身的认识达到一个新的高度,历史因此又是人的自我认识、自我变革的历史。

其三,历史规律形成并实现于人的活动中,而"在社会历史领域内进行活动的,是具有意识的,经过思虑或凭激情行动的,追求某种目的的人;任何事情的发生都不是没有自觉的意图,没有预期的目的的"①。这就使人成为历史的主体,并使同一个历史活动往往产生不同的历史结果。不仅如此,历史活动充满随机性,历史事件是一次性产生的,具有不可逆性,也不可能在实验室中重新模拟再现出来。

历史规律的存在及其特殊性向人们提出这样一个问题,即对历史的研究必须有适合历史的特殊方法。实际上,历史科学方法的提出和独立化就是其自身"殊化"的过程。可以从"抽象"方式的确立、"理解"方式的提出和"从后思索"方式的形成这三个方面认识这一"殊化"过程。

"抽象"方式的确立。马克思指出:"分析经济形式,既不能用显微镜,也不能用化学试剂,抽象是唯一可以当作分析工具的力量。"②实际上,对于整个历史科学来说,科学抽象法具有普遍的意义。历史科学研究无法应用实验室方法,只有科学抽象法才能深刻地揭示历史规律。唯物主义历史观"不过是从对人类历史发展的考察中抽象出来的最一般的结果的概括"③。

科学抽象法是一个有序发展的研究过程,它要求对历史的研究从"感性具体"出发,经过对"完整的表象""生动的整体"的分析,上升到"抽象的规定";然后,在抽象的基础上,经过综合,把反映事物各方面本质的"抽象的规定"联系起来,形成"思想具体",即在思维行程中导致具体的再现,

---

① 《马克思恩格斯选集》第 4 卷,第 247 页。
② 马克思:《资本论》(根据作者修订的法文版第一卷翻译),第 2 页。
③ 《马克思恩格斯选集》第 1 卷,第 73—74 页。

从而使"材料的生命""观念地反映出来"。"17世纪的经济学家总是从生动的整体,从人口、民族、国家、若干国家等等开始,但是他们最后总是从分析中找出一些有决定意义的抽象的一般的关系,如分工、货币、价值等等。这些个别要素一旦多少确定下来和抽象出来,从劳动、分工、需要、交换价值等等这些简单的东西上升到国家、国际交换和世界市场的各种经济学体系就开始出现了"①,即形成了独立的经济科学。

"理解"方式的提出。理解的方式就是解释学的方式,即把历史现象当作文本,通过解释它的意义来把握它。理解的方法对历史科学之所以绝对必要,是因为历史科学是研究人的活动的科学,在人的活动中当然贯彻着人的意愿、目的,渗透着人文的因素,这与自然科学所研究的物理、化学、生物等自然现象不同。"如果说在自然科学中,任何对规律性的认识只有通过可计量的东西才有可能,那么,在精神科学中,每一个抽象原理归根到底都通过与精神生活的联系才能获得自己的论证,而这种论证是在体验和理解中获得的。"②我注意到,唯物主义历史观蕴含着独特的理解方法。按照马克思的观点,人们对历史的理解总是从"片面的理解"经过"自我批判"达到"客观的理解"。"基督教只有在它的自我批判在一定程度上,可说是在可能范围内完成时,才有助于对早期神话作客观的理解。同样,资产阶级经济学只有在资产阶级社会的自我批判已经开始时,才能理解封建的、古代的和东方的经济。"③"历史发展总是建立在这样的基础上的:最后的形式总是把过去的形式看成是向着自己发展的各个阶段,并且因为它很少而且只是在特定条件下才能够进行自我批判,——这里当然不是指作为崩溃时期出现的那样的历史时期,——所以总是对过去的形式作片面的理解。"④马克思在这里指出的"片面的理解"—"自我批判"—"客观的理解",就是唯物史观的理解方法。

---

① 《马克思恩格斯选集》第2卷,第18页。
② *The Complete Works of Dilthey*, vol. 7, Toibner, 1936, p. 323.
③ 《马克思恩格斯选集》第2卷,第24页。
④ 《马克思恩格斯选集》第2卷,第23—24页。

"从后思索"方式的形成。关于"从后思索"这一方法，许多思想家以不同范式、不同命题表达出来，如海德格尔的"在总是此在之在"，克罗齐的"一切历史都是当代史"，伽达默尔的"视界融合"，等等。马克思明确指出："对社会生活形式的思索，从而对它的科学分析，遵循着一条同实际运动完全相反的道路。这种思索是从事后开始的，是从已经完全确定的材料、发展的结果开始的。"①

按照马克思的观点，历史中的各种因素和关系，只有在其充分发展、充分展现后才能被充分认识，犹如人体解剖对于猴体解剖是一把钥匙；同时，在现实社会中，历史上那些已经覆灭的社会形式的"残片和因素"，"一部分是还未克服的遗物，继续在这里存留着，一部分原来只是征兆的东西，发展到具有充分意义"，或者"那些早期形式的各种关系，在它里面常常只以十分萎缩的或者完全歪曲的形式出现"②。所以，研究历史只能采取"从后思索"的方法，即从现实，尤其是从社会关系"完全成熟而具有典范形式上的发展点"出发，通过对历史的"透视"和由结果到原因的"反归"来把握历史运动的内在逻辑。

正是在这种"抽象""理解"和"从后思索"的过程中，马克思把社会关系归结于生产关系，并把生产关系归结于生产力的高度，从而发现了历史规律及其重复性、常规性，并能以"自然科学的精确性"指明社会的物质变革。③ 正如列宁所说，"唯物主义提供了一个完全客观的标准，它把生产关系划为社会结构，并使人有可能把主观主义者认为不能应用到社会学上来的重复性这个一般科学标准，应用到这些关系上来"④。只要"把社会关系归结于生产关系，把生产关系归结于生产力的水平"，就能发现历史规律的重复性和常规性，"有可靠的根据把社会形态的发展看作自然历史过程。不言而喻，没有这种观点，也就不会有社会科学"⑤。

① 马克思：《资本论》（根据作者修订的法文版第一卷翻译），第55页。
②《马克思恩格斯选集》第2卷，第23页。
③ 参见《马克思恩格斯全集》第13卷，第9页。
④《列宁选集》第1卷，第8页。
⑤《列宁选集》第1卷，第8—9页。

任何一门科学都以研究、发现和把握某种规律为己任,任何一种学说要想成为科学就必须发现和把握某种规律。历史规律及其重复性、常规性的发现,研究问题的精确性的形成,使唯物主义历史观成为一门科学,一门成熟的科学,用马克思的话来说,就是"真正的实证科学"。可见,历史科学方法的独立化与唯物主义历史观的创立密切相关,或者说,唯物史观的创立标志着历史科学方法的真正形成和独立化。

二、实践反思法与历史科学方法范式的根本转换

历史科学方法从近代走向现代,是通过实证主义、人文主义和唯物主义历史观这三条道路实现的。其中,真正具有革命意义的当属唯物主义历史观。

实证主义的科学方法源于培根的经验哲学和牛顿—伽利略的自然科学方法,后经孔德成为一种历史科学方法范式。实证主义方法强调社会与自然的相同性,认为"社会像其他领域的现象一样服从不变的规律",因而对社会或历史的研究要运用实证的方法,追求"实在""确定"的知识,从而使历史科学成为像自然科学一样的实证科学。从经验和归纳出发,运用精确的自然科学方法来描述历史现象的外在关系,就是实证主义方法的精神实质。

"我们的企图只是精确地分析产生现象的环境,用一些合乎常规的先后关系和相似关系把它们互相联系起来。"[1]在孔德看来,"真正的实证精神用对现象的不变规律的研究来代替所谓原因(不管是近因还是第一因);一句话,用研究怎样来代替为何"[2]。这就是说,实证主义只叙述事实,而不说明事实;只求知其然,而不问其所以然。丹尼尔·贝尔注意到了实证主义方法的这一特征,并认为历史科学由此"回到比较世俗、比较经验性的、比较'小'的,比较易于处理的研究问题上了"。"当前流行的是

---

[1] 洪谦:《西方现代资产阶级哲学论著选辑》,第 31 页。

[2] Auguste Comte, *General View of Positivism and Introductory Principles*, translated by J. H. Bridges, London, 1865, p. 56.

'经验主义'和从宏大理论的后退。"①

　　与实证主义方法密切相关、具有某种共同性的,是社会唯实论方法。社会唯实论源于斯宾诺莎、孟德斯鸠,历经齐美尔的形式社会学、迪尔凯姆的客观社会学和韦伯的"社会理念类型",成为一种客观主义的历史科学方法范式。社会唯实论方法的"最基本的规则是:要把社会事实作为物来考察"②。其主要特点是:强调社会本身是一个整体结构,以社会的整体性为背景,以具体的社会内容、要素、关系为对象,从对社会事实的观察出发,对统计材料做出分析,确立各类现象之间的因果关系,寻求其规律,在这一过程中坚持就社会现象来说明社会现象。同时,社会唯实论强调社会本身是一个整体结构和有机系统,有着自身的类型、功能和活动方式,并认为社会决定个人,使个人成为社会所规范的个人。

　　人文主义的解释学源自施莱尔马赫,经过狄尔泰等人的努力,成为历史科学的一般方法。解释学方法强调社会与自然的差异性,认为社会本质上是人的精神的外化和客体化,是"精神世界""文化世界"。因此,研究历史不可能用反映的方式,更不可能用自然科学方法,唯一可行的方法只能是"理解"和"解释"的方法。解释学方法的要点是:对人文世界的意义必须进行"理解",而理解又是一个历史的流程和"视界融合"过程,即理解者的主观世界与"文本"所提供的世界融合的过程,其中,理解者的"期望"或"设想"是理解的出发点,"只有理解者顺利地带进了他自己的假设,理解才是可能的"③。

　　与解释学方法密切相关的是社会唯名论方法。社会唯名论方法的根本特点就在于,把社会看成"虚无的存在",认为社会仅仅是一个"名称",坚持从个人出发理解社会,并把社会分析归结为个人分析,把个人分析归结为心理分析,把心理分析又归结为无意识分析,然后从个人心理出发把

---

① 参见[美]丹尼尔·贝尔《当代西方社会科学》,范岱年等译,社会科学文献出版社 1988 年版,第 65 页。

② [法] E. 迪尔凯姆:《社会学方法的准则》,狄玉明译,商务印书馆 1995 年版,第 35 页。

③ [德]伽达默尔:《解释学》,载《哲学译丛》1986 年第 3 期,第 8 页。

"社会"建构起来。在现代,社会唯名论更多的是以心理主义的方式出现。塔尔德认为,历史活动归根到底是个人活动的相互作用,个人活动则受心理支配,因而历史研究本质上是对个人心理的研究。

从彻底的辩证法来看这种种历史科学方法范式,我们应该注意以下两种情况:

一是任何一种历史科学方法范式都有一定的合理性。社会是一个多层次的结构体,只从某一角度、某一层次来研究社会或历史,不可避免地具有片面性。然而,从某一角度、某一层次来研究社会或历史又是必要的,因而也是合理的。

二是任何一种历史科学方法范式都有局限性。哥德尔的不完全定理证明,如果在一个包含初等数论的形式系统中,一切命题都是真的,那它就是有矛盾的;如果这个形式系统是无矛盾的,那它就是不完备或不完全的。显而易见,任何一种历史科学方法范式都不能自称是完全的,它内在地具有局限性,并且只有在否定自己的过程中才能发展自己。

马克思立足于实践,从现实的人出发,创立了唯物主义历史观,从而使历史科学方法发生了根本转换。历史科学方法的根本转换集中体现为马克思创立了实践反思的方法,即以实践为思维坐标反观和理解人类社会及其历史。

如前所述,实践内在地包含着三重关系,即人与自然的关系、人与人的关系以及人与观念的关系,而这些关系的总和又构成了基本的社会关系。可以说,实践是社会关系的发源地,构成了社会生活的本质,历史本质上是人的实践活动在时间中的展开。正因为如此,唯物主义历史观从实践出发来反观和理解社会。从实践出发来理解社会,也就是把社会"当作实践去理解"。

从实践出发去理解社会的根本点在于,从物质实践的内在结构,即生产方式出发去理解和剖析社会结构。"物质生活的生产方式制约着整个社会生活、政治生活和精神生活的过程。"①社会结构的"总体化",就是通

①《马克思恩格斯选集》第2卷,第32页。

过生产方式对社会内部诸结构的规范来实现的,生产方式始终是社会的深层结构,它决定着政治结构、观念结构,以至整个社会结构,从而形成了以生产方式为基础的社会整体结构。

在特定的社会整体结构中,其内部诸结构映现着某种共性,诸结构在功能上相互补充、相互作用,呈现出同构性。这种社会结构的整体性及其内部诸结构的同构性是由占统治地位的生产方式所决定的。"在一切社会形式中都有一种一定的生产决定其他一切生产的地位和影响,因而它的关系也决定其他一切关系的地位和影响。这是一种普照的光,它掩盖了一切其他色彩,改变着它们的特点。这是一种特殊的以太,它决定着它里面显露出来的一切存在的比重。"①这就是说,占统治地位的生产方式从根本上决定着社会内部诸结构的特定比例、布局和功能,并使它们之间产生一种契合性、总体性和同构性。

按照马克思的观点,由世袭制、等级制等构成的政治结构和由宿命论、血统论等构成的观念结构之间之所以具有"同构"性,是因为二者同源于个体小生产方式。但是,"成为希腊人的幻想的基础、从而成为希腊[艺术]的基础的那种对自然的观点和对社会关系的观点,能够同走锭精纺机、铁道、机车和电报并存吗?"②"阿基里斯能够同火药和铅弹并存吗?或者,《伊利亚特》能够同活字盘甚至印刷机并存吗?随着印刷机的出现,歌谣、传说和诗神缪斯岂不是必然要绝迹,因而史诗的必要条件岂不是要消失吗?"③这就是说,古希腊的自然观、社会观与自动纺织机、机车等不能"同构",歌谣、传说等和活字盘、印刷机不能"同构"。

之所以如此,是因为:古希腊的自然观、社会观的基础是古代生产方式,而走锭精纺机、蒸汽机车体现的是近代生产方式;歌谣、传说是用口语传播,这种信息传播方式受到传播者声音所及范围的限制,而活字盘、印刷机形成的信息传播方式超越了这种时空的限制,显现为一个更大的时

---

① 《马克思恩格斯选集》第2卷,第24页。
② 《马克思恩格斯选集》第2卷,第28页。
③ 《马克思恩格斯选集》第2卷,第29页。

空结构。一句话,歌谣、传说这种信息传播方式所体现的和活字盘、印刷机所代表的不是同一性质的生产方式,因而不能"同构"。

在现实社会中,"并存"的历史现象具有内在的"同构"性,或者至少要有"同构"的因果链。从物质实践的内在结构——生产方式出发去剖析社会结构,揭示特定时代社会机体的同构性,并用这一同构性来分析历史现象,是唯物主义历史观结构分析法的精髓和根本方法。抓住这一点,就能真正理解一切历史现象的秘密。正因为如此,马克思认为"这种方法是唯一的唯物主义的方法,因而也是唯一科学的方法"①。

人是社会的主体,实践是人的存在方式和生存本体。唯物主义历史观把社会"当作实践去理解",实际上就是"从主体方面去理解"社会。按照马克思的观点,既定的社会关系是人们以往活动的结果,它们预先规定着新一代的生活条件,使他们具有特殊的性质,同时,这些社会关系又被新一代的活动不断改变;生产力是在人与自然的物质变换中形成的物质力量,是人们的实践能力,生产力与交往形式的关系实际上"就是交往形式与个人的行动或活动的关系"②。

作为一种主体性的活动,实践当然体现着人的内在尺度,以及人对社会的批判性和创造性,包含着人的自我发展在其中。自在自为运动着的就是人类改造外部世界的实践活动,人们在认识、改造和创造自然界的同时,也认识、改造和创造着自己本身——他的肉体组织、思维结构和社会关系。人们"周围的感性世界决不是某种开天辟地以来就直接存在的、始终如一的东西,而是工业和社会状况的产物,是历史的产物,是世世代代活动的结果,其中每一代都立足于前一代所达到的基础上,继续发展前一代的工业和交往,并随着需要的改变而改变它的社会制度"③。这就是说,环境创造人,人也创造环境。环境的改变和人的自我改变一致,都是在人的实践活动中完成的。因此,"正象社会本身生产作为人的人一样,人也

---

① 马克思:《资本论》(根据作者修订的法文版第一卷翻译),第375页。
②《马克思恩格斯选集》第1卷,第123页。
③《马克思恩格斯选集》第1卷,第76页。

生产社会"①。

西方社会科学一直在社会与个人的"二律背反"中困惑,或者把社会看作吃人的怪兽"利维坦",或者把人看作与社会无关的"鲁滨孙式"的个人。唯物主义历史观则认为,社会之外或社会之中绝对孤立存在的人即"鲁滨孙式"的个人,只是在思维中才存在的抽象,因而是"抽象的个人";反过来,"利维坦"式的社会,即脱离了人及其活动、在人与人的关系之外或之上的社会,同样是空洞的抽象,是"抽象的社会"。

把社会与个人对立起来或脱离开来的方法论的根源,就在于不理解实践是人的存在方式和生存本体,是社会生活的本质和历史的本体,从而脱离了"感性的人的活动"去理解个人与社会、个人与历史的关系。唯物主义历史观之所以科学地解答了个人与社会、个人与历史的关系问题,从根本上说,就在于从实践出发去理解个人与社会、个人与历史的关系,并把人"当成他们本身历史的剧中的人物和剧作者",从而达到了历史研究"真正的出发点"②。

唯物主义历史观的创立是历史科学方法史上的革命性变革,它确认"社会不是由个人构成",但它同时又确认,社会是"个人彼此发生的那些联系和关系的总和";它从直接呈现在人们面前的物与物的关系中透视出隐藏于其后并贯穿于其中的人与人的关系,进而又发现人与人的关系和人与自然的关系共生于实践活动中,从而把社会历史归于人的实践活动。这样,唯物史观不仅解决了实证主义的科学方法与人文主义的解释学方法的"二律背反",而且以巨大的超前性扬弃了现代科学主义与人本主义的理论对立。

三、社会有机体方法与辩证方法

在唯物主义历史观的方法系列中,社会有机体的方法具有特殊意义,

---

① 《马克思恩格斯全集》第 42 卷,第 121 页。
② 《马克思恩格斯选集》第 1 卷,第 147 页。

这一方法本身就是辩证方法。正如列宁所说，"马克思和恩格斯称之为辩证方法（它与形而上学方法相反）的，不是别的，正是社会学中的科学方法，这个方法把社会看作处在不断发展中的活的机体"①。"辩证方法要我们把社会看作活动着和发展着的活的机体。"②我们不能把唯物史观的社会有机体理论仅仅看作理论，而应同时把它看作一种方法。实际上，方法与理论具有内在的联系，辩证法既是方法，又是理论；唯物主义既是理论，又是方法，"唯物主义方法"。在唯物史观中，理论与方法融为一体，有着无比坚实的基础。

社会有机体方法集中体现为物质生产、精神生产、人本身生产和社会关系生产的辩证法。

按照马克思的观点，社会有机体要存在下去，首先就要不间断地进行人与自然界之间的物质变换，进行物质生产。物质生产是社会与自然之间的直接接触点和物质转换器。自然只有在人们的物质生产活动中才能转化为社会的要素并对社会发挥作用，社会有机体也只有以物质生产为基础才能生存下去。社会有机体的分析首先是物质生产的分析。

按照马克思的观点，任何一个社会除了要进行物质生产，还必须进行精神生产。因此，要把握社会有机体，必须从物质生产上升到精神生产的分析。精神生产就是"思想、观念、意识的生产"，是系统化、理论化、实物化的精神产品的生产。精神生产最初是直接与人们的物质生产活动交织在一起的，是人们物质活动的"直接产物"，尔后又成为物质生活过程的"必然升华物"，具有了相对独立性。

精神生产受制于物质生产以及人本身的生产，同时，又影响和驾驭物质生产以及人本身的生产，其功能具有全面性、辐射性，是社会机体维系各种关系的导向器和控制器。任何一个社会要维持自己的存在，必须进行两方面的精神生产：一是历史科学，即社会科学的生产，其目的在于调

---

① 《列宁选集》第 1 卷，第 32 页。
② 《列宁选集》第 1 卷，第 55 页。

节和控制社会力量;二是自然科学的生产,其目的在于调节和控制自然力量。这两种形式的精神生产对社会有机体的存在都具有重大意义:离开前者,人类社会就形成不了自觉的集体行为;离开后者,人类社会将永远处在自然的奴役之下。

按照马克思的观点,人是社会的主体,社会有机体要维持自己的存在,还必须进行人本身的生产。人类自身生产不仅是一个自然历史过程,而且是一个社会历史过程。无论是"自己生命的生产"还是"他人生命的生产",首先取决于物质生产及其创造的"生产资料、享受资料和发展资料"的性质和水平;其次还取决于当时精神生产的性质和水平。所以,"每一种特殊的、历史的生产方式都有其特殊的、历史地起作用的人口规律"[1]。这是一方面。

另一方面,人类最初的物质生产是由人本身生产的需要引起的,"这一步是由他们的肉体组织所决定的"[2],而且人们之间最初的社会关系也是在人本身的生产过程中形成的,"家庭起初是唯一的社会关系"[3]。正是人本身再生产的要求,构成了物质生产以及精神生产发展的内在动力和前提,人本身的生产构成社会有机体不断再生产的一个基本环节。按照恩格斯的观点,历史中的决定性因素,既包括生活资料的生产,又包括人自身的生产;人们生活其中的社会制度,既受到劳动发展阶段的制约,又受到家庭的发展阶段的制约。[4]

物质生产、精神生产和人本身生产的过程同时也就是社会关系再生产的过程。"生命的生产,无论是通过劳动而达到的自己生命的生产,或是通过生育而达到的他人生命的生产,就立即表现为双重关系:一方面是自然关系,另一方面是社会关系。"[5]正是在物质生产、精神生产和人本身生产的过程中,人类社会成为"一切关系在其中同时存在而又互相依存的

---

① 《马克思恩格斯全集》第 23 卷,第 692 页。
② 《马克思恩格斯选集》第 1 卷,第 67 页。
③ 《马克思恩格斯选集》第 1 卷,第 80 页。
④ 参见《马克思恩格斯选集》第 4 卷,第 2 页。
⑤ 《马克思恩格斯选集》第 1 卷,第 80 页。

社会机体"①。物质生产、精神生产和人本身生产的不断进行,使社会有机体不断地复制自身。

社会这种"有机体制本身作为一个总体有自己的各种前提,而它向总体的发展过程就在于:使社会的一切要素从属于自己,或者把自己还缺乏的器官从社会中创造出来。有机体制在历史上就是这样向总体发展的。它变成这种总体是它的过程即它的发展的一个要素"②。这就是说,社会中的"一切关系"成为一种"有机体"的运动,内含着总体—要素的规律。正因为如此,唯物主义历史观的社会有机体方法包含着总体—要素的辩证法。

这一总体—要素方法首先分析体现新的发展方向的社会活动。在社会有机体的运行中,总是那些体现新的发展方向的活动显现出活力。例如,马克思比较了行会与工场手工业这两种形式,发现工场手工业作为新的总体,一开始便有"行会制度"所没有的活力:"那种一开始就以机器,尽管还是以具有最粗陋形式的机器为前提的劳动,很快就显出它是最有发展能力的。"③正是这种能力,使其开始生成自己的总体。

同时,分析适应新的活动的新的社会关系。在社会有机体运行中,体现新方向的社会活动总是创造出适应自身的新的社会关系。例如,马克思分析了工场手工业的发展:首先是形成与旧总体不同的"第一种劳动""第一个行业";接着引起所有制的变化,使"自然形成的等级资本"产生"商人资本","第一个行业"与"商人资本"一起形成"工场手工业";工场手工业又推动欧洲"流浪时期"的产生,农民被迫离开土地,成为无家可归但具有劳动力的人,而"迅速繁荣起来的工场手工业,特别是在英国,渐渐地吸收了他们"④。这一过程就是封建制度瓦解和资本主义制度兴起的过程。

---

① 《马克思恩格斯选集》第1卷,第143页。
② 《马克思恩格斯全集》第46卷上,第235—236页。
③ 《马克思恩格斯选集》第1卷,第108页。
④ 《马克思恩格斯选集》第1卷,第109页。

唯物主义历史观的总体—要素分析法与机体—细胞分析法密切相关。就机体分析和细胞分析的关系而言，人们常常先进行机体分析，"因为已经发育的身体比身体的细胞容易研究些"①。所以，对社会的认识往往是，"对更有内容和更复杂形式的分析"已接近成功，而对其"细胞"的分析却没有进行。马克思不仅分析了社会的"机体"，而且同时分析了社会的"细胞"，并从社会的"细胞"出发，合理地演绎出整个社会机体，然后反过来再进一步研究"细胞"。

这样一条全新的思路，在《资本论》中以其正文的第一句话跃然而出："资本主义生产方式占统治地位的社会的财富，表现为'庞大的商品堆积'，单个的商品表现为这种财富的元素形式。因此，我们的研究就从分析商品开始。"②之所以如此，是因为"对资产阶级社会说来，劳动产品的商品形式，或者商品的价值形式，就是经济的细胞形式"③。马克思正是从商品这一"细胞"出发，在对"细胞"的全面而深刻的分析中，一步一步揭示出资本主义社会机体的"一切关系"发生和发展的过程，揭示出"现在的社会不是坚实的结晶体，而是一个能够变化并且经常处于变化过程中的机体"④。

行文至此，我不能不简单地阐述一下系统论的方法与唯物主义历史观的社会有机体方法的关系。

我并不否认系统论的整体性原则、相关性原则、有序性原则以及系统与要素、系统与层次、有序与无序、结构与功能等方法对于揭示社会历史的本质、结构和过程起到了有效的作用，对社会机体的研究当然可以也应该进行系统分析，但是，仅仅进行这种系统分析还不能真正揭示社会的本质特征。这是因为，社会是一种特殊的机体，其根本特点在于：社会有机体及其运动是"社会人的生产器官"塑造整个社会关系的过程，人既是历

① 《马克思恩格斯全集》第23卷，第8页。
② 《马克思恩格斯全集》第23卷，第47页。
③ 《马克思恩格斯全集》第23卷，第8页。
④ 《马克思恩格斯全集》第23卷，第12页。

史的"剧作者",又是历史的"剧中人",人们自己创造自己的社会存在,自己创造自己的历史,同时,又把这一过程当作客体来认识。这是一种自相缠绕、自我变革的"怪圈",只有在以人为主体的社会有机体中才能存在。换言之,系统论方法无法取代社会有机体方法。

实际上,马克思本人就是社会系统论的奠基人,恩格斯也多次强调系统思维的重要性。但是,唯物主义历史观的社会有机体方法并不等于系统论的方法,整个说来,系统论方法只是唯物史观社会有机体方法的一个方面。

第十二章

历史科学研究的基本环节

历史科学研究并不是一个神秘的王国,在历史科学研究中,同样存在着可供认识、可供操作的基本方法,存在着研究过程的基本环节。从总体上看,课题设计—资料分析—模型解释构成了历史科学研究的三个基本环节,三者相互连接构成了一个有序的思维操作过程。

一、历史科学研究中的课题设计

历史科学研究首先遇到的问题就是课题设计。现代著名历史科学家艾尔·巴比指出:"研究设计是指对科学研究做出规划,即制定一个策略去探索某种事物。研究设计包括两个主要内容:第一,确定研究课题;第二,确定研究的最佳途径。"①这就是说,课题设计包含两方面的内容:一是研究什么;二是如何研究。

---

① [美]艾尔·巴比:《社会研究方法》,邱泽奇译,华夏出版社 2009 年版,第 96 页。

作为"研究什么"，课题设计本质上产生于特定的问题。历史科学面临的问题发生在历史进程中，并以社会的需要为出发点，因而它是人们尚未认识而又必须认识的东西。问题的提出，标志着人们已经认识到原有理论体系的破缺性及其与社会实践的矛盾性。

苏联著名哲学家柯普宁把问题看作"空理论"，认为"科学家在提出科学问题时，他就在建立一种与众不同的理论体系——'空理论'"[①]，即"对未知的知识"。按照柯普宁的观点，并非所有尚未认识的东西都是科学问题，作为问题被挑选出来的既是原有理论体系无法解释的东西，同时，又是在目前条件下确实有可能知道的东西。"科学问题不单是未知的东西，而是对未知的知识。"[②]

柯普宁的见解是深刻的。考察科学史可以发现，对人类来说，任何真正的问题，只有在解决它的条件已经存在或者至少是在形成过程中的时候，才会被提出。这就是说，在科学研究中，问题不是偶然产生的，问题是对未知的知识，即知道对什么未知。"问题本身无非就是某种包含早已判明的事实、关于有可能解决所提出问题的思想以及问题提法本身的不同知识的体系。"[③]换言之，问题的提出已经包含着指引整个研究方向的因素。从这个意义来说，提出问题的过程就是课题设计的过程。

从思维行程来看，确立历史科学研究的课题，是从思维发散到思维收敛的运行过程。所谓思维发散，是指研究者把思考的触角伸向四面八方，把思维向社会实践、历史资料、同代人的思考以及各种角度、各个层次、各个方面发散出去。只有经历这样一个发散和不断变换的过程，思维才能逐渐地在某一方面集中，即收敛起来。当思维由发散走向收敛的时候，问题就会形成并转化为研究的课题，课题研究的目标和意义也由此确定下来了。

在"研究什么"确定之后，所要解决的就是"如何研究"的问题，即确定

---

① ［苏］П. В. 柯普宁：《作为认识论和逻辑的辩证法》，第215—216页。
② ［苏］П. В. 柯普宁：《作为认识论和逻辑的辩证法》，第206页。
③ ［苏］П. В. 柯普宁：《作为认识论和逻辑的辩证法》，第206页。

研究的最佳途径。在历史科学研究中,对同一个问题,不同的研究范式会形成不同的研究程序。正如贝利所说,"范式是研究人员通过它观看世界的思想之窗。一般情况下,研究者在社会世界所看到的,是按他的概念、范畴、假定和偏好的范式所解释的客观存在的事物。因此,两位研究人员根据不同的范式描写相同的事物,就可能出现相当不同的看法"①。可见,在历史科学研究中,课题设计体现出"范式"对历史的建构性,设计的步骤往往因范式的不同而异。应该说,这是历史科学研究的特点之一。

从总体上看,历史科学研究中的课题设计有经典型设计、操作型设计、假说型设计和抽象型设计四种类型。

经典型设计就是归纳—演绎型设计。这一设计类型可具体分为归纳型设计和演绎型设计。

归纳型设计的特点就是,首先不做任何假设而进入实际观察,对已经发生的历史事实进行描述;在观察和描述的基础上对历史事实何以发生、何以变化做出解释,并上升到关系和规律层次,形成概念和原理。马克思指出:"经验的观察在任何情况下都应当根据经验来揭示社会结构和政治结构同生产的联系。"②"在思辨终止的地方,在现实生活面前,正是描述人们实践活动和实际发展过程的真正的实证科学开始的地方"③,唯物主义历史观"不过是从对人类历史发展的考察中抽象出来的最一般的结果的概括"④。

与归纳型设计相反,演绎型设计首先发生在概念层次上,由某一概念经过判断、推理,形成新的概念或命题;其次是沟通概念层次和经验层次,将概念和命题具体化,使之可以用经验来测量,并推出可将两个经验测量联结起来的假设;再次是搜集并分析为证实假设所需要的资料。

实际上,归纳和演绎具有内在的关联性。在一定意上,归纳是认识

① [美] 肯尼思·D. 贝利:《现代社会研究方法》,第 32 页。
② 《马克思恩格斯选集》第 1 卷,第 71 页。
③ 《马克思恩格斯选集》第 1 卷,第 73 页。
④ 《马克思恩格斯选集》第 1 卷,第 73—74 页。

的基础,没有归纳,就没有演绎;同时,归纳本身也离不开演绎,没有演绎,就没有归纳。恩格斯指出:"由于进化论的成就,有机界的全部分类都脱离了归纳法而回到'演绎法',回到亲缘关系上来——任何一个种属都确确实实是由于亲缘关系而从另外一个种属演绎出来的,——而单纯用归纳法来证明进化论是不可能的,因为进化论是完全反归纳法的。归纳法所运用的种、属、纲等概念,由于进化论而变成了流动的,因而成为相对的了;而用相对的概念是不能作归纳推理的。"①科学发展史表明,任何重大的科学发现或发明都必须同时运用归纳法和演绎法,不仅要以经验材料为前提,而且要以科学理论为指导。在对经验材料做研究的过程中,归纳具有特殊重要的意义;一旦研究进入理论思维阶段,特别是在建构理论体系时,演绎就起着越来越重要的作用。正如爱因斯坦所说,"由经验材料为引导……提出一种思想体系,它一般是在逻辑上从少数几个所谓公理的基本假定建立起来的"②。

在操作型设计模式中,概念层次等同于经验层次,经验层次的操作过程和结果就是概念的定义。一句话,概念即操作,因而根本无须寻找经验如何上升到概念的途径。

"概念跟相应的一套操作同义。若概念是物质的,如像长度的概念,则操作实际上是物理的操作,即是测量长度的那些操作;或者说,若概念是心理的,如像数学连续性的概念,则操作是心理的操作,即是我们用以确定一定的数的集合是否连续的那些操作。"③在布里奇曼看来,概念都是严格可测量的东西,是特定的操作过程和结果;离开了操作性,概念无法定义,因而也是无意义的。因此,任何一个概念本质上是一套操作。

假说型设计包括三个环节:提出问题;依据问题提出假说——"新的说明方式";依据观察材料不断"修正"假说,直到形成新的定律。正如恩格斯所说,"一个新的事实被观察到了,它使得过去用来说明和它同类的

① 《马克思恩格斯全集》第 20 卷,第 570 页。
② 《爱因斯坦文集》第一卷,许良英、范岱年编译,商务印书馆 1976 年版,第 115 页。
③ [美] 肯尼思·D. 贝利:《现代社会研究方法》,第 77 页。

事实的方式不中用了。从这一瞬间起，就需要新的说明方式了——它最初仅仅以有限数量的事实和观察为基础。进一步的观察材料会使这些假说纯化，取消一些，修正一些，直到最后纯粹地构成定律"。①"只要自然科学在思维着，它的发展形式就是假说。"②实际上。假说是一切理论思维的发展形式。从根本上说，假说无非是"新的说明方式"。所以，自然科学的发展要运用假说，历史科学的发展也需要运用假说。列宁就认为，唯物主义历史观一开始只是"一个假设"，《资本论》完成之后，唯物史观才从一种假设转变为"经过科学检验的理论了"。之所以如此，是因为"既然运用唯物主义去分析和说明一种社会形态就取得了这样辉煌的成果，那么，十分自然，历史唯物主义已不再是什么假设，而是经过科学检验的理论了；十分自然，这种方法也必然适用于其余各种社会形态，虽然这些社会形态还没有经过专门的实际研究和详细分析，正像已为充分事实所证实了的种变说思想适用于整个生物学领域一样，虽然对某些动植物物种来说，它们变化的事实还未能确切探明。种变说所企求的完全不是说明'全部'物种形成史，而只是把这种说明的方法提到科学的高度。同样，历史唯物主义也从来没有企求说明一切，而只企求指出'唯一科学的'（用马克思在《资本论》中的话来说）说明历史的方法"③。

需要指出的是，演绎型设计和假说型设计都主张假说，但二者对假说的理解并不一样。对演绎型设计来说，假说是由概念推出的命题，反映的是两个或两个以上历史现象之间的关系，这种关系不但事实上存在，而且可以测量，这种假说关心的是概念的具体化；就假说型设计而言，假说则是原有理论框架无法说明的问题，因而通过假说和观察材料之间的调整不断"修正"原有的理论。

我注意到，恩格斯的假说模式与波普尔的逻辑图式有相似之处，但是，二者又有本质的不同。波普尔是从否证的角度思考问题的，即问题

①《马克思恩格斯全集》第 20 卷，第 583—584 页。
②《马克思恩格斯全集》第 20 卷，第 583 页。
③《列宁选集》第 1 卷，第 13—14 页。

1—尝试性理论—排除错误—问题 2。按照波普尔的观点,问题是研究的出发点,由问题 1 导致猜测性的假说;然后对这种假说进行反驳,如否证,则提出新假说,如未被否证,则继续批评和反驳,直到形成问题 2,新的猜测与反驳又开始。波普尔提出了一种与恩格斯不同的假说型设计。

抽象型设计是"思维用来掌握具体、把它当作一个精神上的具体再现出来的方式"①。按照马克思的观点,"分析经济形式,既不能用显微镜,也不能用化学试剂;抽象是唯一可以当作分析工具的力量"②。实际上,对整个历史科学来说,科学抽象法具有普遍意义。在《〈政治经济学批判〉导言》中,马克思提出了抽象型的课题设计方案,这就是从抽象的规定出发,然后是概念运动、经过综合达到思想具体,从而"在思维行程中导致具体的再现"。"具体之所以具体,因为它是许多规定的综合,因而是多样性的统一。因此它在思维中表现为综合的过程,表现为结果。"③

在马克思看来,这一方法"显然是科学上正确的方法"④,而"从实在和具体开始,从现实的前提开始,因而,例如在经济学上从作为全部社会生产行为的基础和主体的人口开始,似乎是正确的。但是,更仔细地考察起来,这是错误的"⑤。这是因为,作为现实的前提的具体是一个"完整的表象",同时,又是一个"混沌的表象",因而它只是"直观和表象的起点",而不能作为"思维的起点"。"完整的表象"只有"蒸发"为"抽象的规定",然后,以"抽象的规定"作为思维的起点,经过"范畴的运动",才能"在思维行程中导致具体的再现",即达到思想具体、具体总体。马克思指出:"具体总体作为思想总体、作为思想具体,事实上是思维的、理解的产物;但是,决不是处于直观和表象之外或驾于其上而思维着的、自我产生着的概念的产物,而是把直观和表象加工成概念这一过程的产物。整体,当它在头脑中作为思想整体而出现时,是思维着的头脑的产物,这个头脑用它

① 《马克思恩格斯选集》第 2 卷,第 19 页。
② 马克思:《资本论》(根据作者修订的法文版第一卷翻译),第 2 页。
③ 《马克思恩格斯选集》第 2 卷,第 18 页。
④ 《马克思恩格斯选集》第 2 卷,第 18 页。
⑤ 《马克思恩格斯选集》第 2 卷,第 17—18 页。

所专有的方式掌握世界,而这种方式是不同于对于世界的艺术精神的,宗教精神的,实践精神的掌握的。"①

由此可见,历史科学研究中的课题设计是一种特殊的思维流程,不论各种范式如何不同,它们都有一定的起点、中介环节、突变点和检验程序,都必须符合思维目标—思维步骤—反馈调节的原则,这样才能达到研究的有序性和科学性。同时,不同范式的课题设计又有各自的长处和短处:对于严格实验条件下的研究,操作型设计有其独特的长处;对于一些"小范围"问题的研究,归纳型设计更合适;对于一些"大范围"问题的研究,抽象型设计更为有用;对于一些探索性问题的研究,假说型设计有着不可置疑的优越性。

各种范式的课题设计并存、互补是历史科学发展的趋势。在现代,企图建构一种把各种角度、各个层次、各个步骤都包括进去的"原型"课题设计,或者把某一类型的课题设计绝对化,只能是一种空想或倒退,我们只能依据不同的认识对象和认识目标选择或建构相应的课题设计方案。

二、历史科学研究中的资料分析

课题设计基本完成之后,历史科学研究便进入资料、信息分析的阶段。社会科学研究无法运用实验室方法,从这个意义来说,历史科学研究就是资料、信息的分析过程,是从一定的研究目的出发,运用特定的逻辑方法对资料、信息进行加工的过程。经过这一过程,就能"指出历史资料的各个层次的顺序"②,资料、信息便成为某种具有内在结构的东西了。"在形式上,叙述方法必须与研究方法不同。研究必须充分地占有材料,分析它的各种发展形式,探寻这些形式的内在联系。只有这项工作完成以后,现实的运动才能适当地叙述出来。这点一旦做到,材料的生命一旦

---

① 《马克思恩格斯选集》第 2 卷,第 19 页。
② 《马克思恩格斯选集》第 1 卷,第 74 页。

观念地反映出来,呈现在我们面前的就好象是一个先验的结构了。"①

在历史科学,即社会科学研究中,资料、信息的分析并不是纯客观的。贝利指出:"自然科学家一般不是他所正研究的现象的参与者,而社会科学家则是。"②这就是说,历史科学研究者本身就在社会现象之网中,资料、信息的分析必然体现着分析者的利益要求、知识结构和价值观念。历史科学研究中的资料、信息分析是按研究范式的不同,沿着不同的路线上升的。一般说来,阶级立场、研究目的、理论框架、逻辑方法和思维坐标的不同,就会形成分析程序上升路线的差异,并往往导致不同的研究结果。

历史科学研究中存在着不同范式的分析法。其中,实证分析法、抽象分析法、批判分析法、策略式分析法和人文分析法是五种主要类型。

实证分析法遵循以历史事实说明历史事实的原则,其出发点是确认概念之间的三种关系,即相关关系、因果关系和虚无关系,然后,从中引申出纵向推理和横向推理,以达到经验可证实的因果关系为目的。

纵向推理或者是由概念层向经验层推理,或者是由经验层向概念层推理。前者是概念具体化的过程,即把抽象的概念转化为可经验、可测量的实际指标的过程;后者则是把可经验、可测量的实际指标抽象化、概念化的过程。横向推理则是同一层次内的推理,分概念层的横向推理和经验层的横向推理,即概念 A 概念 B 概念 C 和经验关系 A 经验关系 B 经验关系 C。

实证分析法的程序是排除虚无关系,确立相关关系,由此进入到历史现象间的因果关系。在这一过程中,通过概念具体化和经验概念化的纵向推理,以及概念层和经验层的横向推理的综合,形成理论结构。但是,实证分析法停留在历史事物的现象分析上,是从现象到现象,并否认现象之中存在着本质。实证分析法的优点、长处在于,它强调事物的可测定性;其缺点、短处在于,否定了事物本质的客观存在,或者说把现象与本质

---

① 《马克思恩格斯全集》第 23 卷,第 23—24 页。
② [美]肯尼思·D. 贝利:《现代社会研究方法》,第 44 页。

混为一谈。

"如果事物的表现形式和事物的本质会直接合而为一，一切科学就都成为多余的了。"①实证分析法的优点与缺点、长处与短处，共同证明了这样一个基本道理，即必须寻找一种"可靠的科学的分析方法"，从现象到本质，从而走向历史的深层结构。这个"可靠的科学的分析方法"就是抽象分析法。

抽象分析法的根本特征在于，立足现象与本质辩证关系的基础，从现象到本质，从"初级的本质到二级的本质"，如此不断深入下去。这样，就能把握历史事物的本质特征。

抽象分析法沿着两条道路进行：

一是从感性具体出发，在收集大量资料的基础上，经过归纳、比较、概括，抽象出该学科的初始概念，即元概念。此时，"完整的表象蒸发为抽象的规定"。在马克思看来，只有借助于"抽象的规定"，理论思维才能运动起来。

二是从元概念的矛盾运动中引申出整个概念的矛盾运动，由此形成理论体系。这一过程就是概念辩证运动的过程，是概念—判断—推理逻辑展开的过程，是"适当地叙述"现实运动的过程。如前所述，"研究必须充分地占有材料，分析它的各种发展形式，探寻这些形式的内在联系。只有这项工作完成以后，现实的运动才能适当地叙述出来"②。此时，"抽象的规定在思维行程中导致具体的再现"，"材料的生命"就会"观念地反映出来"。

理论体系的形成意味着思维框架、思维圈的定型，并构成一种思维定式。思维定式的形成使特定的思维框架、思维圈产生排他性，即拒斥或扭曲不符合自身要求的新信息，并在面对实践所提供的新资料时，产生"思维盲区"和"无知境界"。在这个时候，人们面对一大批新问题，在一系列

---

① 《马克思恩格斯全集》第 25 卷下，第 923 页。
② 《马克思恩格斯选集》第 2 卷，第 111 页。

的思维矛盾中反复思索,寻求解释新资料、解决新问题的新的分析方法。批判分析法恰恰发生在旧的理论体系衰落、新的理论体系尚未产生之际,它实际上是抽象分析法的延伸。

批判分析法包括两方面内容:一是批判原有的思维前提和框架,寻找它的不完全性和逻辑缺口,以期在对原有体系的批判中找到出路;二是寻找新的理论支撑点和出发点,一旦一个具有更大包容性的元概念被抽象出来,就会立即调动起人们的思维激情,创建新的思维方法。此时,人们便会在各个领域、从各个角度势如破竹地批判旧概念、旧理论、旧方法,并把这种新的思维方法运用到社会生活和历史进程中去解释新材料,解决新问题,形成新的概念、新的思维框架、新的理论体系。

爱因斯坦指出:"任何一个理论都有它的逐渐发展和成功的时期,经过这个时期以后,它就很快地衰落。""科学上的重大进步都是由于旧理论遇到了危机,通过尽力寻找解决困难的方法而产生的。我们必须检查旧的观念和旧的理论,虽然它们是过时了,然而只有先检查它们,才能了解新观念和新理论的重要性,也才能了解新观念和新理论的正确程度。"①爱因斯坦指出的现象不仅在自然科学发展中普遍存在,在历史科学发展中也普遍存在。只不过在历史科学研究中,这种科学发现的逻辑因研究范式的不同而具有多样性、复杂性罢了。

唯物主义历史观在本质上是批判的,是一种意识形态批判、资本批判、社会批判的高度统一的理论。"黑格尔法哲学批判""对黑格尔的辩证法和整个哲学的批判""对批判的批判所做的批判""对黑格尔以后的哲学形式的批判""政治经济学批判""对尘世的批判""对法的批判""对政治的批判"……正是在这一系列的批判过程中,马克思发现了资本主义社会的运动规律、人类社会运动的一般规律,创立了剩余价值理论和唯物主义历史观这一新的历史理论。

---

① 〔德〕A. 爱因斯坦、L. 英费尔德:《物理学的进化》,周肇威译,上海科学技术出版社 1979 年版,第 53 页。

在历史科学研究中,理想的分析方法是规则式的分析法,即把一切可能性都考虑在内,形成从问题到目的的"搜索树"。然而,对变动量大、随机性强的历史运动来说,这种规则式的分析法显然有其局限性。正因为如此,策略式的分析法应运而生,并逐渐成为历史科学研究中的重要方法。

通俗地说,策略式的分析法就是"走一步看一步"。"最初,最终目标只是一种宽泛的设想,尔后,随着新信息的出现,它不断得到提炼和修正。"①奎因曾对十个跨国公司的成功进行研究,结果发现,"成绩卓著的高级管理人员在向最终目标前进时是走一步看一步的"②。策略式的分析法有两种基本形式:

一是手段—目的分析法。这种方法把达到目的的过程分解为三个阶段,即初始状态、中间状态和目的状态。一般说来,初始状态要经过一系列复杂的中间状态,即问题空间,才能达到目的状态。但是,要立即对大量的中间状态进行全面分析既不现实,也不可能,这就需要运用手段—目的分析法,即依据现实的迫切需要发出的信息,把大目标划分为诸多小目标,把要解决的总问题分解为一系列子问题,并通过对小目标和子问题的解决逐步逼近大目标和总问题。

二是逆向推理法。逆向推理法是从目的出发回溯推理解决问题的方法,其程序首先是寻求解决问题必须具有的条件和阶段;其次,寻求达到这些条件和阶段所需要的因素;再次,对这些因素、条件和阶段做出整合,寻求适当的出发点。显然,逆向推理法也是把大问题化为小问题、小阶段的过程,但它的运作程序却是与手段—目的的运作程序分析法相反的。

手段—目的分析法与逆向推理法各有其适应面:当初始状态通向目的状态只有少数途径时,采用逆向推理法更有效;当初始状态通向目的状态的途径很多并形成一个问题空间时,采用手段—目的分析法更有效。

---

① [美] 马丁·J. 坎农:《管理学概论》,张宁等译,中国社会科学出版社 1989 年版,第 97 页。
② [美] 马丁·J. 坎农:《管理学概论》,第 97 页。

"在社会历史领域内进行活动的,是具有意识的、经过思虑或凭激情行动的、追求某种目的的人;任何事情的发生都不是没有自觉的意图,没有预期的目的的。"①因此,历史科学研究还必须具备人文分析法。

所谓人文分析法,就是把社会看作由人的活动、文化、符号等构成的人文世界,以揭示社会及其历史进程的特殊性。"只有当物按人的方式同人发生关系时",我们"才能在实践上按人的方式同物发生关系"②。从根本上说,人文分析法就是揭示如何使"物按人的方式同人发生关系",即按人的方式来认识和占有物的方法,就是从人的实践这一对象化活动来理解和把握社会结构及其演变的方法。

当马克思"把人的活动本身理解为对象化的活动",把"对象、感性、现实""当作感性的人的活动,当作实践去理解","从主体方面去理解"③,并把"工业和工业的历史"看作"一本打开了的关于人的本质力量的书,是感性地摆在我们面前的人的心理学"④时,实际上向我们指出了一种独特的人文分析法,即从人的实践活动、人的本质力量、人的心理活动来研究社会。

除唯物主义历史观的人文分析法外,还有两种主要的人文分析法:一是释义学的方法,即马克斯·韦伯所说的价值关联的方法,以及把历史作为文本进行解释的方法;二是心理学的方法,即把历史活动归结为人的心理活动,进而把心理活动归结为无意识活动的方法。这些方法都获得了一定的成功。这表明,尽管人文分析法缺乏严格的界定性,但它的确是历史科学研究中不可或缺的方法。

概而言之,实证分析法注重现象间的因果性及其"通则";抽象分析法立足现象与本质的关系,注重"思想总体";批判分析法注重解决新问题,转换理论结构;策略式分析法关心达到目的的途径,注重可能性空间;人文分析法侧重从人的活动、人的心理的角度来理解和把握历史。它们各

---

① 《马克思恩格斯选集》第 4 卷,第 247 页。
② 《马克思恩格斯全集》第 42 卷,第 124 页。
③ 《马克思恩格斯选集》第 1 卷,第 54 页。
④ 《马克思恩格斯全集》第 42 卷,第 127 页。

有其不同的侧重点,并在总体上达到一种互补性。我们不能把其中某一种方法绝对化,人为地使其成为"唯一科学的方法"。

三、历史科学研究中的模型解释

历史科学研究中对资料、信息进行分析就是为了把握资料、信息之间的"顺序",探寻历史运动各种形式之间的内在联系。"只有这项工作完成以后,现实的运动才能适当地叙述出来。这点一旦做到,材料的生命一旦观念地反映出来,呈现在我们面前的就好象是一个先验的结构了。"[1]下一步的工作,就是把这一"先验的结构"模型化,并对模型进行解释。

历史科学中的模型,就是人们为了某种特定的目的而对历史事物所做的结构性的抽象描述,如社会发展模型、社会人口模型、社会病态模型等。从总体上看,历史科学模型有三个特点:

第一,历史科学模型是与历史事物具有某种"同构性"的仿真。历史科学的模型不同于自然科学的模型:在自然科学中,可以进行实物仿真;在历史科学中,模型尽管有其客观依据,但完全仿真是不可能的,历史科学模型更多的是结构、功能、形态、过程的抽象,是与历史事物具有某种"同构性"的仿真。

第二,历史科学模型是对历史现象系统的抽象。历史科学研究无法应用实验室方法,历史科学模型只能是对历史现象系统的抽象,不可能包括历史事物中的一切方面;同时,历史科学模型又要尽可能地把历史现象系统的主要方面包括进来,尽可能全面而真实地反映现实的历史运动,否则,模型就失去了自身的意义。

第三,对于同一历史事物往往形成多种模型。历史科学的模型往往由于模型制定者的研究目的、观察角度的不同而具有多样性。例如,关于社会系统相互作用的模型,美国的谢尔顿提出由社会福利、社会活动、时

---

[1]《马克思恩格斯全集》第 23 卷,第 23 页。

间利用、消费行为、价值导向五个方面构成的模型,而贝尔里纳则提出社会规范、适应、目的、整体化四组式的社会功能模型。这种现象的产生是由模型制定者的立场、观点、方法、价值取向的不同所决定的。

历史科学的模型只是对历史的结构、过程、关系的仿真,其目的在于揭示"是什么",即揭示历史运动的实际情况。因此,模型制定后的工作便是解释,说明"为什么",即说明该模型何以为真。一句话,模型注重"是什么",解释关注"为什么"。经过逻辑解释,模型也就上升到理论。

同一般解释一样,历史科学研究中的模型解释可分为解释项和被解释项两部分。其中,解释项本身也包括两个部分,即一般法则和原初条件或先决条件。解释项这两个部分的结合如果蕴涵着被解释项,或者说被解释项可由此推出,那么,解释就成立。所谓解释,就是解释项与被解释项之间的一种蕴涵关系。

历史科学研究中的模型解释有演绎解释、统计解释、习性和意向解释、发生学解释、功能或系统维持解释五种主要类型。

演绎解释揭示的是前提和结论之间的必然关系。通常认为,演绎的真存在于前提之中,即前提为真,结论一定为真。实际上,演绎的真主要存在于前提和受前提制约的结论之间的关系中,它是一种全称必然性关系的展开。在历史科学研究中,演绎解释是一种理想状态,在大多数情况下,达不到这种理想状态。

统计解释揭示的是可能为真的程度。换言之,在统计解释中,前提为真,结论并非一定为真;同时,统计解释也不包含结论为什么为真的说明,它只能说明结论为什么可能是这样的。"历史是这样创造的:最终的结果总是从许多单个的意志的相互冲突中产生出来的,而其中每一个意志,又是由于许多特殊的生活条件,才成为它所成为的那样。这样就有无数互相交错的力量,有无数个力的平行四边形,由此就产生出一个合力,即历史结果。"[1]作为个人意志"合力"产生的"历史结果",其内在规律更多地

---

[1]《马克思恩格斯选集》第4卷,第697页。

表现为统计规律。一般来说,历史科学研究中的模型解释是统计解释。

从无意识和有意识的角度着眼,可以把人的行为区分为习性和意向。所谓习性解释,就是通过人们的惯性选择对人们的行为及其结果进行解释,包括历史事件。意向解释则是对人的有目的的、有意识的行为及其结果的解释。在对重大的历史事件的解释中,意向解释是有效的。但是,意向解释并不能解释所有的历史现象。这是因为,人们并不是把所有的意向都付诸行动;付诸行动的意向也并不是都能顺利实现,而且行动的结果往往不是原来所意向的,甚至是与原来意向相反的;人们的某些行为往往是由无意识的习性所促动的。因此,对历史现象进行模型解释,意向解释与习性解释的互补是行之有效的。

发生学解释通过揭示某一历史现象如何由前面若干阶段发展而来,从而说明该现象目前的状态。发生学解释包含着对具体的历史条件的分析,即处在第一阶段的某历史现象 A,由于在第二阶段遇到甲、乙两个条件引起 B 的发生;尔后,在第三阶段由于丙、丁两个条件,B 又引起 C 的发生。这里,并不能得出 A、B、C 是必然的,相反,由于历史条件的变迁,B 或 C 可能不发生。这就是说,发生学解释并不是由 A、B、C 的逻辑推出,而是对该历史现象何以发生、在什么样的历史条件下发生的解释。历史事件、历史现象具有不可逆性,发生学解释是理解历史事件、历史现象秘密的钥匙。

功能是事物相互作用的过程,而系统维持则是历史事物得以这样或那样存在的主要原因之一。一般来说,功能解释包括系统、变项以及变项对系统的影响三个要素。其中,只解释变项对系统的影响为系统所必需,就能从功能角度解释变项。从系统维持的角度对某一历史现象进行解释则具有存在论的意义,即说明某一历史现象何以存在,为什么这样存在。

在历史科学研究中,以上五种解释都能完成从解释项到被解释项的过渡,通过五种解释的有机结合,就能对历史模型形成有效而充分的论证;然后,再经过经验解释,即经由社会实践来证明这些逻辑解释的合理性。课题设计—资料分析—模型解释,这是历史科学研究的基本环节或一般程序,它表明:认识自然,难;认识历史,更难。

第十三章

科学抽象：历史认识中唯一的分析工具

历史科学研究无法应用实验室方法，用自然科学的实验室方法来规范历史科学或否定历史科学的科学性，这是自然主义历史观或唯心主义历史观无法逃遁的形而上学局限。马克思指出："分析经济形式，既不能用显微镜，也不能用化学试剂，抽象是唯一可以当作分析工具的力量。"①的确如此，倍数再高的望远镜也看不到商品的交换价值，倍数再高的显微镜也看不出商品的交换价值，亿万次计算机也算不出商品的交换价值，"直到现在，还没有一个化学家在珍珠或金刚石中发现交换价值"②。然而，马克思却用科学抽象法真正解答了"商品之谜"。实际上，对于整个历史科学来说，科学抽象法具有普遍的意义，只有科学抽象法才能深刻地揭示社会的本质，发现和把握历史的规律。

---

① 马克思：《资本论》（根据作者修订的法文版第一卷翻译），第 2 页。
② 马克思：《资本论》（根据作者修订的法文版第一卷翻译），第 63 页。

一、科学抽象法的内涵

按照马克思的观点,在历史科学研究中,科学抽象法就是从感性具体出发,经过分析上升到抽象规定,然后,以抽象的规律为思维的出发点,经过综合,形成理性具体,即思想具体、思想总体。这是一个有序发展的理论研究过程,它沿着两条道路运行着:"在第一条道路上,完整的表象蒸发为抽象的规定;在第二条道路上,抽象的规定在思维行程中导致具体的再现。"①这就是从感性具体到抽象规定,从抽象规定到理性具体的两条道路。

这里,存在着两个问题:从认识的过程来说,认识从感性具体出发,这是对的,但这仅仅是理论认识的来源,还不是理论体系的出发点;就理论体系的形成而言,认识是从"抽象的规定"开始的,换言之,理论不是以感性具体作为要素,而是以各种"抽象的规定"作为要素。只有借助于"抽象的规定",理论思维才能运动起来。

正是在理论体系形成的意义上,马克思认为:"从实在和具体开始,从现实的前提开始,因而,例如在经济学上从作为全部社会生产行为的基础和主体的人口开始,似乎是正确的。但是,更仔细地考察起来,这是错误的。"这是因为,"抛开构成人口的阶级,人口就是一个抽象。如果我不知道这些阶级所依据的因素,如雇佣劳动、资本等等,阶级又是一句空话。而这些因素是以交换、分工、价格等等为前提的。比如资本,如果没有雇佣劳动、价值、货币、价格等等,它就什么也不是"②。因此,只有从"抽象的规定"出发,才能从理论上再现"具有许多规定和关系的丰富的总体"③,才能达到理论研究的入口处。

"抽象"一词是多义的:一是本体论意义,即抽象是客观事物的一个

---

① 《马克思恩格斯选集》第 2 卷,第 18 页。
② 《马克思恩格斯选集》第 2 卷,第 18 页。
③ 《马克思恩格斯选集》第 2 卷,第 18 页。

方面,如马克思就把"劳动"分解为"具体劳动"和"抽象劳动";二是认识论意义,即抽象是认识的成果,如"具体概念"和"抽象概念"、"具体的同一性"和"抽象的同一性";三是方法论意义,即把事物的某一属性、关系、方面单独抽取出来的方法。

科学抽象法中的"抽象"是就其中的认识论和方法论意义而言的。它首先是指一种认识方法和思维方法,是在思维中把对象的某一属性、关系、方面抽取出来,而暂时舍弃其他属性、关系、方面的一种逻辑方法;其次是指认识成果和思维成果,是思维经过分析,从感性具体"蒸发为抽象的规定"。

从具体到抽象,首先是从感性具体出发,对"混沌的表象""完整的表象""生动的整体"进行分析,形成"抽象的规定"。对感性具体某一本质方面的认识,就是一个"抽象的规定"。在马克思看来,18 世纪以前的经济学家对历史的研究走的就是从感性具体到抽象规定的道路。"17 世纪的经济学家总是从生动的整体,从人口、民族、国家、若干国家等等开始,但是他们最后总是从分析中找出一些有决定意义的抽象的一般的关系,如分工、货币、价值等等。"①这里,人口、民族、国家就是感性具体,分工、货币、价值就是抽象规定。这是历史认识的第一条道路,是从历史现象中剥离出历史的抽象规定的道路。

然而,在马克思看来,这只是建构理论体系,再现"具有许多规定和关系的丰富的总体"的前提。只有从抽象规定再上升到理性具体的时候,历史科学的理论体系才能真正形成。马克思指出:"从抽象上升到具体的方法,只是思维用来掌握具体、把它当作一个精神上的具体再现出来的方式。"②而"具体之所以具体,因为它是许多规定的综合,因而是多样性的统一。因此它在思维中表现为综合的过程,表现为结果"③。这个"综合的过程"就是概念、判断、推理的展开过程,是概念运动的过程,其"结果",

---

① 《马克思恩格斯选集》第 2 卷,第 18 页。
② 《马克思恩格斯选集》第 2 卷,第 19 页。
③ 《马克思恩格斯选集》第 2 卷,第 18 页。

也是理论体系的形成。例如,分工、货币、价值等"这些个别要素一旦多少确定下来和抽象出来,从劳动、分工、需要、交换价值等等这些简单的东西上升到国家、国际交换和世界市场的各种经济学体系就开始出现了"①。

因此,从抽象到具体的方法是以第一条认识道路的结果,即"抽象的规定"为出发点,通过综合的方法,把反映事物各方面本质的抽象规定联系起来,形成关于事物统一体的认识。此时,从精神上再现出来的具体就不是感性具体,而是"思想具体""思想总体",即思维中的具体了。尽管是思维中的具体,但它只要是科学的,就会使"材料的生命""观念地反映出来"。

二、从抽象上升到具体的基本环节

从总体上看,从抽象规定到思想总体,即思想具体,包括三个环节,即确定起点范畴、展开中介范畴和走向终点范畴。

所谓起点范畴,是指从抽象到具体的运行中作为逻辑起点的抽象规定,如"黑格尔哲学中的"纯有",笛卡尔哲学中的"我思",马克思政治经济学中的"商品",帕森斯社会理论中的"社会行动",汤因比历史理论中的"文明",等等。起点范畴是整个理论体系的出发点,规定着理论体系的运行及其内在的范畴的运动。

作为起点范畴的抽象必须是本质的抽象。只有从这种本质的抽象中,才能揭示出该领域的一切矛盾或矛盾的"胚芽"。例如,全部社会生活在本质上是实践的,作为唯物主义历史观起点范畴的实践,就以缩影的形式包含着人与自然的矛盾和人与人的矛盾,全部唯物史观的范畴都是实践这一范畴延伸、展开的产物,都可以在实践这一范畴中找到它的"胚芽"。

作为起点范畴的抽象必须是高度的抽象。高度抽象是指在其研究的

① 《马克思恩格斯选集》第2卷,第18页。

领域内不需要用事物的其他方面和属性来解释它,而它却能解释和说明事物的其他方面和属性。高度的抽象是包含着演绎法在内的抽象,即由这一抽象出发说明并演绎出其他规定来。

作为起点范畴的抽象必须是适度的抽象。高度的抽象也是有限度的,它必须符合适度原则。抽象不及,不能确定真正的逻辑起点;抽象过度,也就失去了对象的本质。例如,实证主义的抽象未超出经验,只在两种或几种变量关系中进行抽象,缺乏指导意义,这是抽象不及;而费尔巴哈对"人"的抽象则超出了度,即把人的社会性抽象掉了,仅剩下生物学的"类"。正是因为从这种抽象的人出发,唯物主义者费尔巴哈在历史领域重新陷入了唯心主义。

起点范畴实质上是理论体系的"元概念",而抽象中的本质的、高度的、适度的原则,乃是确立某个概念何以为"元"的原则。当然,理论体系的"元概念"也是不断变动的,它表现着理论研究的层次、侧重点和建构方法的历史发展。但是,"元概念"不管如何变迁,有两点是不变的:一是元概念反映的必须是构成具体对象的基本单位,它本身是实际的存在,如"商品""行为""细胞""物质"都是这样的单位;二是元概念的内涵必须蕴含着整个理论体系各种矛盾的"胚芽",往后的概念的矛盾运动都是从中生长、发展、演化而来,仿佛是演绎出来一样。

中介范畴是潜在于起点范畴中的尚未展开的"胚芽",随着起点范畴的运动不断展开,中介范畴就会显现出来。例如,从商品引申出使用价值和价值,在一定条件下从价值又引申出货币,货币在一定条件下又会转化为资本。起点范畴经过中介范畴的"铁的逻辑"形成一环扣一环的逻辑整体;通过中介范畴,以"细胞"形式存在的抽象规定才会逐渐展开自身的矛盾,显示出自身的丰富性,从而向思维中的具体逼近。

《资本论》至今仍是运用这种方法的典范。《资本论》第一卷第一篇即"商品和货币"揭示的是资本的存在,它是《资本论》全部结构的"胚芽"。接着,第一卷的其他部分考察资本主义的直接生产过程,揭示资本的本质;第二卷考察资本流通,揭示资本的现象;第三卷"揭示和说明资本运动过程作为整体考察时所产生的各种具体形式。资本在自己的现实运动中就是以这些具体形式互相对立的，对这些具体形式来说，资本在直接生产过程中采取的形态和在流通过程中采取的形态，只是表现为特殊的要素。因此，我们在本卷中将要阐明的资本的各种形式，同资本在社会表面上，在各种资本的互相作用中，在竞争中，以及在生产当事人自己的通常意识中所表现出来的形式，是一步一步地接近了"①。可见，《资本论》通过"存在"—"本质"—"现象"—"现实"这些环节，把资本的内在矛盾充分展现出来了。

终点范畴是从抽象到具体的逻辑终点，它是以思想总体展现出来的，是一个具有许多规定性的总体。如果说作为逻辑起点的抽象规定还只是抽象的普遍性，那么，在终点范畴中已经是包含着个别、特殊在内的具体普遍性了。

在某种意义上，终点就是向起点回溯。黑格尔指出："必须承认以下这一点是很重要的观察，——它在逻辑本身以内将更明确地显示出来，——即：前进就是回溯到根据，回溯到原始的和真正的东西；被用作开端的东西就依靠这种根据，并且实际上将是由根据产生的。"②从起点范畴到终点范畴的运动不过是起点范畴的内在矛盾的全面展示，因而每前进一步，实际上都是向起点范畴的回溯。在这个意义上，终点一步也没有离开起点。

同时，终点是对起点和中介过程的证明。科学抽象法中的证明，是命题和论据之间的相互支持、相互论证。这当然不是"循环论证法"，而是一种辩证的"圆圈"运动。这里，说明这一点是必要的，即《资本论》的反对者攻击马克思没有用专门一章对"价值"做出最后的定义，因而是不科学的。但是，在马克思看来，价值的定义是不断变动的，它的证明只有在运动的终点，在考察了所有方面的总和时才能得到，因而对价值的证明也就是整

①《马克思恩格斯全集》第25卷上，第29—30页。
②［德］黑格尔：《逻辑学》上卷，杨一之译，商务印书馆1966年版，第55页。

个理论体系展开的全过程。否则，只能得到对价值的片面认识。

马克思从抽象上升到具体的方法源于黑格尔的《逻辑学》方法，但二者又有本质的不同。按照马克思的观点，从抽象到具体的运动，表面看来是一种纯概念的运动，实际上是现实社会运动的反映。"黑格尔陷入幻觉，把实在理解为自我综合、自我深化和自我运动的思维的结果，其实，从抽象上升到具体的方法，只是思维用来掌握具体、把它当作一个精神上的具体再现出来的方式。但决不是具体本身的产生过程。"①"具体总体作为思想总体、作为思想具体，事实上是思维的、理解的产物；但是，决不是处于直观和表象之外或驾于其上而思维着的、自我产生着的概念的产物，而是把直观和表象加工成概念这一过程的产物。整体，当它在头脑中作为思想整体而出现时，是思维着的头脑的产物，这个头脑用它所专有的方式掌握世界，而这种方式是不同于对于世界的艺术精神的，宗教精神的，实践精神的掌握的。实在主体仍然是在头脑之外保持着它的独立性；只要这个头脑还仅仅是思辨地、理论地活动着。因此，就是在理论方法上，主体，即社会，也必须始终作为前提浮现在表象面前。"②在马克思看来，这是一个"在研究任何历史科学、社会科学时"，都"必须把握住"，而且"应当时刻把握住"的问题③。

三、从抽象上升到具体的根本原则

科学抽象法的进行和理论体系的建构贯彻着逻辑—历史的方法原则。逻辑—历史的方法实际上是正确处理现实的逻辑与理论的逻辑、客观辩证法与主观辩证法之间关系的方法。科学地把握了逻辑—历史方法，就能真正发现与说明抽象何以这样或那样进行，理论体系何以这样或那样建构的秘密。

① 《马克思恩格斯选集》第 2 卷，第 18—19 页。
② 《马克思恩格斯选集》第 2 卷，第 19 页。
③ 参见《马克思恩格斯选集》第 2 卷，第 24 页。

这里，首先要把握"历史"的概念。一般说来，历史是指按时间箭头从过去到现在再到将来的不可逆过程。然而，在马克思看来，历史是与发展联系在一起的，"联系不断采取新的形式，因而就表现为'历史'"①；反过来说，没有发展也就没有历史，如同一性的重复，没有内容和形式的变化，尽管存在着，却没有历史。正是在这个意义上，马克思认为："印度社会根本没有历史，至少是没有为人所知的历史。"②印度社会没有历史的原因就在于，亚细亚生产方式中的"自给自足的公社不断地按照同一形式把自己再生产出来，当它们偶然遭到破坏时，会在同一地点以同一名称再建立起来"③。这表明，马克思所理解的历史与通常意义上的时间上的历史有着较大区别。

在唯物主义历史观中，历史的方法就是依据社会发展进程来研究社会因素和社会关系如何生成、展开、成熟，一个阶段如何为另一个阶段所更替的方法。从总体上看，历史的方法具有两个特征：

一是发生学方法。按照发生学的观点，任何一个历史现象都有一个在一定的历史条件下起源、形成、独立的过程，这一过程就是其发生的过程。黑格尔的《精神现象学》就是关于精神的发生学，恩格斯的《家庭、私有制和国家的起源》就是关于家庭、私有制和国家的发生学。马克思对社会形态的"自然发生"的考察，实际上就是发生学的方法。任何历史现象，只有弄清它的发生，才能科学地研究它。

二是过程论方法，即按时间顺序描述其发展过程、发展的各个阶段的方法。历史方法的特点之一，就是要求描述历史进程中的曲折性、偶然性，描述一个个历史事件，一个个历史人物的活动。例如，马克思把民族的早期发展比喻为儿童，并认为有"粗野的儿童""早熟的儿童""正常的儿童"。如果对民族发展做典型解剖，那么，只选择"正常的儿童"就可以了，但历史的方法则要全面地描述各种"儿童"的发展，越全面、越详尽则

① 《马克思恩格斯选集》第 1 卷，第 81 页。
② 《马克思恩格斯选集》第 1 卷，第 767 页。
③ 《马克思恩格斯全集》第 23 卷，第 396—397 页。

越符合历史方法的要求。

历史方法的优点就在于,它反映了历史发生、发展的具体过程,但纯粹的历史方法往往成为历史现象的堆积。要把历史的本质和规律显现出来,必须从历史的方法上升到逻辑的方法。逻辑的方法是通过一系列概念来揭示历史的本质和规律,从而建立理论体系的方法。恩格斯指出:"对经济学的批判,即使按照已经得到的方法,也可以采用两种方式:按照历史或者按照逻辑。既然在历史上也像在它的文献的反映上一样,大体说来,发展也是从最简单的关系进到比较复杂的关系,那么,政治经济学文献的历史发展就提供了批判所能遵循的自然线索,而且,大体说来,经济范畴出现的顺序同它们在逻辑发展中的顺序也是一样的。这种形式看来有好处,就是比较明确,因为这正是跟随着现实的发展,但是实际上这种形式至多只是比较通俗而已。历史常常是跳跃式地和曲折地前进的,如果必须处处跟随着它,那就势必不仅会注意许多无关紧要的材料,而且也会常常打断思想进程;并且,写经济学史又不能撇开资产阶级社会的历史,这就会使工作漫无止境,因为一切准备工作都还没有做。因此,逻辑的方式是唯一适用的方式。"①实际上,不仅对经济学的批判,而且对整个历史科学来说,逻辑的方法具有普遍意义,"对于分析社会关系的本质和历史运动的规律来说,是唯一适用的方式"。任何一种历史科学研究方法,无论是实证主义的还是人文主义的,无论是社会唯名论的还是社会唯实论的,本质上都是逻辑的方法。这些方法的区别仅仅在于如何组织概念体系,即概念的运动规则不同。

逻辑的方法有一个独立的范畴运行系统,这就是,"正如从简单范畴的辩证运动中产生出群一样,从群的辩证运动中产生出系列,从系列的辩证运动中又产生出整个体系"②。这是一个简单范畴—范畴群—范畴系列—范畴体系的运动过程。这一过程仿佛是逻辑在自我运动,自己构成

---

① 《马克思恩格斯选集》第 2 卷,第 43 页。
② 《马克思恩格斯选集》第 1 卷,第 140—141 页。

自己,但实际上这种方式不过是"修正过"的历史的方式。问题的关键在于,这种"修正""是按照现实的历史过程本身的规律修正的,这时,每一个要素可以在它完全成熟而具有典型性的发展点上加以考察"①。正因为如此,逻辑的方法比历史的方法更深刻地反映了历史。

同时,逻辑本身又是由历史来校正的。在每一时代,何种范畴和逻辑关系占主导地位,完全由那个时代占主导地位的社会关系来决定。例如,"世界交往"作为一个范畴抽象出来,在古代是不可能的,因为那时只有部落交往、地域交往的经验,"世界"概念还没有产生。只有在现代,"世界"对人说来才成为一种经验的事实,"世界交往"的概念才能形成,以此为基础又形成了世界市场、世界经济、世界文学等范畴,这些范畴的产生又改变着原有的局限于地域性的范畴结构,产生新的范畴结构。

正因为逻辑方法不过是"修正"过的历史方法,并且不断地被历史所"校正",逻辑方法与历史方法才具有内在的一致性。在历史科学领域中,逻辑与历史相一致的方法主要体现在从"完全成熟而具有典范形式的发展点上"来研究对象,因为这种"发展点"既是历史发展的充分形式,又为逻辑关系充分展开自身的形式奠定了现实基础。

在《资本论》中,马克思对在历史科学研究中运用逻辑—历史方法做了精辟的概述:"对人类生活形式的思索,从而对它的科学分析,总是采取同实际发展相反的道路。这种思索是从事后开始的,就是说,是从发展过程的完成的结果开始的。"②之所以如此,是因为社会中的各种因素和关系,只有在其充分发展、充分展现后才能被充分认识,而其充分展现后又已经否定了自身,转化为高级的东西了,或从属于高级的东西。所以,考察过去的、低级的社会形态反而要以现实的、高级的社会形态为参照系。正如马克思所说,"不懂资本便不能懂地租。不懂地租却完全可以懂资本"③。这里,我们应当注意两种方法,即研究方法与叙述方法的关系。在

---

① 《马克思恩格斯选集》第2卷,第43页。
② 《马克思恩格斯全集》第23卷,第92页。
③ 《马克思恩格斯选集》第2卷,第25页。

历史科学中,研究方法是对历史本身以及历史资料进行分析和综合的方法,是从历史现象深入到历史本质中的方法;叙述方法则是理论和理论结构如何表述的方法,或者说是理论体系如何展现的方法。在形式上,叙述方法与研究方法不同。马克思认为,研究必须充分地占有材料,分析它的各种发展形式,从具体到抽象,再从抽象到具体,探寻这些形式的内在联系,并一再强调,历史科学研究"必然包含着历史考察"。"对我们来说更为重要的是,我们的方法表明必然包含着历史考察之点,也就是说,表明仅仅作为生产过程的历史形式的资产阶级经济,包含着超越自己的、对早先的历史生产方式加以说明之点。"①"这种正确的考察同样会得出预示着生产关系的现代形式被扬弃之点。"②研究是从现象到本质,从外在联系到内在联系,它必须立足于对各种社会形式的起源以及发展阶段的分析之上。

只有在研究工作完成任务之后,"现实运动才能适当地叙述出来"。叙述方法并不是再现研究方法以及如何研究的过程,而是一种使"材料的生命""观念地反映出来"的方法。叙述在展开自身的同时也在论证着自身,它用论据与命题、概念与概念群相互论证,当终点范畴最后回溯到起点范畴时,就形成一个"艺术整体"。因此,叙述方法并不仅仅是一个语言、文字表述的问题,更重要的,是一个逻辑结构展现的方法,是从理论上再现现实运动的方法。

叙述不能仅仅按"历史的先后次序"进行,对于叙述"直接具有决定的意义"的,是现实社会的内部结构。例如,叙述经济运动,从地租开始,从土地所有制开始,似乎是再自然不过了,因为它是"社会的最初的生产形式"。但是,在马克思看来,"这是最错误不过的了"。这是因为,在资本主义社会中,农业完全受资本支配,"不懂资本便不能懂地租。不懂地租却完全可以懂资本。资本是资产阶级社会的支配一切的经济权力。它必须成为起点又成为终点,必须放在土地所有制之前来说明"③。

---

① 《马克思恩格斯全集》第 46 卷上,第 458 页。
② 《马克思恩格斯全集》第 46 卷上,第 458 页。
③ 《马克思恩格斯选集》第 2 卷,第 25 页。

正是在这个意义上，马克思认为："把经济范畴按它们在历史上起决定作用的先后次序来排列是不行的，错误的。它们的次序倒是由它们在现代资产阶级社会中的相互关系决定的，这种关系同表现出来的它们的自然次序或者符合历史发展次序恰好相反。问题不在于各种经济关系在不同社会形式的相继更替的序列中在历史上占有什么地位，更不在于它们在'观念上'……的顺序。而在于它们在现代资产阶级社会内部的结构。"①正因为如此，"比较简单的范畴可以表现一个比较不发展的整体的处于支配地位的关系或者一个比较发展的整体的从属关系，这些关系在整体向着以一个比较具体的范畴表现出来的方面发展之前，在历史上已经存在。在这个限度内，从最简单上升到复杂这个抽象思维的进程符合现实的历史过程"②。在我看来，这才是马克思的逻辑与历史相一致的方法的真实含义。

要"适当地叙述"现实运动，还要科学地确定"抽象的规定"。按照马克思的观点，作为叙述的起点范畴的应当是"简单的范畴"或"最抽象的范畴"，内容上应当是"最一般的抽象"。问题在于，"简单的范畴，在历史上只有在最发达的社会状态下才表现出它的充分力量"，而"最一般的抽象总只是产生在最丰富的具体发展的场合，在那里，一种东西为许多东西所共有，为一切所共有。这样一来，它就不再只是在特殊形式上才能加以思考了"③。因此，"最发达的社会状态""最丰富的具体发展的场合"才能产生"最抽象的范畴"。正如马克思所说，"比较简单的范畴，虽然在历史上可以在比较具体的范畴之前存在，但是，它在深度和广度上的充分发展恰恰只能属于一个复杂的社会形式，而比较具体的范畴在一个比较不发展的社会形式中有过比较充分的发展"④。

以"劳动"为例。"劳动"或"劳动一般"之所以成为现代经济学的起

① 《马克思恩格斯选集》第 2 卷，第 25 页。
② 《马克思恩格斯选集》第 2 卷，第 20 页。
③ 《马克思恩格斯选集》第 2 卷，第 22 页。
④ 《马克思恩格斯选集》第 2 卷，第 21 页。

点,是因为在资本主义社会这个最发达、最复杂的社会形式中,任何种类的劳动都被同样看待,"个人很容易从一种劳动转到另一种劳动"。所以,"最抽象的范畴,虽然正是由于它们的抽象而适用于一切时代,但是就这个抽象的规定性本身来说,同样是历史条件的产物,而且只有对于这些条件并在这些条件之内才具有充分的适用性"①。

从历史上看,在马克思之前,经济学家对劳动的把握经历了四个阶段:一是货币主义把财富看成完全客观的东西,看成存在于货币中的物;二是重工主义和重商主义把财富的源泉从客体转到主体劳动,即工业劳动和商业劳动上;三是重农学派仅仅把作为劳动一定形式的农业看作创造财富的劳动;四是亚当·斯密做出进一步抽象,"他抛开了创造财富的活动的一切规定性,——干脆就是劳动,既不是工业劳动,又不是商业劳动,也不是农业劳动,而既是这种劳动,又是那种劳动"②。这时,才抽象出"劳动一般",确立了劳动价值论。

以"资产阶级社会的最现代的存在形式——美国"为研究对象,马克思发现,"劳动不仅在范畴上,而且在现实中都成为创造财富一般的手段,它不再是同具有某种特殊性的个人结合在一起的规定了",或者说,"在这种社会形式中,个人很容易从一种劳动转到另一种劳动,一定种类的劳动对他们来说是偶然的,因而是无差别的"③。不仅如此,马克思对"劳动"与"劳动力"这两个概念做出区分,认为劳动力是存在于人体中的智力和体力的总和,劳动则是劳动力在生产过程中的使用,是人以自身的活动来引起、调整和控制人与自然之间的物质变换的过程。正是这种劳动或"劳动一般"构成了价值的基础。正是在这里,"'劳动'、'劳动一般'、直截了当的劳动这个范畴的抽象,这个现代经济学的起点,才成为实际上真实的东西。所以,这个被现代经济学提到首位的,表现出一种古老而适用于一切社会形式的关系的最简单的抽象,只有作为最现代的社会的范畴,才在

① 《马克思恩格斯选集》第 2 卷,第 23 页。
② 《马克思恩格斯选集》第 2 卷,第 21 页。
③ 《马克思恩格斯选集》第 2 卷,第 22 页。

这种抽象中表现为实际上真实的东西"①。这实际上是对劳动范畴把握的第五个阶段。

对劳动范畴把握的五个阶段表现为：货币主义，重工主义、重商主义对货币主义的批判，重农主义、重工主义对重商主义的批判，亚当·斯密对重农主义的批判，马克思对亚当·斯密的批判过程。在我看来，这种批判是由现实的社会实践活动所激发的对原有经济学理论前提的批判。没有这种批判便没有对原有抽象度的否定，新的理论体系也就不会产生。因此，科学抽象法是同批判方法密切相关，甚至融为一体的。《德意志意识形态》的副标题就是"对费尔巴哈、布·鲍威尔和施蒂纳所代表的现代德国哲学以及各式各样先知所代表的德国社会主义的批判"，《资本论》的副标题就是"政治经济学批判"。

---

① 《马克思恩格斯选集》第 2 卷，第 22 页。

第十四章

"从后思索"：历史认识的根本途径

历史是已经过去的存在,因而在认识历史的活动中,认识主体不可能面对和接触认识客体。认识对象的这种特殊性造成了历史认识的特殊性,并使历史认识论的研究遇到了一系列特殊的困难。正因为如此,能否认识历史以及如何认识历史的问题似乎成了现代历史哲学中的"哥德巴赫猜想"。然而,唯物主义历史观的"从后思索"法为我们走出这一理论迷宫提供了一条切实可行的思路。

一、"从后思索"法的提出

"从后思索"法,是马克思在《资本论》中分析商品拜物教的性质及其秘密时提出来的。按照马克思的观点,商品早在古亚细亚和古希腊罗马社会中就已经存在了,并"取得了社会生活的自然形式的固定性",但是,人们对商品的科学认识却是在"后来",即资本主义社会中才获得的。这是因为商品生产在古亚细亚和古希腊罗马社会中"处于从属地位",而在资本主义社会中却占统治地位,并达到了"典型的形式"。

由此,马克思明确地提出了"从后思索"法,即"对人类生活形式的思索,从而对它的科学分析,总是采取同实际发展相反的道路。这种思索是从事后开始的,就是说,是从发展过程的完成的结果开始的"①。当《资本论》第一卷译成法文时,马克思对这段话做了修订:"对社会生活形式的思索,从而对它的科学分析,遵循着一条同实际运动完全相反的道路。这种思索是从事后开始的,是从已经完全确定的材料、发展的结果开始的。"②这两段话没有本质的区别,只是法文版的论述更精确了,并在思索的出发点上增加了"已经完全确定的材料"这一内容。

马克思的"从后思索"法虽然是在分析商品拜物教的性质及其秘密时提出来的,但它却是马克思一贯的思维方法。

在博士论文中,马克思就采取了"从后思索"法来分析古希腊哲学,即"从伊壁鸠鲁哲学追溯希腊哲学"。之所以如此,是因为自我意识哲学是古希腊哲学发展的最高形态,"在伊壁鸠鲁派、斯多葛派和怀疑派那里自我意识的一切环节都得到充分表述,不过每个环节都被表述为一个特殊的存在……这些体系合在一起形成了对自我意识的完备的结构"③,所以,"这些体系是理解希腊哲学的真正的历史的钥匙"④。正因为如此,马克思在博士论文中不是把伊壁鸠鲁之前的这种或那种哲学放在"首位",而是相反,"从伊壁鸠鲁哲学追溯希腊哲学"⑤。

在《〈黑格尔法哲学批判〉导言》中,马克思认为,1843 年的德国社会制度低于当时的世界历史水平,因为"在法国和英国行将完结的事物,在德国才刚刚开始"。"那里,正在解决问题;这里,矛盾才被提出。"用《资本论》中的话来说就是,"在资本主义生产方式的对抗性质在法英两国

---

① 《马克思恩格斯全集》第 23 卷,第 92 页。
② 马克思:《资本论》(根据作者修订的法文版第一卷翻译),第 55 页。
③ 《马克思恩格斯全集》第 40 卷,人民出版社 1982 年版,第 195 页。
④ 《马克思恩格斯全集》第 40 卷,第 189 页。
⑤ 《马克思恩格斯全集》第 40 卷,第 138 页。

通过历史斗争而明显地暴露出来以后,资本主义生产方式才在德国成熟起来"①。

因此,如果仅仅"从德国的现状本身出发"去否定当时的德国制度,依然要犯时代错误。为了正确而全面地把握德国的历史发展,必须从"在法国和英国行将完结的事物",即当时的先进实践出发反过来思索。在马克思看来,问题的关键就在于,"德国能不能实现有原则高度的[à la hauteur des principes]实践,即实现一个不但能把德国提高到现代各国的正式水准,而且提高到这些国家最近的将来要达到的人的高度的革命"②。这同样是一种"从后思索"的方法,即从时代的先进实践出发来理解较为落后民族或国家的发展。

在《1857—1858年经济学手稿》中,马克思明确指出,"作为生产过程的历史形式的资产阶级经济,包含着超越自己的、对早先的历史生产方式加以说明之点","这些启示连同对现代的正确理解,也给我们提供了一把理解过去的钥匙"③。按照马克思的观点,资本主义是历史上最发达的和最复杂的社会组织,社会关系得到了充分发展、充分展现,"早先的生产方式"、过去的社会关系往往以"遗物"或发展,"萎缩"或"歪曲"的形式存在于资本主义社会中,反过来说,资本主义社会包含着"早期形式的各种形式"。当然,"总是在有本质区别的形式上,包含着这些社会形式"④。

因此,"资产阶级经济为古代经济等等提供了钥匙",透过资本主义社会,可以看到早期社会形式的结构和关系。可见,马克思始终认为,只有从现实出发才能找到正确理解历史的"钥匙"。⑤ 这也同时说明了对历史的科学认识是从"事后"、从"发展的完成的结果"开始的原因所在。换言之,对于历史认识来说,"从后思索"法具有普遍的意义。所以,马克思指

---

① 《马克思恩格斯全集》第23卷,第18页。
② 《马克思恩格斯选集》第1卷,第9页。
③ 《马克思恩格斯全集》第46卷上,第458页。
④ 《马克思恩格斯选集》第2卷,第23页。
⑤ 参见《马克思恩格斯选集》第2卷,第23页。

出,对历史认识来说,"从后思索"是"更为重要"的方法,"也是我们希望做的一项独立的工作"①。

二、"从后思索"法的必要性与可能性

对历史认识来说,"从后思索"之所以必要,是因为社会发展是从过去到现在,从低级到高级,然而,历史已经过去,在历史认识中,主体无法也不可能直接面对客体,人们无法也不可能重新模拟过去的历史,因而对历史的认识也就不能从过去到现在,从低级到高级。相反,只能采取"同实际运动完全相反的道路",反过来思索,即从高级到低级,从现在到过去,逆向溯因。这是认识历史必须遵循的方法。这是其一。

其二,历史中的各种因素和关系,只有在其充分发展、充分展现后才能被充分认识,而其充分展现后又已经否定了自身,转化为高级的东西了,所以,考察过去的、低级的社会形式反而要以现实的、高级的社会形式为参照系。生物学表明,人体解剖对于猴体解剖是一把钥匙,低等动物身上表露的高等动物的征兆,反而只有在高等动物本身已经被认识之后才能理解。在马克思看来,"在人类历史上存在着和古生物学中一样的情形。由于某种判断的盲目,甚至最杰出的人物也会根本看不到眼前的事物。后来,到了一定的时候,人们就惊奇地发现,从前没有看到的东西现在到处都露出自己的痕迹"②。

对历史认识来说,"从后思索"之所以可能,其客观依据在于:历史虽已过去,但它并没有消失,化为无,而是以"残片和因素"的形式存在于现实社会中。现实是历史的延伸,历史往往平铺在一个社会截面上。所以,通过现实社会,我们便可以透视出过去的历史。正如马克思所说,资本主义社会基于过去"社会形式的残片和因素建立起来,其中一部分是还未克

---

① 《马克思恩格斯全集》第 46 卷上,第 458 页。
② 《马克思恩格斯选集》第 4 卷,第 579 页。

服的遗物,继续在这里存留着,一部分原来只是征兆的东西,发展到具有充分意义,等等"①。"资产阶级社会是最发达的和最多样性的历史的生产组织。因此,那些表现它的各种关系的范畴以及对于它的结构的理解,同时也能使我们透视一切已经覆灭的社会形式的结构和生产关系。"②对历史认识来说,"从后思索"也就是从现实社会"透视"以往的历史。

同时,"比较简单的范畴,虽然在历史上可以在比较具体的范畴之前存在,但是,它在深度和广度上的充分发展恰恰只能属于一个复杂的社会形式,而比较具体的范畴在一个比较不发展的社会形式中有过比较充分的发展"③。正因为如此,我们能够通过发达的社会形式认识历史上和现实中的不发达的社会形式,能够通过表现资本主义社会各种关系的范畴认识过去的社会关系。例如,就内容而言,以货币形式为完成形态的价值形态是极其简单的,"然而,两千多年来人类智慧在这方面进行探讨的努力,并未得到什么结果,而对更有内容和更复杂的形式的分析,却至少已接近于成功。为什么会这样呢? 因为已经发育的身体比身体的细胞容易研究些。"④

"从后思索"就是从"发展过程的完成的结果"出发,通过对历史的"透视"和由结果到原因的反归来把握历史运动的内在逻辑。这里,必须注意从生产方式出发、"客观的理解",以及逻辑方法和历史方法相统一这三个基本原则。

第一,从生产方式出发。

物质生活的生产方式制约着整个社会生活、政治生活和精神生活的过程。生产力发展到一定阶段,便同它们一直在其中运动的生产关系,即经济结构发生矛盾;随着经济结构的变革,政治结构和观念结构也或慢或快地发生变革。这就是说,生产方式的内在结构是整个社会的"母结构",

---

① 《马克思恩格斯选集》第 2 卷,第 23 页。
② 《马克思恩格斯选集》第 2 卷,第 23 页。
③ 《马克思恩格斯选集》第 2 卷,第 21 页。
④ 《马克思恩格斯选集》第 2 卷,第 99 页。

只有从生产方式出发,我们才能理解历史何以沿着这一方向而不沿着那一方向发展,才能理解重大历史事件的性质和秘密,才能理解各种历史观念的兴亡盛衰。现实的生产方式包含着"对早先的历史生产方式加以说明之点"。因此,从生产方式出发,为我们"透视"历史、理解历史和解释历史提供了一种客观尺度。这是"从后思索"法的唯物主义精神所在。

第二,"客观的理解"。

"从后思索"是从现实社会"透视"以往历史。这种"透视"自始至终受着历史进程的制约,受到认识主体的知识结构和价值观念的制约,具有较大的相对性。但是,我们不能因此放弃客观性原则,放弃对历史的"客观的理解"。问题在于,要达到对历史的"客观的理解",需要通过现实社会的"自我批判"。"历史发展总是建立在这样的基础上:最后的形式总是把过去的形式看成是向着自己发展的各个阶段,并且因为它很少而且只是在特定条件下才能够进行自我批判……所以总是对过去的形式作片面的理解。基督教只有在它的自我批判在一定程度上,可说是在可能范围内完成时,才有助于对早期神话作客观的理解。同样,资产阶级经济学只有在资产阶级社会的自我批判已经开始时,才能理解封建的、古代的和东方的经济。"①

同时,要达到对历史的"客观的理解",需要以"已经完全确定的材料"为基础,从对现实社会的考察中得出"一些原始的方程式,——就象例如自然科学的经验数据一样,——这些方程式会说明在这个制度以前存在的过去。这样,这些启示连同对现代的正确理解,也给我们提供了一把理解过去的钥匙"②。

第三,逻辑方法和历史方法相统一。从现实社会去"透视"、反思过去的社会形式,绝不意味着"抹杀一切历史差别",把现在的各种关系等同于"早期形式的各种关系"。这是因为,"早期形式的各种关系"往往

---

① 《马克思恩格斯选集》第2卷,第23—24页。
② 《马克思恩格斯全集》第46卷上,第458页。

是以"十分萎缩的或者完全歪曲的形式"存在于现实社会中,现实社会"总是在有本质区别的形式上"包含着过去的社会形式。"如果说资产阶级经济的范畴适用于一切其他社会形式这种说法是对的,那么,这也只能在一定意义上来理解。这些范畴可以在发展了的、萎缩了的、漫画式的种种形式上,总是在有本质区别的形式上,包含着这些社会形式。"①例如,"人们认识了地租,就能理解代役租、什一税等等。但是不应当把它们等同起来"②。

正因为如此,马克思认为,"从后思索"法本身就包含着历史考察之点。"比较简单的范畴可以表现一个比较不发展的整体的处于支配地位的关系或者一个比较发展的整体的从属关系,这些关系在整体向着以一个比较具体的范畴表现出来的方面发展之前,在历史上已经存在。在这个限度内,从最简单上升到复杂这个抽象思维的进程符合现实的历史过程。"③"从后思索"法不仅是逻辑的,也是历史的,是逻辑方法和历史方法相统一的历史科学方法。

三、"从后思索"法的基本内容

"从后思索"法包含着丰富而具体的内容,它本身就是一个方法系统。"从后思索"的第一个要求,就是要确定思索的出发点,即某种社会形态、社会关系的典型,进行典型分析。

"物理学家是在自然过程表现得最确实、最少受干扰的地方考察自然过程的,或者,如有可能,是在保证过程以其纯粹形态进行的条件下从事实验的。"④这种"以其纯粹形态进行的条件下"所从事的实验室方法是自然科学的基本方法。问题在于,历史科学无法运用这种实验室方法,因为

---

① 《马克思恩格斯选集》第 2 卷,第 23 页。
② 《马克思恩格斯选集》第 2 卷,第 23 页。
③ 《马克思恩格斯选集》第 2 卷,第 20 页。
④ 《马克思恩格斯全集》第 23 卷,第 8 页。

不存在一种"纯粹形态"的社会,哲学家、历史学家不可能在"纯粹形态进行的条件下从事实验"。但是,历史中的各种社会形态、社会关系都有其"典型"形态,因而历史学家可以在某种社会关系发展得最充分,某些经验事实全面展开的社会单位——社会典型中考察历史过程。这就是唯物主义历史观的典型分析法。

在考察资本主义发展的历史过程时,马克思就是以资本主义经济发展的典型——英国——和资本主义政治发展的典型——法国——为"从后思索"的出发点的。正如马克思所说,《资本论》所研究的,"是资本主义生产方式以及和它相适应的生产关系和交换关系。到现在为止,这种生产方式的典型地点是英国。因此,我在理论阐述上主要用英国作为例证"①。恩格斯指出,《共产党宣言》是"把英国当作资产阶级经济发展的典型国家,而把法国当作资产阶级政治发展的典型国家"②进行研究的。

在考察"劳动不仅在范畴上,而且在现实中都成了创造财富一般的手段"时,马克思是以"资产阶级社会的最现代的存在形式——美国"为典型的。按照马克思的观点,"对任何种类劳动的同样看待,适合于这样一种社会形式,在这种社会形式中,个人很容易从一种劳动转到另一种劳动,一定种类的劳动对他们说来是偶然的,因而是无差别的。这里,劳动不仅在范畴上,而且在现实中都是创造财富一般的手段,它不再是在一种特殊性上同个人结合在一起的规定了。在资产阶级社会的最现代的存在形式——美国,这种情况最为发达。所以,在这里,'劳动'、'劳动一般'、sans phrase〔直截了当的〕劳动这个范畴的抽象,这个现代经济学的起点,才成为实际真实的东西"③。

在考察东方社会时,马克思是以印度和中国为典型的。在马克思看来,"从很古的时候起,在印度便产生了一种特殊的社会制度,即所谓村社制度,这种制度使每一个这样的小单位都成为独立的组织,过着闭关自守

---

① 《马克思恩格斯全集》第 23 卷,第 8 页。
② 《马克思恩格斯选集》第 1 卷,第 274 页。
③ 《马克思恩格斯全集》第 12 卷,第 755 页。

的生活"①。中国则是东方社会的"活的化石",体现着"一切东方运动的共同特征"②。

典型分析是"从后思索"的出发点,而作为"从后思索"出发点的"典型"的选择和确定,主要是由现实实践所激发和规定的,而"典型"本身又处在变化之中,不存在一个一成不变的"典型"。唯物主义历史观的典型分析法本身就贯穿着发展的、批判的原则。典型分析法实际上就是历史科学中的实验室方法。正如自然科学的实验室方法不断深化人们对自然过程的认识一样,历史科学中的典型分析方法不断地深化着人们对历史过程的认识。

"从后思索"的第二个要求,是对所要认识的社会形态、社会关系进行总体分析。

历史运动是以物质生产方式为基础和中轴的总体运动,其中,占主导地位的生产方式使各种社会要素和社会关系从属于自己,并决定着各种社会要素之间的比例和社会的整体结构。在马克思看来,这种占主导地位的生产方式就是该社会的"普照的光"。"在一切社会形式中都有一种一定的生产决定其他一切生产的地位和影响,因而它的关系也决定其他一切关系的地位和影响。这是一种普照的光,它掩盖了一切其他色彩,改变着它们的特点。这是一种特殊的以太,它决定着它里面显露出来的一切存在的比重。"③

这是唯物主义历史观独特的总体分析法。这种分析法要求人们在"从后思索"时,要捕捉社会的"普照的光",即占主导地位的生产方式,从而把握该社会的总体结构,深刻理解现实社会中的社会要素、社会关系。社会中的"普照的光"本身又是变化的。随着生产方式的变迁,新的"普照的光"又会在历史运动中产生出来,并形成新的社会要素、社会关系及其总体结构,这同时又是过去的社会要素、社会关系发展起来或萎缩下去的

---

① 《马克思恩格斯全集》第 9 卷,第 147 页。
② 《马克思恩格斯全集》第 15 卷,第 545 页。
③ 《马克思恩格斯选集》第 2 卷,第 24 页。

过程。因此,唯物史观的总体分析法内在地包含着历史性的特点。

"从后思索"的第三个要求,是从"发展的结果开始",逆向溯因。

历史研究的一个重要特征,就是把发现历史过程、历史事件的原因看作自己始终不懈要完成的任务。研究历史就是要解释历史,而解释历史首先要发现历史事件的原因。"探赜索隐",这既是古代历史学家的共同要求,也是现代历史学家的共识。"研究历史就是研究原因。"①

"每一有关历史的争论都是围绕着什么是主要原因这一问题来进行的。"②现代著名历史哲学家卡尔的这句话很有见地,它道出了历史研究的一个重要特征。唯物主义历史观就是"一种关于历史过程的观点",其重要的任务就是发现历史运动以及"一切重要历史事件的终极原因和伟大动力"③。

"从后思索"的目标就是发现历史运动的规律以及重大历史事件的原因。但是,人们在实际认识历史时,却不可能从原因推出结果。这是因为:历史已经过去,产生历史事件的原因已经不复存在;同时,人们也无法像自然科学那样,在实验室中重新模拟这些原因。因此,要真正认识历史运动、历史事件的原因只能走一条"同实际运动完全相反的道路",即从"发展的结果开始",逆向溯因。

逆向溯因并不是按照今天——昨天——前天的严格逆向次序进行的,而是首先对现实社会进行分析,在"完全确定的材料"的基础上,寻找"一些原始的方程式,——就象例如自然科学的经验数据一样,——这些方程式会说明在这个制度以前存在的过去"④;然后,从现实社会出发,运用逻辑与历史相统一的方法分析对象,把可见的外部运动还原为内部运动,从现象到本质,并在这个过程中考察现实的社会关系同过去的社会关系的相互关系。正如马克思所说,在分别考察了资本所有制与土地所有

---

① [英]爱德华·霍列特·卡尔:《历史是什么?》,吴柱存译,商务印书馆 1981 年版,第 93 页。
② [英]爱德华·霍列特·卡尔:《历史是什么?》,第 93 页。
③《马克思恩格斯选集》第 3 卷,第 704—705 页。
④《马克思恩格斯全集》第 46 卷上,第 458 页。

制之后，"必须考察它们的相互关系"①，这样，就能发现历史运动的规律以及重大的历史事件的原因。

在"从后思索"的过程中，无论是典型分析、总体分析，还是逆向溯因，都必须使用科学抽象法，科学抽象是"唯一可以当作分析工具的力量"。只有借助于"抽象力"，才能在现实社会中找到理解过去的"原始的方程式"，才能"指出历史资料各个层次间的连贯性"，从而"复活死去的东西"，使过去的历史资料重新"开口说话"，使"材料的生命""观念地反映出来"，从而在理论上深刻地"再现"客观历史。

四、"从后思索"法的现代意义

从历史哲学史上看，批判的历史哲学的产生，标志着西方历史哲学从思辨形态转向分析形态，从近代形态转向现代形态。从总体上看，现代历史哲学注意的重心已不是历史本体论问题，而是历史认识论问题。柯林武德认为，历史哲学就是对历史思维的前提和含义的一种批判性的探讨，其本质就是"反思历史思维"，从而确定历史学努力的界限和特有价值。克罗齐断言，历史哲学就是关于历史认识论的研究。研究重心的这一转移完全符合人类认识规律：认识外部世界的任何一种努力一旦持续下去，就会在某一时刻转变为对这种认识活动本身的反思与批判。

因此，批判的历史哲学的产生以及历史哲学研究重心的转换，即从历史本体论转移到历史认识论，绝不意味着西方历史哲学的没落，相反，却标志着西方历史哲学的成熟。批判的历史哲学的产生以及历史哲学研究重心的转换，促使人们自觉地意识到认识能力的相对性，并在这种自我批判的基础上更审慎、更清醒地去认识客观历史。历史本体论如果脱离了历史认识论，其结论必然是独断的、不可靠的。历史本体论的真正确立和发展有赖于历史认识论的探讨和发展。

---

① 《马克思恩格斯选集》第2卷，第25页。

但是,历史认识论也不可能脱离历史本体论。任何一种历史认识论总是或显或隐地以某种历史本体论为其立论的前提和依据。否则,只能是沙滩建楼。批判的历史哲学恰恰是在否定历史本体论、否定客观历史存在的基础上考察历史认识的内容和结果的。在探讨历史认识论时,批判的历史哲学竟把其前提——客观历史一笔勾销了,结果是犯了一场"演丹麦王子而没有哈姆雷特"的错误。

批判的历史哲学的长处与短处、优点与缺点,集中体现在克罗齐的"一切历史都是当代史"这一观点中。在这里,我们碰到了一个难以回避的问题,即如何看待马克思的"从后思索"法和克罗齐的"一切历史都是当代史"的关系。

在我看来,马克思的"从后思索"法和克罗齐的"一切历史都是当代史"的观点,都是对历史认识活动特殊性反思的产物。如前所述,历史是已经过去的存在,因而在认识历史的活动中,认识主体不可能直接面对认识客体。认识对象的这种特殊性造成了历史认识的特殊性,并使历史认识论的研究遇到了一系列特殊的困难。马克思的"从后思索"法和克罗齐的"一切历史都是当代史"就是对这一特殊困难的不同解答,二者都属于现代历史哲学的观念。但是,马克思的"从后思索"法和克罗齐的"一切历史都是当代史"又有本质的区别。

首先,马克思认为,历史虽已过去,但并没有化为无,而是以"残片和因素"的形式被包含在现实社会中,"从后思索"就是从现实社会中"透视"以往的客观历史;克罗齐则认为,历史研究仅仅是活着的人而且是为了活着的人的利益去"重建死者的生活",不存在客观历史。

其次,马克思认为,实践是过去历史向现实社会过渡的"转换器"和"显示尺度","从后思索"的广度和深度取决于实践的"格"以及由实践的"格"升华的思维的"格";克罗齐则认为,过去的历史同当代生活的"对流"只是以史学家或哲学家的主观精神为媒介。

再次,马克思认为,"从后思索"是通过由结果到原因的反归来把握历史规律;克罗齐则认为,在打上了"当代性"烙印的有限的、特定的历史中寻找"普遍史",永远不会成功,历史"无任何规律可循"。

克罗齐看到了历史认识活动的特殊性,并提出了建构历史认识论的问题。然而,在科学地解决历史认识论问题时,克罗齐力不从心了。马克思的"从后思索"法确认历史认识的特殊性,认为在历史认识活动中既不存在一个抽象的"反映"或"摹写"过程,也不存在一个纯粹"自我意识"建构的过程,人们认识历史是以实践为中介的。马克思的"从后思索"法的高明之处就在于:它把认识活动归结于实践活动,把现实社会看作过去历史的延伸和拓展,把实践看作过去历史向现实社会过渡的"转换尺度"和"显示尺度",并以实践为出发点去探讨过去的历史以及人们认识历史的过程和规律。这就为建构科学的历史认识论奠定了可靠的基础。马克思的"从后思索"法深刻地体现着历史本体论和历史认识论的内在统一,以超前的意识预示了 20 世纪历史哲学"合流"的趋势——在"复活"历史本体论的基础上深化历史认识论的研究。

需要指出的是,从形式上看,"从后思索"是从结果向原因的回逆、从现实向历史的"透视",仿佛是面向过去,但它的目的和意义却在相反的方面,即面向未来。这是因为,"从后思索"法既"包含着超越自己的、对早先的历史生产方式加以说明之点",又包含着"预示着未来的先兆"之点,从而用"未来"引导现实运动。正如马克思所说,"如果说资产阶级前的阶段表现为仅仅是历史的,即已经被扬弃的前提,那么,现代的生产条件就表现为正在扬弃自身,从而正在为新社会制度创造历史前提的生产条件"①。因而,从现实社会出发去考察过去的历史,"这种正确的考察同样会得出预示着生产关系的现代形式被扬弃之点,从而预示着未来的先兆,变易的运动"②。

的确如此,以资本主义社会为中介,马克思"透视"出"一切已经覆灭的社会形式的结构和生产关系",同时,又发现"工业较发达的国家向工业

---

① 《马克思恩格斯全集》第 46 卷上,第 458 页。
② 《马克思恩格斯全集》第 46 卷上,第 458 页。

较不发达的国家所显示的,只是后者未来的景象"①。这就是说,唯物主义历史观具有三重功能,即说明历史、分析现实和预见未来。自然科学既能预见,又能预报;历史科学只能预见,不能预报。社会生活的特殊性、人的活动的随机性使得历史事件的发生不可能被预报,但是,人们可以预见社会发展的趋势。这种预见正是以发现和把握历史规律为前提的。

实际上,任何一门科学都以发现和把握某种规律为己任。正是以资本主义社会为中介,在"从后思索"的过程中,唯物主义历史观发现了人类社会发展的基本规律,发现了"以铁的必然性发生作用并且正在实现的趋势",从而对未来的社会发展做出了科学预见。唯物史观的"从后思索"法是把过去、现实和未来联结在一起的科学方法。

---

① 《马克思恩格斯全集》第23卷,第8页。

附录一

历史唯物主义概念的历史考察

　　"辩证唯物主义"概念的由来,已为众人所知,但"历史唯物主义"概念的由来仍未引起我们的重视。研读马克思主义经典著作可以看出,"历史唯物主义"这个术语出现的时间比历史唯物主义理论形成的时间晚得多。那么,"历史唯物主义"这个术语究竟起于何时何处何人,其含义又是如何演变的? 这一问题直接关涉我们对历史唯物主义以至整个马克思主义哲学的理解和把握,是一个值得我们做深入而全面历史考察的重要问题。

　　历史唯物主义的制定始于《1844 年经济学哲学手稿》。但是,在《1844 年经济学哲学手稿》中并没出现"历史唯物主义""唯物主义历史观"之类的术语,马克思只是把他制定的新理论称为"人的科学""关于人的自然科学"。

　　首先,从这一提法的含义看,马克思认为,自然科学以自然界为研究对象,但这里的自然界是指被纳入人的活动范围的"人化"的自然界。而作为人的科学研究对象的人,又是自然界的一部分,是自然存在物,人的发展是一个自然史过程。所以，自然科学同人的科学是一致的，应当把人的科学当作自然科学并以自然科学的精确性加以研究。这表明，马克思接受并超越了费尔巴哈关于人与自然界的关系的观点。

其次，从这一提法的理论基础，即关于人的理论来看，马克思与费尔巴哈之间已经存在原则的区别。费尔巴哈所讲的人是抽象的人，而马克思所讲的人是在一定社会关系中生活并从事实践活动的人；费尔巴哈所讲的人的本质是指人的自然属性，而马克思既看到人的自然属性，又关注着人的社会属性。此时，马克思肯定了国民经济学家的一个深刻见解，即各种敌对利益的斗争是社会制度的基础，认识到物质生产活动在社会生活及其历史发展中的决定性作用。

可见，"关于人的自然科学"是历史唯物主义概念的最初表达。但是，这个提法又不是完全建立在科学理论基础之上的。历史唯物主义与历史唯心主义的区别不在于是否研究人，而在于如何研究人。与历史唯心主义相反，历史唯物主义不是以抽象的人或人的本质为出发点，而是以具体的社会物质生活条件为出发点来研究人及其历史发展；而此时，马克思一方面看到了劳动、物质生产在社会历史中的基础作用，另一方面仍以一种抽象的人的本质来衡量现实社会，并期望在未来共产主义社会实现人的本质的"复归"，这反映出费尔巴哈人本主义的影响。所以，"关于人的自然科学"的提法不能体现出历史唯物主义的根本特点，它就如同整个《1844年经济学哲学手稿》一样，带有马克思转折时期的特征。

1846年的《德意志意识形态》以"现实的个人"为前提，以"物质实践"为基础和出发点，全面阐述了历史唯物主义的基本观点，标志着作为一种理论形态、一门科学的历史唯物主义的诞生。但是，在《德意志意识形态》中，马克思、恩格斯仍没有明确提出"唯物主义历史观"这一术语，更没有提出"历史唯物主义"这个术语，马克思、恩格斯只是把他们创立的新的历史观称为"历史科学""真正的实证科学"。概念和术语既有联系，又有区别。概念的形成说明把握了事物的本质，而术语只是概念的表达形式，二者可能一致，但也经常处于矛盾之中。然而，概念与术语从不一致到一致,却反映了认识过程的不断深化。

在《德意志意识形态》中,马克思、恩格斯明确提出"历史科学"这一概念①,并认为"历史科学"就是关于人类历史的科学。同时,马克思、恩格斯在阐述"历史科学"的特征时,把"历史科学"称作"真正的实证科学",并明确指出,思辨终止的地方,在现实生活面前,正是描述人们的实践活动和实际发展过程的真正的实证科学开始的地方。按照马克思、恩格斯的观点,"历史科学"之所以是"真正的实证科学",是因为它从现实生活,即"人们的实践活动"出发,根据"经验的观察"并以此为前提,从中"抽象""概括"出人类历史的一般规律。"经验的观察在任何情况下都应当根据经验来揭示社会结构和政治结构同生产的联系,而不应当带有任何神秘和思辨的色彩。"②正因为如此,"历史科学",即"真正的实证科学"是"真正的知识"。

在《德意志意识形态》中,马克思、恩格斯在阐述"历史科学"的特征时,又把"历史科学"看作一种"历史观",并认为这种历史观从物质生产方式出发考察现实的生产过程,并把同这种生产方式相联系的市民社会,即经济关系理解为整个社会的基础,从市民社会出发阐明政治结构和意识形态,从而完整地描述这些不同方面之间的相互作用。同时,这种历史观始终站在现实历史的基础上,从物质实践出发解释观念的形成,并认为"观念的东西不外是移入人的头脑并在人的头脑中改造过的物质的东西"③。从根本上说,意识是人们的存在,即人们的现实生活过程的反映。

这表明,"历史科学"的研究对象是"现实的生产过程""现实的生活过程""现实的历史过程"及其内在矛盾的相互作用,从而解答观念与实践的关系、观念与物质的关系、意识与存在的关系问题,以发现和把握人类历史的一般规律;"历史科学"的研究方法是从"物质实践"出发解释观念的形成,解释历史的运动及其规律,而对历史发展一般规律的研究又是以

---

① 《马克思恩格斯全集》第 3 卷,第 20 页。
② 《马克思恩格斯选集》第 1 卷,第 71 页。
③ 《马克思恩格斯全集》第 23 卷,第 24 页。

剖析社会结构为基础的。这说明"历史科学"既是历史的理论，又是社会的理论，是二者的统一。简言之，"历史科学"是从物质生产出发来研究社会结构和历史规律的科学。

把握一门科学的对象和方法是定义这门科学的前提。从以上论述可以看出，《德意志意识形态》对唯物主义历史观的对象和方法已做了基本的规定。因此，《德意志意识形态》虽然没有提出"唯物主义历史观"这一术语，但是，这一概念在这部著作中已经基本形成，它通过"历史科学""真正的实证科学"得到实现。这样，也就澄清了一个事实，即《德意志意识形态》基本上制定了"唯物主义历史观"概念，但还没有提出"唯物主义历史观"这一术语。因此，苏联学者认为"唯物主义历史观"这一术语首次出现在《德意志意识形态》中是不符合史实的。

《德意志意识形态》提出了"唯心主义历史观"的术语，甚至提出了"唯物主义世界观"①"实践的唯物主义"②这样的术语，为什么没有提出"唯物主义历史观"这个术语？对这个问题的回答，需要理解马克思、恩格斯当时的思想进程。具体地说，从其在马克思主义哲学史上的地位看，《德意志意识形态》只是初步完成了第一个伟大发现，列宁认为唯物主义历史观在这时只是"假设"；从《德意志意识形态》的基本内容看，它所说的"历史观"不仅包含了现今公认的唯物主义历史观的基本原理以及一般哲学问题，而且包含了一系列的政治经济学和科学社会主义问题，也就是说，"历史观"的基本内容没有得到十分确切的规定。因此，把这种理论体系称为"唯物主义历史观"是否准确，是需要进一步研究的问题。所以，《德意志意识形态》没有提出"唯物主义历史观"这个术语。

"唯物主义历史观"这一术语首次出现在恩格斯 1859 年写的《卡尔·马克思〈政治经济学批判〉》一文中。在这篇文章中，恩格斯明确指出，马克思主义政治经济学"本质上是建立在唯物主义历史观的基础上

①《马克思恩格斯全集》第 3 卷，第 261 页。
②《马克思恩格斯全集》第 3 卷，第 48 页。

的",并认为"后者的要点在"《〈政治经济学批判〉序言》中已经做了"扼要的阐述"①。

恩格斯在这个时候提出"唯物主义历史观"并非偶然。从马克思主义发展史看,在《1857—1858年经济学手稿》中,马克思解决了三个重要问题,即劳动二重性、劳动与劳动力、不变资本与可变资本相区别的问题。这三个重要问题的解决,标志着马克思的第二个伟大发现,即剩余价值理论已经初步完成。按照马克思的观点,唯物主义历史观的基本观点是在政治经济学研究中得到的,并且一经得到就用于指导他的经济学研究。因此,剩余价值理论的初步形成是对唯物主义历史观的初步验证。这是其一。

其二,从唯物主义历史观本身的发展看,其观点已进入纯粹典范的形态。在1859年的《〈政治经济学批判〉序言》中,马克思对唯物主义历史观的基本内容做了经典概括:"人们在自己生活的社会生产中发生一定的、必然的、不以他们的意志为转移的关系,即同他们的物质生产力的一定发展阶段相适合的生产关系。这些生产关系的总和构成社会的经济结构,即有法律的和政治的上层建筑竖立其上并有一定的社会意识形式与之相适应的现实基础。物质生活的生产方式制约着整个社会生活、政治生活和精神生活的过程。不是人们的意识决定人们的存在,相反,是人们的社会存在决定人们的意识。社会的物质生产力发展到一定阶段,便同它们一直在其中运动的现存生产关系或财产关系(这只是生产关系的法律用语)发生矛盾。于是这些关系便由生产力的发展形式变成生产力的桎梏。那时社会革命的时代就到来了。随着经济基础的变更,全部庞大的上层建筑也或慢或快地发生变革。"②"大体说来,亚细亚的、古代的、封建的和现代资产阶级的生产方式可以看作是经济的社会形态演进的几个时代。资产阶级的生产关系是社会生产过程的最后一个对抗形式,这里所说的

① 《马克思恩格斯选集》第2卷,第38页。
② 《马克思恩格斯选集》第2卷,第32—33页。

对抗,不是指个人的对抗,而是指从个人的社会生活条件中生长出来的对抗;但是,在资产阶级社会的胎胞里发展的生产力,同时又创造着解决这种对抗的物质条件。因此,人类社会的史前时期就以这种社会形态而告终。"①在这段经典概括中,马克思以其深刻的思想、精彩的表述,把人类社会的基本结构、历史发展的基本过程及其基本规律清澈见底、明白无遗地表述出来了,并给予了确切的规定。

因此,恩格斯此时提出了"唯物主义历史观"这一术语,以表达马克思主义历史观的根本特征。

1873 年,恩格斯在《论住宅问题》中,又把"唯物主义历史观"简称为"唯物史观",并明确指出:"唯物史观是以一定历史时期的物质经济生活条件来说明一切历史事变和观念、一切政治、哲学和宗教的。"②至此,"唯物主义历史观"的概念与术语达到完全一致,其内涵得到确切的规定,即唯物主义历史观是马克思主义的历史观,是从物质生产出发来研究人类历史发展的一般规律的科学。1886 年,恩格斯在《路德维希·费尔巴哈和德国古典哲学的终结》中再次提到"马克思制定的唯物主义历史观",并在概述"马克思的历史观"的任务时指出:"这一任务,归根到底,就是要发现那些作为支配规律在人类社会的历史上起作用的一般运动规律。"③这就再次表明,唯物主义历史观就是关于人类历史发展的一般规律的科学。

19 世纪 80—90 年代,唯物主义历史观的广泛传播引起了资产阶级的惊恐不安。1890 年,德国资产阶级哲学社会学家巴尔特首先发难。他在《黑格尔和包括马克思及哈特曼在内的黑格尔派的历史哲学》中,首先把唯物主义历史观歪曲成"经济唯物主义",即只承认经济因素的自动作用,否定其他历史因素的积极作用。实际上,这是把唯物主义历史观庸俗化。这种强加在马克思头上的理论,造成了一定的混乱。当时德国社会民主党内的"青年派"加以"模仿",甚至一些马克思主义者也产生误解,认为唯

---

① 《马克思恩格斯选集》第 2 卷,第 33 页。
② 《马克思恩格斯全集》第 18 卷,第 308 页。
③ 《马克思恩格斯选集》第 4 卷,第 247 页。

物主义历史观就是"经济唯物主义",如拉法格在1885年写了《马克思的经济唯物主义》一书。"经济唯物主义"一词一时被广泛运用,用以指称唯物主义历史观。

从1890年起,恩格斯除了进一步阐述唯物主义历史观的基本观点外,又针对巴尔特等人把唯物史观歪曲成"经济唯物主义",对唯物主义历史观有了新的提法——"历史唯物主义"。1890年8月5日,恩格斯在致康·施米特的信中,第一次使用了"历史唯物主义"这个术语:"我们的历史观首先是进行研究工作的指南,并不是按照黑格尔学派的方式构造体系的诀窍。必须重新研究全部历史,必须详细研究各种社会形态存在的条件,然后设法从这些条件中找出相应的政治、私法、美学、哲学、宗教等等的观点。"①"但是,许许多多年轻的德国人却不是这样,他们只是用历史唯物主义的套语(一切都可能被变成套语)来把自己的相当贫乏的历史知识(经济史还处在襁褓之中呢!)尽速构成体系,于是就自以为非常了不起了。那时就可能有一个巴尔特冒出来,并攻击在他那一流人中间反正已经退化为空话的问题本身。"②

1890年9月21日,恩格斯在致布洛赫的信中又指出,《反杜林论》和《路德维希·费尔巴哈和德国古典哲学的终结》这两部著作"对历史唯物主义作了就我所知是目前最为详尽的阐述"③。

1892年,恩格斯在《社会主义从空想到科学的发展》英文版导言中,对"历史唯物主义"这个术语做出解释:"用'历史唯物主义'这个名词来表达一种关于历史过程的观点……这种观点认为一切重要历史事件的终极原因和伟大动力是社会的经济发展,是生产方式和交换方式的改变,是由此产生的社会之划分为不同的阶级,是这些阶级彼此之间的斗争。"④这就告诉我们,历史唯物主义是一种历史观,"这种历史观"的特点就在于,

---

① 《马克思恩格斯选集》第4卷,第692页。
② 《马克思恩格斯选集》第4卷,第692页。
③ 《马克思恩格斯选集》第4卷,第698页。
④ 《马克思恩格斯选集》第3卷,第704—705页。

从物质生产出发探讨一切重要历史事件的"终极原因和伟大动力",即历史发展的一般规律。把"历史唯物主义"概念同"唯物主义历史观"概念相比较可以看出,二者是"马克思的历史观"同一概念的不同表述,只是针对性不同:提出"唯物主义历史观"是针对"唯心主义历史观",提出"历史唯物主义"是针对"经济唯物主义"。

1892 年,恩格斯把《社会主义从空想到科学的发展》英文版导言译成德文,发表在《新时代》杂志 1892 年的第一期和第二期上,标题就是《论历史唯物主义》。从此,"历史唯物主义"这个术语逐渐成为表达马克思主义历史观的惯常用语。

综上所述可以看出,"关于人的自然科学"—"历史科学""真正的实证科学"—"唯物主义历史观"—"历史唯物主义"术语的变化,不仅反映了唯物主义历史观发展的内在逻辑要求,也体现了意识形态斗争的逻辑要求。

普列汉诺夫沿用了"唯物主义历史观"和"历史唯物主义"这两个术语,但无论是"唯物主义历史观"还是"历史唯物主义",在普列汉诺夫那里都有狭义和广义之分。普列汉诺夫所说的"唯物主义历史观"在狭义上就是指马克思的历史观,在广义上则包括孟德斯鸠等人的"地理环境决定论"的历史观;普列汉诺夫所说的"历史唯物主义"在狭义上是指马克思的历史观,与唯物主义历史观是同一个概念,在广义上则是指整个马克思主义哲学,与辩证唯物主义是同一个概念。

按照普列汉诺夫的观点,"'辩证唯物主义'这一术语,它是唯一能够正确说明马克思的哲学的术语"[1];同时,马克思的哲学"既包括自然界,也包括历史。无论是在自然界或是在历史方面,这种世界观'都是本质上辩证性的'。但因为辩证唯物主义涉及到历史,所以恩格斯有时将它叫作历史的。这个形容语不是说明唯物主义的特征,而只表明应用它去解释

---

[1] 《普列汉诺夫哲学著作选集》第一卷,第 768 页。

的那些领域之一"①。这就是说,把马克思的哲学称为"辩证唯物主义",是为了表明马克思的哲学的本质特征;把马克思的哲学称为"历史唯物主义",是为了表明马克思的哲学的研究领域。普列汉诺夫对"唯物主义历史观"和"历史唯物主义"的解释,不能说没有道理,但这种解释不符合恩格斯的原意却是无疑的。

与普列汉诺夫相同,列宁也认为马克思的哲学就是辩证唯物主义,并明确指出:"马克思一再把自己的世界观叫作辩证唯物主义,恩格斯的《反杜林论》(马克思读过全部手稿)阐述的也正是这个世界观。"②"马克思主义哲学即辩证唯物主义。"③与普列汉诺夫不同,列宁认为历史唯物主义就是唯物主义历史观,它包含在辩证唯物主义之中,但不等于辩证唯物主义。在《卡尔·马克思》等文中,列宁多次指出,历史唯物主义是唯物主义在社会历史领域的"推广运用"或"应用"。

按照列宁的观点,唯物主义总是用存在解释意识,把这一基本原理"应用于人类社会生活时",就要求用社会存在解释社会意识。"一般唯物主义认为客观真实的存在(物质)不依赖于人类的意识、感觉、经验等等。历史唯物主义认为社会存在不依赖于人类的社会意识。"④因此,"把唯物主义贯彻和推广运用于社会现象领域",马克思就"发现唯物主义历史观"⑤。也正因为如此,列宁认为:"马克思加深和发展了哲学唯物主义,而且把它贯彻到底,把它对自然界的认识推广到对人类社会的认识。马克思的历史唯物主义是科学思想中的最大成果。"⑥这就是说,"推广运用"或"应用"说,在列宁这里已见雏形。

按照列宁的观点,历史唯物主义,即唯物主义历史观不仅是"科学的历史观",而且是"科学的社会学"。在评论马克思的《〈政治经济学批判〉

---

① 《普列汉诺夫哲学著作选集》第二卷,第311页。
② 《列宁全集》第18卷,人民出版社1988年版,第258页。
③ 《列宁全集》第18卷,第11页。
④ 《列宁选集》第2卷,第221页。
⑤ 《列宁选集》第2卷,第425页。
⑥ 《列宁选集》第2卷,第311页。

序言》时，列宁认为，《〈政治经济学批判〉序言》所阐述的基本思想是"社会学中的唯物主义思想"，并明确指出："社会学中这种唯物主义思想本身已经是天才的思想。当然，这在那时暂且还只是一个假设，但是，是一个第一次使人们有可能以严格的科学态度对待历史问题和社会问题的假设。"①正因为如此，历史唯物主义"第一次把社会学放在科学的基础之上"②，"第一次把社会学提高到科学的水平"③，"第一次使科学的社会学的出现成为可能"④。

列宁的这一思想在布哈林的《历史唯物主义理论》中得以延伸和具体化。《历史唯物主义理论》的副书名就是"马克思主义社会学通俗教材"。正是在这部著作中，布哈林明确指出，"历史唯物主义理论是马克思主义社会学"，"它是关于社会及其发展规律的一般学说"⑤。布哈林的这个定义曾产生了广泛的影响。但随着布哈林在政治上的"销声匿迹"，布哈林的这一思想最后也"销声匿迹"了。

如果说布哈林延续了列宁的历史唯物主义是"科学的社会学"的思想，那么，斯大林则把列宁的历史唯物主义是一般唯物主义在社会生活中的"应用"的思想发挥到了极致。在《论辩证唯物主义和历史唯物主义》中，斯大林明确指出："历史唯物主义就是把辩证唯物主义的原理推广去研究社会生活，把辩证唯物主义的原理应用于社会生活现象，应用于研究社会，应用于研究社会历史。"⑥而"辩证唯物主义是马克思列宁主义党的世界观。它所以叫作辩证唯物主义，是因为它对自然界现象的看法、它研究自然界现象的方法、它认识这些现象的方法是辩证的，而它对自然界现象的解释、它对自然界现象的了解、它的理论是唯物主义的"⑦。

---

① 《列宁选集》第 1 卷，第 7 页。
② 《列宁选集》第 1 卷，第 10 页。
③ 《列宁选集》第 1 卷，第 8 页。
④ 《列宁选集》第 1 卷，第 8 页。
⑤ ［苏］尼·布哈林：《历史唯物主义理论——马克思主义社会学通俗教材》，李光谟等译，人民出版社 1983 年版，第 7 页。
⑥ 《斯大林选集》下卷，第 424 页。
⑦ 《斯大林选集》下卷，第 424 页。

这就是说,在斯大林这里,辩证唯物主义名为"世界观",实为自然观,而历史唯物主义就是这种自然观在社会历史领域中"推广"和"应用"的产物,是历史观。斯大林关于历史唯物主义的定义表明,斯大林在一定程度上看到了历史唯物主义与辩证唯物主义的内在关联,但无论从逻辑上看还是从历史上看,抑或是从逻辑和历史一致的观点上看,斯大林关于历史唯物主义与辩证唯物主义的定义又有严重的缺陷。尽管如此,由于《论辩证唯物主义和历史唯物主义》是作为《联共(布)党史简明教程》第四章第二节而写的,由于斯大林在苏联和国际共产主义运动中的特殊地位,因此,斯大林的这个定义仍产生了极其广泛而深远的影响。

以上考察使我得出结论:"历史唯物主义"与"唯物主义历史观"是同一个概念,这一概念是马克思和恩格斯共同制定的;而"唯物主义历史观"和"历史唯物主义"的术语则是恩格斯首先提出并具体解释的;这一概念的进一步演变,则是由于人们对历史唯物主义的不同理解引起的。因此,在定义历史唯物主义时,一方面应根据发展了的历史唯物主义的基本内容,另一方面又要充分注意历史唯物主义创始人的原则指示。

(载《江淮论坛》1984 年第 2 期)

附录二

历史唯物主义现代形态的建构原则

马克思主义哲学站在现实历史的基础之上，从物质实践出发解释观念，并认为全部社会生活在本质上是实践的，"意识[das Bewuβtsein]在任何时候都只能是被意识到了的存在[das bewuβte Sein]，而人们的存在就是他们的现实生活过程"[1]。因此，实践的观点是马克思主义哲学的首要的和基本的观点，构成了历史唯物主义的理论基础。[2] 根据实践的观点在历史唯物主义理论体系中的地位和意义，以及当代历史哲学的发展趋势，本文拟对马克思的历史唯物主义做一新的考察和审视，提出历史唯物主义现代形态的建构原则。

一、理论出发点：实践

出发点范畴的不同，是历史唯物主义与其他历史哲

---

[1]《马克思恩格斯选集》第 1 卷，第 72 页。
[2] 参见拙作《关于历史唯物主义理论基础的历史沉思》，载《中国人民大学学报》1988 年第 6 期。

学的根本分歧。按照马克思的观点，"全部社会生活在本质上是实践的"①，整个历史无非是人通过人的劳动而诞生的过程，本质上是人的实践活动在时间中的展开。然而，以往的唯心主义和唯物主义却都不理解"实践批判活动的意义"。因此，唯心主义"抽象地发展"了人的能动性，旧唯物主义却忽视了人的能动性，对现存世界只是从客体的形式上去理解，"而不是把它们当作感性的人的活动，当作实践去理解，不是从主体方面去理解"②。结果，唯心主义在历史理论中独占鳌头。唯心主义和旧唯物主义的根本缺陷惊人地一致，促使马克思意识到：必须把"实践"作为新的历史哲学的理论基础和出发点范畴。

历史是主体与客体相互作用的过程。主体创造历史的过程必然要以客体为依据。但是，从发生学意义上说，历史的主体与客体都不是预成的、以自身完满的形态进入人类历史的，相反，历史的主体与客体都是人的实践活动创造和重建的结果。社会存在只能是实践中的存在，"生产力是人们的实践能力的结果"③。历史是主体连续不断的建构的过程，是自然界对人的生成过程，是"人改造自然"与"人改造人"的过程；实践是人的本性和基本活动。马克思正是从"感性的人的活动"的角度，以实践为出发点范畴来考察和理解一切历史现象，来审查、评价和改变已往的历史哲学的范畴和规范的。

在马克思看来，实践是全部社会生活的本质，是整个历史的基础，是人类一切新的关系"由此产生"的源泉。正是在本质、基础和"由此产生"这三重意义上，实践具有历史本体论的含义。不是别人，正是马克思把整个历史理解为人的全部实践活动，并认为："整个所谓世界历史不外是人通过人的劳动而诞生的过程，是自然界对人说来的生成过程。"④因此，以"实践"为出发点范畴来考察历史的主体与客体的关系，反思历史的进程

---

① 《马克思恩格斯选集》第 1 卷，第 56 页。
② 《马克思恩格斯选集》第 1 卷，第 54 页。
③ 《马克思恩格斯全集》第 27 卷，第 477 页。
④ 《马克思恩格斯全集》第 42 卷，第 131 页。

及其规律,便成为历史唯物主义的根本特征。

马克思的实践原则也就是主体原则,马克思始终是把实践和主体联系在一起来考察人类历史的。这在《关于费尔巴哈的提纲》第一条中表述得极为清楚。在这里,马克思把"感性的人的活动""实践""主体"三者等同看待。不仅如此,马克思在《哲学的贫困》中又指出,人既是历史的"剧中人",又是历史的"剧作者"。人不仅生活和活动于一定的社会关系中,而且不断地变革和创造着自己的社会关系。社会存在是人自己的实践活动的结果和产物,而实践就是主体自身不断重建的活动,是环境的改变与人的自我改变相统一的活动。因此,出现在历史中、从事着实践活动的人,不仅是一个被决定的存在,甚至首先是一个能动的、具有创造性的存在。人的被决定性只是作为某种历史条件的制约因素出现在人的创造活动之中。

历史唯物主义确认历史规律的客观性,并认为历史规律构成了人们历史活动的可能性前提,决定了历史发展的大概趋势,从而制约着人类历史的进程。正是在这个意义上,马克思认为,社会的历史同自然的历史具有"相似"性①。然而,相似不等于相同。历史规律实际上是人们自己的社会活动规律,它不可能脱离人的实践活动而成为独立的实体,更不是消融人的能动性、创造性的"盐酸池"。人是历史的主体,人的实践活动是历史的本体。因此,历史唯物主义又确认历史规律本质上是人类实践活动或社会活动的规律。

正因为如此,马克思认为,历史唯物主义的前提是"处在现实的、可以通过经验观察到的、在一定条件下进行的发展过程中的人。只要描绘出这个能动的生活过程,历史就不再像那些本身还是抽象的经验论者所认为的那样,是一些僵死的事实的汇集,也不再像唯心主义者所认为的那样,是想象的主体的想象活动"②。这样,马克思就为唯物主义历史观树起

① 马克思《资本论》(根据作者修订的法文版第一卷翻译),第4页。
② 《马克思恩格斯选集》第1卷,第73页。

了凯旋门,为唯心主义历史观写下了墓志铭。

当然,历史唯物主义中的实践问题、主体性问题,还需要进一步发挥和展开。但是,对历史唯物主义来说,实践问题、主体性问题不是一个局部性的问题,而是一个全局性的问题。然而,自从斯大林的哲学模式被定于一尊以来,实践原则、主体性原则都被抛弃了,人仅仅被看作社会关系以及历史规律的体现者和传导者,历史成了"无主体的过程",仅仅成为一种"自然历史过程"。从总体上说,现行马克思主义哲学教科书体系并没有超出斯大林哲学模式的藩篱;一种脱离了人的实践活动,脱离了政治、观念的交互作用而自动起作用的"经济必然性"成了历史的主宰。马克思的划时代的贡献在相当大的程度上被抛弃了。

实际上,人在这个世界上诞生之后,就进入了存在的组合,并以自身的活动赋予存在以新的尺度。如果仅仅从客体方面来研究人类历史,那只能是一种片面的研究。现代科学技术革命触及人的活动的一切领域,深刻而全面地改变了人的存在的条件。这种改变是双重的:既增强了人对自然的统治力量,又使得这种统治力量有可能摆脱人的控制,反过来威胁到人类的生存。同时,社会改革实践再次突出了社会环境对人的制约性和人对社会环境的选择性、改造性和创造性的问题。

这表明,现代社会的发展越来越突出实践问题、主体性问题。同时,现代社会的发展又为人们对实践问题、主体性问题进行哲学反思提供了普遍的必要性和现实的可能性。因此,历史唯物主义研究要获得实质性的进展,就必须"回归"马克思历史唯物主义的理论出发点——实践,重申马克思哲学的主体性原则,以主体活动为轴心重审历史的主体与客体的关系,反思历史的进程及其规律。当然,这种"回归"不是简单地恢复,而是高层次的"回归",实际上是站在现代实践格局这个时代制高点上的"重构"。这种"重构"既把历史唯物主义的基本观点包含其中,同时又是对历史唯物主义的实质性的发展,即建构历史唯物主义的现代形态,使之适应现时代实践科学和哲学本身的发展以及知识结构的变化。

二、理论生长点：历史认识论

要建构历史唯物主义的现代形态，还必须寻找历史唯物主义在现代的理论生长点，实现研究重心的转换。这是历史唯物主义研究获得实质性发展的突破口。

历史唯物主义的理论生长点包含三重含义：一是马克思有所论述，但又未具体展开、详加探讨的问题，或者说，是以胚胎、萌芽形式包含在历史唯物主义中的问题；二是这一问题又是现代科技革命和社会变革实践所突出的问题，即"热点问题"；三是现代实践和科学的发展又为解决这一问题提供了现实的可能性。正是在这三重意义上，我认为，历史认识论是历史唯物主义在现代的理论生长点。

探讨人们创造历史活动的内在结构和运行机制，是历史唯物主义的主要课题。按照马克思的观点，自在自为运动着的是物质实践活动，人们在改造、认识着自然界的同时，又改造、创造和认识着自己本身——他的肉体组织、社会关系和思维结构等。这是同一个过程的两个方面。从根本上说，历史就是人对自然和社会的改造活动在时间中的展开，这就是历史唯物主义关于人类创造历史活动的动态图式。

同时，人们创造历史的活动又是实际改造活动和观念认识活动共同作用的结果。人们认识历史的活动也是他所从事的改造客体、创造历史活动的有机组成部分。如同自然是人们意识活动的客体一样，人们自己的社会存在，人们自己创造的客观历史，也是人们意识活动的客体，并同样转化为人们意识的内容而被观念地加以把握。

正因为如此，历史唯物主义不仅探讨历史本身如何运动，也探讨人们如何认识历史运动。例如，对于历史的考察与分析，马克思提出了顺向与逆向相统一的原则，即不仅要按照历史在时间上的发展顺序做从古至今考察（通过分析和研究历史记载），而且要做从今返古的考察，即对人类生活形式的思索，往往采取同实际发展相反的道路，即从"事后"开始，从"发展过程的完成的结果"开始。分析资本主义社会的结构和关系,"能使我们透视一切已经覆灭的社会形式的结构和生产关系"[1]。正因为如此,历史唯物主义对历史认识活动本身进行了批判反思,确认了历史认识的相对性。在马克思看来,历史学对历史只是一条"渐近线",历史学的存在基础和生命力正是蕴藏在不断探求历史真相的无止境的认识过程中,如此等等。

然而,唯物主义历史观毕竟是19世纪中叶的产物,它在创立之时所面临的首要的理论问题就是批判"历史思辨",确立历史观的唯物主义基础,本质上是一种"关于历史过程的观点"[2]。正因为如此,唯物主义历史观所探讨的主要问题就是历史本身的过程及规律,着重研究的是社会存在和发展的基础,并从这个基础,即物质实践出发探索出观念的形成。

对于历史主体和客体的另一种基本关系——认识与被认识的关系,即人们认识历史的活动的特殊结构、机制以及规律,马克思、恩格斯都有所论述,但没有详加探讨和具体展开。历史认识"自己构成自己的道路"还是一个尚未深入探讨的灰色王国。在恩格斯看来,这是为了历史认识活动的内容而忽视了历史认识活动本身。因此,历史唯物主义具有浓重的历史本体论色彩,是一种新形态的历史本体论,而历史认识论只是以胚胎、萌芽的形式包含于其中。

现代实践犹如一个巨大的引力场,吸引着哲学家、历史学家把自己的聚焦点从历史本体论转向历史认识论,而现代科学,尤其是量子力学、历史学理论、理论社会学、思维科学、心理学、考古学、人类学以及哲学本身的发展,又为探讨历史认识论问题提供了普遍的必要性和现实的可能性。对历史认识论的深入探讨,已成为时代的需要以及人类认识发展的趋势。1907年,德国历史学家齐美尔提出了一个康德式的问题,即历史科学何以

---

[1]《马克思恩格斯选集》第2卷,第23页。
[2]《马克思恩格斯选集》第3卷,第704页。

可能? 对这个问题的回答实际上构成了现代历史哲学的主题。如果说近代历史哲学研究的重点是历史本身的演变规律,那么,现代历史哲学注意的中心则是历史认识的性质。

按照现代历史哲学的观点,要理解历史事实,首先就要理解历史知识的性质,因为人们是通过历史知识去认识"客观"历史的。然而,历史知识并不是客观的,而是历史学家的价值观念的产物,这些价值观念又来源于历史学家所面临的当代的需要和环境。"历史是由活着的人和为了活着的人而重建的死者的生活。所以,它是由能思考的、痛苦的、有活动能力的人找到探索过去的现实利益而产生出来的。"①人们研究或撰写历史总是从现实的兴趣出发,并为当前的目的服务的。"这种过去的事实只要和现在生活的一种兴趣打成一片,它就不是针对一种过去的兴趣而是针对现在的兴趣的。"②因此,"一切历史都是当代史"。

正是历史学的这种特殊性造成了历史认识论的必要性。在克罗齐看来,历史哲学研究的不是历史本身而是"史学史",历史哲学就是"有关历史认识论研究"③。按照柯林武德的观点,哲学的本质是反思,历史哲学就是反思历史思维,是对"历史思维的前提和含义的一种批判性的探讨"④。因此,历史哲学是从哲学的角度来分析历史认识的性质,或者说,是对历史知识进行哲学的批判,其任务就是确定历史科学努力的界限和特有价值,即发现历史思维在整个人类经验中的位置,它与其他经验形式的关系,它的起源及其有效性。

不难看出,现代历史哲学已经把历史哲学的重心转移到对理性自身能力的批判上来了,即从历史本体论转换到历史认识论。研究重心的这一转换完全符合人类认识规律,因为主体认识客体的活动发展到一定阶段,就会不多不少地转变为对这种认识活动本身的批判。在这个意义上,

① 田汝康、金重远:《现代西方史学流派文选》,第96页。
② [意]贝奈戴托·克罗齐:《历史学的理论和实际》,第2页。
③ [意]贝奈戴托·克罗齐:《历史学的理论和实际》,第60页。
④ 张文杰等:《现代西方历史哲学译文集》,第159页。

历史哲学在现代西方的演变只是意味着西方历史哲学的成熟,而绝不意味着它的没落。当代著名历史学家路易斯·明克指出,20世纪40—50年代以后,对历史认识的性质、特点和方法进行分析,逐渐成了西方历史哲学的内容。"哲学家和史学家都趋于一致地接受柯林武德的这一论断,即哲学是关于思想的思想,因而历史哲学也就是关于历史思维的见解的第二级的活动。"[①]任何一门科学的研究重心,都要经历一个从不确定到确定,确定以后还要进行不断调整的过程。历史唯物主义以至整个历史哲学也是如此。从直接性上看,决定历史哲学的对象和内容的,是人类认识发展的水平,以及在此基础上所形成的知识结构。从当今的认识水平和知识结构来看,19世纪中期产生的历史唯物主义,作为历史哲学,它的内容已经不"纯"了。当今的人类认识水平已经对每一门历史科学提出了要求,要它弄清它在历史的总体以及关于历史知识的总联系中的地位。因此,关于历史总联系的任何特殊科学或哲学已成为"多余"的了。正因为如此,历史唯物主义应自觉地适应人类认识发展的趋势,及时地转换自己的研究重心,即从历史本体论转换到历史认识论。这正是历史唯物主义在现代的理论生长点。

对于历史认识论的探讨,历史唯物主义同样以"实践"为出发点范畴。马克思的高明之处就在于,他把认识活动归入实践系统,从主体是对客观历史认识的"转换尺度""显示尺度",是历史认识活动的永恒"坐标"这个角度来探讨历史认识过程及其规律,并把人们认识历史的活动看作在主体活动过程中人们从自己出发对客观历史的认识。人们认识历史是通过实践这一特定的存在做中介的,不存在一个抽象的"反映""摹写"过程,以及从抽象的感性认识到抽象的理性认识的过程。从本质上看,认识活动是实践活动的内化与升华,对历史的认识深度和广度取决于实践的"格",以及由实践的"格"所内化和升华的思维的"格"。"逻辑的范畴和人的实践"的关系是,"人的实践活动必须亿万次地使人的意识去重复不同的逻

---

① [美] 伊格尔斯:《历史研究国际手册》,第22页。

辑的式,以便这些式能够获得公理的意义"①。反映只是认识的一个特点,仅仅从"反映论"角度来探讨历史认识论问题,显然是不够的。

对于人们认识历史的活动,历史唯物主义不仅要从宏观上揭示,而且要从微观上探讨,即历史作为总体对自身的认识是如何通过个体对历史的认识转化为社会意识而实现的;不仅要执行恩格斯晚年所指出的探讨历史认识的"形式"问题,而且要探讨现代历史认识论所面临的最突出的问题——作为认识主体的历史研究者与作为认识客体的客观历史的关系问题,以及与此紧密相联的历史认识是否具有或怎样才能具有真理性的问题。只有这样,历史唯物主义才能与现代西方历史哲学进行"对话"。

现代实践的发展,日益突出了历史认识论的重要性,研究历史认识论问题已经成为现代历史哲学发展的趋势。因此,我们应适应现代实践的要求,使原先以胚胎、萌芽形式包含在历史唯物主义中的历史认识论问题突出出来,并予以系统深入的研究,在新的高度上使二者有机结合,从而使历史唯物主义成为历史本体论与历史认识论相统一的现代历史哲学。

三、理论职能:历史本体论和历史认识论的统一

所谓历史本体论,是指探讨历史过程本身的性质和特点的理论,也就是恩格斯所说的"关于历史过程的观点";历史认识论,则是指关于历史认识的性质和特点的理论,是研究作为认识主体的人对于以人为主体的历史现象的认识过程及其规律的理论,如历史认识活动中的主观性与客观性、相对性与绝对性、科学尺度与价值尺度的关系,历史认识的社会功能,历史认识的是非得失的检验标准等都属于历史认识论的问题。

如果说从18世纪末到19世纪中叶是历史本体论的世纪,那么,从19世纪末到20世纪就是历史认识论的时代。当今,这两种系统在某种程度上出现"合流"的趋势——人们在"复活"历史本体论的基础上深化对历史

---

① 《列宁全集》第55卷,第160页。

认识论的研究。之所以出现这种合流的趋势,是因为历史本体论与历史认识论具有内在的联系,只是由于不同时代认识水平的差别和不同的需要,才把研究重心或者放在历史本体论上,或者放在历史认识论上。建构历史唯物主义的现代形态,就是要在深化马克思的历史本体论的基础上强化对历史认识论的研究,并把历史认识论作为研究重心。在历史唯物主义的现代形态中,历史本体论和历史认识论将有机统一起来,成为一种新的整体。

任何历史认识论总是或隐或显地以某种历史本体论为其立论的依据或前提。现代西方历史哲学蔑视历史本体论并把后者称为"思辨的历史哲学",然而,它本身信奉的仍然是一种本体论,即思想本体论、历史过程无规律论或者多元论。例如,柯林武德之所以反对把自然科学的方法和概念引入历史学,强调历史认识的"设身处地的领悟方法"(the method of empathetic understanding),即人们认识历史就是在自己的心灵中对历史行动者的思想进行设身处地的"重演",其立论的依据正是这样一种历史本体论——历史是思想史。按照柯林武德的观点,"一个自然过程是各种事件的过程,一个历史过程则是各种思想的过程"①。

可见,历史哲学企图避开历史本体论研究历史认识论实际上是不可能的。既然历史认识论必须要以历史本体论为立论的前提和依据,那么,历史本体论就必然要对历史认识论起导向作用。

同时,历史本体论的真正确立又有赖于对人们认识历史的能力的分析,而历史认识论就是对人们认识历史能力的考察,并直接联系着历史研究领域,同时,历史本体论本身也是人们认识历史的一种结果。康德之所以能在哲学史上造成一场"哥白尼式的革命",从根本上说,就在于他提出了一个振聋发聩的思想:本体论的确立有赖于认识论的研究,对存在本身认识的是非曲直有赖于对理性认识能力的考察。正因为这一点,康德把近代哲学家从形而上学"独断论"的迷梦中"唤醒",从而成为德国古典哲

---

① [英]柯林武德:《历史的观念》,第304页。

学的创始人。康德的这一观点同样适合于历史领域。齐美尔提出的"历史科学何以可能"的问题，实际上是康德的"天问"在历史哲学中的"反射"和"回声"。

可见，历史本体论如果脱离了历史认识论，其结论必然是独断的、不可靠的。历史本体论的真正确立及其发展有赖于历史认识论的探讨及其发展。

从现代知识结构看，历史本体论主要揭示历史现象的本源和派生的关系，在这里，意识与社会存在都是作为历史唯物主义的最高范畴出现的，而历史认识论正是要揭示意识与社会存在、客观历史如何达到一致的辩证逻辑。因此，从实践范畴开始，历史唯物主义的全部范畴都应该把解决意识与社会存在、客观历史的关系作为自己的内容。这就是说，历史唯物主义的全部范畴都应该既是历史本体论的范畴，又是历史认识论的范畴。这是因为，历史唯物主义的全部范畴既具有来自社会存在、客观历史的内容，同时，又要解决意识与社会存在、客观历史的关系问题，并且它们本身也是认识历史现象之"网"的网上纽结，它们的运动过程也就是人们认识历史的深化过程。

历史唯物主义的现代形态不是对历史规律的客观描述，而是把研究的客体放到与意识的关系中去探讨怎样才能正确把握历史规律的问题。历史唯物主义的现代形态把实践的观点看作历史认识论的理论基础，使科学的历史本体论与历史认识论真正成为一个理论有机体。质言之，历史唯物主义的现代形态不仅回答"历史是什么"的本体论问题，而且回答"人们如何认识自己的历史"的认识论问题，从而在实践的观点的基础上扬弃历史本体论与历史认识论的理论对立，同时实现着历史本体论与历史认识论的理论职能。

作为历史本体论和历史认识论的统一，历史唯物主义同时又是历史方法论，即适合于一切历史科学，包括研究"历史记载"的方法论。所谓方法，乃是在认识和实践中获得一定成果的方式。任何科学方法，都必然包含着对于对象本身运动规律的认识，从内容和本质上说，方法就是对客观规律的主观自觉运用。正如苏联著名科学家巴甫洛夫所说,科学方法"是'被移植'和'被移入'到人类意识中的客观规律性,是被用来自觉地有计划地解释和改变世界的工具"①。

因此,认识方法总是包含着客观和主观两个方面,并不断使客观的方面向主观的方面转化。作为关于历史研究方式的性质和特点的历史方法论,不过是客观历史规律的主观自觉运用的系统理论,不过是关于如何理解、掌握和运用一切具体的历史研究方法的理论,提供的是如何对待和处理意识与社会存在、客观历史的关系的基本原则,并以此引导人们去正确地认识、掌握和运用历史规律。

因此,历史方法论的主要之点并不在于它被到处运用,而在于它试图揭示历史认识向真理运动的规律,而这些正是历史本体论、历史认识论的基本内容。历史方法论的源头归根到底存在于历史本体论之中。现代西方两种基本的历史方法论,即"悟释式"(设身处地的领悟方法)和"法则式"(以普遍规律假设进行归纳推理的方法)之争,其分歧的源头就在于二者关于历史本身的观点不同。可见,历史方法论和历史认识论、历史本体论同样具有内在逻辑联系,三者是不能绝对分开的。

如前所述,历史唯物主义确认社会历史与自然历史具有"相似"性,因此,历史科学与自然科学的方法也有其相通的一面。同时,历史唯物主义又确认社会历史的独特性,即作为社会主体的人具有其他动物所不具有,也不可能具有的能动性。这一总特点带来了另外两个相互关联的特点,即历史发展的演进性最强和历史运动的重复率最低。因此,历史科学的方法又有其独特性。

从总体上看,历史科学在方法论上具有不同于自然科学的两个特点:一是具有强烈的历史感,注意考察对象的历史演进过程;二是在考察对象的共同规律的同时,充分注意对象的特殊性和个别性。因此,寻求能够把历史的总体、部分、个别这三个层次的结构,能够把普遍、特殊、个别这三

① 转引自[苏] П. В. 柯普宁:《作为认识论和逻辑的辩证法》,第54页。

个层次的规律及其相互关系包含在内的科学方法,是历史方法论所面临的主要课题。

总之,历史唯物主义的现代形态是以马克思的实践观点为理论基础的历史本体论、历史认识论和历史方法论"一体化"的现代历史哲学,它从三个不同的方面共同解决人类历史活动的基本矛盾。历史本体论、历史认识论和历史方法论在"实践"基础上的统一,标志着历史唯物主义在理论性质、理论内容和理论职能上与其他一切历史哲学的根本不同。

(载《学术月刊》1989 年第 11 期,标题原为"论历史唯物主义现代形态的建构原则",《新华文摘》1990 年第 3 期转载)

附录三

建构历史唯物主义的现代形态
——访杨耕博士

记者：从您近年来出版、发表的论著看，您的研究领域较广，涉及唯物主义历史观、马克思主义史以及现代西方历史哲学。我想问的第一个问题就是，您的研究主题是什么？

杨耕：我的研究主题是历史唯物主义的现代意义。具体来说，就是力图站在现代实践、科学和哲学的基础上重新审视历史唯物主义，反思历史唯物主义在现代面临的问题，探寻历史唯物主义在现代的理论生长点，建构历史唯物主义的现代形态。我的百余篇论文都是围绕着这个主题展开的，研究成果主要凝结为三部著作：《马克思的社会发展理论及其现代意义》《马克思的社会研究方法及其现代意义》《马克思的历史认识论及其现代意义》。

记者：据我所知，在对马克思主义社会发展理论的研究中，学者们的观点不很一致，甚至很不一致，那么，您是如何探讨和理解马克思的社会发展理论的？

杨耕：对社会发展问题的研究，不同的学科有不同的角度，由此产生了发展经济学、发展政治学、发展社会学等。马克思的社会发展理论属于历史观范畴，它的研究主题是社会发展的规律、类型和道路，其基本内容涉及社会发展与自然环境、社会发展与经济运动、社会发展与政治形态、社会发展与观念文化的关系，社会发展中的评价标准，社会发展的类型以及历史向世界历史、传统社会向现代社会的转变等问题。现代社会发展理论对许多重大问题的探讨都是在马克思社会发展理论的基础上展开的。马克思是现代社会发展理论的真正奠基人。

在我看来，马克思的社会发展理论的基本特征是：（1）确认实践是社会的本体和人的存在方式，时间是人类发展的空间；（2）从客体的角度把社会发展区分为原生形态、次生形态（包括奴隶社会、封建社会和资本主义社会）和再生形态，从主体的角度把社会发展区分为人的依赖形态、人的独立形态和人的自由个性形态；（3）从社会需要如何产生和满足的角度揭示了社会发展的内在机制，即物质生产、精神生产和人本身的生产维系着社会机体的生存和发展；（4）揭示了社会发展的根本规律，以及社会主义代替资本主义的历史必然性和人文取向；（5）揭示了历史向世界历史转变的基础和途径，以及世界历史背景下的东方社会的命运；（6）揭示了社会发展的基本类型，即"内源"发生、"派生"形态和"跨越"现象。

记者：您的见解颇有新意，请具体谈谈"内源"发生、"派生"形态和"跨越"现象的问题。

杨耕：所谓内源发生，是指外部因素和关系对该社会发展的影响极小，甚至没有影响，发展主要是由该社会内部的因素和关系决定的。古希腊罗马的奴隶社会、中国的封建社会和西欧资本主义社会均属于内源发生型。内源发生型就是马克思所说的社会发展中的"自然形态"。当各个民族处于封闭孤立状态时，社会发展以内源发生模式出现，或者说自然形态是社会发展中的主导类型。

当交往，尤其是世界交往出现后，社会发展的派生形态开始出现，并逐渐成为社会发展中的普遍现象或常规现象。所谓派生形态，是指某种因素和社会关系在某个民族那里不是"自然形成"的，而是从其他民族那里"转移来的"，或者是外来民族"带来的""导入的"。任何一种社会关系的派生形态都在不同程度上偏离了"原生形态"，如马克思就认为，"导入"英国的封建关系要比在法国"自然形成"的封建关系更为完备。

"跨越"现象是一种跳跃的发展形式，即某一民族、国家在发展过程中跨越了一种甚至几种社会形态。尽管不同民族跨越的对象及其途径是特殊的，但是，只要在同一时代存在着不同的社会形态，只要处于不同社会形态的民族之间进行交往，那么，在交往相关性的作用下，跨越现象就会不断发生。事实也是如此，奴隶社会、封建社会和资本主义社会在不同的时期、不同的地区都被不同的民族不断地跨越过。这表明，跨越并非像通常所说的那样，只是社会发展中的个别或特殊现象，相反，在世界历史的背景下，跨越是一种普遍现象、常规现象。

记者：您曾就马克思的世界历史理论写过不少文章，听说您最近对这一问题有了新的见解，能否谈谈这方面的问题？

杨耕：好的。资产阶级开创了世界历史，世界历史的形成标志着世界的整体化，推动了社会发展的加速化。然而，这只是问题的一个方面。另一方面，资产阶级开创世界历史的过程实际上造就了资本主义世界体系。这是一个"中心—卫星"式的资本主义世界体系，即从事工业生产的国家属于中心国，从事农业生产的国家属于卫星国。

按照马克思的观点，在这个世界体系中，未开化和半开化的国家从属于文明的国家，农民的民族从属于资产阶级的民族，东方从属于西方；工业国与农业国之间存在着"不平等交换"，中心国残酷地剥削卫星国；中心国的发展是以卫星国的不发展或畸形发展为代价的，这是一种使卫星国中的个人和民族"遭受流血和污秽、穷困与屈辱"才能达到的发展。马克思的这些观点在当代社会发展理论，尤其在沃勒斯坦的世界体系理论中得到了深化、具体化和系统化。正因为如此，沃勒斯坦的世界体系理论被称为"雄心勃勃的具有马克思主义色彩的理论"，是"20世纪80年代的马克思主义"。

记者： 据我所知,您即将出版的《马克思的社会研究方法及其现代意义》一书得到了专家、学者的好评。在选择这一课题时,您是如何考虑的?

杨耕： 历史唯物主义本身就是一种方法,即"唯物主义方法"。马克思、恩格斯的这一论断经常被各种哲学、历史学论著引证,但是,对于这一论断的理论内涵及其真实意义,迄今尚无系统性的论著;在引证这一论断的论著中,又往往把方法理解为历史唯物主义的一种功能,而不是把方法视为历史唯物主义的本质规定。

在我看来,方法犹如一个能聚集光至燃点的特殊透镜,没有科学的研究方法,就不可能有历史唯物主义及其所造成的革命变革;反过来说,历史唯物主义本身就是一种方法,科学的方法。历史本体论、历史认识论和历史方法论的统一,是历史唯物主义安身立命之本。把握了这个根本也就把握了历史唯物主义的生命线。所以,我在我的博士论文的基础上撰写了《马克思的社会研究方法及其现代意义》。这部著作从社会有机体分析法、交往分析法、阶级分析法、从后思索法、科学抽象法等方面较为系统地探讨了马克思的社会(历史)研究方法。这里的基本思路就是:历史唯物主义的每一个观点同时又是方法。

记者： 如何理解历史唯物主义的每一个观点同时又是方法?

杨耕： 历史唯物主义并不是从所谓的"辩证唯物主义"中"推广"和"应用"出来的,历史研究方法有其内在发源地,这就是历史本体论。历史研究方法的"原型"就在实践活动的"格"中。这是其一。

其二,从历史上看,包括历史研究方法在内的社会科学方法的演变总是同社会本体论联系在一起的,社会科学方法实际上是社会本体论的工具化、操作化。

其三,社会科学方法是知识生产和知识分析的统一。作为知识生产,方法是分析社会的手段,形成关于社会(历史)的某种观点;作为知识分析,方法是概念内在关系的分析,是形成理论体系的过程。

我正是从这三个方面来理解这一问题的。例如,历史唯物主义的社会有机体理论同时又是方法,即社会有机体分析法。列宁就认为,马克思的辩证方法"不是别的,正是社会学中的科学方法,这个方法把社会看作处在不断发展中的活的机体"。唯物史观把社会看作"一切关系在其中同时存在又互相依存的社会机体",这一观点因此就蕴含着结构分析法、同构分析法、再生产分析法、自律—他律分析法、总体—要素分析法、基础—新层次分析法,以及"社会人的生产器官"分析法。这本身就是一个方法系统。

记者: 那么,您如何看待社会科学方法系统的基本内容?

杨耕: 从现代的知识结构来看社会科学方法系统,它们包含着三方面的内容:一是科学抽象系统,这是揭示社会"是什么",并把社会运动规律逻辑地表述出来的方法;二是科学解释系统,这是对"是什么"进行"为什么"的解释,是对社会系统及其事件、现象进行"理解"和"解释"的方法;三是科学实证系统,这是对上述的抽象和解释进行检验的方法。只有在具备抽象、解释和实证三大方法系统后,社会科学方法才是具有自身特殊性的科学方法。然而,我们目前对社会科学方法的探讨还停留在科学抽象系统上。实际上,这只是社会科学方法的组成部分之一。

记者: 您如何理解历史唯物主义的方法与现代社会科学方法的关系?

杨耕: 现代社会科学方法的一个显著特征,就是"范式"的并存、对立和交叉。历史唯物主义的方法范式本身就属于现代社会科学方法。从总体上可以把现代社会科学方法划分为八种"范式":(1)实证主义的范式;(2)解释学和人文主义的范式;(3)社会唯实论的范式;(4)社会唯名论的范式;(5)结构—功能主义的范式;(6)社会生物主义的范式;(7)行为科学的范式;(8)历史唯物主义的方法范式。

历史唯物主义的方法范式的根本特征就在于:从实践出发来理解社会(历史),以生产力与生产关系的矛盾为核心,形成一种"核心发散式"的社会研究方法,这就是从社会的核心向各个层次、各个侧面、各种关系发散从而形成一种整体思维方法。而其他社会科学方法范式只是抓住社会的某一层次、某一侧面、某一关系,并把其他层次、侧面、关系归结到这一层次、侧面、关系,本质上属于"局部收敛式"的研究方法。当然,从某一方面来研究社会是必要的,因而其他社会科学方法范式又具有局部合理性。

实际上,现代社会科学方法都可以在历史唯物主义的方法范式中找到萌芽或源头,造成这种现象的根本原因就是:历史唯物主义抓住了人类社会的核心或根本,即物质实践,并从这一根本出发使思维辐射到社会的各个层次、侧面、关系、环节,从而形成一个思维整体;而现代西方社会科学其他流派则从社会的不同方面出发,并把其他层次、侧面、关系、环节归结为这一特定的侧面,因而它们的联系运动,不断地相互否定才构成思维整体。肖前教授对此评价道:"这是对历史唯物主义方法的科学性极其简要而又十分准确的概括,同时,又是对现代其他社会科学方法中肯而又切中要害的批判。"

记者:您在开始时提到探寻历史唯物主义在现代的理论生长点问题,在您看来,历史唯物主义的理论生长点是什么?

杨耕:历史唯物主义在现代的理论生长点就是历史认识论。这是因为,历史认识论是马克思有所论述,但又未具体展开、详加探讨的问题,或者说是以萌芽、胚胎形式包含在历史唯物主义中的问题。这是其一。其二,这一问题又是现代实践、科学和哲学所突出的问题,即"热点"问题。其三,现代实践以及哲学、历史学、心理学、思维科学等又为解决这一问题提供了现实的可能性。我正在撰写的《马克思的历史认识论及其现代意义》就是力图建构马克思主义的历史认识论。

记者:可是,通常认为,从历史本体论转向历史认识论标志着西方历史哲学的没落……

杨耕:不能这么说。从总体上看,现代西方历史哲学的确没有解决历史认识论问题,但这并不是说转向历史认识论研究本身就是错误的。历史是已经过去的存在,在认识历史的活动中,认识主体不可能直接面对认识客体,认识对象的这种特殊性给认识历史带来了一系列的特殊困难,并使建构历史认识论具有必要性。历史本体论的真正确立有赖于对人们认识历史能力的分析,历史本体论如果与历史认识论"绝缘",其结论必然是独断的、不可靠的。

通过对哲学史的深入研究可以看出,人们认识客体的活动发展到一定阶段,就会在某一时刻不多不少地转变为对主体认识活动本身的分析,转变为对主体本身认识能力的批判。换言之,研究重心从历史本体论转向历史认识论完全符合认识规律。正因为如此,我以为,从历史本体论转向历史认识论绝不意味着西方历史哲学的没落,相反,却意味着西方历史哲学的成熟。

记者:那么,构成马克思的社会发展理论、社会研究方法和历史认识论相统一的理论基础,以及历史唯物主义的根本特征是什么?

杨耕:统一的理论基础是实践的观点。全部社会生活在本质上是实践的,历史不过是人的实践活动在时间中的展开,而认识活动在本质上是实践活动的内化和升华。从根本上说,历史唯物主义是实践本体论。抽去这一点,历史唯物主义就会成为无根的浮萍。

记者:目前,您最感兴趣的问题,或者说理论兴奋点是什么?

杨耕:中国现代化的问题。中国的现代化可谓"九死一生"。从总体上把握中国现代化的历程,由此引发对民族生存方式、生活方式、思维方式、价值观念的哲学思考,是哲学工作者应有的良心和使命。在我看来,哲学需要思辨,但哲学不应是脱离现实的玄思,哲学必须关注现实,将理论触角伸到现实的深处。现代化运动是当今中国最基本的现实,我们应为之摇旗呐喊、鸣锣开道。关于中国现代化研究的主要成果将是我和陈志良教授合著的《东方的崛起》。这部著作将以较大的历史跨度再现中国现代化的历程及其内在逻辑,其意在于:让历史告诉未来。

记者:您的理论研究确有自己的特色,那么,您追求的理论境界是什么?

杨耕:一言以蔽之,建构理论空间,雕塑思维个性。

(这是《哲学动态》记者李立新老师1994年对笔者的采访录,它准确地反映了笔者当时对历史唯物主义的理解。所以,笔者把这篇采访录作为本书的附录三。这篇采访录发表于《哲学动态》1994年第4期,标题原为"历史唯物主义与当代社会")

附录四

历史哲学：在哲学和历史学的交叉点上
——兼论历史唯物主义的现代形式

在西方思想史上，历史哲学以维柯的《新科学》为其"独立宣言"，至今已走过了 200 多年的历史行程。然而，自伏尔泰明确提出"历史哲学"这一概念以来，不同的哲学家、历史学家对此理解不很一致，甚至很不一致。因此，在历史哲学史上出现了不同的流派。当代西方著名历史哲学家沃尔什在其名著《历史哲学导论》中首次把西方历史哲学划分为两大派别，即"思辨的历史哲学"和"批判的（分析的）历史哲学"。这种划分得到了西方学术界的认同，并为我们综述西方历史哲学提供了可以依据的线索。

黑格尔的历史哲学是思辨的历史哲学的集大成者和典型形式。从总体上看，黑格尔的历史哲学有两个显著特点：

一是认为历史哲学是对历史的哲学反思，它所"研究的对象——世界历史",是"世界历史的本身"①,其任务就是发现历史规律。黑格尔确立了历史规律的权威,并表现出力图使历史哲学科学化的企图。对于这一点,应给予积极的评价。但是,由于黑格尔把历史只是看作"绝对理性"的实现和展开,因而他又把历史规律变成了超历史的"绝对计划",现实的历史和现实的人统统变成了虚假的东西,从而延滞了历史哲学科学化的进程。

二是认为历史哲学的方法只能是逻辑的方法。18 世纪末到 19 世纪初自然科学的辉煌成就,对于历史哲学家既有诱惑力,又有压力,总之具有威力。正是科学的威力促使一些哲学家、历史学家力图把历史学、哲学变为科学;同时,也促使一些哲学家、历史学家企图把自然规律的观念直接引入历史领域,或者按照自然规律的特征去理解历史规律。黑格尔肯定了历史规律的存在,但他并没有把自然规律的观念原封不动地移入历史领域。相反,黑格尔认为,在历史中活动的都是精神的个体,历史理性不可能在精确限定的条件下发生作用,所以,与自然规律具有同时性、重复性不同,历史规律只具有合乎逻辑进展的特征,即只具有历时性、单线性的特征。正因为如此,历史哲学的方法只能是逻辑的方法,自然科学的方法在这里是不适用的。黑格尔注意到了历史规律的特殊性,但他不理解历史规律同样具备同时性、重复性这一规律的共性。实际上,不具备重复性,就不是规律。

思辨的历史哲学研究的重点是历史本身的规律,批判的历史哲学则认为,奢望概括整个历史过程或表达历史意义的历史哲学"不可能得出任何有效的真理,整个儿是一片形而上学的迷雾"②。按照批判的历史哲学的观点,历史哲学是有关历史认识论的研究。这是因为,要理解历史事实,就要分析和理解历史知识的性质,人们是通过历史知识去认识"客观"历史的。但是,历史知识并不是客观的,而是历史学家的一定价值观念的

---

① [德] 黑格尔:《历史哲学》,第 396 页。
② [苏] N. C. 科恩:《十九世纪至二十世纪初资产阶级社会学史》,梁逸译,上海译文出版社 1982 年版,第 157 页。

产物,这些观念又来源于历史学家所面临的需要和环境,"历史是由活着的人和为了活着的人而重建的死者的生活"①。因此,历史哲学就是"对历史思维的前提和含义的一种批判性的探讨,是为发现历史思维在整个人类经验中的位置、它与其它经验形式的关系、它的起源及其有效性所作的一种尝试"②,从而确定了科学努力的界限和特有价值。

按照批判的历史哲学的观点,历史哲学的方法是"体验"。这是因为,历史学提供给我们的是一系列的主观行动,所以,逻辑的抽象方法和自然科学的精确方法都无法把握人的历史。柯林武德甚至认为,把自然科学的方法和概念引入历史哲学是一种"瘟疫性的错误"。正是在这个意义上,批判的历史哲学认为历史不是科学,历史需要的不是解释,而是理解,这个理解的过程就是使自己融入历史的精神之流,以"体验"的方法对以往的史学意识进行"再一次经历",从而"捕捉个别","在自己的心灵中重演过去"。这样一来,历史哲学实际上就变成了记述心理学。批判的历史哲学重视历史学的特殊性,本身无可非议,但它片面地夸大了这种特殊性,制造了自然科学与历史科学的对立,并沿着这条道路走到了逻辑终点。

思辨的历史哲学和分析的历史哲学的见解,虽然各执一端,却又表达了一种共同的见解,即历史哲学是哲学和历史学的交融,是哲学和历史学这两门学科共同研究同一个对象,同时解决一些共同的问题。从现代知识结构来看,历史哲学实际上是在哲学和历史学的接合部产生的一门交叉学科。一般来说,交叉学科有三种形态:一是线性交叉学科,即把某个学科的原理成功地运用于另一个学科;二是结构性交叉学科,即两个或两个以上的学科以新的形式相结合所形成的学科;三是约束性交叉学科,即围绕着某个具体问题,多种学科相互配合所进行的研究。在我看来,历史哲学属于结构性交叉学科,是哲学和历史学这两门学科以一种新的形式

---

① 田汝康、金重远:《现代西方史学流派文选》,第 95、97 页。
② 张文杰等:《现代西方历史哲学译文集》,第 159 页。

相结合而形成的相对独立的学科,它集哲学和历史学这两门学科的知识与功能(不是全部)于一身,同时,又在这两门学科的交叉点和共振带上做出新的努力,实现新的职能。

我认为,历史哲学的基本内容包括两个方面:对历史本身规律的探讨和对历史认识活动的探讨。不同的历史哲学或者以前者为重心,提供历史本体论,或者以后者为己任,提供历史认识论。如果说从 18 世纪末到 19 世纪 70 年代是历史本体论的世纪,那么,从 19 世纪末到 20 世纪 70 年代则是历史认识论的时代。当今,这两种系统在某种程度上出现了"合流"的趋势——人们在历史本体论"复活"的基础上深化历史认识论的研究。之所以出现这种"合流"的趋势,是因为历史本体论与历史认识论之间具有内在的关联性,只是由于不同时代的不同需要,人们才把研究重心或者放在历史本体论上,或者放在历史认识论上。

本体论必然要对认识论起一种导向作用,但本体论的确立又有赖于认识论的支撑,同时,本体论本身也是人们认识活动的一种结果。历史认识论如果脱离了历史本体论,其结论必然失去现实前提、理论依据;历史本体论如果脱离了历史认识论,其结论必然是独断的、不可靠的。因此,历史哲学的现代形态应是历史本体论与历史认识论的统一,同时实现历史本体论与历史认识论的职能,既探讨历史本身的运动规律,又对历史知识或历史认识活动本身进行哲学批判。

历史唯物主义是马克思的历史哲学。1890 年 8 月 5 日,恩格斯在致康·施米特的信中首次使用了"历史唯物主义"这一术语。[①] 1892 年,在《社会主义从空想到科学的发展》一书的英文版导言中,恩格斯对"历史唯物主义"做出具体解释:"用'历史唯物主义'这个名词来表达一种关于历史过程的观点……这种观点认为一切重要历史事件的终极原因和伟大动力是社会的经济发展,是生产方式和交换方式的改变,是由此产生的社会

---

① 《马克思恩格斯选集》第 4 卷,第 692 页。

之划分为不同的阶级,是这些阶级彼此之间的斗争。"①从内涵上看,恩格斯在这里所说的"终极原因和伟大动力",实际上就是历史发展的一般规律。在《路德维希·费尔巴哈和德国古典哲学的终结》中,恩格斯明确指出,历史唯物主义的任务,"归根到底,就是要发现那些作为支配规律在人类社会的历史上起作用的一般运动规律"②。研究历史本身的规律是 19 世纪历史哲学的重要特征。恩格斯的论述表明:历史唯物主义属于历史哲学范畴。

"全部哲学,特别是近代哲学的重大的基本问题,是思维和存在的关系问题。"③正是对这一基本问题的不同回答形成了不同的哲学派别:凡是断定精神是世界的本原,认为思维决定存在的,属于唯心主义哲学;凡是断定自然是世界的本原,认为存在决定思维的,属于唯物主义哲学。"除此之外,唯心主义和唯物主义这两个用语本来没有任何别的意思",而"自从历史也得到唯物主义的解释以后,一条新的发展道路也在这里开辟出来了"。④ 这就是说,历史唯物主义中的"唯物主义"一词,标明历史唯物主义具有哲学性质,"历史"一词则标明历史唯物主义的研究领域。

所以,普列汉诺夫多次把历史唯物主义称为"马克思的历史理论""马克思的历史哲学"。普列汉诺夫的这一观点是正确的。确定历史唯物主义的哲学性质的标准,就在于它所研究的问题与哲学基本问题的联系之中。只要是探讨"由有组织的和系统化的历史研究之存在而造成的哲学问题。这种新探讨就可以正当地要求历史哲学的称号"⑤。历史唯物主义就是马克思的历史哲学,是"说明人类历史的唯物主义哲学"⑥。

我不能同意罗素、科尔施的观点,即历史唯物主义"实际上成了经济学",是"经验的实证"。历史唯物主义的确与政治经济学、"经验的观察"

---

① 《马克思恩格斯选集》第 3 卷,第 704—705 页。
② 《马克思恩格斯选集》第 4 卷,第 247 页。
③ 《马克思恩格斯选集》第 4 卷,第 223 页。
④ 《马克思恩格斯选集》第 4 卷,第 224—225、228 页。
⑤ 张文杰等:《现代西方历史哲学译文集》,第 159 页。
⑥ 《普列汉诺夫哲学著作选集》第二卷,第 510 页。

具有内在的关联性。正如马克思所说,历史唯物主义的基本观点是在"研究政治经济学"的过程中"所得到的、并且一经得到就用于指导我的研究工作的总的结果"①,而历史唯物主义对社会结构、政治结构的分析就是从"经验的观察"出发的,"经验的观察在任何情况下都应当根据经验来揭示社会结构和政治结构同生产的联系"②。但是,历史唯物主义本身不是经济学,不是"经验的实证",而是马克思在政治经济学研究中得出的"总的结果",是从历史主体与客体的关系的视角考察人类历史,"是从对人类社会发展的考察中抽象出来的最一般的结果的概括"③,因而是"为历史服务的哲学"④。罗素、科尔施看到了某些合理的因素,但又把这些合理的因素融入不合理的理解之中了。

有的学者不同意把历史唯物主义称作马克思的"历史哲学",并援引马克思、恩格斯的以下论述作为依据。马克思说过:"一定要把我关于西欧资本主义起源的历史概述彻底变成一般发展道路的历史哲学理论,一切民族,不管他们所处的历史环境如何,都注定要走这条道路……这样做,会给我过多的荣誉,同时也会给我过多的侮辱。"⑤恩格斯也讲过,马克思的"历史观结束了历史领域内的哲学,正如辩证的自然观使一切自然哲学都成为不必要的和不可能的一样"⑥。用马克思、恩格斯的这些论述来否定历史唯物主义是历史哲学,是一种误读。

马克思在这里只是说明历史哲学是关于历史发展"一般道路"的理论,而他关于资本主义起源的"历史概述"只是就"西欧"而言,因此,不能把它普遍化,即不能把这种"历史概述"看成历史哲学。这里,马克思并没有否定历史哲学本身,就像马克思提出"消灭哲学"、消除"独立的哲学"并没有否定哲学本身一样。马克思要消灭的哲学,要消除的"独立的哲学",

① 《马克思恩格斯选集》第 2 卷,第 32 页。
② 《马克思恩格斯选集》第 1 卷,第 71 页。
③ 《马克思恩格斯选集》第 1 卷,第 73—74 页。
④ 《马克思恩格斯选集》第 1 卷,第 2 页。
⑤ 《马克思恩格斯全集》第 19 卷,第 130 页。
⑥ 《马克思恩格斯选集》第 4 卷,第 257 页。

实际上就是"对迄今为止的哲学的否定"①,而不是否定哲学本身。相反,马克思认为,哲学是无产阶级的"精神武器"②,是人类解放的"头脑"③,所以,必须创立一种"为历史服务的哲学"。

恩格斯在这里说的"成为不必要的和不可能的"历史哲学是有特指的,即指那种"以臆造的联系来代替……现实的联系",用"神秘的天意来代替尚未知道的联系"的历史哲学,历史唯物主义结束的正是这种思辨的历史哲学。这里,恩格斯也没有否定历史哲学本身。这一点,只要联系恩格斯这段论述的上下文进行研读,就可以明白无误。

这里,存在一个难以回避的问题,即马克思、恩格斯为什么不直接明确地把历史唯物主义称为历史哲学? 回答这一问题需要大致了解19世纪上半叶的理论背景。黑格尔的历史哲学在18世纪末、19世纪初曾独占鳌头,它力图使历史成为哲学的见证人,一方面激发了人们认识历史、探索历史发展规律的热情,另一方面又把历史学降到了一门辅助学科,甚至哲学婢女的地位。为了证实自己的哲学理论,黑格尔常常不惜对历史施以粗暴的剪裁和歪曲。这种粗暴蛮横的做法激起历史学家的强烈不满;同时,席卷欧洲的浪漫主义思潮唤起了人们复古怀旧的强烈情绪,引导人们逐渐脱离哲学的研究,而趋于历史研究。在这个过程中,人们认识到历史本身不仅具有独立的价值,而且具有独立的研究价值。

正是在这种时代的精神氛围中,独立的史学意识开始觉醒,历史学真正成为一门独立的学科,反叛哲学成了19世纪上半叶历史学的一个鲜明的特征,哲学凌驾于历史学之上的局面得以改观,历史哲学因此受到人们的普遍冷遇。在这种特殊情况下,马克思、恩格斯不把历史唯物主义称为历史哲学是完全可以理解的。但历史唯物主义实际上是一种新形态的历史哲学。当代西方著名的历史哲学家一般认为历史唯物主义是马克思主义的历史哲学,这是有道理的。

---

① 《马克思恩格斯选集》第1卷,第8页。
② 《马克思恩格斯选集》第1卷,第15页。
③ 《马克思恩格斯选集》第1卷,第16页。

按照历史唯物主义的观点,实践是全部社会生活的本质,是整个人类历史的基础,又是社会关系"由此产生"的源泉。因此,以"实践"为出发点范畴来考察历史主体和客体的关系,反思历史的进程及其规律,便成为历史唯物主义的根本特征。正是在研究历史主体与客体的关系,反思历史进程及其规律的过程中,历史唯物主义把社会关系归结于生产关系,把生产关系归结于人对自然的关系——生产力的高度,从而发现了历史规律及其重复性和常规性,并可能"用自然科学的精确性"指明"生产的经济条件方面所发生的物质的"变革①。"重复性""常规性""精确性",这是科学之所以成为"科学"的标志。"重复性""常规性""精确性"概念的出现,使历史唯物主义成为一门科学,一门成熟的科学。历史唯物主义的创立消除了"精神的历史"与"物质的自然"对立的神话,自然科学与历史科学在这里达成了真正的"和解"。

正是以"实践"为出发点范畴,历史唯物主义不仅探讨历史本身如何运动,也分析了人们如何认识历史运动,确认了历史认识活动的特殊性。马克思明确指出:"对人类生活形式的思索,从而对它的科学分析,总是采取同实际发展相反的道路。这种思索是从事后开始的,就是说,是从发展过程的完成的结果开始的。"②马克思所说的这种"从后思索"法,实际上是认识历史的根本途径,是马克思的历史认识论的根本特征。历史唯物主义以一种超越的意识预示着分析(批判)的历史哲学关注的重心,即历史认识论,预示着历史哲学的重心转换,即从历史本体论转向历史认识论。

当然,历史唯物主义毕竟是 19 世纪的产物,它创立之时所面临的首要理论问题,就是批判"历史思辨",确立历史观的唯物主义基础。因此,历史唯物主义着重研究的是历史本身的过程及其规律,是一种"关于历史过程的观点"。无论是在马克思的《1844 年经济学哲学手稿》《德意志意

---

① 《马克思恩格斯全集》第 13 卷,第 9 页。
② 《马克思恩格斯全集》第 23 卷,第 92 页。

识形态》《〈政治经济学批判〉序言》中，还是在恩格斯对唯物主义历史观作了"最为详尽的阐述"的《反杜林论》《路德维希·费尔巴哈和德国古典哲学的终结》①以及"晚年通信"中，唯物主义历史观探讨的主要是历史本身的过程及其规律问题，对于历史认识活动的特殊结构、机制及其规律，马克思、恩格斯有所论述，但没有详加探讨和具体展开。因此，历史唯物主义带有凝重的历史本体论色彩，而历史认识论只是以胚胎、萌芽的形式包含在其中。

现代实践、科学以及哲学、历史学本身的发展，日益突出了历史认识论的重要性。历史认识活动的特殊性、复杂性犹如一个巨大的引力场，吸引着哲学家、历史学家把自己的聚焦点从历史本体论转向历史认识论。科学以及哲学本身的发展，政治学、理论社会学、历史学、科学社会主义等学科的相继独立，使原先属于历史唯物主义的一些内容，如阶级理论、国家理论等，相继分化了出去，从而为唯物主义历史观留下一个专门的领域，即从历史主体与客体的关系的视角去探讨历史的进程及其规律，从意识与客观历史的关系的视角去探讨历史认识活动的规律；同时，科学以及哲学、历史学本身，尤其是量子力学、相对论、思维科学、心理学、考古学的发展，又为唯物主义历史观更深刻、更全面地解答历史认识论问题提供了现实的可能性。因此，唯物主义历史观应把研究重心从历史本体论转换到历史认识论，在深化历史本体论的基础上强化历史认识论的研究。

恩格斯有句名言：随着自然科学的每一个划时代的发现，唯物主义也必然改变自己的形式。同样，随着社会科学的划时代的发展，历史唯物主义也必然要改变自己的形式。我们应以现代实践、科学以及哲学、历史学本身的发展为基础建构历史唯物主义的现代形式。为此，一方面，要把历史唯物主义的"经典"形式作为既定前提和理论基础，并赋予其中的基本观点以新的内涵；另一方面，又要使原先以胚胎、萌芽形式包含在历史唯

---

① 参见《马克思恩格斯选集》第4卷，第698页。

物主义中的历史认识论思想凸显出来,并予以深入而全面的研究,在新的基础上使历史唯物主义成为历史本体论和历史认识论相统一的历史哲学。我认为,这就是历史唯物主义的现代形式。

(载《中国人民大学学报》1990 年第 2 期)

附录五

法国唯物主义的两个派别及其启示
——兼论历史唯物主义的世界观意义

18 世纪的法国处在一个动荡不安、风云变幻的时代。康德断言,这是一个批判的时代。卡西尔认为,这是一个理性的时代。在我看来,这是一个理性载负着批判的时代。在这个时代产生的法国唯物主义以其独特的反思精神、批判态度和启蒙思想充分展示了自己的理论风采,并在人类哲学史上留下了浓墨重彩的一章。然而,18 世纪法国唯物主义又受到来自不同方面的误解和曲解。在总体上,18 世纪法国唯物主义一直被称作机械唯物主义或形而上学唯物主义。实际上,在 18 世纪法国唯物主义中存在着两个派别,即机械唯物主义和人本唯物主义,而且二者具有不同的理论特征、理论来源和理论归宿。由此启示我们重新审视唯物主义的历史形态,并重新思考历史唯物主义的理论空间。

一、法国唯物主义中的机械唯物主义派及其特征

18 世纪,随着反封建、反宗教斗争的发展,"实在的本质和尘世的事物开始把人们的全部注意力集中到自己身上"[1],人本身开始受到关注。从总体上看,法国唯物主义关注的中心就是人的问题,并由对人本身的反思延伸到对现存社会的批判。黑格尔认为,法国唯物主义具有"反对正面的现存事物","反对一切正面的东西的否定方面"[2]。然而,问题的关键不在于研究不研究人,而在于如何研究人。正是在研究人的过程中,法国唯物主义形成了两个派别,即"机械唯物主义"和"现实的人道主义"即人本唯物主义,而且这两个派别具有不同的理论起源和理论归宿。正如马克思所说,"法国唯物主义有两个派别:一派起源于笛卡儿,一派起源于洛克。后一派主要是法国有教养的分子,它直接导向社会主义。前一派是机械唯物主义,它成为真正的法国自然科学的财产"[3]。

实际上,机械唯物主义派本身就有二重起源:从科学上看,起源于牛顿的经典力学;从哲学上看,起源于笛卡尔的自然哲学。

17—18 世纪,牛顿经典力学取得了巨大的成功,并确立了成熟的自然科学的两大原则:重复性原则和精确性原则。牛顿的科学思想和哲学观念在 18 世纪的法国已经享有隆名盛誉,它造就了强烈的科学主义和理性主义情绪,刺激着相当一部分思想家,包括法国唯物主义哲学家把自然规律观念直接带入社会领域,或者把社会和人还原为自然。一般来说,自然科学本无意向哲学献媚,但它又往往决定了哲学的面貌。对当时的哲学家来说,牛顿经典力学的成功既有诱力,又有压力,总之,具有科学的威力。正是科学的威力使一大批法国哲学家聚集在科学主义的大旗下,用机械论的观点去理解自然、社会和人本身,形成机械唯物主义派。

---

[1]《马克思恩格斯全集》第 2 卷,第 161—162 页。
[2]〔德〕黑格尔:《哲学史讲演录》第四卷,贺麟等译,商务印书馆 1978 年版,第 222 页。
[3]《马克思恩格斯全集》第 2 卷,第 160 页。

机械唯物主义派的哲学来源是本土的笛卡尔哲学。在笛卡尔哲学中,物质的本性是广延,运动的特征是位移。笛卡尔正是依靠这种抽象的物质和抽象的运动"构造出整个物理世界",并一直主张用机械论的观点去解释自然现象。实际上,笛卡尔是以力学运动规律为基础,把由地上获得的力学原则应用于天体现象,以至整个世界,从而构造了一个具有反宗教神学意义的机械唯物主义的世界图景。

笛卡尔"借助于机械论的概论"来从事自然研究,"使自然哲学焕然一新,他提出一种新的、从独立精神产生出来的、包罗整个自然界的世界观"①,从而开启了近代反宗教神学的先河,为法国唯物主义的发展奠定了新的理论基础,并一直影响到 18 世纪。同时,笛卡尔的自然哲学又不可避免地制约着 18 世纪法国唯物主义,使其停留在机械论的水平上。实际上,正是笛卡尔把自然科学中的机械论观念移植到哲学中,并造就了机械论的时代精神。

机械唯物主义派的代表人物是拉美特利。拉美特利极为推崇笛卡尔和牛顿,认为:"如果哲学的领域里没有笛卡尔,那就和科学的领域里没有牛顿一样,也许还是一片荒原。"②马克思由此认为:"拉美特利利用了笛卡儿的物理学,甚至利用了它的每一个细节。他的'人是机器'一书是模仿笛卡儿的动物是机器写成的。"③的确如此。笛卡尔的"世界是机器""动物是机器"的观念引导着拉美特利走进了一个唯物的同时又是机械论的世界图景之中。拉美特利沿着笛卡尔的"动物是机器"的思路提出了"人是机器"的思想,把笛卡尔的动物结构学运用到人体上,并完全用机械论的观点来考察人和人的本质。当然,拉美特利又深化了笛卡尔的观点。

在我看来,"人是机器"的观点具有双重内涵:其背后是世界的物质统一性思想,同时,具有反宗教神学的意义。从根本上说,"人是机器"这

---

① [德]路德维希·费尔巴哈:《费尔巴哈哲学史著作选》第一卷,涂纪亮译,商务印书馆 1984 年版,第 202 页。
② 转引自北京大学哲学系外国哲学史教研室:《十八世纪法国哲学》,商务印书馆 1963 年版,第 271 页。
③《马克思恩格斯全集》第 2 卷,第 166 页。

一观点强调的是自然的人。这是对人的一种自然科学研究,同时,又是一种意识形态,它要求承认人的尊严、价值和天赋权利。借助自然的人,拉美特利把人从宗教神学的纠缠中解放出来,使人获得了自然的独立性;同时,由于机械论束缚了拉美特利的视野,刚从神权的重压下解放出来的人,在此又变成了一架机器,人和人的主体性都不见了。

由此启示我们,哲学不等于政治,但哲学中又的确隐蔽着政治。从形式上看,哲学命题似乎是抽象的,没有人间烟火气。但是,只要将哲学命题摆在与其相联系的政治背景中,它的鲜明的政治特性就会跃然而出。这就是说,哲学命题的理论意义和政治效应并不等值。不仅如此,同一个哲学命题在不同的历史条件下,往往产生不同的政治效应,一个普通的,甚至是错误的哲学命题在特定的历史条件下,并和特定的民族、阶级、阶层相结合,可以产生巨大的出人意料的政治效应。拉美特利的"人是机器"的命题就是如此。在考察哲学命题时,我们应该正确把握它的科学内涵和意识形态性、理论意义和政治效应之间的关系。

二、法国唯物主义中的人本唯物主义派及其特征

法国唯物主义中的另一派是"现实的人道主义"[1],即人本唯物主义。从理论上看,人本唯物主义起源于洛克哲学,其代表人物是爱尔维修。

如前所述,机械唯物主义派起源于本土的笛卡尔哲学。笛卡尔哲学有明显的局限性,这种局限性不仅体现在二元论的体系中,更重要的,是表现为笛卡尔把反封建的斗争限制在思想范围内。笛卡尔明确指出,他"始终只求克服自己,不求克服命运,只求改变自己的欲望,不求改变世界的秩序"[2]。显然,这种观点和作为法国政治变革先导的 18 世纪唯物主义是不相容的。18 世纪法国唯物主义属于启蒙哲学范畴,而"启蒙哲学的基

---

[1]《马克思恩格斯全集》第 2 卷,第 167—168 页。
[2] 转引自北京大学哲学系外国哲学史教研室编译:《十六—十八世纪西欧各国哲学》,商务印书馆 1975 年版,第 146 页。

本倾向和主要努力,不是反映和描绘生活",而是"塑造生活本身",其"任务不仅在于分析和解剖它视为必然的那种事物的秩序,而且在于产生这种秩序,从而证明自己的现实性和真理"①。

因此,另一部分法国哲学家希望找到一个能够作为法国革命哲学依据的学说。于是,他们便把视线转向海峡彼岸的英国。这是因为当时的英国资本主义走在欧洲大陆的前面,新的时代精神总是首先在英国抛头露面。而此时,英国的哲学微风也飘过英吉利海峡吹到了法国上空,洛克哲学被引进到了法国。法国资产阶级像迎接一位"久盼的客人"一样热烈欢迎洛克哲学这一舶来品。在这一部分法国哲学家看来,从洛克哲学出发可以得出改造环境、变革社会的结论,洛克的唯物主义经验论因此可以作为法国革命的哲学基础。

在西方哲学史上,洛克是一个转折点。从洛克开始,西方哲学自觉地从自然转向人及其内心生活。从根本上说,人首先是在活动着,而不是首先在思维着。但是,人不仅在活动着,而且知道自己在活动着,人的存在、活动及其不同方面都能为人的意识所显现。从直接性上看,人本身的问题就表现为人的意识和自我意识的问题。所以,西方近代哲学对人的研究首先表现为"认识论转向"。洛克哲学正是适应了这种必然性,在全面考察人的认识能力的前提下,探讨了认识的起源、界限和知识的确定性,并从认识论和道德实践两个方面集中而系统地批判了"天赋观念论"。

按照洛克的观点,思辨理性没有天赋观念,实践理性同样没有天赋观念,道德观念是由教育和社会环境造成的;社会不是天然的,而是人们自己创造的;人的趋乐避苦的自然倾向指向人的利益,而人的利益的实现需要社会以及作为维系社会纽带的道德原则。所以,人是根据利益需要创造社会和道德原则的。可以看出,反宗教神学,肯定人的感性,提高个人的地位,这是洛克对"天赋观念论"批判的意义所在。显然,洛克的观点既有重要的认识论意义,又有重要的政治内涵。

---

① [德] E. 卡西勒:《启蒙哲学》,顾伟铭等译,山东人民出版社 1988 年版,第 4 页。

洛克唯物主义经验论的双重含义,即认识论性质和政治内涵深深地触动了爱尔维修的心灵,直接成为爱尔维修唯物主义的出发点和先导。马克思指出:"爱尔维修也是以洛克的学说为出发点的,他的唯物主义具有真正法国的性质。"①这种"法国的性质"体现在,人是爱尔维修特别关注和精心研究的课题,其哲学问题的提出和解决都是围绕着人而展开的,中心就是要解决人如何享有幸福生活的问题。"哲学家研究人,对象是人的幸福。这种幸福既取决于支配人们生活的法律,也取决于人们所接受的教育。"②如果说拉美特利主要从人与自然的关系中研究人,那么,爱尔维修则主要从人与社会的关系中研究人。所以,马克思认为,爱尔维修把"唯物主义运用到社会生活方面"③。

爱尔维修以洛克哲学为出发点,主要是从洛克的唯物主义经验论中提取出"感觉"这一概念,并把感觉看作人的存在方式,即"我感觉,所以,我存在"。依据洛克的观点,爱尔维修认为,感觉是连接意识与客观外界的桥梁,通过感觉,人一方面不断地认识外在世界,形成、发展自己的感觉和认识,另一方面把存在于内心的关于自由的欲望和要求变为外在的争取自由的活动。换言之,通过唯物主义感觉论,自由不再求之于内在精神,而是求之于外在环境,求之于改变外在环境的活动。

根据第一方面,爱尔维修得出了"人是环境的产物"的结论;根据第二方面,爱尔维修又提出了"意见支配环境"的命题。与孟德斯鸠强调自然环境不同,爱尔维修强调的是社会环境,他提出这两个命题的宗旨在于证明这样一个道理,即人的智力天然平等,人的性格受制于外在环境,所以,要改造人,首先必须改造外在的社会环境。正如马克思所说,"既然人的性格是由环境造成的,那就必须使环境成为合乎人性的环境"④。这样,经过爱尔维修的改造,洛克的唯物主义经验论这股从英国吹来的哲学微风

---

① 《马克思恩格斯全集》第 2 卷,第 165 页。
② 北京大学哲学系外国哲学史教研室:《十八世纪法国哲学》,第 478 页。
③ 《马克思恩格斯全集》第 2 卷,第 165 页。
④ 《马克思恩格斯全集》第 2 卷,第 167 页。

又夹杂着政治雨丝，甚至是风雨交织，在法国引起了巨大的社会风暴。

通常认为，爱尔维修同时提出这两个命题，即"人是环境的产物"和"意见支配环境"是一种逻辑矛盾、循环论证，陷入"二律背反"之中。实际上，这是一种误解。人和环境的确处在一种相互作用之中，马克思也认为"人创造环境，同样，环境也创造人"①。爱尔维修同时提出"人是环境的产物"和"意见支配环境"这两个命题，实际上揭示了人与环境之间的相互作用，是一种朴素的相互作用观点。相互作用存在于社会生活的一切方面。"只有从这种普遍的相互作用出发，我们才能达到现实的因果关系。"②历史唯物主义绝不排除相互作用，而是要求对相互作用做出合理的解释；绝不取消相互作用，而是要求发现引起相互作用的基础。"合理形态"的相互作用观点是历史唯物主义的一个内在原则，是历史唯物主义所要求的辩证逻辑。

在我看来，爱尔维修的失误并不在于同时提出了"人是环境的产物"和"意见支配环境"这两个命题，而是仅仅停留在人和环境的相互作用上，没有去进一步探寻那既决定社会环境发展又决定人的意见发展的"第三者"，即引起人与环境相互作用的基础。马克思高出一筹的地方就在于，他不仅看到了人和环境的相互作用，而且发现了引起这种相互作用的基础，那就是人的实践活动，从而超越了朴素的相互作用观点，对人和环境的相互作用做出了合理的解释，即"环境的改变和人的活动或自我改变的一致，只能被看作是并合理地理解为革命的实践"③。

爱尔维修的人本唯物主义为法国革命找到了哲学依据，并为后来的空想社会主义奠定了"逻辑基础"，因而在当时的法国产生了重大的影响，被誉为"道德界的培根"。法国著名作家司汤达高度评价爱尔维修哲学，认为："爱尔维修给我打开了关于人的双扇大门。"在唯物主义发展史上，爱尔维修是一个转折点，以其"现实的人道主义"为标志，自然唯物主义开

---

① 《马克思恩格斯选集》第 1 卷，第 92 页。
② 《马克思恩格斯选集》第 4 卷，第 328 页。
③ 《马克思恩格斯选集》第 1 卷，第 55 页。

始衰落,人本唯物主义开始兴起。

透过法国唯物主义中的两个派别,可以看到这样一条历史线索,即唯物主义哲学的理论主题并不是一成不变的。如果说法国唯物主义中的机械唯物主义派关注的是自然,人在这里仅仅成为自然物质的一种形态,那么,人本唯物主义派别关注的则是人本身,着眼于"使环境成为合乎人性的环境"。由此启示我们应重新考察唯物主义的历史形态。

三、重新审视唯物主义的历史形态和历史唯物主义的理论空间

按照传统的观点,自发或朴素唯物主义、机械或形而上学唯物主义、辩证唯物主义是唯物主义发展的三种历史形态,这三种历史形态在研究主题或观察世界的理论视角上并没有什么根本性的变化,即三者都以"整个世界"为研究对象,只不过朴素唯物主义把世界看成一个混沌的整体,形而上学唯物主义把世界理解为一个个静止、孤立的事物,辩证唯物主义则把世界理解为普遍联系和永恒发展的物质体系,而历史唯物主义不过是辩证唯物主义在社会历史领域中的"推广和应用"。这种观点有其合理因素,但它又把这种合理因素溶解于不合理的理解之中。在这里,唯物主义发展过程中的主题转换不见了,历史唯物主义的划时代贡献在相当大的程度上被抛弃了。

从研究主题的历史转换这一根本点上看,唯物主义的发展经历了三个历史阶段,形成了三种历史形态,即自然唯物主义、人本唯物主义和历史唯物主义。

自然唯物主义始自古希腊哲学,后在霍布斯那里达到了系统化的程度,并一直延伸到法国唯物主义中的机械唯物主义派。自然唯物主义或者在直接断言世界本身的意义上去寻求"万物的统一性",把万物的本原归结为自然物质的某种形态;或者以实验科学对自然现象的实证研究为基础,在"认识论转向"过程中去探讨人与自然的统一性,并把物质世界以及人本身归结为自然物质的某一层次。

从总体上看,自然唯物主义根据"时间在先"的原则,把整个世界还原为自然物质,人则成了自然物质的一种表现形态。在自然唯物主义那里,"物质是一切变化的主体","人和自然都服从于同样的规律。强力和自由是同一的"。自然唯物主义确认了世界的物质统一性,却一笔抹杀了人的能动性、创造性、主体性;它研究"整个世界",却唯独不给现实的主体——人一个切实的立脚点。换言之,在自然唯物主义体系中,存在着"人学空场"。正是在这个意义上,马克思认为,自然唯物主义是一种"纯粹的唯物主义",而到了霍布斯那里,"唯物主义变得敌视人了"①。人本唯物主义起源于法国唯物主义中的另一派,即"现实的人道主义",并在费尔巴哈那里达到了典型的形态。费尔巴哈哲学"将人连同作为人的基础的自然"作为其"唯一的、最高的对象","借助人,把一切超自然的东西归结为自然,又借助自然,把一切超人的东西归结为人"②,并力图通过对思辨哲学以及神学的批判而建立"人的哲学批判"。这是一个以自然为基础,以人为核心和出发点的人本唯物主义体系。

按照费尔巴哈的观点,自然界是第一性的实体,但人在地位上是更重要的实体,"人是自然界最高级的生物",因而是理解自然的钥匙。因此,要"弄清楚自然的起源和进程",就"必然从人的本质出发"③。由于哲学的本质特点与人的本质特点是一致的,因此,费尔巴哈把人看作思维和自然相统一的基础,并力图以"现实的人"为基本原则构造哲学体系,从而建构了一种"新哲学",即人本唯物主义。"费尔巴哈比'纯粹的'唯物主义者有很大的优点:他承认人也是'感性对象'。但是,他把人只看作是'感性对象',而不是'感性活动'。"④换言之,费尔巴哈不理解实践是人的存在方式,"从来没有把感性世界理解为构成这一世界的个人的全部活生生

① 《马克思恩格斯全集》第 2 卷,第 164 页。
② [德]路德维希·费尔巴哈:《费尔巴哈哲学著作选集》上卷,荣震华等译,商务印书馆1984 年版,第 249 页。
③ [德]路德维希·费尔巴哈:《费尔巴哈哲学著作选集》上卷,第 248 页。
④ 《马克思恩格斯选集》第 1 卷,第 77—78 页。

的感性活动"①。

正因为如此,尽管费尔巴哈力图发现现实的人,可最终得到的是抽象的人;力图把握感性的自然,可最终得到的是抽象的自然,并最终陷入唯心主义历史观。"当费尔巴哈是一个唯物主义者的时候,历史在他的视野之外;当他去探讨历史的时候,他不是一个唯物主义者。在他那里,唯物主义和历史是彼此完全脱离的。"②因此,超越人本唯物主义,建立和"历史"相结合的唯物主义,即历史唯物主义,是理论和历史的双重要求。

我不能同意普列汉诺夫的观点,即费尔巴哈的唯物主义和马克思的唯物主义都属于"最新的唯物主义"③,马克思的"唯物主义观点是在费尔巴哈哲学的内在逻辑所指示的同一方向上发展起来的"④,"马克思的认识论实际就是费尔巴哈的认识论"⑤。这是一种无原则的糊涂观念。它表明,普列汉诺夫从根本上混淆了费尔巴哈的唯物主义与马克思的唯物主义的区别,不理解费尔巴哈的唯物主义是人本唯物主义,而马克思的唯物主义是历史唯物主义;前者仅仅把人看作"感性对象",后者则把人看作"感性活动",并从这种"感性活动"出发去理解人与自然的关系、人与社会的关系,即人与世界的关系。同时,由于费尔巴哈的唯物主义不理解"感性的人的活动",因此,它仍然"只是以客观的或者直观的形式"去理解"对象、现实、感性"⑥。正是在这个意义上,马克思把费尔巴哈的唯物主义"包括"在"旧唯物主义"的范畴之中,而把自己所创立的历史唯物主义称为"新唯物主义"⑦。

按照马克思的观点,历史唯物主义的立足点是"社会的人类",它"是

---

① 《马克思恩格斯选集》第 1 卷,第 78 页。
② 《马克思恩格斯选集》第 1 卷,第 78 页。
③ 《普列汉诺夫哲学著作选集》第三卷,刘亦宇等译,生活·读书·新知三联书店 1962 年版,第 148 页。
④ 《普列汉诺夫哲学著作选集》第三卷,第 155 页。
⑤ 《普列汉诺夫哲学著作选集》第三卷,第 146—147 页。
⑥ 《马克思恩格斯选集》第 1 卷,第 54 页。
⑦ 《马克思恩格斯选集》第 1 卷,第 57 页。

从对人类历史发展的考察中抽象出来的最一般的结果的概括"①。社会生活在本质上是实践的。从根本上说,人类历史,即社会历史不过是人的实践活动在时间中的展开。因此,从根本上说,考察人类历史就是分析人类实践活动及其发展。正是在这个意义上,马克思认为,历史唯物主义"是描述人们实践活动和实际发展过程的真正的实证科学"②。

物质实践是人类的第一个历史活动,也是每日每时必须进行的基本活动。按照马克思的观点,人们为了能够生存和生活,必须进行物质实践,实现人与自然之间的物质变换;为了实现人与自然之间的物质变换,人与人之间必须互换其活动,并结成一定的社会关系。这就是说,人们的生存实践活动和"实际日常生活"自始至终包含着并展现为人和自然的关系与人和人的关系,或者说,包含着并展现为人和自然的矛盾与人和人的矛盾。而在马克思看来,共产主义就"是人和自然之间、人和人之间的矛盾的真正解决"③。

因此,作为"共产主义的唯物主义",历史唯物主义所关注和所要解决的基本问题,就是人们的生存实践活动和"实际日常生活"所展现出来的人和自然的关系与人和人的关系问题。这就是说,"历史唯物主义"中的"历史",是人的活动及其内在矛盾得以开展的境域。以"社会的人类"即主体为思维坐标,以实践为出发点范畴和体系的建构原则,科学解答人和自然的关系与人和人的关系,即人和世界的关系,使历史唯物主义展现出一个新的哲学空间。

从形式上看,历史唯物主义研究的仅仅是人类社会或人类历史。问题在于,社会是在人与自然之间的物质变换过程中形成和发展起来的,人与自然之间的物质变换构成了社会存在和发展的"永恒的自然必然性"。"社会是人同自然界的完成了的本质的统一"④,而历史不外是"自然界对

---

① 《马克思恩格斯选集》第 1 卷,第 73—74 页。
② 《马克思恩格斯选集》第 1 卷,第 73 页。
③ 《马克思恩格斯全集》第 42 卷,第 120 页。
④ 《马克思恩格斯全集》第 42 卷,第 122 页。

人说来的生成过程"①。因此,"把人与自然的关系从历史中排除出去",必然造成"物质的自然"和"精神的历史"对立的神话,必然使社会历史虚无化,从而走向唯心主义历史观。历史唯物主义正是把人与自然之间的实践关系作为"历史的现实基础",力图通过对人与自然的关系的改变来改变人与人的关系,通过对于人对物占有关系(私有制)的扬弃来改变人与人的关系,从而"把人的世界和人的关系还给人自己"②。

按照马克思的观点,动物是以自身对自然的消极适应获得与自然的统一来维持自己的生存的,所以,动物只能成为自然界的一部分。与此不同,人是以自己对自然的积极改造获得与自然的统一来维持自己的生存并不断发展自己的,所以,人自成一类,构成了独特的人类存在。这就是说,实践构成了人类的存在方式。"只有当物按人的方式同人发生关系时,我才能在实践上按人的方式同物发生关系。"③正是在实践中,人以物的方式去活动并同自然发生关系,得到的却是自然或物以人的方式而存在,从而使自然与人的关系成为"为我而存在"的关系④。

这种"为我而存在"的关系是一种否定性的矛盾关系。人类要维持自身的存在,即肯定自身,就要对自然界进行否定性的活动,即改变自然界的原生态并在其中注入人的目的,使之成为"人化自然""为我之物""社会的物"。与动物不同,人总是在不断制造与自然的对立关系中去获得与自然的统一关系的,对自然客体的否定正是对主体自身的肯定。这种肯定、否定的辩证法使人与自然处于双向运动中。

正是在这种双向运动过程中,人们不断地改造、创造着自然界,同时,又不断地改造、创造着人本身,包括他的社会关系;人创造环境,环境也创造人,"正象社会本身生产作为人的人一样,人也生产社会"⑤;自然成为

---

① 《马克思恩格斯全集》第 42 卷,第 131 页。
② 《马克思恩格斯全集》第 1 卷,第 443 页。
③ 《马克思恩格斯全集》第 42 卷,第 124 页。
④ 《马克思恩格斯全集》第 3 卷,第 34 页。
⑤ 《马克思恩格斯全集》第 42 卷,第 121 页。

社会的自然、"历史的自然",同时,社会是自然的社会,历史是"自然的历史"。自然的社会和社会的自然构成了"感性世界""现存世界",即人类世界,世界由此二重化为自在世界和属人世界。

可以看出,人与自然之间这种"为我而存在"的否定性关系是最深刻、最复杂的矛盾关系。这种矛盾关系构成了马克思之前众多哲学大师的"滑铁卢",致使唯物主义自然观和唯物主义历史观"咫尺天涯",唯物论和辩证法遥遥相对。马克思高出一筹的地方就在于:通过对人的实践活动及其历史发展深入而全面的剖析,科学地解答了人与自然、人与社会的关系问题,创立了历史唯物主义,并在实现唯物主义自然观和唯物主义历史观统一的同时实现了唯物论和辩证法的统一,即形成了辩证唯物主义。

历史唯物主义创立之日,就是辩证唯物主义形成之时。无论从历史上看,还是从逻辑上说,历史唯物主义都不是所谓的辩证唯物主义在社会历史领域里的"推广和应用"。在马克思主义哲学体系中,不存在一个独立的、仅仅作为理论基础的辩证唯物主义,也不存在一个独立的、仅仅具有应用性质的历史唯物主义。相反,那种"排除历史过程",脱离了历史唯物主义的所谓的辩证唯物主义绝不是马克思的辩证唯物主义,就其实质而言,只能是自然唯物主义在现代条件下的"复辟",并显现出一种唯心主义的倾向。"那种排除历史过程的、抽象的自然科学的唯物主义的缺点,每当它的代表越出自己的专业范围时,就在他们的抽象的和唯心主义的观念中立刻显露出来。"①

在我看来,"辩证唯物主义"和"历史唯物主义"不是两个主义,而是同一个主义即马克思的新唯物主义的不同表述。马克思的新唯物主义就是历史唯物主义,辩证唯物主义不过是历史唯物主义的"代名词"。"全部社会生活在本质上是实践的"②,而实践活动本身就是一种"否定性的辩证法"。因此,作为"全部社会生活"的哲学反映的历史唯物主义,本身就蕴

---

① 《马克思恩格斯全集》第23卷,第410页。
② 《马克思恩格斯选集》第1卷,第56页。

含着"否定性的辩证法",本身就是唯物主义和辩证法的统一。辩证法在本质上是批判的和革命的。把辩证唯物主义看作历史唯物主义的"代名词",是为了透显历史唯物主义所内含的辩证法维度及其批判性和革命性。

正是以"现实的个人"为思维坐标,以"实践"为出发点和建构原则,去探讨人与自然的关系和人与社会的关系,即人与世界的关系,历史唯物主义为我们展现了一个新的理论空间,即一个自足而又完整、唯物而又辩证的世界图景。这就是说,历史唯物主义不仅仅是"唯物主义历史观",更重要的,是"唯物主义世界观",一种内含着"否定性的辩证法"的"真正批判的世界观"。①

---

① 参见《马克思恩格斯全集》第3卷,第261页。

主要参考文献

1.《马克思恩格斯全集》第 1 卷，人民出版社 1956 年版。

2.《马克思恩格斯全集》第 2 卷，人民出版社 1957 年版。

3.《马克思恩格斯全集》第 3 卷，人民出版社 1960 年版。

4.《马克思恩格斯全集》第 4 卷，人民出版社 1958 年版。

5.《马克思恩格斯全集》第 9 卷，人民出版社 1961 年版。

6.《马克思恩格斯全集》第 12 卷，人民出版社 1962 年版。

7.《马克思恩格斯全集》第 15 卷，人民出版社 1963 年版。

8.《马克思恩格斯全集》第 16 卷，人民出版社 1964 年版。

9.《马克思恩格斯全集》第 18 卷，人民出版社 1964 年版。

10.《马克思恩格斯全集》第 19 卷，人民出版社 1963 年版。

11.《马克思恩格斯全集》第 20 卷，人民出版社 1971 年版。

12.《马克思恩格斯全集》第 21 卷，人民出版社 1965 年版。

13.《马克思恩格斯全集》第 23 卷，人民出版社 1972 年版。

14.《马克思恩格斯全集》第 24 卷，人民出版社 1972 年版。

15.《马克思恩格斯全集》第 25 卷，人民出版社 1974 年版。

16.《马克思恩格斯全集》第 27 卷，人民出版社 1972 年版。

17.《马克思恩格斯全集》第 39 卷，人民出版社 1974 年版。

18.《马克思恩格斯全集》第 42 卷，人民出版社 1979 年版。

19.《马克思恩格斯全集》第 46 卷上，人民出版社 1979 年版。

20.《马克思恩格斯全集》第 46 卷下，人民出版社 1980 年版。

21.《马克思恩格斯全集》第 47 卷，人民出版社 1979 年版。

22.《马克思恩格斯选集》第 4 卷，人民出版社 1995 年版。

23. 马克思：《资本论》第 1 卷，郭大力、王亚南译，人民出版社 1963 年版。

24. 马克思:《资本论》(根据作者修订的法文版第一卷翻译),中共中央马克思恩格斯列宁斯大林著作编译局编译,中国社会科学出版社1983年版。

25. [俄]普列汉诺夫:《论一元论历史观之发展》,博古译,生活·读书·新知三联书店1961年版。

26. [俄]普列汉诺夫:《马克思主义的基本问题》,张仲实译,人民出版社1957年版。

27.《列宁全集》第1卷,人民出版社1984年版。

28.《列宁全集》第18卷,人民出版社1988年版。

29.《列宁全集》第55卷,人民出版社1990年版。

30.《列宁选集》第2卷,人民出版社1995年版。

31.《斯大林选集》下卷,人民出版社1979年版。

32. [苏]尼·布哈林:《历史唯物主义理论——马克思主义社会学通俗教材》,李光谟等译,人民出版社1983年版。

33. [苏]Ф. B. 康斯坦丁诺夫:《历史唯物主义:马克思列宁主义的历史过程理论》,蔡振扬等译,上海人民出版社1986年版。

34. [德]考茨基:《唯物主义历史观》第一分册,《哲学研究》编辑部编,上海人民出版社1964年版。

35. [德]考茨基:《唯物主义历史观》第二分册,《哲学研究》编辑部编,上海人民出版社1965年版。

36. [德]考茨基:《唯物主义历史观》第三分册,《哲学研究》编辑部编,上海人民出版社1984年版。

37. [德]考茨基:《唯物主义历史观》第四分册,《哲学研究》编辑部编,上海人民出版社1964年版。

38. [德]考茨基:《唯物主义历史观》第五分册,《哲学研究》编辑部编,上海人民出版社1964年版。

39. [德]考茨基:《唯物主义历史观》第六分册,《哲学研究》编辑部编,上海人民出版社1965年版。

40. [德]库诺夫:《马克思的历史、社会和国家学说——马克思的社会学的基本观点》,第一卷,袁志英译,商务印书馆1988年版。

41. [德]亨利希·库诺:《马克思的历史、社会和国家学说——马克思的社会学的基本要点》第二卷,袁志英译,商务印书馆1988年版。

42. [意]安·拉布里奥拉:《关于历史唯物主义》,杨启潾等译,人民出版社1984年版。

43. [匈]乔治·卢卡奇:《历史和阶级意识——马克思主义辩证法研究》,张西平译,重庆出版社1989年版。

44. ［德］尤尔根·哈贝马斯：《重建历史唯物主义》，郭官义译，社会科学文献出版社2000年版。

45. ［英］G. A. 柯亨：《卡尔·马克思的历史理论：一个辩护》，岳长龄译，重庆出版社1989年版。

46. ［波］亚当·沙夫：《历史与真理》，张笑夷译，黑龙江大学出版社2014年版。

47. ［匈］阿格妮丝·赫勒：《历史理论》，李西祥译，黑龙江大学出版社2015年版。

48. ［匈］阿格妮丝·赫勒：《碎片化的历史哲学》，赵海峰等译，黑龙江大学出版社2015年版。

49. ［日］广松涉：《唯物史观的原像》，邓习议译，南京大学出版社2009年版。

50. ［日］望月清司：《马克思历史理论的研究》，韩立新译，北京师范大学出版社2009年版。

51. ［意］维柯：《新科学》全两册，朱光潜译，商务印书馆1989年版。

52. ［德］康德：《历史理性批判文集》，何兆武译，商务印书馆1990年版。

53. ［德］黑格尔：《历史哲学》，王造时译，生活·读书·新知三联书店1956年版。

54. ［德］黑格尔：《小逻辑》，贺麟译，商务印书馆1980年版。

55. ［德］威廉·狄尔泰：《精神科学引论》第一卷，艾彦译，译林出版社2012年版。

56. ［德］威廉·狄尔泰：《历史中的意义》，艾彦译，译林出版社2011年版。

57. ［德］H. 李凯尔特：《文化科学和自然科学》，涂纪亮译，商务印书馆1986年版。

58. ［英］F. H. 布莱德雷：《批判历史学的前提假设》，何兆武等译，北京大学出版社2007年版。

59. ［意］贝奈戴托·克罗齐：《历史学的理论和实际》，傅任敢译，商务印书馆1982年版。

60. ［英］柯林武德：《历史的观念》，何兆武等译，商务印书馆1997年版。

61. ［英］卡尔·波普尔：《开放社会及其敌人》第一卷，陆衡等译，中国社会科学出版社1999年版。

62. ［英］卡尔·波普尔：《开放社会及其敌人》第二卷，郑一明等译，中国社会科学出版社1999年版。

63. ［英］卡尔·波普尔：《历史决定论的贫困》，杜汝楫等译，上海人民出版社2009年版。

64. ［英］汤因比：《历史研究》上册，曹未风等译，上海人民出版社1966年版。

65. ［英］汤因比：《历史研究》中册，曹未风等译，上海人民出版社1966年版。

66. ［英］汤因比：《历史研究》下册，曹未风等译，上海人民出版社1966年版。

67. ［德］奥斯瓦尔德·斯宾格勒：《西方的没落》全两册，齐世荣等译，商务印书馆1963年版。

68. ［英］杰弗里·巴勒克拉夫：《当代史学主要趋势》，杨豫译，上海译文出版社 1987 年版。

69. ［美］丹尼尔·贝尔：《当代西方社会科学》，范岱年等译，社会科学文献出版社 1988 年版。

70. ［美］伊格尔斯：《历史研究国际手册》，陈海宏等译，华夏出版社 1989 年版。

71. ［英］沃尔什：《历史哲学导论》，何兆武等译，社会科学文献出版社 1991 年版。

72. ［加］斯威特：《历史哲学：一种再审视》，魏小巍等译，北京师范大学出版社 2008 年版。

73. ［英］莱蒙：《历史哲学：思辨、分析及其当代走向》，毕芙蓉译，北京师范大学出版社 2009 年版。

74. ［英］伯恩斯·皮卡德：《历史哲学：从启蒙到后现代性》，张羽佳译，北京师范大学出版社 2008 年版。

75. ［美］阿特兹·本尼顿·杨：《历史哲学：后结构主义路径》，夏莹等译，北京师范大学出版社 2009 年版。

76. ［波］埃娃·多曼斯卡：《邂逅：后现代主义之后的历史哲学》，彭刚译，北京大学出版社 2007 年版。

77. ［荷］克里斯·洛伦茨：《跨界：历史与哲学之间》，高思源等译，北京大学出版社 2015 年版。

78. ［德］德罗伊森：《历史知识理论》，胡昌智译，北京大学出版社 2006 年版。

79. ［法］保罗·利科：《历史与真理》，姜志辉译，上海译文出版社 2004 年版。

80. ［日］佐藤正幸：《历史认识的时空》，郭海良译，上海三联书店 2019 年版。

81. ［波］耶日·托波尔斯基：《历史学方法论》，张家哲等译，华夏出版社 1990 年版。

82. ［英］爱德华·霍列特·卡尔：《历史是什么？》，吴柱存译，商务印书馆 1981 年版。

83. ［瑞士］皮亚杰：《发生认识论原理》，王宪钿等译，商务印书馆 1981 年版。

84. ［法］雷蒙·阿隆：《历史意识的维度》，董子云译，华东师范大学出版社 2017 年版。

85. ［英］罗素：《论历史》，何兆武等译，广西师范大学出版社 2001 年版。

86. ［法］费尔南·布罗代尔：《论历史》，刘北成等译，北京大学出版社 2008 年版。

87. 田汝康、金重远：《现代西方史学流派文选》，上海人民出版社 1982 年版。

88. 张文杰等：《现代西方历史哲学译文集》，上海译文出版社 1984 年版。

第二版后记

1995 年,应中国人民大学出版社王丽云编辑之邀,我出版了《"危机"中的重建——历史唯物主义的现代阐释》第一版;2011 年,应武汉大学出版社陶佳珞编审之约,我又出版《"危机"中的重建——历史唯物主义的现代阐释》的第二版,这就是放在读者面前的《危机中的重建:唯物主义历史观的现代阐释》。

同第一版相比,第二版有很大的变化,删去了第一版中的第一章"从传统哲学到现代哲学:马克思主义哲学是现代唯物主义",第三章"历史唯物主义的理论基础及其演变",第四章"历史唯物主义的创立:博采众长而创新",第八章"人的本质:三种整体的探讨",第十二章"世界历史与中国社会主义现代化";调整了第一版中的第六章"重新理解社会有机体和社会发展的自然历史过程",第七章"历史必然性观念及其演变",第九章"社会科学方法的发生、范式及其历史性转换",第十一章"社会研究中的有机体方法、从后思索法、科学抽象法";增加了第二版中的导论"历史哲学:从缘起到后现代",第三章"社会与自然",第四章"个人与社会",第五章"社会的本质与社会有机体的特征",第六章"社会结构与实践活动",第九章"社会主义代替资本主义的历史必然性与人文取向",第十章"世界历史的形成与东方社会的命运"。

之所以做出如此大的修改、调整和充实,一是因为我对唯物主义历史观具体观点的理解有了很大变化,二是因为我对历史唯物主义的总体看法有了根本变化。具体地说,2001年之前,我一直认为"历史唯物主义"和"唯物主义历史观"是同一个概念,二者是马克思的历史观的不同表述,换言之,历史唯物主义就是马克思的历史观;从2001年开始,我对"历史唯物主义"和"唯物主义历史观"有了新的理解,即历史唯物主义就是马克思的世界观,而唯物主义历史观只是马克思的历史观。所以,第一版的副标题是"历史唯物主义的现代阐释",第二版的副标题则是"唯物主义历史观的现代阐释"。这一文字的细微变化实际上反映了我的思想的重大变化。

从第一版到第二版,15年了,我的学术观点的确处在急剧变化中,无论是对唯物主义历史观的理解,还是对历史唯物主义的理解,无论是对马克思主义哲学的理解,还是对现代西方哲学的理解……都发生了许多甚至是根本性的变化,但变中又有不变,这不变的就是我对哲学的坚守之意和敬畏之情。这使我想起了赫尔岑在《科学中华而不实的作风》中所说的一段名言:"在哲学里面正像在海洋里面一样,既没有坚冰,也没有水晶,一切都在运转、流动、生气勃勃,每一点都同样的渊深;在它的里面,正像在熔炉里面一样,熔解着落在它的无始无终的循环之中的一切坚硬的、石化了的东西,但同时,却又像海洋一样,它的表面光滑、平静、明亮、一望无际,并倒映着青天。由于这个视错觉,华而不实的人就勇猛地走上前去,对真理毫无敬畏之情,对于工作了三千年才达到目前发展的人类的劳动毫无敬意。"

从第一版到第二版,15年了,我的个人性格也处在急剧变化中。人们往往认为,性格决定命运,而性格是自然禀性,是不可改变的。我并不否认,性格在一定意义上决定命运,但我同时认为,性格更多的是在行为、选择和经历的过程中形成的,具有可变性。在古代人看来,"三十而立,四十而不惑,五十而知天命";在现代人看来,"三十难立,四十迷惑,五十听天由命"。在我看来,无论是"三十而立,四十而不惑,五十而知天命",还是"三十难立,四十迷惑,五十听天由命",表达的都是性格的可变性。在这个意义上,我赞同并欣赏萨特的观点,即"性格是选择活动的凝固化"。无论我的性格怎样变,但变中又有不变,这不变的就是我对一切关心、帮助过我的人,包括为本书的出版付出了辛苦劳动的陶佳珞编审、黎晓方编辑的感激之意,对我的导师、朋友的感恩之情。

从第一版到第二版,时间是从 1995 年到 2010 年,15 年时间却跨了"两个世纪",多少往事烟雨中……这使我不禁想起了唐代诗人杜牧的《江南春》:

千里莺啼绿映红,
水村山郭酒旗风。
南朝四百八十寺,
多少楼台烟雨中。

杨 耕

2010 年 5 月 21 日

于北京世纪城时雨园

第三版后记

呈现在读者面前的这部著作,是《“危机”中的重建——历史唯物主义的现代阐释》的第三版。

自 2011 年《危机中的重建:唯物主义历史观的现代阐释》,即《“危机”中的重建——历史唯物主义的现代阐释》第二版出版以来,我对唯物主义历史观的研究有所拓展,认识有所深化,理解有所变化。但是,我对唯物主义历史观的总体认识没有发生变化,即我仍然认为唯物主义历史观是马克思的历史哲学,应适应现代实践、科学以及哲学本身的发展建构唯物主义历史观的现代形态。所以,《“危机”中的重建——历史唯物主义的现代阐释》的第三版坚持了第二版的核心观点,即唯物主义历史观是马克思的历史哲学,是研究人类历史的唯物主义哲学;唯物主义历史观的理论基础和出发范畴是“实践”,理论生长点是历史认识论,理论职能是历史本体论和历史认识论的统一,换言之,历史本体论和历史认识论的统一是唯物主义历史观的现代形式。同时,《“危机”中的重建——历史唯物主义的现代阐释》的第三版保持了第二版的基本理论格局和总体理论框架。正因为如此,我把这部著作仍然命名为《危机中的重建:唯物主义历史观的现代阐释》。

但是,《“危机”中的重建——历史唯物主义的现代阐释》的第三版对第二版进行了全面的技术性修订:

一是删除了第二版的第十章“世界历史的形成和东方社会的命运”,

将这一章的内容修改后分解到第三版的第八章"社会历史过程与自然历史过程"和第十章"社会主义代替资本主义的历史必然性和价值取向"中；把第二版第七章的"七、社会发展的决定性和选择性"改为"历史规律的决定性与人的活动的选择性"，并将其内容调整到第三版的第九章"历史规律的形成与特征"中。之所以做出这样的调整，是为了使逻辑结构更加清晰。

二是把第二版的导论"历史哲学：从缘起到后现代"调整为第三版的第一章"历史哲学：从缘起到后现代"；把第十一章的标题"社会科学方法的历史性转换"改为"历史科学方法范式的根本转换"；把第十二章的标题"社会科学研究的基本环节"改为"历史科学研究的基本环节"，并对"历史科学"的内涵做出新的解释；把第十三章的标题"科学抽象法：社会研究的根本方法"改为"科学抽象：历史认识中唯一的分析工具"；把第十四章的标题"从后思索法：历史认识论的根本特征"改为"'从后思索'：历史认识的根本途径"。之所以做出这样的改动，是为了使全书的表述更加统一。

三是对第二版第六章中的"四、社会的文化结构及其功能"做了较大的改写；同时，对第二版的文字、标点符号做了全面修订，并重新核对了全部引文，充实了一些重要引文，以使文字表述更加准确，标点符号更加规范，引文更加精准，论据更为充分。可以说，第二版的每一页都留下了修改的痕迹。

此外，《"危机"中的重建——历史唯物主义的现代阐释》的第三版还调整了"附录"：删去了第二版中的《建构哲学空间　雕塑思维个性》《哲学理论主题的根本转换与理论空间的重新建构》，保留了第二版中的《建构历史唯物主义的现代形态——访杨耕博士》，增加了《历史唯物主义概念的历史考察》《历史唯物主义现代形态的建构原则》《历史哲学：在哲学和历史学的交叉点上——兼论历史唯物主义的现代形式》《法国唯物主义的两个派别及其启示——兼论历史唯物主义的世界观意义》。之所以做出这样的调整，是为了使读者了解我对历史唯物主义研究的深化和理解的变化。

正因为如此,我把这部著作"定性"为《"危机"中的重建——历史唯物主义的现代阐释》的"第三版"。

华东师范大学出版社社长王焰编审慷慨地把《"危机"中的重建——历史唯物主义的现代阐释》第三版列入出版计划;项目部主任朱华华副编审精心组织第三版的编辑、出版工作;责任编辑王海玲编审以其认真的工作态度、高超的编辑水平,高质量地完成了第三版的编辑工作;北京师范大学出版集团杜丽娟编辑不辞辛劳、不厌其烦,打印了第三版的全部书稿,并校对了全部引文。在此,一并表达我的深深的谢意。

自 2011 年《危机中的重建:唯物主义历史观的现代阐释》出版以来,时间又过去了整整 10 年。10 年间,尽管我的社会角色不断转换,但我"无问西东",对哲学仍然"不离不弃",仍然并将永远跋涉在哲学的路途上。人们常问"永远"有"多远"?不管有多远,我都将无怨无悔、义无反顾地跋涉在哲学这条艰难曲折的思想登山的路途上。

没有比脚更长的路,
没有比人更高的山。

(汪国真)

杨　耕

2021 年 10 月

于北京世纪城时雨园